淡江大學中國文學研究所主編

文學與美學

第六集

文史哲出版社印行

國家圖書館出改版品預行編目資料

文學與美學. 第六集 / 淡江大學中國文學研究所主編. -- 初版. -- 臺北市 : 文史哲, 民 87
面 : 公分
含參考書目
ISBN 957-549-143-2(平裝)

1.文學 - 論文, 講詞等 2.美學 - 論文, 講詞等

810.7 87006023

文學與美學 第六集

主編者：淡江大學中國文學研究所
出版者：文史哲出版社
登記證字號：行政院新聞局版臺業字五三三七號
發行人：彭正雄
發行所：文史哲出版社
印刷者：文史哲出版社
臺北市羅斯福路一段七十二巷四號
郵政劃撥帳號：一六一八〇一七五
電話 886-2-23511028 · 傳眞 886-2-23965656
實價新臺幣[illegible]〇〇元
中華民國八十七年五月初版

ISBN 957-549-143-2

序

尼采在其巨著《悲劇的誕生》一書中，將西方文明的源頭以太陽神（Apollo）及酒神（Dyonysus）做爲二個共存原則。太陽神象徵著理性的光明，而酒神則以其熱情，爲非理性世界提供了存在原理。依尼采，西方文明在古希臘依然是健康的，而其中的墮落，則始自西方哲學家蘇格拉底（Socrates）。之所以爲墮落，乃是因爲蘇格拉底過分誇張了理性的重要與功能，完全忽視了非理性爲生命存在中的必然性及其意義。蘇格拉底爲了挽救當時在知識及倫理上的懷疑論及相對主義，是而試圖通過定義的追求，以尋求客觀的知識，進而提供客觀之道德倫理規範。就此而言，我們也不能否認蘇格拉底的貢獻。問題是，當蘇格拉底在追求客觀知識及倫理規範的同時，卻也過分誇張了理性的功能，而將道德問題轉化爲知識問題。所謂「知識即德行」（knowledge is virtue），顯然忽視了非理性因素在生命在及相應之道德行爲中之重要性。更有進者，是使人類從此將平行的生命內容，偏取爲理性至上的理性主義傳統，進而使得非理性的豐富領域隨即封閉而萎縮。

正是因爲將非理性生命內容排除而使文明顯得清冷而貧血，才使得存在主義從尼采到杜斯妥也夫斯基，所揭露的非理性的存在性，如此震懾人心。此外，諸如，佛洛依德對人類意識與潛意識的暴露，都顯示出一種非理性主義的思潮，直至今日而蔚爲大觀。就此而言，唯美主義的興起，也可以理解成非理性主義在美學領域中的一項變奏罷了。

如果唯美主義在西方乃是做爲非理性主義思潮在美學範疇中的變調，也就是相對於理性主義的獨大，墮落封閉而後有之發展。那麼，唯美主義在中國的發展，乃是相對於道德傳統的主流思潮而後有之變調。當儒家思想做爲中國思想文化之主流時，道德的觀念也隨之具有理論上的優先性。無論孔子的仁，孟子論性抑或是宋明理學由心即理，性即理，討論天道性命，其中根本精神——如牟宗三先生所言，乃是——道德的理想主義，亦是——道德的形上學。道德爲優先，並不代表美感是被排斥的。相反，儒家傳統中美依然是十分重要的內容，但是美的獨立性卻相對在道德的優先性下，而成爲次要的。果如此，則儒家的善美意識也就成爲道德意識的另類表現，善的地位是較美爲優先的。

相對於這樣的狀態，鬆動的迹相乃是由道家的老莊開始。道家不以道德爲優位，而純以生命之自由自在爲訴求。因爲不採取特殊的方向，因而也在消極意義下，承認了美的獨立性。易言之，老莊並不直接肯定美的獨立性，但卻不否認美的獨立性，以其乃無爲而無不爲也。直至魏晉，美的獨立性始被正式討論，無論是純文學的表現，或是樂論的研討，都使得審美意識相對於美的獨立性而獨立。

由此看來，無論是對抗理性主義的獨大，抑或是由道德傳統中掙脫出來，美的討論似乎總是較爲晚出的，這樣的現象我們或許可以從社會學的觀點，認爲這是因爲人類文明在近代以來已漸漸由生存的問題中掙脫出來，因而有更多的可能從事美的探討。但我們如果從哲學的角度來看，則這樣的現象，也說明了美的意識往往在前意識及後意識中展開。易言之，我們往往在美學反省之前便已有了美感經驗或判斷，我們也往往在美學反省之後，重新遠離理性的分解，享受「忘我」，「無分別」、「無關心」的美感經驗。果如此，則審美意識似乎正是在吾人的討論中隱退了。當我們通過論文加以研討時，審美意識是已成爲理性意識的對象，而與我們的生命毫無存在上的關係。這樣的推論，似乎也讓我們回到不可說的默然境界了。而這樣的說法，是否也意味著本次會議及其論文是無意義的呢？至少是對審美意識而言。

答案其實是否定的，因爲我們固然可以認爲審美活動乃是前意識及後意識的，但是吾人對審美意識之討論，可以增加吾人審美之基礎，進而使吾人之審美活動更爲成功而深入，易言之，審美活動不同於對審美意識之討論，前者是審美判斷，後者是理性判斷也，只是兩者雖不同，卻非排斥關係。

淡江大學中文系在連續二屆的「文學與美學國際學術研討會」中，分別以唯美主義及審美意識爲主題，正是看見其中緊密的關聯性與發展性，也是美學討論中十分核心的問題，希望藉著會議的研討，提昇我國對美學問題的重視與研究。此次會議的圓滿完成，除了要感謝各位主講、講評、主席以及與會的各位學者、同學之外，也要感謝指導單位及各贊助單位的鼎力支持。同時更要感謝周彥文教授、范銘如教授、殷善培教授、黃麗卿老師、黃慧鳳助教、溫晴玲助教、吳春枝助教及所上的研究生們，沒有各位的努力，大會是不可能如此圓滿的。

高柏園 民國八十七年二月九日於淡江大學中國文學系

文學與美學　第六集　目　次

《論語》審美意識的哲學意義……………………………高柏園……一
人文美學的面向………………………………………………龔鵬程……一九
丘逢甲詠物詩的美學觀………………………………………王　甦……四三
版畫畫譜中的文學審美趣味—以唐詩畫譜及詩餘畫譜爲例……馬銘浩……七三
道家顚覆語言的策略與中國美學……………………………葉維廉……八七
建構佛教美學的理論參考系…………………………………蕭振邦……一一五
從「滄浪詩法」、邵雍詩學談現代詩的鑑賞………………徐紀芳……一四七
詩性的覺醒—中國文化中審美意識的迷失與復甦…………蔡瑞霖……一九一
魏晉形體美學試論……………………………………………莊耀郎……二一三
聖人異表—儒家審美外一章…………………………………殷善培……二四一
中國藝術的特質………………………………………………王鎭華……二五九

「情節單元」在元雜劇審美批判中的運用意義……劉淑爾……二七七
復古與審美—略談何景明詩中的審美意識……白潤德……三〇三
老莊的音樂思想及其對魏晉古琴音樂美學的影響……李美燕……三二五
《姑妄言》裡的葷笑話……陳益源……三五九
中國文學美學之精神……吳功正……三七九
從「入內」和「出外」的命題看中國古典美學的規律和特徵……韓學君……四〇五
論鍾嶸詩歌美學的「滋味說」……鄭滋斌……四三五
古文中的聲音之美……金容杓……四七一

《論語》審美意識的哲學意義

淡江大學
中文系教授　高柏園

一、前　言

《論語》是吾人理解孔子思想最主要之依據。依《論語》，「仁」無疑是孔子思想的核心，同時，再配合其時代背景及理論系統之開展，仁──義──禮三者的關係與建構，便成為詮釋孔子思想十分自然而合理的模式了。勞思光先生及蔡仁厚先生在其論著中，都曾用「攝禮歸義」、「攝義歸仁」來說明仁、義、禮三者之關係，可見此種詮釋亦得到學界相當之支持。（註一）此外，我們在顏回問仁的篇章裡，也可以發現孔子對禮的重視：

> 顏淵問仁。子曰：「克己復禮為仁，一日克己復禮，天下歸仁焉。為仁由己，而由人乎哉？」（《論語‧顏淵》）（註二）

接下來，無論是仲弓問仁、司馬牛問仁或司馬牛問君子，孔子都直接就忠恕說、就為仁之心境上說、就坦然無懼說，而並不是就美學意義上加以回答。以上所論，雖足以說明傳統對《論語》思想之理解與詮釋誠然有其合理性。

然而，這樣的合理性並不代表如是的理解或詮釋便是唯一合理的詮釋，至少，我們從審美意識的角度，仍然可以合理說明，孔子不僅重視以禮教仁，同時也重視以樂教仁、以詩教仁，而且就某種哲學意義而言，這樣的角度更能為吾人說明道德的基礎、及其發展的極境所在。當然，這樣的講法似乎僅僅只是在以禮為中心的理解外，增加一項新的詮釋角度或可能而已，實則不然。因為這樣的努力更是針對當代新儒家思想內容而有的發展，易言之，如果我們承認當代新儒家對儒家思想理解的重要性，如果我們也承認牟宗三先生在當代新儒家中的核心地位，那麼，牟先生以康德學為背景的詮釋模式，便能十分合理地將孔子的「仁」以禮義加以貫串；同時，牟先生晚年以致力研究康德的美學，從而有眞善美合一說之論，此則顯示由審美意識下手，不但是理解《論語》的重要面向之一，同時也能回應當代新儒家，尤其是牟先生之理論發展。（註三）

此義既明，則本文之討論主題實甚明顯，即是討論審美意識與道德意識在《論語》中的可能關聯。孔子固然是以道德意識為其根本之關懷，然此道德意識之啓始與終成，卻仍有賴於審美意識來加以發動與完成。道德的自覺固然在仁、義、禮中達到高峰，但是在前道德的不自覺及後道德的超自覺上，審美意識便有其理論上的優先性。

二、何謂「審美意識」

關於審美意識，我們先看以下這段引文：

1. 人的主觀對客觀存在的美醜屬性的反映，包括人的審美感覺、認識、感情、經驗、趣味、觀點和理想等。

2. 人的審美意識產生於人的生產實踐活動，並在長期歷史進程中逐漸發展、豐富和完善。……

3. 審美意識爲客觀存在的美所決定，同時又反作用於客觀存在的美，幫助人們更自覺地創造、欣賞美。（註四）

以上的引文誠然是對審美意識的一般性說明，包括了其內容、發生及功能。現在，我們更可以將審美意識放置在哲學的解析之下，展示其形上學的意義。首先，我們可以承認的是，美的判斷乃是一種普遍性的判斷，易言之，每個人都普遍地具有美的提問及解答，我們可以由美的提問及解答的普遍性中，推論出美的判斷的普遍性。進一步，則可說美的判斷之所以可能，乃是預設了審美的意識，因此，我們便可由審美判斷的普遍性，推論出審美意識的普遍性，以及審美意識相較於審美判斷，更具有理論上的基礎性與優先性。而審美判斷的優先性也暗示了審美判斷乃是人性最根本的表現之一，與著道德意識、認知意識同爲人類最根本的精神表現，這也正是眞、善、美三者之所以能合一的形上理由所在。

雖然同樣是人類精神的根本表現，但是審美意識顯然與道德意識及認知意識有所差別，其中，除了所涉及之對象有眞、善、美之內容差異外，在自覺性上亦有不同。蓋無論是道德意識或認知意識，都必須預設十足的自覺性。即就知識而言，知識必須是一組有組織、有系統之命題的組合，而此中之組織與系統顯然是人性高度自覺下的產物，因此，認知意識無疑也是以自覺性為首出而為根本之內容。同樣的，道德行為之所以為道德行為，顯然也是預設了吾人意志之自由及自覺，無自由固然無道德可言，有自由而無自覺依然無道德之成立。因此，自覺性顯然是道德行為之所以可能之必要條件。

就理論而言，我們將認知意識及道德意識，皆以自覺性為其核心而必要之概念，此自是可有之論。然而，我們也必須承認的是，人畢竟是一活生生的存在，是在一具體的生活世界中的存在。作為一個現實的存在而言，人並非如理論所認為的，乃是恆處於一自覺狀態，反之，人在更多的時間乃是處於一種忘我的、超自覺的或不自覺的狀態。易言之，吾人的知識固然是高度自覺反省下的產物，但是，吾人在知識之前早有認知，套用博藍尼（Michael Polanyi）的說法，也就是一種隱默之知（tacit knowing）（註五）。人類的知識並非如吾人所想像般地孤立而抽象，反之，它是在一種整體而隱默的理解下完成的，而此整體與隱默性的理解，正是在人的自覺之外的存在。就此而言，自覺性的存在，顯然是有其自覺之外的基礎加以支持。知識如此，道德亦然。道德並不是自覺的道德判斷而已，在自覺的判斷之前，我們已然有了道德的感動，已然有了對天地人我的理解，這些都不只是自覺性的道德意識所能完全說明的。

如果我們承認在自覺的認知意識及道德意識之上，仍有其不自覺甚至超自覺的基礎存在的話，那麼，對道德意識或認知意識之理解便不可能摒除對此不自覺或超自覺領域之掌握。果如此，則審美意識無疑正是補足此不自覺與超自覺的絕佳內容。我們可以說，審美意識並不排除自覺性，但是審美意識卻未必要以自覺性為中心，尤有進者，是審美意識不但不以自覺性為中心，而且即使在自覺性之中，也要通過種種方式化除或超越此自覺性，而達到與美合一的和諧狀態。易言之，審美意識之所以要超越自覺性，正是要超越因自覺性而帶來的分別性與對立性，此也正是要使人由非隱默的進入隱默的，由可說的進入不可說的，由自覺進入超自覺的，由分別的進入非分別的。由此看來，無論是認知意識或是道德意識，都是以自覺性為中心，也都忽略了不自覺的及超自覺的意義，而審美判斷在此正好補足了這樣的缺失。就審美意識的自然而言，它是不自覺的表現，也是一切精神表現的起點；就審美意識的境界而言，它是超自覺的表現，也是人類精神表現的終極。本人認為，惟有在這樣的理解下，我們才能了解孔子何以要人讀詩，強調興于詩，而又能游于藝、成于樂。顯然，人對仁的渴望，是在自然而不自覺中便流露無邊，這是起點；立于禮是自覺的表現是工夫歷程，而成于樂便是超自覺的和諧境界。因此，「人而不仁如禮何」固是一義，然而，「人而不仁如樂何」更是一義。唯能合此二義始能見孔子之眞精神，也才能如實了解孔子審美意識之重要性。

總之，本文在此不願將審美意識只是當作表象性的審美活動之基礎，而更引申其義而為人類精神的根本表現。由是，審美意識與人的認知意識及道德意識相對，而成為人類精神根本表現之展現。同時，也指出認知意識及道德意識，雖是以自覺性為其基礎與核心，然其所以如此仍應在人的存在豐富性中，得到具體的說明。依此，我們發現人在自覺之前及之後皆有其發展之空間，此即不自覺之自然狀態及超自覺的和諧狀態，而這正是審美意識的重點所在。在此，吾人並不否認審美意識對自覺性之要求，然而要強調的是審美活動的自覺性，往往表現在審美活動之後的反省活動上，而此種反省活動已然並非審美活動。因此，審美活動的重心無疑便落在自覺前及自覺後的階段了，而這樣的性格，也正說明了審美意識一方面可以成爲前認知、前道德的活動，也就是道德及認知的基礎及隱默性的根據；另一方面，也說明審美意識成爲後認知、後道德的超自覺的行動或實踐表現。易言之，以「仁」爲本的道德性固爲孔子思想之核心，但是，以「樂」爲終始之教，卻透顯出孔子思想中前道德及後道德的特性，也使得孔子的道德思想活潑而不呆滯。

三、《論語》中的審美意識

關於《論語》中的審美意識，我們可以由二義加以理解，其一，是孔子對一般事物的審美活動表現，其二，是孔子對音樂的審美表現。首先，我們先討論孔子對一般事物的審美表現：

子夏問曰：「『巧笑倩兮，美目盼兮，素以爲絢兮。』何謂也？」子曰：「繪事後素。」曰：「禮後乎？」子曰：「起予者，商也，始可與言詩已矣。」（《論語．八佾》）

巧笑美目是人體之美，而素絢則是繪畫之美，雖然引文的重點乃在「告諸往而知來者」，但對事物的審美活動已表現無遺。其次：

子曰：「里仁爲美。擇不處仁，焉得知？」（《論語．里仁》）

朱註曰：「里有仁厚之俗爲美。」（註六）此雖是以德說美，然畢竟是一審美判斷則無疑。此引文與〈顏淵〉：「君子成人之美，不成人之惡。」對美之判斷可謂一致。再看〈堯曰〉的「五美」：

子張問於孔子曰：「何如斯可以從政矣？」子曰：「尊五美，屏四惡，斯可以從政矣。」子張曰：「何謂五美？」子曰：「君子惠而不費，勞而不怨，欲而不貪，泰而不驕，威而不猛。」

顯然，五美仍然是環繞著道德性意義展開，這也說明孔子審美意識原本就與道德意識關係密切，甚至審美意識乃是以道德意識爲核心，此亦可佐證本文於前所論，將審美意識視爲前道德及後道德之存在也。果如此，則孔子的審美意識原本就不應該純以審美活動之基礎加以理解，而應該與道德意識相連加以掌握，而視人類精神之根本表現。此義既明，則以下引文中有關審美的重點便不在美感上，而在德性意義的隱喻上。如：

1.子曰：「不有祝鮀之佞，而有宋朝之美，難乎免於今世矣。」（《論語‧雍也》）

2.子曰：「如有周公之才之美，使驕且吝，其餘不足觀也已！」（《論語‧泰伯》）

3.子貢曰：「有美玉於斯，韞匵而藏諸？求善賈而沽諸？」子曰：「沽之哉！沽之哉！我待賈者也。」（《論語‧子罕》）

4.叔孫武叔語大夫於朝曰：「子貢賢於仲尼。」子服景伯以告子貢。子貢曰：「譬之宮牆，賜之牆也及肩，窺見家室之好；夫子之牆數仞，不得其門而入，不見宗廟之美，百官之富。得其門者或寡矣！夫子之云，不亦宜乎！」（《論語‧子張》）

由此看來，孔子在《論語》中對一般事物之審美活動，並不強調美感或快感的意義，而重在其與道德之關係或類比上。

除了對一般事物之審美外，孔子在《論語》中對音樂的審美無疑是最為突出的了。徐復觀先生在其《中國藝術精神》一書中，便直接以〈由音樂探索孔子的藝術精神〉為第一章，可見徐先生對孔子音樂美學的重視。此外，大陸學者如葉朗亦有相同的主張（註七）。現在，讓我們引《論語》討論之。

首先，我們可以看到孔子對音樂的熱愛：

子與人歌而善，必使反之，而後和之。（《論語．述而》）

這段引文很明顯地說明了孔子對音樂之喜愛，此中的審美意識是十分明顯的。但是，我們發現朱子卻並不從審美的角度加以理解。朱子注云：

此見聖人氣象從容，誠意懇至，而其謙遜審密，不掩人善又如此。蓋一事之微，而衆善之集，有不可勝既者焉，讀者宜詳味之。（註八）

當然，我們不能說朱子的引申是錯誤的，但是朱子對審美意識的忽視卻也是事實，而這樣的忽視，也說明朱子仍然是以道德意識統攝審美意識，此一方面未能正視審美意識的獨立性，另一方面也無法說明審美意識作為前道德及厚道德之基礎與發展之意義所在。同樣在〈述而〉篇有以下這段話：

子食於有喪者之側，未嘗飽也。子於是日哭，則不歌。

朱子引謝氏曰：「學者於此二者，可見聖人情性之正也。能識聖人之情性，然後可以學道。」（註九）這樣的說法是十分合理而正確的，因為此處的不歌，乃是上承有喪而說，也正是說明人面對喪禮之時，食旨不甘，聞樂不樂的眞性情之表現。須注意的是，此處不宜將歌之義橫加擴張，強以審美意識加以詮釋，例如徐復觀先生便是如此。徐先生指出：

歌是音樂活動中最重要的一部分。（《論語・述而》）「子於是日哭，則不歌」，由此可知其在「是日哭」以外，都會唱歌的。（註一〇）

此外，傅佩榮先生也說：

孔子的音樂生活是十分豐富的。《論語》記載：「子於是日哭，則不歌」（〈述而〉），這句話說明孔子的感情十分眞摯，如果某一天哭了，就不唱歌；反過來說，如果他某一天不哭，通常都是會唱歌的，可見他之愛樂。（註一一）

無論是徐先生或是傅先生，都將此文解釋爲孔子對歌的重視，這在文意脈絡上是缺乏充分支持的。而且，二者也都在推論上觸犯了邏輯上的錯誤。我們可以將「子於是日哭，則不歌」，轉譯爲若P則Q，現在，若是日不哭則歌，便可轉譯爲若－P則－Q。我們在邏輯上並無法由若P則Q這樣的前提，直接推論出若－P則－Q的結論。這是傅先生推論上的錯誤。而徐先生由「子於是日哭，則不歌」，推出「在是日之外都會唱歌」，同樣是一種錯誤的推論。因爲是日哭則不歌，不必然推論出在是日之外都唱歌。因此，「子於是日哭，則不歌」，並不能作爲孔子重視音樂或審美判斷之支持。至於孔子對音樂的欣賞、審美及評斷，當以下列幾段文獻最爲重要：

1.子在齊聞韶，三月不知肉味。曰：「不圖爲樂之至於斯也！」（《論語・述而》）

2.子語魯太師樂，曰：「樂其可知也。始作，翕如也。從之，純如也，皦如也，繹如也，以成。」（《論語．八佾》）

3.子曰：「關雎樂而不淫，哀而不傷。」（《論語．八佾》）

4.子謂韶：「盡美矣，又盡善也。」謂武：「盡美矣，未盡善也。」（《論語．八佾》）

5.子曰：「惡紫之奪朱也，惡鄭聲之亂雅樂也，惡利口之覆邦家者。」（《論語．陽貨》）

孔子聞韶樂，三月不知肉味，表示音樂審美給人的快感，一方面不同於食色之欲的享受，一方面也強調此種快感較一般感性快感更爲強烈而引人。審美過程之所以讓人如是喜悅，當然是因爲它滿足了人性的需求，因爲無論是食色之欲、審美趣味或道德行爲，都是人性不可或缺的內容，而人正在此中的滿足獲得最深刻的喜悅。因爲如是喜悅，才能令人樂於追尋，而成爲教化的主要方式之一。孔子說：「知之者不如好之者，好之者不如樂之者。」〈雍也〉一方面說明實踐性所得價值之高於認知，一方面也顯現出人性如實之性格。值得注意的是，孟子說：「理義之悅我心，猶芻豢之悅我口。」〈告子上〉，如果道德帶給人的實踐性快感是如此強烈，則道德意識與審美意識同樣強烈的快感表現，也間接說明了道德意識與審美意識乃是人性根本之內容，甚至是最根源性之要求，如是才會令人有如此深刻的快感。正在此義，道德意識與審美意識之合一，便可得到理論性的支持。更進一步，則道德意識之實現，顯然要預設充分之自覺及克己復禮之要求，此則凸顯一自我之暫時對立，進而自我辯證，此則非一般人所輕易可及。相對而言，審美意識正要由種種模式中鬆動開來，將自我之對立、辯證加以化除，而直接感受審美的直觀，此正是筆者所謂的審美意識之不自覺性及超自覺性。因此，道德意識與審美意識因爲合一之存在，然其間仍有內容之差別與次第之不同，不可因存在上之合一而抹除其理論上之分別也。

至於「子語魯太師樂」一段，則是從音樂的形式上對之進行審美的活動。雖然如此，孔子對音樂卻不直接以形式作爲優劣取捨之標準，而更加以道德的標準爲其內容。例如：

孔子謂季氏：「八佾舞於庭。是可忍也，孰不可忍也？」（《論語．八佾》）

又，

子曰：「人而不仁，如禮何？人而不仁，如樂何？」（《論語．八佾》）

就八佾舞而言，孔子對季氏之批評，主要不是形式之錯誤，而是道德之失位。而「人而不仁，如樂何」同樣是由道德之意義，判斷音樂之價值。這樣的道德標準，顯然使孔子審美意識喪失了唯美的可能，而必須與道德意識合一加以理解。因而，審美意識便只是前道德的開端與後道德的境界，缺乏其中對類自身之反省與自覺之討論，這正是孔子審美意識最重要的哲學意義所在。

既然審美意識與道德意識乃是合一的，因此，樂而不淫，哀而不傷，鄭聲與雅樂得對比，盡美與盡善的要求，便能得到合理的理解與安頓。必須強調的是，孔子在討論武樂時將盡美與盡善區分出來，便表示孔子承認審美判斷的獨立性，只是審美判斷雖可獨立，然其最終之價值與意義，仍要在道德意識的對比中，才能得到完全的安頓。（註一二）

四、《論語》中審美意識與道德意識之關係

如果道德是以善爲根本之追求，而審美意識又是以美爲其終極關懷，則道德意識與審美意識之關係也就是善與美的關係了。而孔子盡善盡美之說，在此之意義何在呢？顯然，若盡善盡美合一，自是較只盡善或只盡美，有更豐富之價值與內容，但是，當孔子說武樂盡美未盡善，是否就表示善較美爲優先呢？我們先看看朱子的說法：

美者，聲容之盛。善者，美之實也。舜紹堯致治，武王伐紂救民，其功一也，故其樂皆盡美。然舜之德，性之也，又以揖遜而有天下；武王之德，反之也，又以征誅而得天下，故其實有不同者。（註一三）

依朱子，以聲容之盛爲美，顯然是就音樂的形式上說，唯此形式雖皆美而無分別，但其所承載之內容與意義則有別，此即治天下以禮與救天下以武之不同。就此而言，我們只能說，當形式一致或同層次之時，音樂之高下便可由其所承載之意義加以判別，此爲一。其次，我們再觀雅樂與鄭聲之優劣，孔子顯然並非以形式加以判斷，而是以中和與否加以判斷，此則亦是道德判斷也。因此，我們可以說，無論音樂的形式同或異，其間之優劣仍是以其道德內容爲判斷之標準，果如此，則道德意識較審美意義在價值上較爲優先，應是當然之論了。

徐復觀先生在討論「盡美」時曾說：

既是審美，便不會有如鄭聲之淫；因而在這種盡美之中，當然會蘊有某種善的意味在裡面；若許我作推測，可能是蘊有天地之義氣的意味在裡面。（註一四）

徐先生接著在注釋中引用《歐陽文忠公文集·卷十五·秋聲賦》：「是謂天地之義氣，常以肅殺而爲心」來說明所謂「天地之義氣」。筆者以爲，徐先生以此義來說明武樂或許是合理的，但是，孔子明白指出盡美既屬武樂，亦屬韶樂，而此義氣對韶樂的解釋便不甚恰當了。總之，我們在此已初步地說明孔子乃是將道德意識放在審美意識之上，而具有價值上的優先性。

問題是，當我們完全將道德意識置於優位時，卻也不得不面對以下的質疑。首先，如果孔子乃是以道德意識較審美意識爲優先，何以其又要人讀詩，而有「興于詩，立于禮，成于樂」之說，何不直接說立于禮而完全相應其道德意識呢？而在「志於道，據於德，依于仁」之後，又何以要以「遊于藝」爲結呢？更直接的反證，我們可以舉孔子「吾與點也」的故事來說明。試問：「莫春者，春服既成，冠者五六人，童子六七人，浴乎沂，風乎舞雩，詠而歸。」〈先進〉這段文字能說有強烈的道德意識嗎？這不是十分明白的審美意識表現嗎？然而孔子爲什麼獨對曾點加以讚賞呢？朱子的說法是這樣的：

曾點之學，蓋有以見夫人欲盡處，天理流行，隨處充滿，無少欠缺。故其動靜之際，從容如此。而其言志，則又不過即其所居之位，樂其日用之常，初無舍己爲人之意。而其胸次悠然，直與天地萬物上下同流，各得其所之妙，隱然自見於言外。視三子之規規於事之末者，其氣象不侔矣。故夫子嘆息而深許之。（註一五）

誠如徐復觀先生所言：「朱子是以道德精神的最高境界，亦即是仁的精神狀態，來解釋曾點在當時所呈現的人生境界。」（註一六）易言之，就曾點而言，這樣的表述未必如朱子所論而為一道德意識之表現，而僅可見一審美意識的表現。只是藝術境界與道德境界同樣也可以有天地一體、物我兩忘的境界，這也可說明孔子何以雖有「吾與點也」之歎，而又畢竟只許顏回以「三月不違仁」了。此中的理由無他，蓋曾點畢竟是審美意識的藝術境界，而非道德意識之道德境界也。只是我們在此卻也必須注意的是，最高的道德境界卻也不再只顯道德相了，此其與藝術境界相似，亦為道德之自我超越。易言之，道德原本就是經由「克己復禮」的道德自覺而成就其自身，但是，在道德自覺之前，吾人早已有了道德感動的存在，此無論是三年之喪的安與不安，抑或是乍見孺子將入于井的怵惕惻隱，都早在吾人克己復禮之前便隱然存在了。因此，「興于詩」亦不外是興發此純粹的道德情感，而審美意識亦正可幫助吾人拋除種種之成見與積習，直接碰觸吾人最根本之精神表現，進而體會由美而善的眞實情感。克己復禮自是嚴整的道德意識表現，但之所以能有此表現而又千古不絕者，亦不外此道德意識畢竟為人最眞實之情感表現，而同時直接在吾人不自覺中流露無遺，且更為審美意識所獨重。

另一方面，孔子自謂「七十而從心所欲，不踰矩。」這也正是化除對立、緊張，而至一絕對和諧之境，此也正是曾點所呈現之藝術之境，一種後道德之境。當道德成為吾人生命之內容而無分別之時，則人與理合一，道德之道德相可除，而更凸顯一藝術世界，此所以「吾與點」也、所以「遊于藝」也。

此義既明，則審美意識若就其對美的要求而言，誠非孔子之所重，亦必次位於道德意識之下。然而，如果審美意識乃是作爲人類精神根本之表現，則其既是前道德之不自覺階段之表現，亦是後道德之超自覺的境界，進而成爲最初始與最終極之精神意識所在。在此，我們當然可以了解「藝術與道德，在最高境界上雖然相同，但在本質上則有其同中之異。」（註一七）同時，也可以肯定：

由「克己復禮」而「天下歸仁」（即萬物一體）的境界，可以與樂的境界相同；但其工夫過程，亦可以與樂全不相干。而且由天下歸仁而必定涵有「吾非斯人之徒而誰與」的責任感，這不爲藝術所排斥，但亦決不能爲藝術所承當。（註一八）

但是，我們如果從人的存在之全面性、整體性來看人，如果我們從道德是在生活的複雜性中完成來理解道德，便知道道德顯然也要肯定許多非道德、前道德及後道德因素的滿足，而審美意識的地位與價值，便正是說明了道德之外的存在及其意義所在。它與道德意識，乃是互補而辯證性的關係。

五、結語

本文的主要目的，在展示《論語》中審美意識的美學意義，所得之結論亦甚簡要，此即：《論語》中誠然有以美爲對象之審美意識，唯此審美意識畢竟非孔子之所重，孔子所重仍在道德意識也。唯孔子在對道德意識重視之餘，仍須更進一步反省前道德及後道德的可能意義，是以作爲人類精神根本表現之審美意識，便成爲孔子十分重視的內容。本文亦正強調將審美意識由單純之審美，更提昇爲一根本精神之表現，由是而爲前道德及後道德乃至非道德存在，提供一形上之精神基礎也。

【附註】

註　一　參見勞思光：《中國哲學史（一）》（台北：三民書局股份有限公司，民國七十三年一月），頁一一三～一二二蔡仁厚：《中國哲學史大綱》（台北：臺灣學生書局，民國七十七年八月），頁一三。

註　二　本文所引《論語》及朱子註，所依版本爲：《四書章句集註》，（台北：鵝湖出版社，民國七十三年九月）。

註　三　參見牟宗三譯：《判斷力批判》（台北：臺灣學生書局，出版年月不詳）。

註　四　王世德主編：《美學辭典》，（台北：木鐸出版社，民國七十六年十二月）。

註　五　參見彭淮棟譯：《博藍尼講演集》（台北：聯經出版事業公司，民國七十四年三月），頁一六九—一一八八。

註　六　同註二，頁六九。

註　七　參見葉朗：《中國美學的發端》（台北：全楓出版社，民國七十六年七月），第二章：〈孔子的美學〉。

註　八　同註二，頁一〇一。

註　九　同註二，頁九五。

註一〇　徐復觀：《中國藝術精神》（台北：臺灣學生書局，民國七十二年一月），頁六。註一一　傅佩榮：〈儒家的充實之美〉，參見《中國美學論集》（台北：南天書局，民國七十八年五月），頁二六四～一六五。

註一二　參見李澤厚、劉紀綱主編：《中國美學史（一）》（台北：里仁書局，民國七十五年十月），頁一四五：「孔子認爲未『盡善』的東西，也可以是『盡美』的，明確地說明孔子看到了美具有區別於善的特徵，它同善並不是一回事。……孔子所以能如此，這是因爲他從仁學的基本觀點出發，重視人的感性現實存在，重視作爲社會的人的感性享受和愉快的合理性、正當性的緣故。」

註一三　同註二，頁六八。

註一四　同註一〇，頁一四。

註一五　同註二，頁一三〇。

註一六　同註一〇，頁一八。

註一七　同註一〇，頁一九。

註一八　同註一〇，頁一九。

人文美學的面向

南華管理學院
教授兼校長 龔鵬程

一、觀乎人文

談中國美學的人，都知道底下這段文獻：

浩生不害問曰：「樂正何人也？」孟子曰：「善人也，信人也。」「何謂善？何謂信？」曰：「可欲之謂善，有諸己之謂信，充實之謂美，充實而有光輝之謂大，大而化之之謂聖，聖而不可知之之謂神。樂正子，二之中，四之下也」。（孟子・盡心下）

孟子在此處將人的修爲層次化，分成四個等級，並以「充實之謂美」來形容其中一個部分。要談中國生命層境的美學，自然不能放過這條資料。

所謂「生命層境的美學」是說人類的審美判斷，除了投向天地山川自然事物、藝術品之外，也可以指向人的內在生命，討論人生命美不美的問題。而且人生命的美不美，並不只是美醜之分而已，美中更有其層級，與人生命表現之境界相符應。

此種生命美學，較自然美、藝術美的討論開展得更早，特別是儒家，對此強調得更多。即使是道家，雖特顯其天地精神，但因「天地有大美而不言」，故「聖人者，原天地之美而達萬物之理」（莊子・知北遊），追求的仍是遊心於物之初的至樂至美境界，以聖人至人為祈嚮。故生命美學可謂先秦美學之一大宗，流衍亦極深遠，影響中國藝術精神者可謂至深且鉅。（註一）

但生命美學乃就個體生命之成就與境界說，若就一個群體社會而言，則整個社會的文化狀況，是否也能成為審美的對象呢？

就一位君子來說，「君子黃中通理，正位居體，美在其中而暢於四肢，發於事業」（易・坤・文言）；一整個社會當然也可能因為人人都是君子而顯得文質彬彬，進退有序，洋溢著美感。《禮記・少儀》說得好：「言語之美，穆穆皇皇。朝廷之美，濟濟翔翔。祭禮之美，齊齊皇皇。車馬之美，匪匪翼翼。鸞和之美，肅肅雍雍」，此即人文之美也。討論人文美之內涵及其相關問題者，則可稱為人文美學。

生命美重在個人之成己成德，它與人文美當然有直接之關聯。但一偏於個體說，一就社會說，側重面向仍然有所不同。孟子所論，以生命美學為主，荀子則以人文美學或稱為文化美學為多。

二、「文學」

「言語之美，穆穆皇皇。朝廷之美，濟濟鎗鎗」，又見於荀子〈大略篇〉。以美不美來描述一個社會的文化表現，在荀子書中是十分常見的。

但這並不是荀子論美的第一個涵義。關於美，荀子基本上仍然承認那是事物的一種性質，因此他說：「蘭槐之根是為芷，其漸之滫，君子不近，庶人不服，其質非不美也，所漸者然也」（勸學）。美，指蘭芷本身所具有的質性。

先秦論美，凡就物事之美而說者，大抵皆承認美是客觀存在的。因爲美惡或美醜爲相對之詞，凡說某物美某物醜，必先承認人對美與醜已有了大致相同的判斷，而美醜也者，亦是物本身的屬性。就如王嬙西施是美人，癩蛤蟆則是醜八怪，美與醜，乃是西施與癩蛤蟆所分別具有的性質。

先秦諸子皆站在這個認定上發言，因此老子說：「天下皆知美之爲美」（二章），孔子說：「韶，盡美矣」（八佾），孟子說：「口之於味有同嗜也」（告子上），莊子說：「逆旅人有妾二人，其一人美，其一人惡」（山木）……。

美醜都是物的屬性，且人對此屬性也都有基本相同的審美判斷。荀子說：「凡人有所同一：目辨白黑美惡、耳辨音聲清濁、口辨酸鹹甘苦、鼻辨芬芳腥臊」（榮辱），即是此理。

但由此出發，各家卻試圖要發展出一些新的思考，突破這個「美的客觀論」的格局，例如老子說：「天下皆知美之爲美，斯惡矣」「信美不美，美言不信」。以美惡之相對性，來打破美的客觀性，或強調美可能遮蔽了其他的價值，以提倡一種「大巧若拙」「光而不耀」的新美感類型。莊子則主張「厲與西施，道通爲一」（齊物論），要把美醜的審美判斷，提升爲超越判斷，瓦解美惡之分。

又或者，指出美醜的存在縱使是客觀的，但「瞽者無與於文章之觀」，某些人某些時候，便硬是會做出特殊的判斷，把美的東西看成是醜的，而把醜的東西認爲美得不得了。整部《楚辭》即反覆在陳說這麼一種審美的錯誤，黃鐘毀棄，瓦釜雷鳴，「變白以爲黑兮，倒上以爲下，鳳凰在笯兮，雞鶩翔舞」

〈懷沙〉「世溷濁而不分兮，好蔽美而嫉妒」（離騷）。荀子〈賦篇〉也有一首「佹詩」，專講這種棄置珠玉、喜歡醜女嫫母、以盲爲明、以聾爲聰的異常狀態，所以名爲佹詩。佹者，變也，謂此爲審美之變態。（註二）

如若美與醜的判斷是可以被顛倒或超越的，那麼，美與醜就未必真屬於物的性質，而在於人對物的認識（註三）。如若「信」的價值更高於美，或美貌之人未必獲得別人的好感，則單純的物之美質，亦不值得依憑，還應結合其他價值才是。荀子的思路即由此展開。

例如他說：某些人形相醜而心術善，某些人則形貌美而心術惡，我們究竟是看重他的容貌還是心術？「今世俗之亂民，莫不美麗姚冶，奇衣婦飾，血氣態度擬於女子。……然而中君羞以爲臣，中父羞以爲子，中兄羞以爲弟，中人羞以爲友，俄而束乎有司而戮乎大市……。然則從者將孰可也？」（非相）〈非相〉篇專門由此破除一般人對容貌姣美的執著，在先秦諸子中是非常特殊的一篇文獻。但一點也不突兀，因爲荀子正欲以此凸顯「天生材質之美並非真美」的觀點：

△蓬生麻中，不扶而直。白沙在涅，與之俱黑。蘭槐之根是爲芷，其漸之溺，君子不近，庶人不服，其質非不美也，所漸者然也。故君子居必擇鄉，遊必就士，所以防邪僻而近乎中正也。（勸學）

△人雖有性質美而心辨知，必將求賢師而事之。（性惡）

△仲尼之狀，面如彭蜞；皋陶之狀，色如削瓜。……禹跳、湯偏三眸子，從者將論志意、比

類文學耶？直將差長短、辨美惡，而相欺傲耶？（非相）

△堯問於舜曰：「人情何如？」舜對曰：「人情甚不美，又何問焉？妻子具而孝衰於親，嗜欲得而信衰於友，爵祿盈而忠衰於君。人之情乎！人之情乎！甚不美，又何問焉？」（性惡）

人之情是不美的，其天生之材質則可能美也可能不美。但縱使如「周公之才之美」，也仍然須要文化教養、須要學習。擇鄉、求師、就士，這類文化之教養學習，簡稱「文學」，所以〈大略篇〉說：「人之於文學也，猶玉之於琢磨也。詩曰：『如切如磋，如琢如磨』，謂學問也。和之璧也、井里之厥也，玉人琢之，爲天下寶。子贛季路，故鄙人也，被文學、服禮義，爲天下列士」。孔子、皋陶、伊尹、商湯等人，就是材質不美而文學甚好的人物。只有不斷積學，讓自己成爲像他們那樣的人，荀子認爲才能真正稱爲美：

> 君子知夫不全不粹不足以爲美也，故誦數以貫之、思索以通之、爲其人以處之、除其害者以持養之。……德操然後能定，能定然後能應，能定能應，夫是之謂成人。天見其明，地見其光，君子貴其全也。（勸學）

這種成人之美，與材質之美，層次不同。是由其人文素養、道德操持所煥發出來的一種美感。（註四）

三、禮義之文

達成或體現真正的美，要靠「文學」。而文學之內涵，主要是禮。故〈禮論篇〉云：「禮者，達愛敬之文，而滋成行義之美者也」。

禮本身就是文，也用以表達情之文，而成就爲美。這些觀念，都與一般我們所自以爲已有所知的情況不甚相同。

禮本於人情。人情有喜怒哀樂，是天生自然的，「悅豫娟澤、憂戚悴惡，是吉凶憂愉之情發於顏色者。歌謠傲笑、哭泣啼號，是吉凶憂愉之情發於聲音者」。人情有哀樂，自然會表現在顏色聲音飲食衣飾上。所謂禮，第一個意義就是要讓它表現出來，在衣飾容貌聲音舉止各方面，讓愛敬或憂戚能充分地宣洩表現，此即所謂「達愛敬之文」（註五）。愛敬是情，黼黻歌笑或哀絰哭號則是它的文。禮，對於迎賓歡樂或喪祭哀戚時一些規定，其實只是順著自然人情的表現而使其暢達之而已。

但禮除了暢達情文之外，亦希望能成就爲美，若歡樂歌舞魚肉悅豫過甚，或哀毀悴鬱過久，便不太美了。哀樂皆能傷人，此即須略做調節，「兩情者，人生固有端焉。夫斷者續之、博者淺之、益者損之、類之盡之、盛之美之，使本末終始莫不順此純備，足以爲萬世則，則是禮也」。兩情，就是哀樂兩個極端。禮，以其飲食衣飾言語顏色聲音之文，來調節人的感情，使人不走上極端。所以「持平奉吉」時，「文飾聲樂恬愉」，但使之「不至妖冶」；「持險奉凶」時，「其立哭泣哀戚也，不至於隘懾傷生」。這就叫做禮義之文，因爲禮文必須如此才合於義。當然，禮也因能完成它適度、合宜之義，才能成就爲美，所以說：「禮者，達愛敬之文，而滋成行義之美者也」（以上皆見〈禮論篇〉）。

一般人想到禮，就想到理性規範、外在教化、道德意識、壓制情欲、禮教吃人等等，荀子所說的禮卻不是如此的。上文曾引用過一個術語：「持」或「持養」。禮出於情，亦所以養欲。荀子是不主張去欲或寡欲的。

〈正名篇〉云：「凡語治而待去欲者，無以導欲而困於有欲者也。凡語治而待寡欲者，無以節欲而困於多欲者也」，因為情欲是天生的，「欲不可去」，故只能持養疏導之，疏導調節之道，則在於「進則近盡，退則節求」。人再有辦法，縱使貴為天子，欲望也不可能窮盡，最多只能近乎窮盡其欲望而已。在沒什麼辦法時，欲望也不可能消除，只能節制自己的希求罷了。

此種調節疏導，不能仰賴個人的修養，而更應依靠一套制度，那就是禮。〈禮論篇〉曰：

> 禮起於何也？曰人生而有欲，欲而不得，則不能無求。求而無度量分界，則不能不爭。爭則亂，亂則窮。先王惡其亂也，故制禮義以分之，以養人之欲、給人之求。使欲必不窮乎物，物必不屈於欲。兩者相持而長，是禮之所起也。故禮者，養也。

禮制，對人生的各種欲望希求做了個分別。長幼、貴賤、貧富各色人等，其所養耳目口鼻身體威望者各不相等，故其服飾飲食房舍聲樂亦各有等差，以滿足不同程度的欲求。所以禮以養欲，其所以能養，便在於它的分、它的別。

一個社會如果毫無禮制、無所分別，人人依自己的欲望去爭去求，那就是個以原始氣力性情流動的世界，所謂「縱情性，安恣睢，禽獸行，不足以合文通治」（非十二子篇），亦可說是沒有文化，椎魯不文。於是，禮文的涵義，遂由情文、禮義之文，而講到與「禽獸行」相對稱的「人文」。

四、風俗之美

人文世界，是個有條理有美感的世界，荀子常用「雕琢」來譬喻。前文曾舉了〈勸學篇〉的例子，說：「人之於文學也，猶玉之於琢磨也」，〈富國篇〉又引用《詩・大雅・棫樸》說：「雕琢其章，金玉其相，亹亹我王，綱紀四方」（註六）。王者之綱紀，即其禮制。而此禮制，則又是在原始素樸的世界中形成其人文條理，分之別之，爲之雕鏤刻琢黼黻文章以辨貴賤、爲之鐘鼓管竽以辨吉凶歡戚，於是，整個社會乃形成這樣一幅景象：

井井兮其有理也，分分兮其有終始也，猒猒兮其能久長也，樂樂兮其執道不殆也，昭昭兮其用知之明也，修修兮其用統類之行也，綏綏兮其有文章也，熙熙兮其樂人之臧也。（儒效）

有理、有序、有節、有度、有制，且能合宜，故亦能得安樂。此即人文之美，禮的世界，遂亦爲一具有美感之世界。

對這樣一種美感世界的描述，除了使用雕琢玉石這個藝術創造行爲的類比外，荀子也常以音樂來類擬。例如〈富國篇〉：「明君……必將修法以齊朝、正法以齊官、平政以齊民，然後節奏齊於朝」，楊注：「節奏，禮之節文也，謂上下皆有禮也」，並不切當。因爲節奏分明是音樂上的用語，荀子常用此詞，〈強國篇〉所謂：「彼國者亦有砥礪，禮義節奏是也」。

不但如此，禮與樂似乎也已一體化了。如〈大略篇〉論人無禮不生，事無禮不成，其結論居然是：「故天地生之，聖人成之，和鸞之聲，步中武象，趨中韶濩，君子聽律習容而後士」。君子不能不習禮容、學音樂，禮與樂在此處乃是一體的，〈樂論篇〉把這個態度表現得更爲明顯（註七）。

這麼一種有禮樂有條理有美感的世界，並不存在於聖人內在的生命境界中，而是存在於整個社會上，因此，荀子特別討論到「俗」的問題：「奧窔之間、簟席之上，歛然聖王之文章具焉，佛然平世之俗起焉」（非十二子）。文章，所謂人文之典章制度，固然由聖王所創立，但此人文之落實表現卻在一般人的日常世俗生活中。

因此人文美同時也就是習俗美、風俗美。荀子說道：

1. 應侯問孫卿子曰：「入秦何見？」孫卿子曰：「其固塞險，形勢便，山林川谷美，天材之利多，是形勝也。入境，觀其風俗，其百姓樸，其聲樂不流汙，甚畏有司而順，古之民也。（強國）
2. 亂世之徵：其服組、其俗淫、其志利、其行雜、其聲樂險、其文章匿而采、其養生無度、其送死瘠墨、賤禮義而貴勇力、貧則爲盜、富則爲賊。治世反是也。（樂論）
3. 無國而不有美俗、無國而不有惡俗。兩者並行而國在，上偏而國安，下偏而國危。（王霸）
4. 榮辱之分也，聖王以爲法，士大夫以爲道，官人以爲守，百姓以爲成俗，萬世不能易也。（同上）
5. 祭者，志意思慕之情也，忠信愛敬之至矣。禮節文貌之盛矣，苟非聖人，莫之能知也。聖人明知之，士君子安行之，官人以爲守，百姓以成俗。其在君子，以爲人道也。（禮論）
6. 儒者在本朝則美政、在下位則美俗。（儒效）

7.聖王之生民也，皆使當厚優猶不知足，而不得以餘過度。故盜不竊、賊不刺、狗豕吐菽粟、而農賈皆能以貨財讓，風俗之美，男女自不取於塗，而百姓羞拾遺。（正論）

8.上好禮義，尚賢使能，無貪利之心，則下亦將甚辭讓、致忠信，而謹於臣子矣。如是，則雖在小民，不待合符別契券而信，不待探籌投鉤而公，不待衡石稱懸而平，不待斗斛敦概而嘖。故賞不用而民勸，罰不用而民服，有司不勞而事治，政令不煩而俗美。（君道）

通觀這些文句，荀子以習俗為審美對象，是非常明確的。《尚書大傳》中曾談到：「見諸侯，問百年，命大師陳詩，以觀民風俗」（《白虎通．巡守篇》引），另外，春秋時期，吳季札觀樂，其實也已是一種風俗判斷，但尚未如荀子般，拈出入一國則觀其風俗之美惡的說法來。上列文獻之1.2.3.條，即指風俗本身是可以進行審美判斷的，風俗有美有惡，且是屬於山林川谷「自然美」之外的人文美。其次，風俗美可以就整個時代與國家說，如1.2.也可以在一個國家內部分論某些風俗美、某些風俗惡。再者，審美判斷而只說「美惡」，不說「美醜」。惡這個判斷語，便聯結於善惡之惡，故風俗之美惡，同時也有道德上的善惡義，更直接體現了政治的良窳。

其次，第4.5.則說明了禮義典章制度，百姓以之成俗，形成其日常生活。而此生活，「君子以為人道也」，認為它就體現為人應有的生活狀態，非禽獸之行。人文的涵義，即表現在這兒。所謂：文化是一種生活方式。

對此生活方式，聖人創制，如周公制禮作樂般，構想規劃出一套制度來，為後世制法。士君子以此爲文化發展應循之道路，政府施政以此爲準則，百姓則依之成俗。彼此在社會上的分位不同，作用亦不一，因此才有「風俗」一詞。上文所引第6.則，說儒者在朝則美政，在下位則美俗。美政，即前文提過的，禮本身即應體現美，故在朝蒞事，以美政爲要求。美俗，則是居下位者的事，在習俗中表現爲美。同時，上位者又是下位者的模範，君子之德風，小人之德草，上之化下，風化行而習俗美，故稱爲風俗。第7.8.則都是談一個國家的社會風氣風俗問題。風俗美的地方，人民文化素養高，政治也同時顯得清明，社會安定、治安良好、人不貪婪，故能顯出一種美感來。

五、化民成俗

荀子對「俗」是非常重視的。〈正名篇〉有云：「名無固宜，約之以命，約定俗成謂之宜，異於約則謂之不宜。名無固實，約之以命實，約定俗成謂之實」。許多文化事物，是在民眾約定俗成中自然形成的，這均須予以尊重。但如此，僅是「俗成」。荀子要由此更進一步談「成俗」。如上引文第4.5.，都講到聖人制法、百姓成俗的問題。然則，何謂成俗?

以名爲例。名若約定俗成，那就是適宜且有固定內涵的了，荀子是尊重這種俗成之名的，但他更要「制名」：「若有王者起，必將有循於舊名、有作於新名。然則所爲有名，與所緣以同異，與制名之樞要，不可不察也」。（註八）

在舊有俗成之名的基礎上，創制新名。「刑名從商；爵名從周；散名之加於萬物者，則從諸夏之成俗曲期；遠方異俗之鄉，則因之而爲通」，都屬於制名的一部分，但都是因於俗成、循於舊名的。另一部分才屬於新名之制作。其原理，則在於：「名有固善，徑易而不拂，謂之善名」。可以根據事物之同異予以析分名實，爲之制定一個確當不可移易的善名、好的名。

唯有如此制名，才能正名，糾正那些政客們玩奇辭擅作名，且「使民疑惑，人多辨訟」的惡劣風氣。語文，是文化中最重要的部分，人用語文以指稱辨識生活的世界，故語文系統紊亂、指涉混殽，必然形成認知及社會生活雙重的錯亂。（註九）荀子正名，除了沿續孔子所說的意涵之外，其獨特處，就在於點出這個與文化、甚至美感的關係，他說：

> 期命辨說也者，用之大文也，而王業之始也。名聞而實喻，名之用也，累而成文，名之麗也。用麗俱得，謂之知名。……辨異而不過，推類而不悖，聽則合文，辨則盡故。……是聖人之辨說也，詩曰：「顒顒卬卬，如珪如璋，令聞令望，愷悌君子，四方爲綱」。……是士君子之辨說也，詩曰：「長夜漫兮，永思騫兮。大古之不慢兮，禮義之不愆兮，何恤人之言兮」。……而愚者反是，詩曰：「爲鬼爲蜮，則不可得。有靦面目，視人罔極。作此好歌，以極反側」。

期命辨說，用之大文，梁啓雄注引〈樂記〉：「以進爲文」注：「文猶美也」，講得很好。（註一〇）這裡確實是以正名爲王道之端，而且也以此爲文化美感創造的開端。因此說用名辨異定實即是「大文」，是重大的文化表現，且其本身就體現爲美。名累積聯組成文，就美且麗了，美而麗，才能稱得上是知名。

荀子的文學觀，我們在前文中已有論及，乃指人天生材質的文飾與學習。此種文飾與學習，是「滋成行義之美」的，其內涵主要是禮，同時也是美。此處，荀子由名言之實，講到文之麗，也是由質而文的結構。用麗俱得、文質兼備，乃顯現出彬彬、顯顯、卬卬的美感。人文的社會，倘不能朝此發展，便將淪爲鬼蜮世界。

如此制名，就是在「俗成」的基礎上，進而「成俗」，達成人文化爲的理想，〈解蔽〉引詩曰：「明明在下，赫赫在上」，說：「此言上明而下化也」。足見他的文化理想，就存在於這樣化民成俗、文明以止、風俗淳美之中。

民衆俗成之俗，猶如天生材質之質。這個質是需要雕琢文學的。荀子曾批評「鄙夫」，謂彼等「好其實不恤其文，是以終身不免卑汙庸俗」（非相）。要改變庸俗，不止於俗成，即須移風易俗、化民成俗，而風俗又希望它成就爲美，因此荀子特別強調樂的作用。〈樂論〉云：

△樂者，聖人之所樂也，而可以善民心。其感人深，其移風易俗。

△君子以鐘鼓道志，以琴瑟樂心。動以干戚，飾以羽旄，從以磬管，故其清明象天、其廣大象地，其俯仰周旋有似於四時。故樂行而志清，禮修而行成，耳目聰明，血氣和平，移風易俗，天下皆寧。

移易風俗，變化氣質，事實上也就是化民成俗。俗有兩層，一指日常生活樣態中的約定俗成部分，一指經制法風化而成之俗。至於風化之辦法，主要是樂。當然，君子端正立身，體現其人格之美，亦足以風化下民，達到移風易俗的效果。

這樣由「俗」到「化民成俗」，就顯示爲禮、爲一人文化之歷程。〈禮論〉曰：「凡禮，始乎梲，成乎文，終乎悅校」，梲，是粗糙疏略的狀態，悅校，則是美好的樣子。荀子這樣說禮，倒讓我們想起孔子與子貢對禮「繪事後素」的討論。所謂「禮後乎」，亦可以用歷程化的觀點來解釋：始於才情質朴，終於文學禮樂，君子以爲人道，百姓以爲成俗。這不僅是荀子的政治學，同時也是他的美學。（註一一）

六、觀風論俗

荀子這套講法，在漢代大爲風行，主張尊崇儒術的董仲舒，在〈元光元年舉賢良對策〉中說道：

命者，天之合也。性者，生之質也。情者，人之欲也。或天或壽，或仁或鄙，陶冶而成之，不能粹美，有治亂之所生。……故南面而治天下，莫不以教化爲大務，立大學以教於國，設庠序以化於邑，漸民以仁，摩民以誼，節民以禮，故其刑罰甚輕而禁不犯者，教化行而習俗美也。

從人之性情陶冶能否粹美上看，此「美」字自然是指人文表現而說的。要通過人文化成，才能使人民表現出優美的習俗，此即指風俗之美。而此亦即禮樂文化。所以董仲舒又說：「制度文采玄黃之飾。……常玉不琢，不成文章，君子不學，不成其德。……周公作禮樂以文之」。

董仲舒整個論述中，人格美和風俗美，其實是結合起來講的。只有特殊的天才，「資質潤美，不待刻琢」，一般人都是要學的。士不學，不能成其德，亦即不能成文章，不能成其美；國家要老百姓有文化教養，表現出優美的文化態度來，卻不養士、辦教育，「譬猶不琢玉而求文采也」。風俗之美，事實上就是整體社會人格美的表現。

這樣的說法，理論架構和語言，都不難看出是深受了荀子的影響：順著這種觀點發展下來，政治學即不折不扣地成爲一種美學。觀風俗之厚薄，是典型的政治批評；欣賞比較各地風俗之淳漓，是非常重要的政治行動；研究風俗變遷之故，而進行政策調整、政治興革，更是從政者應爲之事。故崔實〈政論〉云：「夫風俗者，國之脈診也」。應劭《風俗通義•序》也說：「爲政之要，辯正風俗，最其上也」。如何辯正風俗？從應劭到阮籍，則都異口同聲地說：「移風易俗，莫善於樂」。

漢人的風俗批評，當然也有迥異於荀子的地方。例如荀子較重「文」而漢人較重「質」。荀子強調的，是對自然質性的化性起僞、化民成俗、稱情立文、因名制名、緣情爲禮的部分，重在人文世界的建立，指出人文美的路向。漢儒則進一步，站在「三代文質代變」的文化發展觀點上，認爲文化既經建立成形，即有或偏於文或偏於質的不同樣態；風俗之美與惡，或許並無絕對的標準，要看時代。若某個時代風俗偏於文飾雕琢浮僞禮儀太多了，那就須以質來救蔽，強調質朴平淡自然；反之，若風俗太過樸鄙淺俗，則應加強文學。如此才能文質代變，才能改善風俗，達到整體社會文質彬穌的境地。

漢人的風俗美論述，非此處所能細論。本文的主要目的，在於介紹我國美學思想的特色，尤其是人文美的這個面向。這個面向，濫觴於季札觀樂時，聽音樂即有以知國之盛衰，判斷該國是「美哉！泱泱乎」或「美哉，其細已甚」。繼之則爲孔子，《論語・衛靈公》載：「顏淵問爲邦，子曰：行夏之時，乘殷之輅、服周之冕、樂則韶舞，放鄭聲、遠佞人」，用時乘輅服冕舞樂聽歌，都是風俗及審美上的事，而即以此爲爲邦之道。正是人文美學的思路。但對這個思路與面向，孔子顯然尚未及開展，真正展開，並在理論上予以說明之者，仍推荀子。因此本文謹原荀子之意，重構其理路，以見人文美學之大凡。

我如此鄭重表出人文美學一路，當然是有深意的。

如前所述，人文美學與生命美學是中國美學的特色及重點所在。相對來看，西方美學思想在希臘早期是屬於自然哲學的範疇，或討論美的比例、數量與形式。蘇格拉底轉而從美對社會的效用上論美與醜，這時「美」固然和「善」統一了起來，但所謂善，是就能否完善地實現人希望它達成的目的而說。至柏拉圖，主要是討論文藝如何摹仿真實世界，以及文藝是否會敗壞政治。亞里士多德則除了論摹仿、論文藝的淨化功能之外，主要還在闡明了藝術品本身即爲有機的整體之觀念。這些論述，與中國著重生命美學、人文美學的想法，實在是兩個不同的路向。

西方美學所探討的那些路向，我國也不能說沒有，但重點不同。在我國，人文美學這個向度的思考，早於也更高於其他。例如先秦時代孟子談「充實之謂美」，荀子談「習俗美」，均屬於廣義的人文美的探討，而一偏於個體生命的充實完善，一偏於人文世界風俗之淳美，前者開生命美學之路，後者則爲文化美學。有關自然美的討論，反而要遲到漢魏才漸漸成形，「風景」一詞出現，山水文學美感世界的奠定，正是魏晉美學的主要內容。繼而〈洞簫賦〉〈文賦〉以降，針對藝術品構成原理及審美活動所做的探討，才逐漸建立起有關藝術美的研析傳統。但在此同時，人文美並未被取代，而是融入自然美與藝術美的探究中。藝術美的極致表現，往往被認爲應即同時是人格美的展現，山水自然的審美觀覽，也體現了審美者的人格與心境。這種特質，恐怕已成爲最具中國特色，且不易以西方美學理論格局來籠罩的部分。

魏晉南北朝以迄隋唐兩宋，是對自然美與藝術美之探討卓然有成的時代，然而人文美之思考不僅滲入其中，更逐漸發展出生命美學、文化美學之外另一個「生活美學」的角度。經由文人生活，諸如賞花、品茗、飲酒、評文、論畫、玩石、博古、下棋、閑居、遊園、聽雨、度曲、觀戲……等的提倡、反省、咀嚼，至明代乃出現大量討論「燕閑清賞」的文獻，希望能把日常家居經營成爲一種有美感有品味的生活。

生命美學、文化美學、生活美學，正是中國美學的核心部分，且與中國人對自然美、藝術美的探求相通貫。未來中國美學的研究，要在西方美學體系之外，開展一個足資對照的格局，仍應循此恢拓之。可惜，過去之美學研究，格於西方美學的框架，對人文美的討論仍然不足。特別是習俗美這個部分，受到的關注，遠少於生命美學部分。據我所知，只有唐君毅先生因談中國人文精神的重建，希望重現中華禮樂，才點出了這個人文風俗美的概念，並企圖以人物美人格美人文美爲基，來說明中國的文學藝術美。但唐先生之後，人文風俗美之說，仍未獲得美學界重視。甚至，人文美學能否成爲美學研究之一領域，因無研究，亦尚存疑。（註一二）本文之說解，便希望能在此插纛建寨，正式建立一個論域，而且要宣稱：人文美學的研究才是中國美學研究的重心。

如此宣稱，不只是針對西方美學而說，也是針對我們的學術研究情境而說。爲什麼過去我們雖注意到中西美學對比之分異，卻只從生命美學這個角度去闡發中國美學之精蘊，而相對忽略了人文美的問題？難道不是由於宋明理學乃至陸王式孟子學影響了我們的思維嗎？個體生命，盡心知命以上達於天的成己成德之學，講究的是心體活潑的鳶飛魚躍，直契天地之大化流行。爲學者，欲尋孔顏之樂處，以心齋達致美善合一之境界，卻甚少考慮化民成俗之問題。儒家的實踐性，落在個體甚或主體道德實踐上多，著在社會實踐者較少。故論到生命德行之美、風姿之美，皆堪欣賞；想談談風俗文化之美，就不知從何說起了。

因此，重新介紹荀子及漢儒的人文美論述，提供一些新的思想資糧，恐怕甚爲必要。但這種工作絕不如想像中那麼簡單。近幾十年對荀子及漢儒思想的研究，其實大多是戴著宋明理學或陸王式孟子學的眼鏡在說話，老是批評它們是歧出、是墮落、是不達心性的超越根據，對其「禮」「文」諸概念，亦併不能恰當了解。受五四新思潮影響而形成的社會文化氣候，更干擾著學術認知，一談到禮，就有一堆刻板印象（stereotype），對荀子及漢儒，紮起一批稻草人，胡亂批評或解釋一通。因此，如理且恰當地了解荀子的人文美學觀念，實甚困難。本文勉力重構其思想地圖，未必即爲諦解達詁，然至少可提供一種理解荀子及漢儒的思路。

而且這個人文美學路向的詮明，還可同時具有美學與政治學方面的意義。

先說前者。長期以來，講中國美學或文藝理論都有一個困擾，或者說是因本身理論框架所形成的困擾，那就是政治干預文藝或文藝爲政治服務之問題。例如孔子談爲政，便說應「放鄭聲」；荀子等人談政治，也說要運用音樂來移風易俗；〈詩大序〉等漢人解《詩經》，更是直接將詩言志和政治上的正變良窳關聯起來。依文藝之爲一感性活動、審美活動而言，此難道不是政治干預了文藝、要文藝爲政治服務，且政治觀點和文藝審美判斷相混了嗎？而且，中國文學藝術，遂似乎也可以因它與政治的親疏關係，而分判出「言志／抒情」「社會政教導向／自我性靈導向」的不同。並以兩派的分合互動來建構文藝史。

可是，這乃是局限於藝術美，且將美與政治、道德相區分的觀點。如此區分，不只在美與政治這一方面會有這樣的問題，美與道德也同樣會產生扞閡。禮，一定被解釋爲理性的、道德的、形式的、外在的力量，文學藝術則被視爲情的表現，是審美的、內在的、真實的。儒家之說詞，遂成爲對文藝的宰制，彷彿唯有掙脫禮教，才能讓文藝獲得生機，使審美活動不受到道德的束縛。

若從人文美的角度來看，當然沒有上述諸問題，且對於情、禮、文、質、德、美諸概念之細部理解，亦均不同。我們應重新對此進行理解，不能以打拳擊的標準與行動原理來討論太極拳打得如何。（註一三）

由政治學方面看，早期西方柏拉圖、亞里士多德的政治學，與倫理學實爲一體，但討論的，主要是權利義務之問題。例如人爲什麼要有國家和政府？政府應做什麼？人爲什麼要服從政府？彼此之權利與義務又爲何等等。其後政治學除了與倫理哲學相關之外，更著重在權力關係的討論，如國家主權之行使、政府部門間權力之制衡、人民權力之確立與保障等等。

以此爲準則，看中國傳統政治理論的人，便老是批評中國先哲論政太注意主政者個人之道德修養問題，而少談及人民與政府的權利義務，亦缺乏對權力的探討，未把政治和道德分開。此等論調，久已瀰漫於學界。然而這不但是系統外的批評，並未掌握到中國政治學說的主要肌理，且忽略了主政者的道德修養問題其實正是一政治問題。主政者打高爾夫球、吃鮑魚、買豪華別墅，是私德，同時也就涉及了公義。從風俗批評的角度說，上行下效，賣官售爵、以權謀私、浮侈逢迎、鑽營苟且，亦必然風行草偃，形成惡劣的社會風氣。而惡劣的社會風氣，不就代表惡劣的政治成績嗎？風俗既惡，各種醜態，日日呈現於吾人眼前，風俗批評，當然既是政治學的也是美學的。

中國傳統政治，格外重視風俗是否淳美，這種認識，也許足以為政治學研究打開一個新的路向，將美學與政治學重新扭合為一。

總之，論美學，我們都得記住孔子的語：「詩，可以興、可以觀、可以群、可以怨」。觀什麼呢？《易》曰：「觀乎人文，以化成天下」。

【附註】

註　一　台灣美學界論中國美學，大都屬於這個進路，如方東美、唐君毅、徐復觀、史作檉等都是。但指稱詞各不相同，徐復觀講藝術精神，史作檉自稱為形上美學，我舊作《文學與美學》中以「境界型態美學」名之，後來李正治則稱之為生命美學。我同意正治的說法，故此處亦沿用這個稱呼。

註　二　荀子另一討論審美之顛倒狀態的重要文獻，是〈樂論〉。本篇與《禮記・樂論》內容十分相似，但意義最大的差別處，在於〈樂記〉是正面宣稱音樂如何如何重要、如何如何美好，本篇則有審美判斷被顛倒的焦慮與無奈。因此它的語調總是說：音樂是怎麼怎麼好、怎麼怎麼重要，而墨子非之，奈何！「奈何」了好幾段之後，才感嘆道：「墨子之於道也，猶瞽之於白墨也，猶聾之於清濁也」，面臨了一個審美的困境。

註　三　荀子〈解蔽篇〉即由人之認識上說審美判斷可能存在的誤差：「凡觀物有疑，中心不定，則外物不清。……水動而景搖，人不以定美惡，水執眩也」，此即所謂「蔽」。

註　四　天生的材質即是「性」，性不管美不美，順情而流盪，終將不善。此正是荀子性惡之說。與其論美論學，理論上是一貫的。

註　五　〈禮論篇〉用另一種方法說這叫做「稱情而立文」。鄭玄注：「稱人之情輕重而制其禮也」。

註　六　此詩又引用於〈儒效篇〉。另外，〈宥坐篇〉又談到：「官致良工，因麗節文。非無良材也，蓋曰貴文也」，也講到了材質與文彩的關係。荀子貴文的傾向，由這些地方看，是頗爲明顯的。

註　七　君子要聽樂，詳〈樂論〉；要習容，其容如何？〈非十二子篇〉云：「士君子之容。其冠峻，其衣逢，其容良，儼然、壯然、祺然、棣然、恢恢然、廣廣然、昭昭然、蕩蕩然，是父兄之容也。其冠峻、其衣逢、其容愨，儉然、姼然、輔然、端然、訾然、洞然、綴綴然、瞀瞀然，是子弟之容也」，這是合宜的禮容。若不如此，而在容態舉止上表現爲：帽子戴也戴不正、纓帶鬆緩亂垂、態度簡慢、行動遲滯，或跳著走、左顧右盼，看見酒肉聲色就一付垂涎欲滴的樣子，那就是「學者之嵬容」了。嵬，奇異、不恰當也。這種對人容態的審美批評，其實與魏晉人物品鑒之欣賞人物風姿頗有關係。

註　八　制名，與制禮之意義相同，且均是因民之俗而成就之。

註　九　荀子這個講法，純理論地說，不易了解。但若放在現今這樣的新謊言時代中看，相信人人都可以有具體的感受。例如政界人物說彼此肝膽相照，就是說已水火不容了；說要憲政改革，就是準備擴權乃至獨裁；又到處有人放話，到處有人公然扯謊；還經常可以看見「一說就錯，錯了就賴」；語言又甚爲奇奧，每每需要化粧師出來修飾解讀，……。政治好不好，從這種政治語言學上就可以看出來了。

註一〇　荀子除了重視俗外，也很重視用。用即功用、作用之意。人文世界之所以須要名言，就是因爲名言有期命辯說的作用。故曰：「期命辯說者，用之大文也」。他論禮，也是如此強調用的。如〈王霸篇〉：「若夫貫日而治平，權物而稱用，使衣服有制、宮室有度、人徒有數、喪祭械用皆有等宜，以是用浹於萬物」，〈禮論篇〉：「祭，躋大羹而飽庶羞，貴本而親用也，貴本之謂文，親用之謂理，兩者合而成文」。禮不只是虛文，更應符合實際的作用。

註一一　荀子的禮論，其實是一套新的講法，充滿人文主義態度。因爲禮的本義乃是祭祀神明，奉酒醴以爲禮。荀子則發揮孔子「祭神如神在」之說，把禮的超人文宗教意義極力淡化了。所以他說：「卜筮視日，齋戒修除，几筵饋薦告祝，如或饗之。物取而皆祭之，如或嘗之。毋利舉爵，主人有尊，如或觴之。賓出，主人拜送，反易服，即位而哭，如或去之。哀夫！敬夫！事死如事生、事亡如事亡，狀乎無形影，然而成文」（禮論）「雩而雨，何也？曰：無何也，猶不雩而雨也。日月食而救之、天旱而雩、卜筮然後決大事，非以爲得求也，以文之也。故君子以爲文，而百姓以爲神。以爲文則吉，以爲神則凶也」（天論）。祭祀卜筮，他都視之爲文，不以爲實。鬼神只是如在、如來、如去、如饗、如嘗，虛擬鬼神之行爲以表達人的情意，所以說是文，這是文的另一解。它在美學上的局限，請參考龔鵬程〈現代社會的禮樂重建〉，第三屆現代儒學會議論文。

註一二　唐先生之說，亦詳見注十一所引龔鵬程文。

註一三　風俗批評在中國文學理論中所占地位向極重要，〈詩大序〉云：「關雎，后妃之德也，風之始也，所以風天下而正夫婦也。故用之鄉人焉、用之邦國焉」，即是風化之觀念，因此下文接著說：「正得失、動天地、感鬼神，莫近於詩。先王以是經夫婦、成孝敬、厚人倫、美教化、移風俗。……至於王道衰、禮義廢、政教失，國異政、家殊俗，而變風變雅作矣。國史明乎得失之跡，傷人倫之廢、憲政刑之苛，吟詠情性，以風其上，達於事變而懷其舊俗者也」。一段之中，對於風俗的問題，再三致意。理論架構，完全本諸荀子，連所謂「情發於聲，聲成文謂之音」云云，也看得出荀子論「文」的痕跡。但此處論風，卻在上以風化下的風俗之義外，另加上了「下以風刺上」的含意，這是荀子所未曾論及的。魏晉以後，本此風俗論以談文學美之變遷者，以劉勰最爲重要，《文心雕龍．時序篇》說：「時運交移，質文代變。……昔在陶唐……盡其美者，何乃心樂而聲泰也！……大王之化淳，邠風樂而不淫；幽厲昏而板蕩怒，平王微而黍離哀，故知歌謠文理，與世推移，風動於上，而波震於下」。文質代變，是人文美學說在漢代發展成形的通說，被劉勰用來解釋文學美的變遷，而其中介觀念便是風俗說。風動於上，波震於下，人文政教之質文代變，亦遂影響到文學美的文質代變，所以說戰國時期文學「暐燁之奇意，出乎縱橫之詭俗也」。又說漢朝末年及建安時期：「觀其時文，雅好慷慨。良由世積亂離，風衰俗怨，並志深而筆長，故梗概而多氣也」。凡此之類，皆人文美、風俗美觀念在具體文藝理論上的運用。對此運用，論者不但未予正視，甚至誣指爲「使文藝爲政治服務」「以政治功能扭曲文藝價值」，哀哉！

丘逢甲詠物詩的美學觀

淡江大學中文系教授 王甦

壹、前言

丘逢甲（一八六四～一九一二）字仙根，號仲閼，別號倉海君，生於台灣苗栗，祖籍廣東鎮平（今蕉嶺縣），他是革命家、教育家、也是詩人。他少有詩名，十四歲中秀才，有「東寧才子」之稱。甲午戰後，清廷割讓台灣，逢甲奮起抗日，乙未失敗內渡。連橫稱「逢甲既去，居於嘉應，自號倉海君，慨然有報秦之志。觀其爲詩，辭多激越，似不忍以書生老也。」（註一）他的詩才思橫溢，自出機軸，控送如意，能以俚語、科學語入詩，其詩以七絕七律佔多數，七律尤精對仗，七古次之，其他又次之。乙未以前之詩，多爲赴試應酬之作，以戰亂散失，所存有限。乙未以後，多憂患傷時之作，師友酬唱及遊覽名勝者次之。他能重視社會基層，反映社會百態，富悲天憫人之情。

逢甲的詩與黃遵憲齊名，梁啓超譽爲「詩界革命鉅子」。（註二）柳亞子有詩贊曰：「時流競說黃公度，英氣終輸倉海君。戰血臺澎心未死，寒笳殘角海東雲。」（註三）可謂推崇備至。錢仲聯亦曰：黃遵憲與梁啓超書，推逢甲詩爲「眞天下健者」，謂「渠自負曰：二十世紀中，必有刻黃丘合稿者」。是亦詩界革命之魁矣。其論詩次鐵盧韻云：「邇來詩界倡革命，誰果獨尊吾未逢。流盡玄黃筆頭血，茫茫詞海戰群雄。」可知其「恥居王後」之雄心。《嶺雲海日樓詩鈔》，其深到之作，魄力雄厚，情思深至，人境亦當縮手。（註四）

逢甲的《嶺雲海日樓詩鈔》初稿於民國二年發行，按年編輯，得十三卷，一千三百餘首，自乙未內渡起，至南京臨時政府成立後止。民國十九年秋再版，二十六年由逢甲門生鄒魯，時任中山大學校長復取前刊，手自校訂，「其前未選入如零珠碎玉之不忍割者」，則由逢甲四胞弟瑞甲輯爲「選外集」約四百首補入，仍名曰《嶺雲海日樓詩鈔》，由鄒魯作序，三版發行。早期的《柏莊詩草》二百八十二首，爲居台時所作；民國六十七年由直庵陳炎正發現手稿，影本藏於臺中逢甲大學圖書館，其後附載《丘倉海先生詩文錄》，收詩一七八首。計七古一首，五律二一首，五絕一首，七律七四首，七絕八一首（含竹枝詩四十首，離臺詩六首）。二書合計有詩二千餘首。

在逢甲的二千多首詩中，詠物詩具有相當重要的地位，也有相當重大的意義。他的詠物詩託意堅貞，含詩芳烈，能用象徵的手法，來表現豐富的情趣。簡言之：就是以「言在此而意在彼」的方法，把情趣意象化。而讀者則由欣賞其意象，而了解其情趣，也就是把意象情趣化。情趣是美的內容，意象是美的形式。作者把情趣寄託於意象，讀者由意象而了解其情趣。詠物詩之所以可貴，不在表面的意象，而在其所寄寓的情趣。早在戰國時的屈原作《離騷》，以香草、善鳥、龍鳳以譬忠貞君子，以臭草、惡禽、飄風以比小人，爲詠物詩開拓了寬廣的領域。逢甲的詠物詩，不但範圍廣泛，而且種類繁多，即以他早年所作的蟲豸詩五十首來說，其鳴有「脰鳴、注鳴、旁鳴、翼鳴、股鳴、胸鳴之類；」其行有「卻行、側行、連行、紆行之屬」（註五），把五十種不同的蟲，用鳴聲的部位，和行走的方式來分類，可以想見其巧思，而在寫作技巧方面，則擬諸形容，雕鏤物情，繪聲繪影，維妙維肖，亦莊亦諧，雖屬遊戲三昧，而能意在言外，深得風人之旨，可爲談助之資，可作閱世龜鑑，亦可恢擴性靈，發揮才調。此外對於禽鳥的吟詠，亦有深遠的意義，如他的〈秋雁歌〉和〈放生鵝歌〉，二詩皆用以自況，前者以喻無家可歸的境遇與悲情，後者以抒遭讒受謗的無助與憤懣。」，在逢甲詠物詩中，確能以譬喻託寓的技巧，來表達詩人體物言志的藝術境界。

貳、本　論

一、花木類

(一)菊

在逢甲的詠物詩中，以詠花爲最多，在詠花詩中，以詠菊爲最多，亦以詠菊爲最早，他最早詠〈萬壽菊〉的一首七絕：

> 采見南山歲幾重，古色古香艷秋容；愛花合爲淵明壽，酒浸黃英晉萬鍾。（註六）

據鄭善夫年譜，此詩作於九歲時。就全詩內容來看，首句「采見南山」，隱栝陶淵明〈飲酒〉「

採菊東籬下，悠然見南山」的詩句，手法相當老練，不像是九歲童子，次句「古色古香」，雖是老生常譚，但「艷秋容」三字，就顯得出語不凡，意謂因菊花而使秋容「艷」麗，有人把「艷秋容」三字，譯成「艷麗的菊花點綴著秋景」（註七），似欠妥當。三句點明題意，「花」切「菊」字，「壽」字切題，又歸到「淵明」身上，一語雙關，如畫龍點睛，全詩皆活。末句「萬鍾」與題面的「萬壽」，相應成趣。「晉萬鍾」三字，極言酒之多，更見氣之壯。九齡幼童，有此口氣，實在難能可貴。再就全詩的格律來看，除次句「古色古香」失黏外，餘均合乎近體七言絕句的格律。

在《柏莊詩草》中，有〈早春園花次第開放各賞以詩〉十六首，其中有〈菊花〉詩：

鈿朵應教誤散金，迎年曾入鷺洲吟；尋常偶向春風坐，不改東籬隱逸心。（註八）

此詩作於壬辰年，逢甲二十九歲，時唐景崧回臺南知府本任，公暇召諸生，嚴立課程，講求經訓，文風漸盛。時逢甲主講臺南府崇文書院，與其師唐景崧等有詩唱和。景崧元韻有「更有門生壓海東」之句，（註九）即此可知其對逢甲的贊賞與肯定。此詩首句「鈿朵」，指金色花朵，次句自註：「荷花吐臘菊迎年，張鷺洲湄句」。案「吐」乃「度」之誤。（註一〇）三句暗應張湄「度臘」句意，「春風」以喻「出仕」，用一「偶」字，見得出仕本非所好，末句結出正意。逢甲於光緒十五年正月，首途赴北京會試，中進士，欽點工部主事虞衡司，以無意仕途，告假回里省親。（註一一）三四兩句無異是逢甲心路歷程的一段寫照。

還有一首〈野菊〉七言律詩，也是逢甲早年作品：

入眼驚看秋氣新，孤芳難捹出重榛；英華豈復關培植？爛熳依然見本眞。
淡極君心宜在野，生成傲骨不依人。陶潛死後無知己，淪落天涯爲愴神。（嶺雲海日樓詩鈔卷一頁八）

此詩前有小序：「尋秋東(53)，有金英爛然於隴之畔，開不後時，而乃無賞者。喜其獨秀而復傷其不遇也。長言詠歎，豈曰不宜？」

此詩作於一八九五年秋，是年爲中日甲午之戰的次年，清廷割讓台灣，逢甲與唐景崧等成立台灣民主國，因抗日失敗內渡，卜居廣東鎭平祖籍，因遭逢喪亂，蒿目時艱，雖有報國有心，而請纓無路，此詩係以野菊自況。菊之「野」以喻己之家居，小序所謂「開不後時，乃無賞者」，以喻己早著才華，而不見用。「喜其獨秀」，無異「夫子自道」，「傷其不遇」，實即所以自傷。此詩首句用「驚看秋氣新」，「秋氣新」是自然現象，未必有可「驚」之處，可「驚」的是政治上「一葉知秋」，野有遺賢不知錄用；次句的「孤芳難捹」，以喻己之才華出衆，「出叢榛」，以見環境之惡劣，人才之難得。頷聯以喻英才不關培植，本眞依然爛熳。頸聯以喻己志行高潔，生成傲骨，不忮不求，宜於在野。其所以然者，乃因肉食者鄙，知音難遇。詠物和抒懷融爲一體，物之中有人，人之中有我。結句發出「天涯淪落」的感傷，和「知音難遇」的慨歎。他的〈采菊歌〉七言古風有：「清辰采菊東山陽，紫莖綠葉垂幽芳。世人貴蕙賤眞菊，棄置在野容堪傷。蕭敷艾榮苦迫壓，誰復過問荒丘旁？秋霜殺物百卉死，若抱晚節天爲彰。（詳見詩鈔卷一頁九）與此詩同一機杼，亦爲同一時期作品。所謂「言在此而意在彼」，

「言在此」是寫野菊的形象，「意在彼」是寫自己的思想感情。表面上是寫菊花的孤芳，實際上是寫自己的孤傲。

此外，尚有〈菊枕詩〉五古長篇四首，〈菊坡精舍作〉七律一首，〈菊花詩〉七律四首，〈家芝田市菊數盆見贈〉七律三首，〈謝芝叟惠菊〉七絕二首。（註一二）其中〈菊枕詩〉四首，作於乙未內渡之秋，寫家亡之痛，故園之思，一字一淚，感人至深。詩中有：「昔爲稱意花，今爲斷腸枝」之句。菊花所以「稱意」，是寫其傲霜的高節，所以下文有「相期保晚節，古誼吾何讓」之句。菊枝所以「斷腸」，是寫其家亡之痛，所以前文有「朱崖地遽棄，百計不得施」之句。從美學的觀點來看，他是以菊花的形象，來表達其高尙的情操。傲岸的志節。就心理美學而言，也就是一種形象思維。所謂「形象思維，就是用具體事物的形象，來表達抽象的思想感情。」（註一三）

(二) 梅

除了詠菊詩外，詠梅詩也不少，上述《柏莊詩草》〈詠早春園花〉十六首中，第一首便是〈梅花〉詩：

孕珠含玉短墻間，老幹欹雲蘚有斑；一夜東風透消息，嫩寒春曉夢孤山（前書頁六）

首句以「孕珠含玉」，比喻梅花的含苞待放，以示其本質之美。次句應首句，老幹有斑，而能「孕珠含玉」，見得其生機盎然，「欹雲」以見其高，三句言「東風透消息」，有以體起用之意。當此「嫩寒春曉」，梅萼初吐，詩人夢縈孤山，想見處士愛梅的情懷，高尙的情操，而自己的情懷，亦不覺爲之提升。詩中作者所寫的「孕珠含玉」、「老幹欹雲」、「蘚斑」、「孤山」，都是具體的形象，這些形象，表面上是寫梅花，實際也是寫自己。透過形象來表達情思，就是形象思維。把這些形象與「東風」、「春曉」結合，經由「夢孤山」的聯想，可以喚起「梅妻鶴子」林逋的具體形象，從而提高了作者的心靈境界，而表現出高度的藝術美來。這首詩作於二十九歲，逢甲當時講學書院，時有文酒之會，生活優閒自得，所以表現於詩者，也顯得幽靜閒適，饒富情趣。

他有〈嶺南春詞〉八首，皆爲詠梅之作。茲錄其四、七兩首：

其四

老幹槎枒花滿身，冰霜丰骨玉精神；掃除海内風塵色，獨立嶺南天地春。（詩鈔卷十頁二〇三）

其七

不知人事有冰霜，戰退群英玉魄強；偶現色身仍本色，自開香界布天香（詩鈔卷十頁二〇四）

題前有小序：「小春十月，梅花已開，嶺南固梅花國也。爲作〈嶺南春詞〉八章，使諸生譜之風琴，其聲蓋頗雄而雅云。」

此詩作於一九〇七年，逢甲四十四歲，時任廣州府中學堂監督，其詩第四首句「老幹」寫梅之形，次句「冰霜」寫梅之心。「花滿身」見其發用之美，「玉精神」見其充實之美。梅之美正象徵己之美，三句何等氣魄！何等擔當！末句有頂天立地的氣概，化育萬物的情懷。如以他所謂「雄而雅」的話來評斷，前二句是「雅」，後二句是「雄」。

其第七首句「冰霜」，以喻環境之惡劣，與前一首喻清操堅貞者不同，「不知」句言其無所畏懼，次句「戰退群英」，乃寫大勇之表現，「色身」「香界」，皆佛家語，「布天香」是全詩的結穴處，「布天香」而「仍本色」，顯示其生意充滿，妙用流行，於以見其體道之深，表現之美，境界之高。寫梅花的形象，來表現自己的情思。把形象思維結合情思，予以充分發揮，表現出高度的藝術美。

逢甲的詠梅詩除上述者外，尚有早年的〈憶梅〉七律一首，〈題梅花帳額〉七絕，〈爲林生題拜梅圖〉七絕，〈題墨梅〉七絕各二首，（註一四），他還有一首〈梅癡歌〉七古長篇，有「梅癡寫梅寫其神，淋漓癡墨天爲香，梅癡寫梅自寫眞，癡魂變現梅花身」之句，（註一五）所謂「梅癡寫梅寫其神」、「梅癡寫梅自寫眞」，這話是「夫子自道」，而「寫其神」、「自寫眞」，正是逢甲詠物詩最大的特色所在。這首詩共二十四句，用了二十二個「癡」字，在逢甲詩中極爲少見，所謂「欲共華光證癡果」，「我賞君癡爲君歌」，「證癡果」、「賞君癡」，癡果可證，癡情可賞，則非眞癡可知，這就含有「大智如愚」的意味。（註一六）

㈢木棉

木棉雖不是有名的花，但在逢甲的詠物詩中，卻占有相當重要的地位。他有詠木棉七律五首，七絕一首，七古一首（註一七）茲錄〈棉雪歌〉七古一首，以爲鼎臠之嘗：

南天珍木瑰奇絕，花作紅霞絮白雪。文章萬丈見光燄，誰意飄零更高潔。
嶠南火維見雪稀，忽飄釦砌霑羅衣。初晴林雨苞全坼，微遇山風絮競飛。
團爲雪球散雪氣，海國遍尋遺種地。炎荒得此太奇景，赤日行天雪花墜。

蘆花秋雪楊花春，入眼偏驚夏雪新。旁人莫妄疑輕薄，此花肝膽原輪囷。
入時自作風流格，尚留清白人間說。偶教痼疾起(17)霞，劫火不妨燒雪魄。
奇花曾爲吟春紅，長夏仍教住雪中。英雄心性由來熱，待竟蒼生衣被功。（詩鈔卷五頁一〇一）

詩題前有小序：「紅棉飛絮，滿天如雪，此南荒奇景也，不可無詩。」首四句敘木棉花之美，用「珍木瑰奇」、「紅霞白雪」、「萬丈光燄」，等美麗的形象，此等形象，因飄零而更高潔，並以「誰意」生出波瀾，句奇而意亦奇。「嶠南」八句寫飄絮奇景，用「火維雪稀」言其奇，南方屬火，故曰「火維」。「釦砌霑衣」言其景，以玉飾砌，謂之「釦砌」，此以喻花之美。因晴雨而「苞全坼」，故遇微風而「絮競飛」。以下四句，補足前文之意，而「赤日行天雪花墜」之炎荒奇景，如在目前。「蘆花秋雪楊花春」，皆習見之景，未足爲奇，其下用「偏驚」、「妄疑」，皆無中生有之法，爲下句預留地步，逢甲前此有「輪囷肝膽定交初，同弔雙忠古憤攄」之句，（註一八）此處用擬人化以指花，隱然有自況之意。「入時」以下四句，言花之格與德，自註：「中鴉片煙毒者，燒棉絮存性和茶子油，飲之立起。」言燒絮可療痼疾，此花不避劫火，甘願犧牲，則其德可知。篇末自註：「紅棉花別名英雄樹，幹高花偉。」「英雄心性由來熱」，象徵詩人的濟世匡時的熱誠，「待竟蒼生衣被功」，象徵詩人仁爲己任的抱負。後二句無異是作者情志的自我表白，也是本詩的主旨所在。其〈東山木棉花盛開〉七律詩中，亦有「衣被蒼生更餘事，先教朱紫啓南荒」之句，（註一九）與此詩末句意同。

就審美的觀點來看，詩人以其敏銳的觀察力，把握住木棉花的特徵，巧構形似之言，生動地描繪木棉花的美麗形象，再運用種種聯想，以彰顯自己的心靈世界。這「巧構形似」之法，如細加分析，有下列諸端：

1.色彩聯想：紅花想到紅霞，白絮想到白雪。

2.形狀聯想：花團想到雪球，飛絮想到雪花。

3.境遇聯想：花之飄零，想到人之飄零。

4.性質聯想：花之輕薄，想到人之輕薄。

5.感覺聯想：氣候之熱，想到心性之熱。

6.功用聯想：花可療疾，想到人當濟民。

7.表德聯想：花之高潔，想到人之清操。

8.名稱聯想：樹名英雄，想到英雄之人。

此外，逢甲尚有詠桃花、李花、梨花、橘花、桂花、山蘭、荔枝、牡丹、楊花、水仙花、山茶花、夾竹桃、含笑花、玫瑰花、夜合花、仙丹花、芙蓉花、唐棣花、松、竹等，因篇幅所限，只好從略。

二、羽族類

(一)雁

在羽族中，雁有信、禮、節、智四德，（註二〇）羊祜所謂「鳴則相和，行則接武，前不絕貫，後不越序」（註二一）所以古禮大夫相見以雁爲贄，婚禮納采也是用雁。在詩人筆下，常用雁來自況，或比喻親人的離合，如杜甫的〈孤雁〉詩：「孤雁不飲啄，飛鳴聲念群，誰憐一片影？相失萬重雲。」（註二二）一則喻己之相失，一則言己之念群。逢甲自乙未內渡初期，有《秋雁歌》及〈見雁〉二詩，即是以雁自況，又以雁擬其親人，茲分別析論如下：

1.〈秋雁歌〉

西風吹雁秋南翔，天高野(40)稀稻粱，一雁下從野鳧去，61.雁思之不能置。天涯目斷寒雲飛，誤入羅網何時歸？（詩鈔卷一頁九）

此詩託寓之意極爲明顯，首句言雁群值秋南翔，以喻己舉家內渡廣東鎮平故里。次句「天高野(40)」是寫秋景，亦有象徵生活空間廣(40)、前途遠大之意。「稀稻粱」喻生活艱難，據鄭善夫(22)其內渡返鄉之初的窘境說：

先生內渡，合部屬及家屬共三、四十人，用費浩繁，迨買山建屋，餘貲已無幾，故兄弟紛謀出路，藉資維持。（註二三）

三句「一雁下從野鳧去」，暗指其兄先甲回臺事，用「下從野鳧」，似帶有貶意，因「野鳧」指統治臺灣的日人，以「稀稻粱」而從「野鳧」覓食，雖有不得已之苦衷，但非正確的抉擇。逢甲於丙申春的〈山居詩〉詩中，有「有兄獨遠出，蹤跡隔虜氛」（註二四），又於〈重送頌臣〉詩中，亦有「吾兄去秋往，三春阻消息」之句（註二五），皆足以證明詩中的「一雁」，確是指其兄先甲。四句

「61.雁思之不能置」，以喻其親人對先甲憂思之深，擔心他此行的危險。五句寫悵望之情，「天涯目斷」，不見雁蹤，但有「寒雲飛」而已，雲寒心更寒，雲深憂更深。末句既已「誤入羅網」，身履險境，必將凶多吉少，果然其兄回臺後被日人逮捕下獄（註二六），「羅網」變成「罪網」，詩人應不感到意外，「何時歸」三字，是不確定的問號，是渺茫的希望，也含有太多的感傷與無奈。

2.〈見雁〉

雁與人同去，雁歸人未歸。劇憐滄海(40)，獨旁故山飛。雲水愁相失，風塵計已非。天涯足矰繳，休戀稻粱肥。（詩鈔卷二頁十九）

此詩與〈秋雁〉是姐妹篇，首二句連用兩個「雁」字，兩個「人」字，就「雁歸人未歸」的對比，抒發思兄之情，是失望之情，也是悲傷之情。三四承前二句，而加深其層次，劇憐而情彌深，獨飛而想彌切。五六寫愁，「愁相失」，更愁「風塵非」。風塵中到處「矰繳」，隨時都有危險，只有高飛遠引，才能化險為夷。末句「稻粱肥」，遙應〈秋雁〉詩的「稀稻粱」，畢竟，自由勝於奴役，精神勝於物質，「休戀稻粱肥」，及時出風塵，才是明智的抉擇。此詩託喻貼切，寓理於情，中兩聯對仗工穩，連用滄海、故山、雲水、風塵等形象，配合尾聯的矰繳、稻粱，喚醒孤雁早日歸來。而其手足之情，敵愾之心，民族之義，是非之理，也都不難想見。

3.〈放生鵝歌〉

有鵝不送陳大夫，恐殺而食登諸廚。有鵝不送王將軍，恐籠而去傷其群。

胡子之鵝喪厥偶，儷以他雌傲不受。孤立無黨眾欲殺，護之使生意良厚。
昨聞鍾子放生說，今讀胡子送鵝詩。眾人贊歎楊子笑，謂鍾也黠胡也癡。
以說餌鵝得鵝想，以詩媵鵝誤鵝往。欲奪鵝還饜眾欲，毋令鶂鶂得獨享。
我聞鍾子學道人，仙廚行當脯鳳麟。寧以一鵝貽口實，楊子過論疑非眞。
眾口鑠金況一鵝，道高固應生群魔。癡者非癡黠非黠，大眾勿喧聽我歌。
我聞兵解亦成仙，是鵝劫盡果乃全。伐毛洗髓用我法，立隨雞犬共升天。
生之於天放乃大，說者笑者兩無害。（詩鈔卷一頁十四）

此詩以「放生鵝」自況，文長三百餘字，不能詳析，茲擇其要點，略加疏解，以見其託寓之意。

首四句本爲鵝之「放生」而發，其下忽言「孤立無黨衆欲殺，護之使生意良厚」，在意義上顯得有些突兀。但若了解逢甲當時的處境，就不以爲怪了。原來當逢甲內渡返里之初，鄉間謠傳先生攜鉅款回里，邑有小人企圖脅詐，聯名揑控，指先生守臺抗日爲違旨叛亂，應嚴加懲辦；是即閭里轟傳之進士造反案。時廣東巡撫許振煒，佩先生義烈，知劣紳所控爲挾私誣害，乃約刑部侍郎廖壽恒，會奏先生抗日保鄉之經過，請求朝廷予以褒揚錄用，因有「歸籍海陽」之諭旨。（註二七）此即「孤立」二句的本事，「護之」句指許氏相救，而詩人感戴之意，溢於言表。「衆口鑠金況一鵝，道高固應生群魔」，上句暗指自己被誣「捲走十萬餉銀」之說，此點郭兆華已詳爲辨正。（註二八）下句有「道高一尺，魔高一丈」之感慨，「群魔」指「衆口鑠金」之人。「我聞」以下句，詩人以放生鵝自況，又以憤激之情，代擬「伐毛洗髓」之法，以迫鵝隨「雞犬升天」，而快衆口誣陷者必欲置之死地而後甘之心態。所謂「兵解成仙，劫盡果全」，此種荒誕不經之解釋，其實是對「群魔衆口」交相中傷之反諷。「生之於天放乃大」，「生」疑「升」之誤字，此指死後「升天」，鵝得超生，乃「放」之大者。這是用「逆向思考」，反諷「群魔」之惡意中傷，「說者笑者兩無害」，指前文的「楊子笑」、「放生說」，其實都沒有關係，因爲鵝已「升天」，有如「兵解成仙」，豈非一了百了。詩人用這種輕鬆諧謔的語氣，借「放生鵝」自況，除了反諷之外，也有自我解嘲的意味。把譬況的形式技巧，發揮得淋漓盡致，使託寓之意，生動地呈現，而達到高度藝術化的境界。

4.〈晨起書所見〉

晨陰盼庭樹，有雀拳高枝。老鴉爾何來？欲攫充朝飢。雀驚飛且噪，乞救聲何悲！一雀噪未已，百雀噪而隨。雀亦有俠腸，不忍同類危。群雀禦獨鴉，力小心則齊。竟令遠相避，不敢復來窺。惟獨力無大，惟群力無小。嗟哉不能群，人而不如鳥。（詩鈔卷八頁一六八）

此詩作於一九〇二年，亦即清廷對外簽訂〈辛丑條約〉的次年，逢甲有感於國家處境的危險，藉「群雀驅鴉」的故事，比喻團結禦侮的重要，以期喚醒國人，共同奮鬥。此詩首言鴉來攫雀，雀驚求救。「一雀噪未已，百雀噪而隨」，一雀喻長官，百雀喻部屬。部屬服從命令，才能克敵制勝。次言「力小心齊」，小能勝大。末言人不能群，不如小鳥。此詩以小喻大，語淺義深，比喻貼切，發人深省。在羽族類詩中，此詩最爲曉暢深切。

三、蟲豸類

逢甲早年有〈蟲豸詩〉五十首，前有序說：

> 昔王貽上見西樵蟲豸諸詩，以爲下彬蚤、蝨、蝦蟆賦之流，雖游戲三昧，亦極才人能事，識者以爲知言。今仍其名題，而互益其類目，詞雖不及，而其數則過之，暇日當書付吾弟崧甫，以爲閱世龜鑑。（影本《柏莊詩草》頁五六）

序中所謂「游戲三昧」，也可說是一種高度的藝術美，所謂「閱世龜鑑」，則頗富教育意義，以種類繁多，茲擇其切於警世者分別疏解說明：

1. 蟹

> 躁擾誠何益？橫行亦自雄。不知投鼎釜，聊取眼前紅。（《柏莊詩草》頁五七）

前二句寫蟹之性，躁急擾亂，無時或息；而又橫行無忌，予智自雄。後二句言蟹被投入鼎釜，大禍臨頭，尚不自知；怎知眼前紅運當頭，就是它殺身之日。以喻世間有一種小人，急功躁進，橫行鄉里，仗勢凌人。甚者違法亂紀，貪圖非分之財，一旦東窗事發，弄得身敗名滅。犧牲寶貴的生命，去換取眼前的利益，這種人與螃蟹何異？就其遣辭而論，「躁擾」、「橫行」是虛象，而虛中有實；「投鼎釜」、「眼前紅」是實象，而實歸於虛。「詩是時間藝術」，（註二九）後兩句顯出時間的急迫、短暫，則「躁擾」、「橫行」的無知，也就不言而喻。

2. **蚊**

聞聲令人憎，惡黨況群結；鑽利一何工？拚命博膏血。（同上）

聞聲可憎，惡黨群結，此是社會之敗類，罪惡之淵藪。此種人惟利是圖，拚命吮吸人民膏血，而恬不知恥。「聞聲」句掌握住蚊蟲的主要特徵，次句「惡黨」則由聯想而得，其實結黨並非蚊蟲特性，但小人群居，同利相引，同惡相濟，未有不結黨者，詩意在借題發揮，故特予強調。由結黨而「鑽利」，由「鑽利」而吮血，此自然之勢，如順水推舟，此後兩句之意。而吮血為蚊蟲之最大目的，嚴重為害人群，此點正與損人肥己之小人相同，詩人一語雙關，重點在人而不在物，用「鑽利」、「拚命」四字，刻畫小人心態，可謂入木三分。

3. **蝶**

花裡活一生，風懷殊不惡；非無好文彩，可惜太輕薄。（前書頁五七）

此詩借蝶之「輕薄」，以諷無行之文人。首二句「花裡」、「風懷」，活畫出花花公子的形象，如此「活一生」，有何意義？「風懷不惡」，亦屬徒然。「好文彩」只是表象，「太輕薄」，便無足取。妙在「文彩」、「輕薄」，皆就蝶身上說，而意旨卻歸到人身上來。其缺點是語嫌直率，缺少味外之味。

4. **蟬**

高潔世莫識，不平時自鳴；誰知珥貂貴，貽誤在虛聲。（前書頁五八）

此詩借蟬之虛聲，以刺虛名無實之人。首二句「高潔」「自鳴」寫蟬之特性，用「莫識」、「不平」，切入人事，以喻世之不滿現實者；「珥貂」以指顯宦，用「誰知」喚起，以加強文勢，而歸重於「貽誤在虛聲」，「珥貂」之貴，無實則虛；「虛聲」之美，「貽誤」則悲。虛名誤人，古今一轍。對於沽名釣譽、不求實學之人，此詩有如當頭棒喝。

5. **蛇**

泥蟠解吐納，蛻骨行有日；出山遽肆毒，辜負化龍質。（前書頁五九）

此詩借蛇之肆毒，以喻不義者之自取其咎。首二句言蛇蟠泥中吐納，以喻人之束身修道，將有一番作爲。後二句以喻出仕貽害社會，辜負化龍的美質。化龍相傳有其事（註三〇），此以喻非凡的本質。「泥蟠」、「吐納」、「蛻骨」、「出山」、「肆毒」、「化龍」、均爲具體的形象，且有連續的動作，構成時間的藝術美。

6. **蟻**

製陣黃帝師，識泉管子用；世間富貴人，但作南柯夢。（同前）

此詩借蟻的故事，以警世之拜金主義者。蟻善群鬥，黃帝知兵善戰，故首句言黃帝製陣師蟻。「泉」指錢，蟻鼻爲錢之一種，管子有〈輕重〉篇言錢事，即次句所本。「南柯夢」用唐人小說〈南柯太守傳〉故事，（註三一）南柯郡守爲槐安國王之婿，享盡榮華富貴，夢醒重尋舊地，原來是蟻穴。

此詩除第三句外，皆用典故，是較爲特別的一首詠物詩。

7.蠹

經史容穿鑿，群書飽爾身；誰知誤天下，乃出咬文人。（前書頁五八）

前二句言蠹蟲之蛀書，後二句言文人之誤國。就邏輯思維看，前後文沒有必然關係。就形象思維看，那就不然了。因爲前兩句的形象，使人聯想到飽讀詩書、食而不化的學究，只知穿鑿附會，對義理卻一竅不通。這種人如果當權執政，難免誤盡天下蒼生，像春秋宋襄公與楚人作戰，宋襄公堅守「不鼓不成列」、「不禽二毛」的古義，（註三二）結果落得大敗，差點喪命。此詩妙在前二句的歧義，予讀者以想像的空間。

8.蜂

衙參不辭勞，緣附來舉族；但覺蜜在口，安知毒滿腹。（前書頁五七）

「衙參」衙門參事者，首句言其不辭勞，次句言舉族緣附，帶有貶義。後二句「蜜在口」，「毒滿腹」，對仗工穩。前用「但覺」，後用「安知」，由時間之連續，加深可疑的程度，刻畫出「口蜜腹劍」之陰險小人心態。但其後逢甲另有〈蟲豸詩〉八首，其中如蜂、蝨、蠅、蛙、蚓、蠍等，都與前者同題而異趣，茲錄詠蜂一首，以概其餘。

與君同死生，義不殊貴賤；由來香國中，不立貳臣傳。（《詩鈔》卷十一頁二三二）

前二句贊群蜂與君一體，同生共死，不分貴賤。後二句歌頌群蜂效忠君王的美德。就蜂的忠貞而言，堪爲人所效法。同樣詠蜂，何以前後大不相同，此其中有環境因素，有心理因素。詩人因物興感，感物吟志，隨著環境的不同，以及心波的轉動，興會所至，象其所宜，作出切合於當時心態的詩篇，自然各有其不同的面貌。

叄、結　論

詩人謝榛云：「作詩本乎情景，孤不自成，兩不相背。」（註三三）逢甲的詠物詩當然也不例外。其所詠之物，也就是景。謝榛又說：「景乃詩之媒，情乃詩之胚。」（同註三四）「媒」只是媒介，「胚」才是靈命。詩人透過景物的媒介，以具體的形象，來表現思想情感，這就是「寓理於象」。「寓理於象」的「理」，是詩的靈魂。在這一方面，逢甲的詠物詩，有其主體性、教育性、社會性、民族性。所謂主體性，就是在詩中表現高度的自我意識，也就是「詩中有人」、「詩中有我」之義，因讀他的詩，可以了解他的心靈世界。所謂教育性，這是他非常重視而又時時身體力行的，他在早年所作〈蟲豸詩〉的序中，就有「以爲閱世龜鑑」的話，（見《柏莊詩草》頁五六）在〈嶺南春詞〉小序中也有「使諸生譜之風琴」的話，（《詩鈔》頁二〇三）筆者亦曾寫過有關逢甲詩教之文（註三四）。所謂社會性，這可從逢甲關心社會，深悉民瘼得到佐證，在他早年所作的《柏莊詩草》中，反映民生疾苦的詠物詩所在多有，他的〈熱風行〉、〈臺山有虎謠〉詩（註三五）就是典型的例子。所謂民族性，是指注重民族氣節，例如前文言及〈詠蜂〉詩的「由來香國中，不立貳臣傳」；以及〈除夕詩〉

中的「長蛇東來飢而貪，我欲斬之力不堪」，（《詩鈔》頁四三，此處「長蛇」指侵臺的日軍。

至於在寫作的技巧和風格上，則特別注重象徵美，色彩美，時空美，綜合美。所謂象徵美，就是多用聯想，以具體的事物來代替抽象的概念，前文所討論的〈棉雪歌〉即爲一例。所謂色彩美，是詠物詩的特徵，詠物之於色彩，猶美人之於粉黛。「雲想衣裳花想容」，所以在詠花詩中，表現較爲突出。所謂時空美，其特點須具有動感，如「雲破月來花弄影」，其中的破、來、弄三字，都能予人以動感，其文句也特別顯得生動，尤其是詠動物的詩，如逢甲的〈詠蝗〉詩：「所過無完田，千里成赤地。」（《柏莊詩草》頁五九）是側重空間；但如〈詠蟹〉詩的「不知投鼎釜，聊取眼前紅」。（《柏莊詩草》頁五七）則是側重於時間。事實上時空本不可分，注重時空是在表現其連續性與動態美。所謂綜合美，也就是多樣化的美，這種美多出現於古風長篇中，如〈大甲溪歌〉、〈濁水溪歌〉、〈七洲洋看月放歌〉、〈南漢敬州修慧寺千佛塔歌〉、〈游羅浮〉詩等，（註三六）其中〈游羅浮〉五古二十首，內容包羅萬象，大都是寫景詠物的，如「想見初來時，驅海生洪波，連巢移鳳鸞，閉穴潛蛟鼉」，是象徵美；「山中何所有？黃麟朱鳳皇，雀蝶各五色，爛熳同飛翔」，是色彩美；「登高極遠望，去日常苦多，轉眼滄與桑，麻姑鬢應皤」是時空美。物象的本身雖有色彩，有的也有聲音，但如果只是單純地白描，便不易引起讀者的共鳴。所以逢甲在長篇詠物詩中，常會運用超現實的想像或神話，極盡誇張渲染的能事，以營造文章的浪漫色彩，加深其眩人心目的感染力。如他的〈七洲洋看月放歌〉中的「月光夜照花枝幽，中有鸞姬十隊並作天魔舞」；〈南漢敬州修慧寺千佛塔歌〉中的

「破敵神兵退六甲，開山力士驅五丁」，這種運用超現實的奇特的想像力，構成一幅幅的連環圖畫，也會使讀者產生驚心動魄的美感。

【附註】

註一　《臺灣通史。丘逢甲傳》

註二　《飲冰室文集。詩話》云：「若以詩人之詩論，則丘倉海（逢甲），其亦天下健者矣。嘗記其己亥秋感八首之一云：遺偈爭談黃蘗禪，荒唐說餅更青田。戴鰲豈應遷都兆？逐鹿休訛厄運年。心痛上陽眞畫地，眼驚太白果經天。只愁讖緯非虛語，落日西風意惘然。蓋以民間流行最俗最不經之語入詩，而能雅馴溫厚乃爾，得不謂詩界革命一鉅子耶？」頁四六六臺中中行書局一九六三年一月。

註三　柳亞子〈論詩六絕句〉引見錢仲聯《清詩紀事》冊一九、頁一三三三三江蘇古籍出版社一九八九年七月。

註四　錢仲聯《近百年詩壇點將錄》引見前書冊一九，頁一三三二九～一三三三〇。

註五　影本《柏莊詩草 蟲豸詩序》頁五五

註六　見鄭喜夫《民國丘倉海先生逢甲年譜》頁四台灣商務印書館一九八一年十一月。以下簡稱鄭譜。

註七　見馮海容《丘逢甲詩選》頁一，華東師範大學出版社一九九二年十二月。

註八　影本《柏莊詩草》頁八。

註九　詳見鄭譜二十九年條，頁二九，又據丘晨波《丘逢甲年譜》二十九歲條：「將是年二月至八月所作詩編爲《柏莊詩草》，共收詩二百餘首。與臺北知府陳文駼、臺南知府唐贊袞（景崧），有詩唱和。以下簡稱丘譜。

註一〇　張湄，清錢塘人，字鷺洲，號柳漁，雍正十一年進士，有《柳漁詩鈔》十二卷。案張湄有〈巡臺灣〉詩：「少寒冬暖不霜天，木葉長青花久妍；眞個四時皆是夏，荷花度臘菊迎年。」見錢仲聯《清詩紀事 雍正朝卷》冊七頁四四五一，江蘇古籍出版社一九八七年六月。

註一一　詳見丘琮《倉海先生丘公逢甲年譜》二十六歲條。此年譜附於《嶺雲海日樓詩鈔》之後。

註一二　〈菊枕詩〉四首：二首見《嶺雲海日樓詩鈔》卷1頁9　另二首見《嶺雲海日樓詩鈔外集》頁二九二、二九三；亦見丘晨波《丘逢甲文集》頁六二～六四，廣州市花城出版社，一九九四年六月，〈菊坡精舍作〉七律一首，見《詩鈔》卷二頁三一，〈菊花詩〉七律四首，見《詩鈔》卷一一頁二三五、二三六，〈家芝田市菊數盆見贈〉七律三首，見《詩鈔》卷三頁四〇、四一葉。〈謝芝叟惠菊〉七絕二首，見《詩鈔外集》頁三二〇，〈題菊花詩卷〉七絕五首，見《詩鈔》卷九頁一八四。

註一三　周振甫《詩詞例話》之輯〈欣賞與閱讀篇〉頁三〇，臺北五南圖書公司，一九九四年五月。

註一四　〈憶梅〉七律，見《丘倉海先生詩文錄》頁一三九，附載於影本《柏莊詩草》後；〈題梅花帳額〉七絕，見《詩鈔》卷三頁四一；爲林生題拜梅圖〉七絕，見《詩鈔》卷五頁一八一；〈題墨梅〉七絕，見《選外集》頁三六二。

註一五　〈梅癡歌〉全文：「梅癡寫梅寫其神，淋漓癡墨天爲香。梅癡寫梅自寫眞，癡魂變現梅花身。如何將癡乞人寫，但恐梅眞癡是假。逋仙死後知梅寡，世人誰復知癡者？人生豈必癡　坐，但爲梅癡癡亦可。筆端自說梅花禪，欲共華光證癡果。梅癡於梅癡得之，千金癡散梅益奇。梅癡賣梅不賣癡，寫梅傾動西南夷。即今添毫亦癡計，我識梅癡癡避世。君房三公癡便差，可憐笑倒梅仙婿。君贈我梅還我過，我賞君癡爲君歌。安得一龕萬梅裡，披圖供養大癡哥。」見《選外集》頁三〇九。

註一六　「大智如愚」，語見蘇軾〈賀歐陽少師致仕啓〉，《蘇東坡全集上》卷二七頁三四〇，臺北世界書局一九八五年九月。

註一七　七律五首爲：〈拜大忠祠回詠木棉花〉二首，見《詩鈔》卷五頁八七，〈東山木棉花盛開，坐對成詠〉三首，見《選外集》頁三三一；七絕一首爲：〈春日雜詩〉四首之一「落花飛絮木棉風」見《選外集》頁三一四

註一八　見〈乞夏季平重書文信國沁園春詞並拙作雙忠廟聯語〉《詩鈔》卷五頁一〇〇

註一九　見〈東山木棉花盛開，坐對成詠〉三之二，見《選外集》頁三三一

註二〇　李時珍曰：雁有四德：「寒則自北而南，止於衡陽；熱則自南而北，歸於雁門，其信也。飛則有序，而前鳴後和，其禮也。失偶不再配，其節也。夜則群宿，而一奴巡警；晝則銜蘆，以避繒繳，其智也。」見《古今圖書集成 禽蟲典》冊六三頁一五四

註二一　羊祜語引見《藝文類聚》卷九一頁二三四四，臺北新興書局一九六九年十一月。

註二二　見新校標點《全唐詩》卷二三一杜甫一六頁二五五〇，臺北宏業書局一九八二年九月。

註二三　同註六、頁一一六，又徐博東、黃志萍《丘逢甲傳》云：「當時丘逢甲的處境十分困難，合部屬及家小近百口，用費浩繁，買山造屋後，餘資無幾。」與鄭譜所載稍有不同。見《丘逢甲傳》頁一〇三、一〇四時事出版社一九八七

註二四　見《詩鈔》卷二頁一八

註二五　見《詩鈔》卷二頁二五

註二六　據鄭譜光緒二十二年三月：「先生兄先甲被日人下獄之訊，傳至鎮平，家人咸憂急而無如何。」頁一一三

註二七　詳見前書頁、一一六、一一七，又見徐博東、黃志萍《丘逢甲傳》頁一〇九。

註二八　詳見郭兆華《丘逢甲先生的生平捲走餉銀，受誣辯正》頁三三～四四逢甲學院叢書第二九種，一九八〇年三月。

註二九　語見李元洛《詩美學》第十一章，頁五六九，臺北東大圖書公司一九九二年二月。

註三十　索引本《嘉慶重修清一統志撫州府》：「化龍池在崇仁縣治北，宋欒史家池，池旁有巨蟒，鱗甲爪距如金，一日風雨大作，化龍而去。」冊一一八卷三二二總頁四一四〇，臺灣商務印書館一九六六年十二月。

註三一　〈南柯太守傳〉見《太平廣記》卷四七五頁三九一〇～三九一五，中華書局一九九六年六月。又逢甲〈蟻陣〉詩有句云：「槐國宵傳臥內符，南柯曉肄武侯圖」見《丘倉海先生詩文錄》附載於《柏莊詩草》後，頁一五五。

註三二　詳見《左傳》僖公二二年

註三三　《四溟詩話》卷三，收入丁福保《歷代詩話續編》下冊、頁一一八〇中華書局一九八三註三四　參見拙著〈丘逢甲的詩學與詩教〉，載於《第三屆近代中國學術研討會論文集》頁二二九～二四八，國立中央大學中國文學系所一九九七年五月。

註三五　例如〈熱風行〉中的「百蟲將軍更助虐，蠢蠢蠕蠕額書字。風吹稻苗焦復焦留根未焦與蟲餌。就中哭泣濃露救，血滲田間萬農淚。」〈臺山有虎謠〉中的「山亦有民園，山亦有民田，田園已就蕪，樵蘇且難前。兇番據故巢，出入乃晏然。緊彼山中民，何獨垂饞涎。」均見《柏莊詩草》頁一一一～一一三

註三六　〈大甲溪歌〉見《柏莊詩草》頁四一～四六〈濁水溪歌〉見《柏莊詩草》頁八四～八五〈七洲洋看月放歌〉見《詩鈔》卷七頁一四〇～一四一，〈南漢敬州修慧寺千佛塔歌〉見《詩鈔》卷七頁一五三～一五五，〈游羅浮〉見《詩鈔》卷一三頁二六一～二六六

附錄：

詩畸《丘滄海先生詩文集》一七三～一七六　丘逢甲

❶封內鳳頂格　封豕食餘吳國霸，內蛇鬥後鄭君傷。

❷餘曲鳳頂格　餘姚大有擒王略，曲逆曾爲反間人。

❸鄰鼠鳳頂格　鄰居雖好無錢買，鼠穴何因有夢來。

❹珠四鳳頂格　珠還舊跡猶存浦，四畏諧談更置堂。

❺銅醜鳳頂格　醜石世珍坡老薑，銅盤人考比干銘。

❻風醉鳳頂格　風景都歸詩一卷，醉鄉何止酒千罈。

❼波國燕頷格　天國號秦同拜命，伏波馬路並開邊。

❽千列燕頷格　遽列彈章緣縱酒，偶千公事乞饒花。

❾虎犬鳳頂格　虎林字避唐家諱，犬子名傳漢代文。

❿和立燕頷格　擁立陳橋兵變日，議和遼海使歸年。

⓫牙字燕頷格　殘牙曾吃紅綾餅，小字私鐫碧玉碑。

⓬知斗燕頷格　四知楊震關西節，八斗陳思鄴下才。

⓭環老燕頷格　五老峰尋江右地，雙環祥訪海南泉。

⑭奇遠鳶肩格　共以其人呼北海，莫將遠祖認汾陽。
⑮林鼎鳶肩格　謫去鼎湖懷帝子，隱居林屋訪仙人。
⑯全本蜂腰格　亂世瓦全終苟活，人生木本豈容忘？
⑰嚴漢蜂腰格　馬遷訪漢文成史，杜甫酬嚴集有詩。
⑱冠膽蜂腰格　隱士掛冠神武日，降將嘗膽會稽牛。
⑲灰井蜂腰格　金鼎殘灰香滅後，銀瓶古井水寒時。
⑳冠膽蜂腰格　幾族衣冠過江右，一生肝膽向平原。
㉑南老鶴膝格　漆園夢蝶南華旨，函谷騎牛老子圖。
㉒孫物鳧脛格　莊子篇傳齊物論，放翁集有課孫詩。
㉓屈成鳧脛格　楚族才多推屈景，漢家德替始成哀。
㉔公解鳧脛格　僕射豈能皆解事，先生不礙號公非。
㉕雄卷雁足格　門下溫來名士卷，酒邊論到使君雄。
㉖秋武雁足格　原鹿逐餘臨廣武，城烏呼處感延秋。
㉗魚壁雁足格　窮邊草盡逢戈壁，舊院花殘葬玉魚。

步丘逢甲〈詩畸〉

王甦

①封内鳳頂格　封賞無官不犬畜，内廷有幸皆奴顏。
②餘曲鳳頂格　餘風未沫多才俊，曲水流觴有雅章。
③鄰鼠鳳頂格　鄰稱孝悌無非愛，鼠竊東西總是貪。
④珠四鳳頂格　珠還合浦增川媚，四照生香映月輝。
⑤銅醜鳳頂格　銅錢異代成珍寶，醜婦同床勝坐禪。
⑥風醉鳳頂格　風神秀逸雲中鶴，醉月飄飖水上鷗。
⑦波國燕頷格　凌波未肯隨波轉，愛國應當重國文。
⑧干列燕頷格　同列儒林弘聖道，偶干時政闢邪辭。
⑨虎犬鳳頂格　犬效愚忠能救主，虎逞暴虐每傷人。
⑩和立燕頷格　業立家齊原有道，人和政舉本無私。
⑪牙字燕頷格　月牙倒影一彎水，錦字回文無限情。
⑫知斗燕頷格　四知不昧能成德，八斗高才莫傲文。
⑬環老燕頷格　山環水複多佳景，地老天荒不易情。
⑭奇遠鳶肩格　古有奇才肩大任，今無遠慮挽狂瀾。
⑮林鼎鳶肩格　調和鼎味懷良政，退隱林泉愛晚晴。
⑯全本蜂腰格　熟慮求全差錯少，清源正本效益多。

⑰嚴漢蜂腰格　義正辭嚴誅失政，俠腸鐵漢撻庸官。
⑱冠膽蜂腰格　循吏掛冠歸隱日，英雄嘗膽復仇時。
⑲灰井蜂腰格　學字畫灰陶弘景，嬰城依井林普晴。
⑳冠膽蜂腰格　萬國衣冠宗曲阜，一身肝膽仰中山。
㉑南老鶴膝格　專權獨斷南柯夢，伏櫪何堪老驥心。
㉒孫物鳧脛格　今日儒林推物望，他年翰苑秀孫枝。
㉓屈成鳧脛格　自古騷辭稱屈宋，從來碩學出成均。
㉔公解鳧脛格　政客未聞能解事，儒生常見秉公心。
㉕雄卷雁足格　文苑觀書羅萬卷，武林競技蓋群雄。
㉖秋武雁足格　吐玉懷珠誰踵武，寒蟬落葉自悲秋。
㉖魚壁雁足格　閉户沉潛常面壁，開軒涵養每觀魚。

註：詩畸見《丘滄海先生詩文集》一七三～一七六

版畫畫譜中的文學審美趣味

——以《唐詩畫譜》及《詩餘畫譜》為例

淡江大學
中文系講師 馬銘浩

一、唯聖人能踐其形

版畫是集合畫、刻、印三種不同創作模式於一身，融合民間工藝和文人創作於一體的藝術創作品，從唐末、五代的初創時期到明代，已經發展到登峰造極的境地（註一），這其間由於文人的大量參與，使得不僅內容多樣化，部份版畫作品的創作型態和審美趣味也起了質的改變。其中尤以畫譜中文學趣味的加入，是版畫走向文人化發展最明顯的特色之一。

而在明代的版畫畫譜中，《唐詩畫譜》和《詩餘畫譜》二部，是兼具詩、書、畫三種不同藝術價值的作品（註二），其中書、畫比較具有同質性，是偏向藝術的領域；而詩的部份則是屬於文學的範疇，所以基本上這二部畫譜是介於文學與藝術兩種不同範疇之間的作品。當我們在討論這兩部畫譜在版畫史上的義意與價值的同時，就不可以忽略其橫跨於不同學術門類間的本質。但事實上，畫譜是畫譜，文學是文學，二者的本質很難合而爲一，而畫譜的本質是以畫稿爲基礎，再施以雕印之功，其中就隱含有畫、刻、印的問題；而文學則是以文字爲主的表現方式，其中的詩歌甚至還有聲韻上的呈現，就創作技法而言幾乎是南轅北轍，無法有任何同質性的討論；二者若眞有同質性，則當須由其創作意識來談起，而這也就是創作時所謂的「感通」問題。

所謂「感通」，簡言之「乃是心靈上的一種契合。而藝術的感通乃是此一契合的現象作用在藝術品上；由對於原藝術品的契合，自然地引發出靈感與新意，進而興起新的創造（creation）動機，再進而創造出含有原藝術品的若干元素的新藝術品來」（註三）。準此而論：則《唐詩畫譜》和《詩餘畫譜》在創作時，若具有詩與版畫的不同屬性，則可能會有感通的作用。創作者也應該是通曉版畫與詩歌的人，只是我們必須要先了解詩與版畫，何者才是作者創時最原始的對象，何者是引發出的新意。這二部畫譜是優秀的版畫作品是無庸置疑的，歷來對其在版畫史上的評價也都相當不錯（註四），似乎版畫是創作時的原始對象。黃仲冕在〈詩餘畫譜跋〉說道：

> 夫詩餘固詩之變也，詩餘而爲畫譜，又變之變也。然則詩餘之詞果可以爲畫哉！良由詩餘之詞婉然如畫，天寶以來，一時柳屯田輩徒能即事即情，協鏗鏘於音潤，未能即景即詞，敷璀燦於丹青，故可使知者會心，不能使觀者悅目。……余是以知詩餘之變變自汪君也。（註五）

由此段論述我們可以發現：汪氏所創刻的《詩餘畫譜》可以帶給讀者閱讀文學作品時，無法滿足的立即性審美視覺效果，可以適當的補足文字所表達的文學意象，二者所追求的意象應該是很接近，甚至是相同的。很可惜我們無法得知汪氏創刻《詩畫畫譜》的原始目的，是否眞的是爲了使文人雅士「彼案頭展玩，流連光景，益浸浸乎情不自已。」（註六）還是另有其嚴肅的目的，但是就審美者的角度來說，該畫譜的確可以滿足讀者對文字的不確定性，以加強對於文學意象的掌握；另外也可以增加文人的雅趣。

當然文學的意象傳達和書畫的意境傳達方式是有所不同的，而在中國文學中詩詞是比較重視其意象傳達的文類，其象境的產生，則是源於作者創作時的心態，及詩的起源等相關論題，有關此論題歷來的文論大約有「言志」和「緣情」的兩種論點。就言志來說其理論基礎來於〈詩大序〉和《文心雕龍・明詩篇》（註七），然所謂的「言志」所指爲何，自另有一番討論（註八）。而「緣情」的觀點則以陸機的〈文賦〉爲代表，認爲：當詩人面對自然萬物而引發其詩興時，外在客觀環境和內在主觀情緒都是充要條件。所以當詩人面對大自然的節候，和人世間的變遷時，加以自我生命境的激越，最容易引發其創作欲望（註九）也正如鍾嶸所說：「氣之動物，物之感人，故搖盪性情，形諸舞詠」（註一〇）。這樣的觀點認爲大自然是不容易改變的客體，而文學藝術作品之所以感人，甚至偉大的原因，就在於創作者面對大自然的時候，會以昇華過的心靈來重新塑造客體的存在，以呈現出經過創作者的審美意識改造過後的審美實體。所以不管是「詩心」還是「畫意」，其實就一個負責的創作者而言，其原創過程都是相同的。所不同的是其媒材及引發而來的表現手法。就詩歌而言：自〈詩大序〉提出「風、雅、頌、賦、比、興」詩六義以來，加以朱熹將其分成二組不同的義意，認爲「賦、比、興」是詩歌的作法（註一一），從此以後，比、興傳統就一直是中國詩歌理論的重要基礎。由於「賦」是採鋪敘的手法（註一二），在後續的文類發展上，獨立而爲「楚辭」之文類，再演變成爲「賦」之文類（註一三），和詩歌傳統的關係，已有一定的距離；當然，詩歌仍然有運用到鋪敘的手法，但畢竟這並不是中國詩歌傳統的主流。在傳統的韻文裡、比興的創作方式才是重要的模式，而比、興的手法據《文心雕龍》的說法是：

故比者附也，興者起也。附理者，切類以指事；起情者，依微以擬議。起情故興體以立，附理故比例以生。……觀夫興之託喻，婉而成章，稱名也小，取類也大。……具何爲比？蓋寫物以附意，提言以切事也。（註一四）

以此爲基準所發揮出來的詩歌理論則大多以婉轉情切爲主要審美模式，其中尤以唐代的近體詩最具有代表性。明代胡應麟論詩的本質說道：

古詩之妙，專求意象，歌行之暢，必由才氣，近體之巧，務先法律，絕句之構，獨立風神，此結構之殊途也。（註一五）

清·沈德潛論其審美風格時也說道：

絕句唐樂府也，篇止四語，而倚聲爲歌，能使聽者低迴不倦。旗亭伎女，猶能賞之，非以揚音抗節，有出於天籟者乎？蓄意求之，殊非宗旨。（註一六）

又

七言絕句，以語近情遙，含吐不露爲。主只眼前景、口頭語，而有弦外音，味外味，使人神遠，太

白有爲。（註一七）

又

> 七言絕句，貴言微旨遠，語淺情深，如清廟之瑟，一唱三嘆，有餘音者矣。（註一八）

雖然所談論的都是唐詩中的絕句，但大體是可以代表唐詩的基本審美觀的。而爲了達到此一審美宗旨，詩詞在創作技巧上特別重視將自然景物加以高度的濃縮概括，以成爲作者所欲塑造的特定類型。所以如「大漠孤煙直，長河落日遠」（王維〈使至塞上〉）、「氣蒸雲夢澤，波撼岳陽城」（孟浩然〈臨洞庭湖〉）、「沙頭宿露聯拳靜，船尾跳魚撥喇鳴」（杜甫〈漫成〉）、「朝辭白帝彩雲間，千里江陵一日還」（李白〈白帝城〉）、「黃河遠上白雲間，一片孤城萬仞山」（王之渙〈涼州詞之一〉）等唐詩中的名句，其實都已經跨越了「巧構形似」的單純文字運用，對自然景物作客體寫生方式的思考模式（註一九），而進入了「寓情於景」，以自然景物來澆詩人心中塊壘的創作思考，也正因如此，詩詞方能達到「語近情遙，含吐不露」的創作原則。而文字爲表達手段的詞也才能「婉然如畫」。

詩歌是以文字來塑造如畫般的意象，而後再達成「言志」或「緣情」的目的，而繪畫則是以比較接近寫實的方式，透過對自然景物的描寫，回復意境的審美，以傳達出創作者所欲表達的情志。所以繪畫與詩歌的創作態度是幾乎一致的，當畫家面對大自然時，自然是一個無情的客體，但是創作者卻是一有情志的主體，透過創作者情志的蘊釀和昇華，將自然景物塑造成其眼中淨化過的意境，再運用其生花妙筆呈現出來。若就寫生的角度來說：繪畫似乎要比文學更能夠忠實的呈現原物的風貌，因爲文字必須要配合讀者層次的提升，而繪畫可以帶給讀者立即性的理解。但這並不是藝術家的目的，「傳移模寫」只只繪畫創作中的過程而已，「氣韻生動」才是最高的創作法則，而「神似」的審美在中國早就超越了「形似」的原則。即如唐．王維所說：「肇自然之性，成造化之功」（註二〇）。在畫家的筆下已經將自然的山水，轉化成爲自己胸中所積的意境，自然只不過是爲畫家所服務的客體，如此正是「意在筆先」（註二一）的原則，姚最更說明是「立萬象於胸中，傳千祀於毫翰」（註二二）。《繪事微言》更明白的提出了以下的看法：

凡畫山水，最要得山水之性情，得其性情，山便得環抱起伏之勢，如姚、如坐、如俯仰、如掛脚，自然山性即我性，山情即我情，而筆不生軟矣。水便得濤良瀠洄之勢，如綺、如雲、如奔、如怒、如鬼面，自然水性即我性，水情即我情，而筆不呆板矣。（註二三）

可知繪畫的創作態度和文學的創作態度是相當接近的，另就其鑑賞者的審美態度而言，郭熙在論畫山水和看畫之法時論道：

畫山水有體，鋪舒宏圖而無餘，消縮爲小景而不少。看山水亦有體：以林泉之心臨之則價高，以驕侈之目臨之則價低。山水之大物也，人之看者須遠而觀之，方見得一障山水之形勢氣象，若士女人物，小小之筆，即掌中几上，一展便見，一覽便盡。此看畫之法也。（註二四）

如此強調鑑賞者在從事鑑賞時的心靈活動，事實上和詩詞作品要求有「言外之意」的審美要求是很像的。將自然山水濃縮成一幅充滿意境的畫，和詩詞中將自然風光概括成爲類型化的詩句，其觀念可說是完全一致的。所以無論就創作者的角度，或是就閱讀審美者的角度而言，詩與畫都有相當高的同質性。最大不同的地方其實就在於創作的技法，而這也正是藝術類型分野之所在。

既然繪畫與詩歌具有高度的同質性，而畫譜是依繪畫而來，所以和詩歌之間亦有其密不可分的關係。只是版畫畫譜的性質又和純然的繪畫不盡相同，必須要將刻工技藝的審美觀念加入其思考範圍，這使得畫譜和詩歌之間的同質性似乎降低了一些；不僅如此，其實版畫畫譜與絹紙的繪畫也有其模仿上的差距存在，是以版畫畫譜可說是以文學的趣味爲重心，以繪畫的技法爲模仿的藝術作品。黃冕仲爲《詩餘畫譜》寫跋的時候，就說明了作者汪君創刻該譜的目的，就是希望可以透過該譜以救濟詞作「不能使觀者悅目」的缺點，並不脫離繪畫的基本技法。所以黃仲冕說道：

> 汪君獨抒己見，不惜厚貲聘名公繪之，而爲譜且篇篇皆古人筆意，字字俱名賢眞蹟。摩天倪之趣，極人工之妙。（註二五）

所以該譜的創作目的應該仍有其嚴肅的一面，除了文人之間的雅賞之外，其實也希望可以達到傳統詩歌理論中，力追大雅以求興、觀的目的，吳汝綰爲其序說道：

> 詩非聖人不能刪，何也？詩者，情也。邪正異情，一稟於性。使今之刪者，若桑間濮上，必一概吐棄，烏論存而不議乎？故窮性情之變，才得性情之依歸。……我明騷雅大備，隨吐一言，輒矜倣體。蓋欲力追大雅，以還作者之初。……舊刻有《草堂》一集，俱唐宋名流聲吻，肖物付情，會景協韻，稱詞之宗。好事者刪其繁、摘其尤，繪之爲圖，且徵名椽點畫。彼案頭展玩，流

連光景，益浸浸乎情不自已，豈不可興、可觀乎？（註二六）

而《唐詩畫譜》的創作規模基本上是規撫《詩餘畫譜》而來的，編者黃鳳池意圖在《唐詩畫譜》中將詩、畫、畫三者合而爲一，以成爲版藝創作的新典範，是以除了選用唐詩爲意象表現之底本之外，對於書、畫的創作上更見其苦心。而以唐詩爲主要意象的底本事實上是明人的共識，因爲詩壇以唐詩爲依歸已是不爭的事實，認爲「詩以盛唐爲工，而詩中有畫又唐詩之尤工者也」。（註二七）所以編者也特別分刻五言、六言、七言之《唐詩畫譜》，而將詩。書、畫三者合而爲一，程涓認爲：「天地自然之文，惟詩能究其神，惟字能模其機，惟畫能肖其巧」（註二八）。王迪吉甚至還以「三不朽」來闡述詩、書、畫三者的重要性，其謂：

世所稱三不朽者有三：詩也、字也、畫也。三者盡美盡善，時而吟詠，時而摹臨，時而覽勝，洋洋灑灑得之心而應之手，恍若庖丁解牛，超然筆墨蹊徑之外。（註二九）

黃鳳池遂集徽派雕刻名家於集雅齋，「詩選唐律以爲吟哦之資，字取名筆以爲臨池之助，畫則獨任沖寰蔡生傳集諸家之巧妙，以佐繪士之馳騁」（註三〇）。

就以《詩餘畫譜》和《唐詩畫譜》二部作品的實際內容來看，其書法作品幾乎都是出自當代名家之筆，如董其昌、陳繼儒、沉鼎新、趙鳴之等人，寫來淋灕酣暢，甚至可爲臨字之帖；畫的部分則除了當代名家的作品之外，有多幅作品在版畫的旁邊都有註明仿前代名家何人之手筆，如《詩餘畫譜》題爲「漁父」的一篇就註明是「仿王右丞」、題爲「冬景」者則是「仿郭熙」；而《唐詩畫譜》中「

春夜」一幅題爲「馬和之筆意」、「夜還冬溪」則是「仿思訓筆意」。可知，在詩、書、畫三種不同的藝術領域裡，這兩部畫譜都有其一定的成就。只是還可以細加討論的是畫譜中的圖錄部份，是否已能適當的展現出詩詞的意象，若將詩與圖錄分離，是否會影響到圖錄意界的掌握。就以《詩餘畫譜》中題爲「赤壁懷古」的東坡詞作例而論：「念奴驕」是蘇東坡曠世不朽的名作，針對赤壁的主題除了詞作之外，還有前、後〈赤壁賦〉相互輝映。該詞藉由臨赤壁景物而引發三國人物的懷思，並進而感歎古今，詠懷人世，及作者自己的人生經歷。其間如「亂石崩雲，驚濤裂岸，捲起千推雪」等寫景名句，一向燴炙人口；而「雄姿英發，羽扇綸巾，笑談間，強虜灰飛煙滅」等描寫人物的佳句，更使人稱奇；至於如「大江東去浪淘盡，千古英雄人物」、「多情應笑我早生華髮」的感歎，其意境更是古今少有能與之抗衡的佳句。這首詞如果試圖要以一幅畫來表現其意境是相當困難的事，因爲上述的任何一句都足以成爲圖錄所表現的對象，但也卻無法適當的展現出該詞最終的意境。而這幅版畫作品所選擇的呈現方式是以赤壁山水的表現爲主，其中的山水景物似乎想要呈現赤壁的景物風貌，而泛舟其中的人物，則是悠遊自得於赤壁的山水之中（如圖一）。繪畫者所掌握的是蘇東坡臨赤壁的情境，其中的山水或許和詞中的描寫尚能配合，但「人生如夢」的意象卻是萬萬難以呈現出來的。即如前所言：要以一幅版畫作品來表現這一首意象如此寬廣的作品，是非常困難的事，更何況詩與畫之間本來就有其不同面向，也不可能要求二者完全一致，所以並不可以此來否定該幅作品的成就。當然是先有東坡的詞作，而後才有該幅版畫作品，是以該畫譜的意境是依詞作而來的，也可以說詞是該畫譜創作意境的基礎，在創作意圖上二者是相互感通的，若只是鑑賞圖譜可能可以有「赤壁懷古」的意境，但也不必然有其意境，若二者併比鑑賞，則詩、圖當可以互發明，增加詩或畫本身的意趣。同樣地，該譜題爲「春恨」的一幅作品（如圖二），就其圖譜來看：實難以掌握春天的畫境，圖譜中人物引頸而望的畫景，更難以使鑑讀者明瞭之所以題爲春恨的旨趣；但若是在其旁配以李景的〈浣溪沙〉詞作，則不僅該幅圖譜主題明顯，意境油然而生，具有畫龍點睛的功能，對於原詞作也有其輔助發明的作用。同樣的情形在《唐詩畫譜》中亦是如此。

從上述之論可以清楚的了解：《詩餘畫譜》和《唐詩畫譜》兩部版畫史上最具有文學性格的版畫譜，其文學趣味的產生是依附於文學作品而來的，甚至於可以說其尚無法脫離文學作品，以形成以圖錄爲中心的文學旨趣。其圖錄意象的展現，仍必須藉由詩、詞的烘托，經由詩、畫創作與鑑賞時的同質性，將二者比附在一起，以增加玩賞時的趣味。所以我們可以說：這兩部畫譜是明代文人化社會的產物之一。因爲一詩（詞）一圖的比附方式，在版畫史上已經脫離了版畫民間工藝的色彩，成爲文人吟詩頌詞時展玩的對象。當然，這些版畫作品本身就是一種藝術創作，也可以作獨立的鑑賞，不必一定要和文學作品依附。但就如前所言：文學作品可以擴大版畫圖錄的意象，而這些版畫在創作時，由於編刻者的主觀意識牽引下，在創刻的當下也必然受有文學作品意象的影響，所以基本上圖錄是依文學作品而生的，或許讀者在鑑讀圖錄是可以有不同於文學作品意象的衍生，但那已經是讀者自我意識累積的問題，而非這兩部畫譜的創作旨趣所能涵藝蓋。而版畫畫譜發展到明代已臻登峰造極之境，如《十竹齋書畫譜》等都充份的展現出文人的鑑賞趣味已加入其中，但是如《詩餘畫譜》和《唐詩畫譜》般以詩詞作品爲抒發旨趣，將圖錄配以詩作，類似於今日所稱插圖的編排方式，卻是另外一種文人化的創作模式。總歸前述：兩部版畫畫譜繪、刻、印的精美，是促使其在中國版畫史上佔有一席之地不可缺少的因素，而其文學意象的審美趣味卻是其在明代廣受歡迎，爲之洛陽紙貴的重要原因。

【附註】

註　一　關初版畫發展的歷史及其相關論證，可詳見王伯敏著《中國版畫史》，業強出版社，民國七十五年九月初版。

註　二　王伯敏於影印《唐詩畫譜・序》中即說道：「中國古代的藝術，向有詩書畫三者合一的傳統。《唐詩畫譜》正是具有這一種傳統特色的佳作。」引見金壇出版社影印本。而《唐詩畫譜》的編印規模則是規撫於《詩餘畫譜》而來的。

註　三　引見許天治著《藝術感通之研究》第一章〈緒論〉，頁一，臺灣省立博物館，民國七十六年六月出版。

註　四　鄭振鐸在《中國古代木刻畫選集》，第九冊，頁四七，論述道：「（詩餘畫譜）置之徽派作品裡，這無疑地是最上乘之作之一。」人民美術出版社，一九八五年三月出版。類似的意見在王伯敏《中國版畫史》、周蕪《中國版畫史圖錄》裡均有所見。

註　五　引見《詩餘畫譜・黃仲晃跋》，上海古籍出版社，一九九四年六月。

註　六　語見吳汝綸《詩畫畫譜・序》，上海古籍出版社，一九九四年六月。

註　七〈詩大序〉：「詩者，志之所之也。在心爲志，發言爲詩，情動於中而於言；言之不足故嗟嘆之；嗟嘆之不足，故詠歌之；詠歌之不足，不知手之舞之足之蹈之也。」《文心雕龍・明詩篇》則謂：「大舜云：詩言志，歌詠言，聖謨所析，義已明矣，是以在心爲志，發言爲詩。」

註　八　有關何者爲「志」的問題，可詳參劉若愚著《中國詩學》，頁112～120　。幼獅出版社，民國七十四年六月五版。

註　九　陸機〈文賦〉謂：「遵四時以歎逝，瞻萬物之思紛，悲落葉於勁秋，喜柔條於芳春。心懍懍以懷霜，志眇眇而臨雲，詠世德之駿烈，誦先人之清芬……。」

註一〇　引見鍾嶸《詩品・序》。

註一一　此說法見於朱熹《詩集傳》。

註一二《文心雕龍・詮賦篇》：「賦者，鋪也，鋪采摛文，體物寫志。」

註一三《文心雕龍・詮賦篇》：「然賦也者，受命於詩人，拓宇於楚辭也。」又楚辭可以分成「楚辭體」及「賦體」兩種不同的體裁，並成爲後世「賦」的先驅。

註一四　引見《文心雕龍・比興篇》。

註一五　引見清・仇兆鰲撰《杜少陵集詳註》引明代胡應麟語。

註一六　引見清・沈德潛《說詩晬語》。

註一七　引同上註。

註一八　引見清・沈德潛《唐詩別裁・例言》。

註一九　有關「巧構形似」的相關論，可參看王文進著《論六朝巧構形似之言》，國立師範大學碩士論文。

註二〇　引見唐・王維〈山水訣〉。收於俞崑編《中國畫論類編》，上冊，頁592。華正書局，民國七十三年十月初版。

註二一　引見唐・王維〈山水論〉，收處同上註，頁五九六。一說此意見出於五代・荊浩的〈山水賦〉。

註二二　引見陳姚最〈續畫品〉。收處同註二〇，頁三六八。

註二三　引見明・唐志契《繪事微言》，收處同註二〇，下冊，頁七三一。

註二四　引見郭熙〈林泉高致・序〉，收處同註二〇，頁六三一。

註二五　引同註五。

註二六　引同註六。

註二七　引見王迪吉〈五言唐詩畫譜序〉，明・集雅齋影印本。

註二八　引見程涓〈六言唐詩畫譜序〉，明・集雅齋影本。

註二九　引同註二七。

註三〇　引見林之盛〈七言唐詩畫譜序〉，明・集雅齋影本。

道家顛覆語言的策略與中國美學*

聖地牙哥加州大學教授 葉維廉

一

老莊的論述中，經常出現一種攻人未防的話語和故事，特異的邏輯或反邏輯和戲謔性的語調，包括矛盾語法和模稜多義的詞字，這與道家主張的兩行（主客易位、彼是方生）來避開「名限」達至「無待」的整套離合引生的思維活動有密切的關係，譬如主客易位或主客對換在嚴格的「名制」下，是被視爲一種「離常」；道家特異的語言運作，是以「異」常的方式肯定「不常」之可以爲「常」，顛覆所謂「常」之不必是，不可能是「絕對的常」。「正言若反」（老：七八）「反者道之動」（老：四〇）就是道家以「異乎尋常」來破「名制」下之所謂「常」的語言策略。我們在這裡用「顛覆」二字來代替傳統中常用的「破」或「遮破」，是要在哲學、美學、語言之外，重寫語言與權力之間辯證的微奧關係。權威用「顛覆」二字罪人，是一種以語言作武器的暴虐行爲。道家（或有道家胸襟的人）通過語言的運作「顛覆」權力宰制下刻印在我們心中的框架並將之爆破，試圖還給我們一種若即若離若虛若實活潑潑的契道空間。

我們打算分幾個方向去探討這些語言的策略：㈠道家論述中語言運作的諸種方式與策略，㈡在道家追求跳脫任何框限而以自然其然與現這一大前提下文學藝術在語言表現上、在形象攝呈上的調整與發明，㈢魏晉玄學顛覆語言策略的應用，㈣早期佛教僧人利用老莊語言運作的方式轉化梵意的詭奇過程，和㈤禪宗公案中詩句的應用和以道家爲主軸的特異顛覆邏輯＊＊。

但在我們進行探討這些語言策略的運作之前，我想趁此機會喚起讀者一種被沈掩已久的覺識，那就是，當我們把一些現象視爲「異於常態」時，我們所依據的所謂「常」，或者說我們已經內在化的彷彿不用思索便知道的「常」，其實不是絕對的，而在相當多的情況下，這些所謂「常」往往只是以前因某種政治利益或社會效應的主觀執見而建構出來的一種運作準據，多是以偏概全的，是一種器囚，尤其在某些社會的運作下，僵固偏狹，反而宰制了我們思維的活動空間，而看不見這些強勢的「常」如何遮蓋了宇宙與人性更大的胸懷。道家其中最重要的精神投向，即是要我們時時質疑這些我們已經內在化的「常」理，得以活出活進地跳脫器囚的宰制，走向斷棄私我名制的大有大無的境界。

我們如果了解道家這一點，也可以修正大衆對道家所形成的錯誤形象：譬如說道家是一種隱退、消極、甚至是逃避主義的哲學。道家破「名」限而復歸於「樸」的基本精神是積極的、文化政治的批判。老莊語言的詭譎代表了他們置身於強勢的「常語」中不得不做的「正言若反」的策略。

二

老子對語言的質疑大家是熟知的，但他對語言的質疑來自更深的根因，是他對周朝封建制度裡名制所帶來的框限行爲的批判。老子在二十八章說：「樸散爲器，聖人用爲官長，故大制無割」，然後在三十二章說「始制有名」。「名」是一種語言符號，產生在人際之間，作爲一種分辨，進而作爲一種定位、定義的分封行爲，在周朝，宗法制度的建立是爲了鞏固權力架構的一種發明，而在宗法制度中，「名」，名分，這些語言的符號，正是權力架構間的黏土。爲了使封建統治發揮到極致，宗法制度裡的「名」分—誰應有什麼權利什麼責任—便按照各種層級訂定，也就是說，「名」的應用在周朝是一種語言析解活動，爲了鞏固權力而圈定範圍，爲了統治的方便而把從屬的關係的階級、身份加以理性化。如說天子是至尊，因受命於天而有絕對的不可懷疑的權威；諸侯定公、侯、伯是一、二、三等，子、男是四等；元子、別子的尊卑關係，嫡長子、長之嫡孫的特有權威；君臣、父子、夫妻的尊卑關係（臣不能質疑君、子不能質疑父、妻不能質疑夫）；男尊女卑……。這些特權的分封，尊卑關係的訂定，不同禮教的設立，完全是爲了某種政治利益而發明，至於每個人生下來作爲自然體的存在的本能本樣，則因此受到偏限與歪曲。老子從「名」的框限看出「言」的危險性。語言的體制和政治的體制是互爲表裡的。所以老子說：「始制有名」。道家對語言與權力的重新考慮完全出自這種人性危機的警覺，所以說道家精神的投向，既是美學的也是政治的。

政治上，當老子說：「道可道，非常道。名可名，非常名。」（老：一）而建議復歸於「樸」和「大制未割」（老：二八）的狀態時，他是要把封建制度下圈定的可道的「道」（王道、天道）和宗法制度中的種種框限的可名的「名」從內爆破，好讓被壓抑、逐離、隔絕的自然體（人生下來的本能本樣）的其他記憶復甦起來，引向全面人性的收復。道家精神的投向是一種抗衡的論述，設法解除語言的暴虐的框限。

我們前面說道家語言的詭譎代表其置身於強勢的「常」語中不得不把「常」語的既定語意顛覆，在「道可道，非常道。名可名，非常名」這兩句話裡，我們很清楚地看到這種語言策略的運作。《道德經》裡許多驚人的語句都必需從這個出發點去解讀，譬如第十九章：

絕聖棄智，民利百倍。絕仁棄義，民復孝慈。絕巧棄利，盜賊無有。此三者以爲文，不足。故令有所屬，見素抱樸，少私寡欲，絕學無憂。

一般人初讀此章，讀到「絕聖棄智」和「絕仁棄義」，不是大惑不解，便是說這是太反常，甚至說這是近乎造反的思想，嚴復甚至說這是「鴕鳥埋首」（註一）。大部份其他的註釋者，都設法把「聖」、「智」解讀爲「聰明」和「智巧」。其實，這些反應、這些註解都明顯地受到了強勢常語的左右和牽制。在語言爭戰的磁場上，我們不應該只求語句內的意義，而應該顧及反語句或超語句其他的涵意。在語言爭戰的磁場上，老子需要經常使用似是而非的反邏輯，模稜兩可的詞語，甚至有時違反他自定的邏輯，來突破對方所設的語意和語限。我們在此只要利用一些引號便可托出道家詭譎用心之一二。

絕「聖」棄「智」……絕「仁」棄「義」……絕「學」無憂

老子要絕棄的是商周以來政制爲了政治利益利用名、言框限出來的「聖」、「智」、「仁」、「義」。《莊子》的第十章〈胠篋〉，可以說是老子這一章的注釋，從《莊子》的闡釋，也可以見中老子政治的思路：

所謂至聖者，有不爲大盜守者乎？何以知其然邪？昔者齊國鄰邑相望，雞狗之音相聞……闔四竟之內，所以立宗廟社稷，治邑屋州閭鄉曲者，曷嘗不法聖人哉！然而田成子一旦殺齊君而盜其國。所盜者豈獨其國邪？並與其聖知之法而盜之……聖人不死，大盜不止。雖重聖人而治天下，則是重利盜跖也。爲之斗斛以量之，則並與斗斛而竊之；爲之權衡以稱之，則並與權衡而竊之；爲之符璽以信之，則並與符璽而竊之；爲之仁義以矯之，則並與仁義而竊之。何以知其然邪，彼竊鉤者誅，竊國者爲諸侯，諸侯之門而仁義存焉，則是非竊仁義聖知邪？故逐於大盜，揭諸侯，竊仁義並斗斛權衡符璽之利者，雖有軒冕之賞弗能勸，斧鉞之威弗能禁。此重利盜跖而使不可禁者，乃聖人之過也。（莊三四三，三五〇）

道家所絕棄的正是從屬於、或持護著斗斛、權衡、符璽……的「聖」、「智」、「仁」、「義」。老子要絕的「學」，也就是定位於這些非常堂皇而實質上是偏限、減縮和歪曲自然體的人的「學問」；回到「未割」的「素樸」（「見素抱樸」），所以「絕學無憂」。在道家精神的投向裡，另有合乎自然跡近素樸的「聖」、「智」。在老子語言的運作上，嚴格的說，不可以像我前面那樣加引號，因爲加了引號，語言的指向便清楚了；加了引號，就知道老子心中的道、聖、智之與強勢常語的涵意有所不同。但老子的文本，其訴諸讀者時，卻是有意求先惑而後悟的效果。《莊子》〈徐无鬼〉篇說：「則其解之也似不解之者，其知之也似不知之也，不知而後知之。其問之也，不可以有崖，而不可以无崖。頡滑有實……奚惑然爲！以不惑解惑，復於不惑，是尚大不惑。」（莊：八七三）此篇雖曰爲莊子的從人所作，但相當能把握老莊語言運作的詭譎頡滑精神和風格。事實上，我們讀老莊碰到這些詭譎的句子，本來就會在其「頡滑」之際讓出一個空間，暫時（只是暫時）劃出一個意義範疇（如我在文中用引號）以便使兩種或數種可能的解讀同時發生。下面我在老子的文本上爲了討論的方便而加上引號時也必需從這個心靈觸解時的「頡滑」空間去再尋索，不應以引號劃出的涵意作最後的定限。

我們現在可以看見，道家語言的運作，大多時候是在語言爭戰磁場上發放，其出手彷彿比武時的「招數」或對奕時的「著數」，時虛時實，似眞似假，似假復眞，使對方惑與不惑目眩未定之際，得個正著，跳脫常語的語規而一閃見樸。我們再看一些「以惑出擊」的例子：

> 爲學日益，爲道日損，損之又損，以至於無爲，無爲而無不爲。（老：四八）
>
> 進道若退（老：四一）
>
> 窪則盈，敝則新，少則得，多則惑。（老：二二）

當一般人以增加的方式去求知求得，老子卻要減損，以退卻、以否定的方式行進；人家要「爲」，老子卻要無爲。這種方式去契道，可以說是負面的建構，負面的超越，因爲老子要我們斷棄的，是主觀執見加諸在我們身上的「學問」，那種積聚更多偏限性知識的「學問」，斷棄或逐漸減除這樣的學問，我們才可以慢慢超越名制裁定下的「爲」，重新擁抱原有的具體的世界和未經割切的自然體的整體生命；因爲無「爲」，一切可以依循物我素樸的原性完成，「無爲無不爲」也。這種負面的超越，我在另一篇論文中稱之爲「離合引生的辯證」，是道家「正言若反」重要反語超語的策略。

明白了道家語言爭戰磁場所用的詭譎語意和手段，下面這些戲謔的修辭也應該是不解自明的：

明道若昧。進道若退。……建德若偷。質眞若渝。大白若辱。（老：四一）

大成若缺，……大盈若沖……大直若屈，大巧若拙，大辯若訥。（老：四五）

這裡要注意「若」這個字，老子不說「明道即昧」（餘類推），因爲所謂昧、退、偷（作怠惰解）、渝、辱（作黷解），所謂缺、沖、屈、拙、訥，只是從強勢政制的「常」語來看是如此，但從不受政制牽制，完全超脫名限語囚的道家精神投向來尋索，其「道」其「德」其「成」其「盈」……等等，則都另有一番「常」語所不能概括、圈定的意涵。

「正言若反」、「反者道之動」的「反」字，雖然在《道德經》裡也有「返回」的意思，譬如二十五章裡的「大曰逝，逝曰遠，遠曰反。」錢鍾書說：「『反』有兩義。一者，正反之反，違反也；二，往反（返）之反，回反（返）也……老子之『反』融貫兩義，即正、反而合。」（註二）「反者道之動」的「反」亦融貫兩義，大部份的註譯者都有類似的說明，但整體來說，「正言若反」作爲一種「顚覆」語言的招數仍是主軸的運作。

「正言若反」句出現在七十八章，句前有這樣的說明：「天下莫柔弱於水，而攻堅強者莫之能勝……弱之勝強，柔之勝剛。」相反於「常」情，弱勝強，柔勝剛。五十二章也說「守柔曰強」。類似的反「常」情的語句貫徹全書。「靜勝躁」（老：四五）「致虛極，守靜篤……歸根曰靜」（老：一六）沖勝盈（老：四五）屈勝直，高以下爲基（老：三九）「上善若水，水善利萬物而不爭，處衆人之所惡，故幾於道」（老：八）「江河之所以能爲百谷王者，以其善下之，故能爲百谷王」（老：六六）「知其雄，守其雌，爲天下谿，爲天下谿，常德不離，復歸於嬰兒」（老：二八）「專氣致柔，能嬰兒乎？……天門開闔，能無雌乎？」（老：一〇）玄牝之門，是謂天下根（老：六）無知比知近道，「無爲無不爲」「道常無爲而無不爲」（老：四八、三七）「有生於無」（老：四〇）道常無名。樸。雖小，天下莫能臣（老：三二）……。不少人都曾列舉貫徹整本《道德經》的這一連串的反語。A. C. Graham在列出相似的甲（有，爲，知，強，上，雄……）乙（無，無爲，無知，弱，下，雌……）兩組對立的立場後，說：「老子永遠把乙放在優先。」（註三）我們在此很清楚地看到老子「正言若反」顛覆語言的政治取向：站在乙的立場推翻甲，或者應該說，他要激發讀者認識到甲所代表的不是絕對的常理、常情、常態，要他們重寫甲乙的關係。乙所代的只是被強勢的甲邊緣化而已，應該把重新提出來，甲乙起碼是互動互補的關係。甲不應恆是主，乙也不應恆是客或奴，更何況在道家的認識裡，乙往往是更完全的自然與人性（未割的素樸）。

甲（主）乙（客）的關係，在《道德經》裡，起碼有兩種換位的情況。其一，是互持互動互補：

天下皆知美之爲美，斯惡已；皆知善之爲善，斯不善已，有無相生，難易相成，高下相盈，音

聲相和，前後相隨，恆也。（老：二）

其二，是自然物變循環的定律，同時影射到政治、歷史的跡變：

將欲歙之，必固張之；將欲弱之，必固強之；將欲廢之，必固興之；將欲取之，必固與之。是謂微明。柔弱勝剛強……。（老：三六）

釋德清的《老子道德經解》說：「此言物勢之自然，而人不能察，天下之物，勢極則反。譬夫日之將昃，必盛赫；月之將缺，必極盈；燈之將滅，必熾明。斯皆物勢之自然也。」（註四）

主客易位，在自然物變循環的律動裡非常顯見，不必費辭，則放眼歷史，一朝興起一朝亡，一種思想興起一種思想衰退，主之不恆是主，客（奴）之不恆是客（奴）亦極清楚。但在道家精神的投向裡，最後的提昇，還應該超脫這個比較易見的道理。首先，在道家的眼中，所有的權力架構都是執一而廢全、或以一抑全的封閉系統，都是有問題，所以他們不是要提出一種系統來取代另一種系統。莊子舉出儒墨的關係即是一例：

故有儒墨之是非，以是其所非而非其所是。（莊：六三）

都是執一廢全。事實上，因爲所有的系統都由思想概念建構，而思想概念建構都有賴於語言建講，而語言建構（名言活動）都是框限的行爲。老子是非常清楚他用語言來推出他精神投向的困難，不但說「道可道，非常道。名可名，非常名。」說「言者不知，知者不言。」（老：五六）他更說：「吾不知其名，強字之曰『道』」（老：二五）明明知道「言者不知」而強言之，道家必須用獨特的方式去操作既定語言，一方面要用語言而不爲語言所囚困，如「得魚忘筌」、「得意忘言」（莊：九四四），把「道」字寫下而立即將「道」字忘卻，一方面是「正言若反」把字義錯惑而跳脫「常」義，如前述。老子同時暗示，「忘道」忘的當然是帶有指限性的文字的道，而非活潑潑的自然（包括外在世界的自然和自然體的生命）本身。

我們試從第二章的「美」字再申述。「美」的觀念不是絕對而是相對的。「天下皆知美之爲美，斯惡已」。「美」不是一種霸權概念，作全天下統一的量器。果眞如此，這種美不但不美，而且是「惡」是「醜」。我們不能接受霸權劃一的美的概念宰制，其實是不要接受某種主觀霸權式的宰制。說「美」是相對的，不但不同時代對「美」有不同的定見，不同的文化對「美」也有不同的投射。同理，有無，前後，高下，成毀，強弱，男（譬如所謂尊）女（譬如所謂卑）等等，像天子，君臣，父子，夫婦的尊卑關係一樣，其實都只是語言文化的建構，受某種主觀意欲支配的分封方式。事物本身在名言前，在分封前完全是平等的，相互指證各自獨立的存在。

我們再試從「有」「無」這兩個字去尋索。不少的注釋者，經常把重點放在「有生於無」（老：四〇）這句話上，然後又比對「道生一，一生二，二生三，三生萬物」（老：四二），說「無」是「有」（萬物）的根本（註五），說這個「無」，如「道」字，是形而上的實體（註六），甚至說是仿似西方的本體。這種說法是相當誤導的。老子說：「有無相生」，像「美」，像「道」，「有」「無」也是語言建構的範疇。假如把「有」視作一種具體的存在，把「無」視作「不存在」，「存在」和「

不存在」，嚴格的說，都不是固定的東西，自然現象、人的生命、世界中的事物都在不斷的生成轉化，不斷的從所謂存在狀態（我們暫時借用英文的Being）轉化（Become／Becoming）到不存在的狀態（Non-being）。我們永遠在轉化（Becoming）中。容許我在這裡用我自己幾句詩來闡釋：

在變與不變之間
若即若離地
生命永遠是
日減一日的死亡
死之永遠是
日加一日的新生（〈運行〉）

其實莊子對有無的說法最爲貼近道家不沾（執）名言的基本精神：

有始也者，有未始有始也者，有未始有夫未始有始也者。有有也者，有无也者，有未始有无也者，有未始有夫未始有无也者。俄而有无矣，而未知有无之果孰有孰无也。今我則已有謂矣，而未知吾所謂之其果有謂乎，其果无謂乎。（莊：一九）

由於道家不沾（執）於名言，名言是圈定範圍說的「有」，定位、定向、定義、執一而廢其他的「有」，但所謂「無」（所謂「有」之「對」）果眞是「無」嗎？我們用「始」「終」這種語言的建構來定範圍，說「始」，事實上「始」之前之「始」，還有「始之前」之「始」之前之「始」。所謂

「始終」的觀念，是把時間割斷來看才產生的；假如不割斷，則沒有「始」可言。說「有」說「無」，則必然還有「無」之前之「始」之前之「始」，及至於「無」，究竟應視之爲「有」還是「無」呢？「無」與「有」實在來自我們偏執的情見，則以「顯現」爲「有」，「不顯現」爲「無」，然「不顯現」則不表示「永不顯現」，待其「顯現時」，我們是否應該改稱爲「有」呢？是故，所謂「始」，所謂「有」，所謂「無」，進而所謂「成」，所謂「毀」（參看：「無物不然，無物不可……其分也，成，其成也，毀。凡物無成與毀，復通於一。」成玄英曰：於此爲成，於彼爲毀，如散毛成氈，伐木成舍也。）（註七）均是爲一種成見而暫行的假名，一種語言的假設。

因此，道家精神的投向，是提供一種想像的活動空間，在這空間裡，有了道家胸懷的人，可以在種種不同的語言建構裡活出活進，而不會被鎖死在它們框限的意識形態裡。這就是嚴羽後來發展出來的相對於「死句」的「活句」。「死句」死守於名言，「活句」則是自名言解放出來的書寫，和感悟的方式。我們現在同時應該認識到，老莊常常置身於「有」、「無」，「主」、「客」，「言」、「無言」……之「間」，也就是若即若離、若虛若實、意義浮動的「中間位置」去發招。莊子的「彼是方生」所引至的「明」，講的也就是這個靈活的空間。

> 物無非彼，物無非是。自彼則不見，自知則知之。故曰彼出於是，是亦因彼，彼是方生之說也。……
> ……是亦彼也，彼亦是也，彼亦一是非，此亦一是非。果且有彼是乎哉，果且無彼是乎哉，彼是莫得其偶，謂之道樞。樞始得其環中，以應無窮，是亦一無窮，非亦一無窮。故曰以「明」。

（莊：六六）

能同時看到「彼的不見」和「是（此）的不見」和不被鎖定在彼或此的局限的視野裡，就是這個「莫得其偶」的「環中」地帶，我們可以來來回回其間，把兩方的「見」與「不見」同收眼底。關於「環中」與「無窮」的關係。首先「環中」指的不是環本身，而是環的中空，郭象注爲「環中空也」。郭慶藩引《莊子古注》說「以圓環內空體無際，故曰環中」（莊：六八）。莊子雖以「彼是」來闡明，觀者所面對的則是無限的「彼是」，所以其關係，應如老子十一章所言：「三十輻共一轂，當其無有，車之用。」「環」中仿如車輪的輪轂中的空體，輻條指向外「環」所代表的「萬有」。這個不需定位、定向、定義但與所有的位、向、義通消息的中間中空地帶，爲中國美學打開一個獨一無二的感物表物方式，我們在後面會細論。

*

《莊子》裡顛覆語言的策略，除了繼續延展《道德經》的惑人、驚人語句之外，還有不少新的發明。老子的《道德經》，整體來說，訴諸論述的邏輯居多，除了有關「道」數章訴諸形象之外，譬如十五章的：「豫兮若冬涉川，猶兮若畏四鄰，儼兮其若客，渙兮若冰之將釋……。」莊子往往在出招前後，有精彩的詩的、形象化、戲劇化的演出。大部份哲學家，尤其是西方的哲學家，都用抽象思維抽絲剝繭式，但莊子總是利用活潑潑的形象活動與戲劇情境演出，〈逍遙遊〉的開始，完全是詩的舞台的展開，完全不帶論述的痕跡。

北冥有魚，其名爲鯤，鯤之大，不知其幾千里也。化而爲鳥，其名爲鵬，鵬之背，不知其幾千里也；怒而飛，其翼若垂天之雲……鵬之徙於南冥也，水擊三千里，摶扶搖而上者九萬里，去以六月息者也。野馬也，塵埃也，生物之以息相吹也。天之蒼蒼，其正色邪？其遠而無所至極邪？其視下也，亦若是則已。（莊：一，四）

這裡展現的，是一種宏大的奇境異象，含有多重象徵的可能。莊子先用強烈的顏色、線條、姿勢在讀者心中喚起一種氣氛、氣象、氣勢，讓讀者的想像隨之而飛升及至心遊萬仞、冥合萬有。我們甚至可以說，這是「得其環中，以應無窮」那種雄渾境界具體的呈現。這種昇騰無疑是體「道」的重要投向，也是中國美學一個重要的投向。但這只是整個「道」運作的一個層面而已。因爲「冥合萬有」的鵬飛，不應是欲征服太陽的伊克呂（Icarus）終於蜡翼溶折而墮死海中那種以人爲主的傲慢，也不應像商周以來爲宰制、偏限、歪曲人性那樣的訴諸以天。在莊子這個寓言的舞台上，相繼有別的「角色」出現，相對於大鵬，蜩鳩只決起至榆枋（莊：九），大椿以八千歲爲秋，朝菌卻不知晦朔（莊：一一）……等。這種幾近顚覆前情的調弄、調侃、調制，要人注意到：契道固應發自無窮的「萬有」，契道亦可在任何地方任何事物上發生。用郭象的話說：「大小雖殊，而放於自得之場，則物任其性……逍遙一也，豈容勝負於其間哉」（莊：一）。能同時在常語所定的「高」和「下」見「道」、契「道」，亦即是不受任何固定的價值觀和意義範疇左右的騰躍，才是不必依賴任何助力的（「無待」的）馳行，才可以打開一個物物自得物物無礙神馳萬象的胸懷。

莊子，像老子一樣，因爲置身於框限性的強勢語境中，不得不以顛覆語言的方式跳脫常語的指限性邏輯，但比老子更進一程的是：他給讀者一種「身臨感」。譬如〈秋水〉的開端：

秋水時至，百川灌河，涇流之大，兩涘渚崖之間，不辨牛馬，於是河伯欣然自喜，以天下之美盡在己。順流而東行，至於北海，東面而視，不見水端，於是河伯始旋其面目，望洋向若而歎曰：「野語有之曰，『聞道百以爲莫己若者』，我之謂也……今我睹子之難窮，吾非至於子之門則殆矣，吾長見笑於大方之家。」北海若曰：「井鼃不可以語海也，拘於虛也；夏虫不可以語於冰，篤於時也；曲士不可以語於道，束於教也……」（莊：五六一）

亦是先展出一個舞台，讀者在讀到有關井鼃、夏虫、曲士等說明之前，先看見一場形象化、戲劇化事件的演出。是先感後思，借卞之琳的用語，是「玄思感覺化」。以形象、事件開始和穿插論述前後是《莊子》基本的結構。但這些事件形象化的演出，在大多的時候，像〈逍遙遊〉的開始，讀者接受「身臨」的經驗時，往往無法停定在一種意義上，譬如對於前述的「冥合萬有」的鵬飛，莊子似乎是在「肯定」和「不完全肯定」之間游離，讓讀者有更多的空隙去從不同的角度思索。

莊子顚覆語言的策略有攻人未防的效果，譬如大家熟識的這個例子：

昔者莊周夢爲胡蝶，栩栩然胡蝶也，自喻適志與？不知周也。俄而覺，則蘧蘧然周也。不知周之夢爲胡蝶？胡蝶之夢爲莊周與？

這也是以惑作解的異乎尋常的手段。莊周夢爲胡蝶，平平的經驗而已，胡蝶之夢爲莊周，不但把讀者熟知的經驗顛覆了，而且也迫使我們跳脫字面而作多方索解，飛越「常」理而另有尋索而達至某種頓悟。「胡蝶之夢爲莊周與」這一問，開出來許多疑問，無形中是對我們的傳意釋意的能力提出了重大的質疑。人們往往以「知」稱「靈」（人爲萬物之靈），但我們有能力知道其他存在物的感知活動嗎？尤其是牠們的傳意釋意的活動？牠們會夢嗎？如果我們說不？我們又怎樣知道？也許牠們另有一種夢的方式？其實，你我夢的方式是否一樣，我們也無從知道？或說，莊周夢蝶和蝶夢莊周之間，只是現實與夢之間的幻覺的一種詩的表現，無關蝶之能否夢莊周，但這也只是一種角度的看法而已。因爲我們仍然可以問，夢算不算現實的一部份，與醒之間的相互關係又如何說。夢中種種，我們有時說是一種缺乏連續性，缺乏邏輯的乖異現象，但我們怎敢肯定這些形象不是醒的生命另一種意義的投射，是醒的生命在某種心理狀態下「必需」投射發放的一種方式，不然，爲什麼我們說：日有所思，夜有所夢呢？爲什麼有人怕夢呢？

我以上強作的一些試解，並不表示莊子所發的顚覆「常」思的這一招開出的就是這些疑問，而是說，他創造一個事件或故事，而把我們帶到一個邊緣地帶，使我們必須放棄既有的語言操作，和語言一般的意指方式，去重新作多方尋索。

讀《莊子》最能使我們突破語限知限而悟道的就是他用的特異的邏輯和攻人未防的字句和故事。前者我們可以舉魚樂之辯：

莊子與惠子遊於濠梁之上。莊子曰：「儵魚出遊從容，是魚之樂也。」惠子曰：「子非魚，安知魚之樂？」莊子曰：「子非我，安知我不知魚之樂？」惠子曰：「我非子，固不知子矣；子固非魚，子之不知魚之樂，全矣。」莊子曰：「請循其本，子曰：『汝安知魚樂』云也者，既已知吾知之而問我，我知之濠上也。」（莊：六〇六～七）

這裡是一種戲謔性的邏輯：你不是我，但你能知道我不是魚。所以我不是魚，我當然也可以知道魚之樂。如果你說我既不是魚，所以我不能知道魚；那你不是我，又怎能知道我？如果你不是我而能知我，我不是魚而能知魚又有何不可？這一大堆似是而非似非而是的辯解，不是要推向一個結論，這裡不是要說莊子對惠子錯，或惠子對莊子錯，我們可以說，兩個都對，兩個都錯。知與不知，像前論的有與無，都是語言圍出來的範疇，既不絕對，也不是可以量度的固體。這段語言遊戲的演出，要我們不要依循接受過來的知之可以爲知、不知之所謂不知的認知方式與程序。當莊子戲說：「我知之濠上也」。他並沒有給我們眞正的答案，我們仍然要多方索解，其中的「一」個答案可能是：「我知之濠上」是一種直覺的認知，不是邏輯屬於框限性的析解的認知。「我知之濠上」也許還可以說：昭然在目，不辯自明，所謂「天地有大美而不言」（莊：七三九）但莊子要留下更大的遊思的空間，而這個空間只能通過戲弄語言來打開。

關於攻人未防的故事，我們試舉三例：

㈠如〈知北遊〉的開端：「知」本身失落了，他北遊到處問「道」求解，是自嘲的反諷。「知」

對「知」本身質疑，就是攻人未防，我們不得不重新反思所謂「知」的可疑性，像「魚樂」故事一樣，也是把既有的觀念「問題化」以便進入一個新的思維的起點。「魚樂」好像說「知」之可得而實在問題重重，〈知北遊〉的「知」最後歸結到老子的「知者不言，言者不知」，好像說「不知」而實在是指向另有所「知」，都是透過調弄、調侃語言的方式讓我們突破語框的顛覆策略。

㈡東郭子問道何在，莊子先答：「無所不在」。東郭子要求他明確說明界定。莊子回答：「在螻蟻」、「在稊稗」一直演到「在瓦甓」和「在屎溺」。東郭子一直驚訝：「何其愈下邪！」聽者步步心驚，因為「道」之為物，在大家心中何其崇高！則道家的口中也是「象帝之先」（老：四）「名之曰大」（老：二五）難怪東郭子有「何其愈下」之驚。這也是要聽者驚而覺，覺而跳脫「常」識而另作索解的事件，物既不分大小，只要放於自得之場，即是逍遙，即是道。「道」不是離開塵世現實高高在上的獨立體。這個例子中的顛覆方式，最為禪宗公案所喜，如⑴問：如何是佛？曰：碌磚。問：如何是道？曰：木頭？⑵僧問：如何是佛？雲門曰：乾屎橛。都是轉化自莊子這段對話。

㈢一般常情，死亡會帶給親友很大的悲傷。但在莊子，卻一反常情，他用了一連幾個故事，親友不但不悲傷，而且臨尸而歌，或倚戶高呼「偉哉造化」（見〈大宗師〉），但最出名的，當以〈至樂〉裡這一段對話：

莊子妻死，惠子弔之，莊子則方箕踞鼓盆而歌。惠子曰：「與人居，長子老身，死不哭亦是矣，又鼓盆而歌，不亦甚乎！」莊子曰：「不然。是其始死也，我獨何能无概然！察其始而本無生，非徒無生也而本無形，非徒無形也而本無氣，雜乎芒芴之間，變而有氣，氣變而有形，形變而有生，今又變而之死，是相與爲春秋冬夏四時行也。人且偃然寢於巨室，而我噭噭然隨而哭之，自以爲不通乎命，故止也。」（莊：六一四～五）

世人的積習是欣生惡死、哀死樂生，莊子（和其他故事中的至人如子輿、子黎等）卻以近乎「大逆不道」的姿態突擊讀者已內在化、積習已久的情見，使其驚愕、懸惑、轉思而進入生死大化自然運作的印認。其實，這也不只是莊子的獨見。原始人樂生而不怕死亡，認爲死是回到自然的律動裡，是偉大天作的循環。莊子妻死鼓盆而歌的故事，表面是要驚世駭俗，其實也反映了古昔之民的一種精神狀態。原始民族許多有關死亡的儀式頌歌，其間有痛苦，但也有一種狂喜，因爲他們把死亡視爲是回歸太和的一段旅程。埃及的《死亡之書》，在黑暗裡泛溢著光輝，在傷痛中充滿狂喜。我曾按照印地安諸族及非洲原始民族對死亡所持的精神意態編成一個儀式舞蹈劇〈死亡的魔咒和頌歌〉，其最後一節是取材自Aztec族的詩，其詩如後：

我們披戴的花朵
我們升騰的歌聲
我們行向神祕的國度
只有一天了
讓我們並肩，友人

我們必需離開我們的花朵
我們必需離開我們的歌聲
大地恆常
友人，分享此刻，友人，歡暢

其從容進入生死大化的心境可以視爲莊子的「安時而處順，哀樂不能入也」那種泰然的迴響。

莊子對「習常」戲謔性的顚覆，莫過於他對孔子的調弄。在《莊子》裡出現的孔子（次數非常多），幾乎成了道家的代言人，孔子所代表的正名修禮完全被顚覆了。這裡列出兩段，以見一斑：

㈠子桑户死，未葬。孔子聞之，使子貢往侍事焉。或編曲，或鼓琴，相和而歌……子貢趨而進曰：「敢問臨尸而歌，禮乎？」二人相視而笑曰：「是惡知禮意！」子貢反，以告孔子，曰：「彼何人者邪？……。」孔子曰：「彼，遊方之外者也；而丘，遊方之內者也。外內不相及，而丘使女（汝）往弔之，丘則陋矣。彼方且與造物者爲人，而遊乎天地之一氣……芒然彷徨乎塵垢之外，逍遙乎无爲之業。彼又惡能憒憒然爲世俗之禮，以觀衆人之耳目哉！」子貢曰：「然則夫子何方之依？」孔子曰：「丘，天之戮民也……。」子貢曰：「敢問其方。」孔子曰：「魚相造乎水，水相造乎道。相造乎水者，穿池而養給；相造乎道者，无事而生定。故曰：魚相忘乎江湖，人相忘乎道術。」（莊：二六六～二七二）

整個事件調侃孔子的戲謔性躍然於紙。孔子不但說「丘則陋矣」，又說「丘，天之戮民也」，最後完全被道家征服，說出完全是道家精神的話：「魚相忘乎江湖，人相忘乎道術」，各適性自足而相忘，無關乎禮。

(二)顏回曰：「回益（進步）矣。」仲尼曰：「何謂也？」曰：「回忘仁義矣。」曰：「可矣，猶未也。」他日，復見，曰：「回益矣。」曰：「何謂也？」曰：「回忘禮樂矣。」曰：「可矣，猶未也。」他日，復見，曰：「回益矣。」曰：「何謂也。」曰：「回坐忘矣。」仲尼蹴然曰：「何謂坐忘？」顏回曰：「墮肢體，黜聰明，離形去知，同於大通，此謂坐忘。」仲尼曰：「同則旡好也，化則旡常也，而果其賢乎！丘也請從而後也。」（莊：二八二～二八五）

首先，顏回描述的正是老子說的「損之又損」的負面建構的方式，而「坐忘」這個重大的道家契道程序，竟是由以仁義禮樂爲支柱的孔子的弟子顏回推出，而他的「益」正是「仁義禮樂」之「損」，其調弄的顚覆已夠精彩了，最後，孔子還說：丘雖然是你（回）之師，卻落在你之後，願從而學之。至此，孔子之爲大賢便完全被破解了。

三

道家在中國文化整個導向上由制衡到迫使其他思維系統改弦換轍的蛛絲馬跡歷歷在目。我在〈意義組構與權力架構〉一文中曾指出一些，我在這裡也無意、也無法詳論，因爲道家對中國文化、生活、藝術的影響非一本大書無以概括。道家在中國歷史上不斷扮演「抗拒割切、還我自然」的角色。反映在文獻上，儒家易解、儒家經典如《中庸》和大部份的宋明理學都呈現著因道家的挑戰而調整和擴充視界的痕跡。至於魏晉玄學的雙重顛覆的玄奇，六朝佛教經典借助道家顛覆語言的策略和襲用道家語勢語意所開出來的詭譎，我將有另文處理。

反映在知識份子的生活上，是「詩人、政治家」兩重互相排斥的身份合於一的現象，如蘇東坡就是最好的例子，他的詩論、藝論完全是道家的，是他不得不從儒的政治生命的制衡。這種雙重身份的知識份子比比皆是，至今未衰。反映在政治思想破解上，在漢朝有王充對董仲舒「假名造權」的破解（見拙著〈意義組構與權力架構〉一文），在魏晉有王弼、郭象諸人把儒聖道家化，並爲宋明理學某些儒道融合的努力作出重要的準備。

反映在詩、畫、書法、音樂、太極、花園設計上和有關這些的論述，道家精神的投向是主而不是賓，對名制權力作出巨大的抗拒力量。我們打算在這一節簡略的介紹道家在詩畫上提供的美學空間作爲示例。

*

宇宙現象、人際經驗存在和演化生成的全部，是無盡的，萬變萬化地繼續不停地推向我們無法預知和界定的「整體性」，所以當我們用語言、概念這些框限的活動時，我們已開始失去和具體現象生成活動的接觸。整體的生命世界，無需人的管理，無需人的解釋，完全是活生生，自生自律自化自全

（無言獨化）的活動。道家的這個認識裡有更根本的一種體認，那就是：人只是萬象中之一體，是有限的，不應被視爲萬物的主宰者，更不應該視爲宇宙萬象秩序的賦給者。要重現我們可以任物我無礙地自由興發的原生狀態，首要的是要了悟人在萬物運作中原有的位置。人既然只不過是萬千存在物之一，我們沒有理由給人以特權去類分分解天機。「鳧脛雖短，續之則憂；鶴脛雖長，斷之則悲」（莊：三一七）物各具其性，各得其所，我們應任其自然自發。我們怎能以此爲主，以彼爲賓呢？我們怎能以「我」的觀點強加在別的存在體上，以「我」的觀點爲正確的觀點，甚至唯一正確的觀點呢？「彼是（此）莫得其偶，謂之道樞。樞始得其環中，以應無窮（請參看第二節討論）……是以聖人和之以是非而休乎天鈞，是謂之兩行。」（莊：七〇）

我們在第二節指出，只從「此」出發看「彼」有盲點，從「彼」出發看「此」亦有盲點。我們應該同時從「此」「彼」兩方面馳行（兩行），能「兩行」則有待我們不死守於一種立場。此（即所謂主體，宰制和決定的作因）其實同時也是彼（即所謂客體，被宰制，被決定的受體），因爲當我說「此」的時候，從你的角度看不就是「彼」嗎？也就是說「此」「彼」只是討論上的語言範疇。由是，只有當主體（自我）虛位，從宰制的位置退卻，我們才能讓素樸的天機回復其活潑潑的興現。現象並不依賴「我」而存在；它們各自有其內在的生成衍化的律動來確認它們作爲存在物的眞實性。眞實性、眞理並不能來自「我」；事物在我們命名之前便擁有它們的存在和它們獨具的美。所謂主體、客體，所謂主奴的從屬關係都是表面的區分。主體和客體，意識和自然現象互參、互補、互認、互顯，同時興現，人應和著物，物應和著人，物應和著物至萬象萬物相印認。由是，我們每一次的感知過程，我們每次意義的製造都只是暫行的，必須有待其他角度的感知出現來修飾補襯，這樣，我們在無可避免的名言活動中才可以跳脫名言的枷鎖。

要避免人的主觀主宰物象的另一意義就是「以物觀物」。老子說：「以天下觀天下」（老：五四），莊子說：「藏天下於天下」（莊：二四三），這是要回到「未割」的「全」。其中的方法之一是從無窮大的視境去看：「視而不見……繩繩不可名，復歸於無物……無狀之狀，無物之象……道之爲物，唯恍惟忽，忽恍中有象，恍忽中有物」（老：一四，二一）。因此，莊子的〈逍遙遊〉的大鵬有「水擊三千里，摶扶搖而上……九萬里」之飛。因此，幾乎所有中國的山水畫都自由無礙地同時應用了鳥瞰、騰空平視、地面平視、仰視等角度的呈現，即所謂不定位定向的透視，或散點透視和迴遊透視，前山後山、前村後村、前灣後灣都能同時看見。山下的樹、半山的樹、山頂的樹枝幹，樹葉的大小都沒有很大的變化，譬如宋人的一張〈千巖萬壑〉所見，彷彿我們由平地騰空升起一路看上去，這種視覺的經驗，是畫家不讓觀者偏執於一個角度，而讓他不斷換位去消解視限，如此，幾種認知的變化可以同時交匯在觀者的感受網中。我們試舉范寬的〈谿山行旅〉爲例。在這一幅垂直的大掛軸的右下方可以看見一隊行旅的人，很細小，後面的樹群也不大，這表示我們從遠方看來。可是在這個景後面的一個應該是很遠很遠的山，卻龐大突向我們的目前，甚至壓向我們。這個安排使我們同時在幾種不同的距離和幾種不同的高度前後上下游動的看。那橫在前景與後景（後景彷彿是前景，前景彷彿是後景）中間是雲霧（一個合乎現實狀態的「實」體）所造成的「白」（「虛」），這既「虛」且「實」的「白」的作用把我們平常的距離感消解了，我們再不被鎖定在一種距離裡，產生一種自由浮動的印記活動。像「正言若反」所用的語言策略，這裡的「常」識也是被顛覆轉化了，我們從常理認知的「後景」現在以「前景」的方式突現。這裡視覺經驗中的自由浮動的印記活動，和第二節所述從「中間位置」若即若離、若虛若實的進出是一致的。

類似的自由浮動的印記活動亦見於中國古典詩中的靈活語法。因為我已經有兩篇文章專論這方面的特色（見〈語法與表現〉和〈中國古典詩中的一種傳釋活動〉（註八））在這裡我只做些扼要的說明。

如果我們拿文言和任何印歐語系的語言（譬如英文）比較，我們會發現英文是一種定向性分析性的結構，如主詞如何決定動詞的變化（如we do…he does），中間要增加不少細分的元素，如名詞前的冠詞（a, the），如定位定關係的前置詞、連接詞（on the bank; when the sun…, the sand becomes…）如單數複數決定動詞字尾的變化（This man says; these men say），如現在、過去、將來的行動由代表現在、過去、將來時態的動詞去表達如（He does; he did; he will do）等等，都是非常嚴謹細分的，有時到了僵硬的地步，沒有了這些元素，英文就不成句，有了它們，句子便因著詞性的定位而定向、定義，由此（主體）指向和決定彼（客體）的單線、縱時式、因果式的追尋，其任務是要把人、物，物、物之間的關係指定、澄清、說明。反過來看文言，我們不一定要冠詞（事實上文言詩中極罕見），不需要代名詞作主詞，甚至不需要連接詞而自然成句。另外，英文的「主詞—動詞—受詞」的結構，中文也有，但並非必需；沒有動詞也可以成句。動詞因爲沒有時態的語尾變化，不會把行動限死在特定的時空裡（譬如英文用過去詞呈現一個事件，加上作者往往要加人稱代名詞如「我」、「他」、「她」等，我們是通過作者的主觀經驗，受著他主觀經驗的導向去「重溯」他「過去」的經驗。但在中文，由於沒有時態變化，一切彷彿發生在讀者的目前，是刻正發生的現在；由於我們不必用人稱代名詞，讀者可以直接移入，譬如心中可以暫時興起一個「我」字，但也可以同時興起一個「他」或「她」字，而來來回回換位去作主客不同角度的印認。）但更重要的是：文言中很多字可以兼含數種詞性（名詞、動詞、形容詞、副詞的作用）。這些超脫定向、定位、定詞性屬於分析性指義元素的靈活語法，推到其極致，可以迴文，我在兩篇文章裡，先後提出蘇東坡的詩例和周策縱一首五言二十個字排成圓圈的「字字迴文詩」（即無論從那個字開始，無論是順時鐘或逆時鐘，都可以成句成詩。）其能如此，完全是有賴於上述語法的特色。這裡我們應該說明兩點。第一，迴文詩當然是個極端的例子，但我們不能否認，文言詩中很多句子的語法有近似的高度靈活性。第二，中文也是一種表義的語言，自然也具有指義的元素，需要時，也可以像英文一樣定向、定位、和帶分析性的界義，否則，我們用散文寫的古代的歷史、哲學（包括老、莊）的經典便無法完成。但我們的詩則盡量要跳脫這些指義元素，欲托出「指義前」屬於原有、未經思侵、未經抽象邏輯概念化前的原眞世界，究其基本原因，當然是由於觀物感物的立場—力求不干預自然的衍化興現—所必需帶動的語法的調整。其美學結果我曾說：

這種靈活性讓字與讀者之間建立一種自由的關係，讀者在字與字之間保持著一種「若即若離」的解讀活動，（「若即」是讀者要在心中興起指義的元素，「若離」是讀者馬上要否定這種指義的行爲，因爲它局限了我們遊刃的空間），在「指義」與「不指義」的中間地帶，而經歷一種類似「指義前」物象自現的原眞狀態，字與字的組合，往往給與讀者一個開闊的空間，其間的物象，由於事先沒有預設意義和關係的「圈定」，我們可以自由進出其間，可以從不同的角度進出，獲致不同層次的經驗。我們彷似面對水銀燈下的事物、事件的活躍與演出，在多層意義和感受的邊緣微顫。（註九）

我們可以這樣說，爲求道家精神投向裡的「未割」，中國古典詩在並置的物象、事件和（語言有時不得圈出的）意義單元之「間」，留下一個隙，一種空，一個意義浮動的空間，我們可以在物物之間來來回回，接受多層經驗面和感受面的交參競躍而觸發語言框限之外、指義之外更大整體自然生命的活動。在這個詭譎的空隙裡，只要我們感到有可能被鎖死在義的當兒立刻可以解框而重作新的投射。道家所開出的「若即若離」的語言策略，在中國詩畫中發揮得最爲淋漓盡致。我們可以說，中國古典詩畫是繼承了道家抗衡名制權力發揮出來重獲大有（冥合萬有）而又能逍遙於大無（不爲「有」囚）的最活潑的契道活動。

【附記】

＊文內所用道家經典，老子的《道德經》將以章注明如老：一是指老子《道德經》第一章。莊子則按郭慶藩編之《莊子集釋》（台北河洛版，一九七四）。文中將簡注為「莊」。又，文中所用到的外篇文字，均以其為原典精神之延伸者為準。

＊＊本文只處理㈠、㈡。㈢、㈣、㈤將另文處理。

【附註】

註一　嚴復《老子道德經評點》見陳鼓應《老子注釋及評介》（北京：中華書局，一九八四），頁一三八摘論。

註二　《管錐篇》第二冊，頁四四五。

註三　A.C.Graham，Disputers of the Tau（La Salle，Illinois：Open Comt，一九八九）頁二二三。

註四　陳鼓應，頁二〇七。

註五　如王弼。

註六　如陳鼓應。

註七　錢穆《莊子纂箋》（台北：三民書局，一九六九）頁一四。

註八　〈語〉文見《比較詩學》（東大，一九八三）頁二七～八五；〈中〉文見《歷史、傳釋、美學》（東大，一九八八）頁五五～八八。

註九　《歷史、傳釋、美學》頁五九。

建構佛教美學的理論參考系

中央大學哲研所教授 蕭振邦

提要

本文是筆者所進行的佛教美學系列研究／接續〈佛教美學初探〉一文的另一個部分，討論的主題在於研究佛教美學時可能援用的參考系暨其說明。原初，本文的主旨試圖為佛教美學理論的建構指出一些建構原則，但目前實際上只展示了參考系諸面相之討論，並提出了若干概括性的建構策略。

一、關於理論問題

(一)「形上與形下」的釐清

據筆者的了解，李正治在〈開出生命美學的領域〉一文中所提出的重要看法，大體上可撮要爲針對「藝術美學」／「生命美學」暨「有執的存有論的美學（以欲爲基的美學）」／「無執的存有論的美學（以道爲基的美學）」所作的區判，李文總結如下：

生命層境是可分多層，但基本上只有兩層，即形上層與形下層。形下層即生命的俗執層，形上層即生命之超轉層。依生命之上下兩層的存在，可成立兩套美學：一是「有執的存有論的美學」，或「以欲爲基的美學」；一是「無執的存有論的美學」，或「以道爲基的美學」。這兩套美學的存在，可統攝一切美學系統於其中，因爲一切美學的根基，無非生命以有執境界或無執境界爲美。（註一）

此一說法是可以接受，而且李正治試圖爲中國美學打通一條出路，應無可厚非。但若針對上述引文看來，其說法固無可質疑，表意上卻可能導致我們在概念層次（level） 上的混淆。扼要地說，他的敘述可能使我們以爲，似乎西方美學——藝術美學——爲一「以欲爲基的美學」，是屬於形下層的——沒有形上層的——而中國美學則爲形上層的（當然也會有形下層的）。此說若據Pepper所述西方傳統美學理論的建構實由「形上層」：「世界預設」的把握出發（註二）而言，則有出入。顯然，李文中「美學」這一概念有可能混淆了。

這裡要指出的是，不管是西方或中國的美學，在建構理論時都可能面對「形上理念」所涵攝的各項問題——筆者把這類問題的處理與總成稱爲「藝術形上學」——所以，李文的區分法，易使人誤以爲西方的「藝術美學」處理的是形而下的問題，而產生混淆層次的誤解。

一般而言，當我們討論佛教美學時，一樣要面對形上理念（世界預設）諸問題，這是佛教美學建構的基點，然後我們才會問是要面對那一種佛教的世界預設——是採取原始佛教的「消極世界預設」（捨離觀）？抑或採取大乘佛教的「積極世界預設」（入世觀）？這兩種形上理念實際上有著很大的差異（註三），若引用其中任一者作爲佛教美學理論建構的始點，皆有可能開出面目迥異的佛教美學，況且，其中又間雜著把美學建構由形上學中解放出來的歧出問題，處理上較爲棘手。

㈡系統解釋之訴求

以筆者目前的研究經驗而言，在各種書籍中可以看到許多西方美學理論，相對而言，坊間也有許多有關中國美學的書籍，但大致上不容易在這類書籍中清楚地了解所謂的「中國美學理論」是什麼，書中所言多半是「中國美學觀（conception of Chinese aesthetics）」或一些個殊領域的藝術哲學暨藝術理論。因此，若以中國美學的發展作爲一門知識學建構的角度考量，則理論的敷陳應爲無可避免的課題。果爾如是，當我們討論中國美學時，就必須釐清其理論之梗概。但是，如前所述，在現有的中國美學相關著作中，美學理論的探討暨建構尚未成熟，因此，在探究初期實不必也不能以西方美學理論發展的尺度來衡量中國美學理論。本文建議不妨先把「理論」定位在「系統解釋」這一尺度上，然後再把西方美學理論當作參考系（reference system），以便更周洽地探究中國美學理論的可能建構暨發展。

本文主張前述探究進路具有可行性，因此，在進一步討論佛教美學時，一方面，先檢別有效的西方美學參考系，另一方面，則釐清「系統解釋」內涵，以便契乎佛教美學理論建構的始點。在此值得一提的是，「系統解釋」原本需要考慮所謂系統本身的方法、原理（則）暨架構問題，但本文所建議者，是相應於「評估解釋之諸面相」的反思，而擬想出來的「系統解釋」。

大凡，我們在評估各種解釋時，若先不考慮解釋的原初結構，而只考量其推論結構，則解釋可圖示如下：

假設（能釋／理由）→ 所釋（事實／看法）

順此，當我們評估解釋是否恰當時，應考慮三要點：⑴由假設到所釋這一推論必須具有較高的邏輯強度：有效性暨合理性評估；⑵解釋必須完備：它必須說明所釋的各個有意義面相；⑶解釋必須能提供新訊息：其假設必須陳述與所釋相關的基本原因或理由（註四）。如果這三項要點都通過了我們的評估，還要考量解釋的廣度暨深度，以及是否符合一致性原則（與其他脈絡或領域的知識是否相容）暨簡單性原則（在條件相同的情況下，儘量減少不必要的預設），以便能進一步確認我們的解釋是一個好的解釋。

經由上述說明，可以說，上文所提到的「系統解釋」，較傾向於指涉一種「恰當的好解釋」，它具備了邏輯強度較強的結構，它把所要解釋的對象或概念之諸有意義面相皆予以釐清，而且具有深度暨廣度，與其他脈絡的知識也能夠相容——通常，這與「系統」的要求已很相近。

二、佛教美學理論建構的兩種進路

筆者在《佛教美學初探》一文中即曾深入討論佛教美學理論的各個面向，當時傾向於主張原始佛教部分較不易由教理、教相中遞衍出一套美學思想，更遑論從而建構出一套佛教美學理論，反之，較傾向於主張由大乘佛教的教理、教相中建構出佛教美學理論。現在，本文的看法有所改變。

㈠反美學的美學進路

> 無爲放放逸，我以不放逸故自致正覺，無量眾善亦由不放逸得，一切萬物無常存者。（註五）

這是佛陀最末對其第子的教誨。一般而論，由佛陀的教誨所形成的「原始佛教」（註六），大體特色在於以空爲根據的緣起論暨實踐論，而呈顯較濃厚的捨離精神（註七），其後經由部派的佛學煩瑣化以至大乘諸古德的發揚，才呈顯以中道爲原理的正見實踐論。

可以說，緣起論是佛陀思想的大宗也不爲過，但質實而論，緣起論，甚至四《阿含》都要到部派之後才完全確定，故不論是佛陀時代的十二支愛非愛緣起（無明緣行等的十二緣起）、緣起四句或部派的緣起觀，以迄虛妄唯識的賴耶緣起暨後來的如來藏緣起，實際上應非佛陀時代的原初面貌（註八），只是其精神不離緣起性空而已。

若以上撿別未過度簡單化，則既然佛陀時代的教化特色在於以空暨緣起爲主軸的實踐論，何以又彰顯出捨離精神呢？其實緣起性空與捨離精神爲一物之表裡，捨離爲表，而緣起性空爲裡，這一點在四《阿含》中既已確立，今配合前述「系統解釋」要求標示論證的邏輯強度這項重點，而舉《阿含》中的「五蘊無我論證」爲例說明之。

大體上說，原始佛教中的「無我論」，只是作爲一種宗教實踐命題而被提出，並不是作爲一種否定「自我」這一實體的存有（ontic）命題（註九）。由四《阿含》中撿別其說，原始佛教要標示的主題只是：

「色……」都不是「我」，不要執持爲「我」。

或是：

你們現在執持的「我」都不是「我」，原本即「無我」。

這一點十分重要，若此理解無誤，則「五蘊無我論證」的內容便可分析如下。首先，論證的主體出現在《雜阿含》中（註一〇）：

色無常，無常即苦，苦即非我；非我者亦非我所，如是觀者，名眞實正觀。如是受、想、行、識無常，無常即苦，苦即非我；非我者亦非我所，如是觀者，名眞實觀。（註一一）

很明顯的，佛陀主張「無我」是一事實，或許因爲有徒衆難以了悟，故佛陀遂以「五蘊」來解釋「無我」——「無我」是所釋，而「五蘊」是一種假設。此一解釋大要不外：一切法的內容是「五蘊」，而生命個體存在亦不外「五蘊」所成，離「五蘊」並沒有「我」。此解釋的推論結構（論證）可以分析如下：

(1)色無常　（小前提）

(2)無常即苦　（大前提）

∴(a)色即是苦　（中介結論／前提）

(3)苦即非我〔且非我所〕　（大前提）

(a)色即是苦　（小前提）

∴(4)色即非我　（結論）

並可圖示如下：

(1)＋(2) ↓ ……步驟①

(3)＋(a) (4)↓ ……步驟②

要特別注意的是，前述分析把論證分解成兩步驟的三段論，其中，第一個推論步驟中的中介結論「色即是苦」，後來又作爲第二個推論步驟的前提，而論證的眞正結論是「色即非我」，這是一個有效論證。如是，若據論證是有效的，則前提皆眞，結論便不可爲假——我們便可接受該結論「色即非我」，而採信「五蘊無我說」這種解釋。但是，問題在於前述論證中的「色即無常」、「無常即苦」、「苦即非我〔所〕」等前提如何斷定爲眞！因爲，若不能斷定其前提爲眞，則論證雖有效，卻不一定合理，我們便不一定能採信佛陀的解釋。

據上分析，論證之前提爲眞的關鍵又在於「苦即非我〔所〕」何以爲眞！若要爲眞，則「苦即非我〔所〕」應先有斷言如下：第一、「這些都不是我，故不要執著」；第二、「我是非苦，苦才非我」（註一二）。值是之故，《雜阿含》、《中阿含》、《遺教》等處，才就「和合假暨假依實」、「緣起暨和合」等主題，次第解明上述前提何以爲眞的問題。扼要地說，經中進一步釐清的是，何以「一切法的內容是五蘊」，以及「五蘊本身能否執實」的困惑，此如，《雜阿含》云：

> 汝謂有衆生，此則惡魔見。唯有空陰〔蘊〕聚，無是衆生者；如和合衆材，世名之爲車；諸陰因緣合，假名爲衆生。（註一三）

> 色無常，苦因、苦緣生諸色者，彼亦無常……。如是受、想、行、識無常，苦因、苦緣生諸識者，彼亦無常。（註一四）

這兩段話要說明的是一切法與五蘊的關係，並間接說明了「色即無常」這一前提何以爲眞的理由。可以說，經中對其解釋該補充說明什麼，其實十分清楚，故透過經文的說明，「色即無常」、「無常即苦」兩前提可斷言爲眞（引證待加強），現在剩下「苦即非我」這一前提是否爲眞的問題，故經文又云：

> 色非是我。若色是我者，不應於色病苦生，亦不應於色：欲令如是、不令如是。以色無我故，於色有病有苦生。亦得於色：欲令如是、不令如是，受想行識，亦復如是。比丘！於意云何？色爲是常，爲無常耶？比丘白佛：無常。世尊！比丘！若無常者，是苦不？比丘白佛：是苦。世尊！若無常、苦，是變易法。多聞聖弟子，於寧見有我、異我相在不？比丘白佛：不也。（

註一五）此段文字闡明了「色即非我」這一觀念，稍帶及「苦即非我」之說明。是以，稍有不足處在於，「苦即非我」這一前提是否爲眞，還須引證資料，而前述引文也明揭了眞正的結論是「色即非我」，此如經中所云：

是故比丘，諸所有色，若過去，若未來，若現在，若內，若外，若麁，若細，若好，若醜，若遠，若近，彼一切非我、不異我，不相在。如是觀察，受、想、行、識，亦復如是。（註一六）

如是，四《阿含》中的「五蘊無我論證」應是極爲清楚的說法，由無常到無我，捨離精神亦得顯豁。果眞如此，這種彰顯了無我觀的佛教緣起大法，無疑取消了積極的世界預設，而代之以消極的世界預設，如此一來，表面上遂使佛教美學理論的建構不再可能（註一七）。但是，換一個方向思考，情況並不那麼糟！扼要言之，如果我們參考西方美學在當代的發展，可以把它們理論探究的「反理論」、「反美學」暨「開放概念」等美學進路引爲參考系，以作爲進一步思考佛教美學理論建構的資藉，如是，或許也可能就原始佛教的教理、教相開出「反美學」的理論建構進路，這是本文的主要思考焦點之一。

㈡藝術機構理論的進路

前文說明了原始佛教的美學理論建構問題，若以大乘佛教而論，則其內容又有別異。今以《華嚴》爲例作一簡略說明。扼要言之，《華嚴》亦承繼了一般契經「熱心爲欲，獲得智識與滿足而發問的『所問經』」（註一八）的形式，由經題看來，整部經的表面重點有二：第一、說明佛以不思議業而呈顯七處八會的盛況暨究竟；第二、說明七處八會的衆菩薩如何求智勵行，以莊嚴佛果。所以，可以說本經例示了佛教「境、行、果」的無上特色。

若再以《華嚴》所呈顯與美學有關的佛教思想而論，可以作爲例示的特點之一即「佛華嚴」這一觀點。如依據《華嚴思想》的說法（註一九），「佛華嚴」實際上另涵有「華嚴佛」的想法，亦即「佛陀雜華嚴飾」暨「以雜華而嚴飾佛陀」的意思，而《華嚴思想》於此中所強調的是「雲集於七處八會各處、各會的菩薩們，是由毘盧舍那如來，以及十方諸佛剎如來的正覺華所化生的『如來淨華之聖衆』」（註二〇）這項重點。

對照來看，楊政河於《華嚴經教與哲學研究》一書中則指出（註二一），「佛華嚴」中的「佛」指的是最高的極果，是能證的人，亦即能融攝三世間的十佛、十身；「華」指的是菩薩所修的十度萬行，以成就萬德圓滿果體的因行譬喻。「嚴」即指莊嚴，也就是開演因位的萬行來嚴飾佛果。此中，《華嚴經教與哲學研究》所強調的稍與《華嚴思想》強點者有些許出入，它強調的是「以萬行因華，來嚴飾無上佛果」。

基於上述理解，《華嚴》所揭示的甚深思想，可以在「形上理念的圓融無礙」、「華嚴境界」與「華嚴教儀」上開啓美學理論建構的契機，換言之，對照於西方美學理論參考系，或可以循「藝術形上學」的進路建構佛教美學理論，特別是，也可以循「藝術機構理論」的進路建構其理論，此中，後者尤爲新契機。

其次，筆者已在《佛教美學初探》一文中指出：第一，從《華嚴》、《梵網》、《觀普賢》諸經所提出的毘盧遮那如來，演變到《大日》、《金剛頂》諸經所提出的摩訶毘盧遮那佛（即大日如來），皆呈現了「關懷與肯定現世」的特色；第二，《佛說一切如來眞實攝大乘現證三昧大教王經》更揭示了「世尊大毘盧遮那如來……悉能圓滿普盡無餘諸有情界一切意願」等等入道先行的方便法門。第三、若關懷或肯定現世是大乘佛教所揭示的精神底蘊，則佛教美學建構的契機即在於此，而且佛教美學的線索當存於大乘經典中（註二二）。

撮要言之，既然大乘佛教關懷暨肯定現世的精神底蘊，使其特有的世界預設得與一般形上理念相容，而容易契及「藝術形上學」的美學理論建構進路，但綜觀大乘佛教的開展，乃與其置身的社會脈絡、文化脈絡的互動特爲重要，所以，循「藝術機構理論」的進路以建構佛教美學理論，應更是一種可行的選擇。

三・建構佛教美學理論的參考系

(一)參考系暨選取原則

1. 西方美學發展架構展示

西方美學大體上的發展架構可以圖示如下（註二三）：

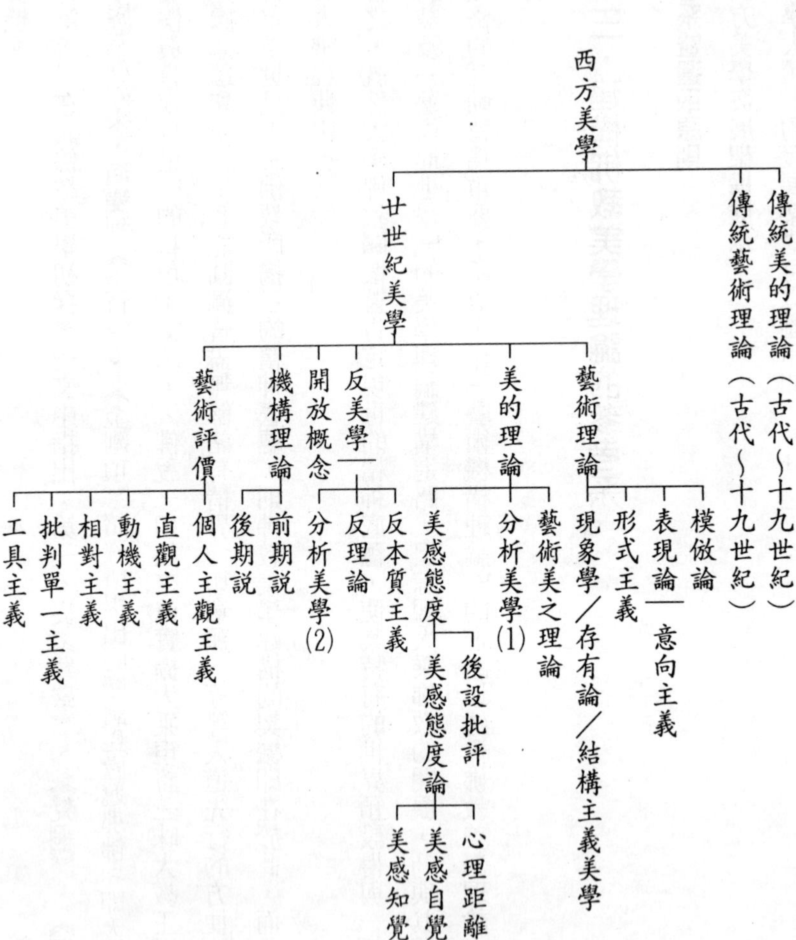
西方美學
傳統美的理論（古代～十九世紀）
傳統藝術理論（古代～十九世紀）
廿世紀美學
藝術理論
模倣論
表現論
意向主義
形式主義
現象學／存有論／結構主義美學
美的理論
藝術美之理論
分析美學(1)
美感態度
後設批評
美感態度論
心理距離
美感自覺
美感知覺
反美學
反本質主義
反理論
開放概念
分析美學(2)
機構理論
前期說
後期說
藝術評價
個人主觀主義
直觀主義
動機主義
相對主義
批判單一主義
工具主義

本圖式尚需說明的是，「藝術機構理論（institutional theory of art）」原本應隸屬於「藝術理論」之中，以其與「結構主義」暨其他知識領域有深度之嵌結，故獨立爲一支。再者，「開放概念」多半在當代其他美學理論的經營中同時出現，儼然可視爲一種「共法」，故獨立標示之以示其重要性。相對於此，「後設批評」（註二四）也具有類似特性，但因爲在討論它時，需與「美感態度論」並舉，兩者是二擇一的，不太可能同時並存，圖式中暫時將兩者列於同一層次，是否恰當，嗣後將再作考量。此外，要特別一提的是，爲免與哲學產生混淆，本文也避用「藝術哲學」一詞，而以藝術理論涵概之。

由圖式可以看出，西方美學大體上不出「藝術理論（theory of art）」、「美的理論（theory of beauty）」，以及以廿世紀爲代表的「新興美學」三支。其中，「新興美學」實可再簡要地區分爲「藝術理論」、「美的理論」、「反美學」暨「藝術評價」四支，而以「藝術理論」暨「藝術評價」爲大宗。

其次，我們可以從圖式上看出西方美學自十九世紀後開始蓬勃發展，但那是一種相應於當時蓬勃發展的思潮而呈顯的現象，實際上，我們並不能全數看到其後由各個不同思想流派或主義所標舉的零星藝術或美學主張！基於這些零星觀點並無助於系統解釋，暫不列入圖式之中。如是，下文僅依整個圖式所列出的西方美學作爲選擇參考系的候選項，並說明選取原則。

2. 選取原則

本文在選取佛教美學理論建構的參考系時，大致考量以下原則（註二五）：

第一，以西方美學爲主。一方面因爲，西方美學的發展較爲完整，其實際參考性也較高，而且相應其深度，較容易把握、反思各種限制暨缺失；另一方因爲，筆者並不懂其他的「東方美學」，沒有能力討論，若因此以中國其他不同流派的美學（譬如，儒家美學、道家美學）代之而作爲參考系，則又顯得同質性太高，對照性不足，況且，中國其他流派的美學暫時尙被筆者界定於有待商的論域之中，並無明確的理論可資參考。基於這兩方面的理由，在不生呑活剝地將西方美學思想橫移套用於中國論題的前提下，本文以爲西方美學理論較適合作爲參考系。

第二，以當代美學爲主。因爲，大致上說，對照西方「古代（典）美學」來看，一方面，古代資料不易處理，理論與主張均難有定論，而且時代橫隔，各項理念在運用上益顯困難；另一方面，美或藝術問題的探討雖源遠流長，美學畢竟還是晚近才興起的一門學問，因此，當代的主張或理論較易檢驗與評估，而可資運用的資料也較確定。

第三，以可能系統解釋的美學理論爲主。由前述西方美學圖式可知，目前西方存在著相當多樣的美學理論，而且每一理論的發展又有不同流派的特定取向，要決定選取那一種理論作爲參考系，實際上有多重可能。本文以圖式所示之「藝術理論」、「美的理論」皆有其特殊限制，加以「藝術評價」經常涵概於各種理論建構之中爲由，而放棄選擇這三大支作爲參考系。此外，也因爲大多數的美學理論其實都或多或少地採取了後設批評的立場，所以也未選取這一支作爲參考系。

第四，以不需解決「語言謎困（puzzle）」的理論爲主。許多歐陸的美學也十分具有對照暨參考價值，除「結構主義美學」已涵概於「機構理論」之外，其他美學在其理論陳述之間，都必須經歷一次「語言謎困」的排除手續，否則極可能尚未獲得參考的好處，卻已先落入其專業「隱語（jargon）」的困陷之中，所以，這一系列的美學也暫不考慮。

第五，事實上本文有意選取的參考系是要能例示當代西方美學中的三種進路：⑴藝術是不能定義的；⑵藝術是可以定義的；⑶「第三路線」。這三種進路可以說代表了當代西方美學發展的基本動線，選取這三種進路作爲參考系，將更能有效而周延地把西方美學中可資參考處引進我們的論域，而或許得以激發出我們自己的突破！

㈡參考系之例示暨說明

1. 開放概念

「開放概念（open concept）」的原初理念是由Wittgenstein提出的，他在《哲學研究》一書中以「遊戲（game）」爲例，說明我們不可能在各種遊戲中發現共通的特徵，而且，我們有可能發現的只是各種遊戲之間的「家族相像（family-resemblance）」，因此，並不存在著作爲一種遊戲所必要的特質（註二六）。Wittgenstein的爭論點在於，他認爲許多概念是「開放的」，而哲學家卻錯誤地試圖以把握必要暨充分條件的傳統方式爲這些概念下定義，各種糾結即由此滋生。

在一九五〇年代初期，西方許多哲學家把Wittgenstein的看法運用到藝術理論上，而其中最具代表性、有影響力看法是由M. Weitz所提出的。Weitz 在他著名的論文〈理論在美學中扮演的角色〉中首度指出：「『藝術』，它本身，就是一種開放概念。」（註二七）Weitz 首先說明並討論了兩組各有所區別的藝術概念：藝術的類種概念／次級概念（subconcept） 暨分類意義上的藝術（art in the classificatory sense）／評價意義上的藝術（art in the evaluative sense），然後他論證藝術的次級概念是開放的，再將此論證的結論作爲假設去解釋「所有的藝術概念是開放的」這一事實。

Weitz 在論證暨解釋的過程，很明顯地運用了類似Wittgenstein對遊戲所作的分析，強調各種藝術之間並未存在著共通的特質，只有家族相像，換言之，藝術是不能定義的。是此，Weitz 試圖說明的重點表面上是開放概念，骨子裡卻是藝術不能被定義，而且，他持有極強的理由——如果我們一定要指定作爲一件藝術品的必要或充分條件，那就形同把藝術給封閉起來，因而，它便取消了藝術中眞正的創造性條件。

Weitz的開放概念說是否能成立，已有許多討論暨批評（註二八），在這裡，我們要參考的是：

第一：由藝術的類種概念暨次級概念的區分，重新考量佛教美學中我們可以處理的對象或概念是什麼。

第二：由分類意義上的藝術暨評價意義上的藝術的區分，重新考量佛教美學的可能架構，或許我們捨掉它的「美的理論」而轉向「藝術理論」暨「藝術評價理論」的建構。

第三：如果我們不需要在討論藝術課題時，先去封閉所涉及的概念，我們是否便有更大的自由暨擬想空間去處理那些佛教藝術素材，而獲得推動研究的契機。

2. 藝術機構理論

藝術機構理論（註二九）是由G. Dickie 所提出的，它有兩個版本（註三〇）。就前期的說法而論，Dickie在《藝術暨美感》一書中曾作過如下之界定：

> 就分類上的意義而言，藝術品是⑴人工製品（artifact），⑵被決定代表某一確定社會機構（藝術世界）的人或人們授予了鑑賞之候選者資格的一種配置。（註三一）

其中「授予資格（或身份conferring status）」就是Dickie前期說法的核心概念。扼要地說，Dickie機構理論的前期說法指出，在我們的生活領域（實際領域）存在著種種常規，這些常規界定了各種文化機構，藝術即運作於此類機構中，甚至他本身也形成一機構。這種機構不需要爲了存在而具有正式確立（建制）的制度、職員暨規章，而且它擁有授予資格的能力。進而，代表此一機構的人（通常是藝術家）把某種鑑賞資格授予某物，並把它稱爲「藝術品」，機構理論遂得完成。

此一前期說法在發展過程也曾改動，先則主張代表藝術機構的人實際授予了兩種事物：能人工製品化的性質暨鑑賞的候選資格；繼而主張只有鑑賞資格被授予，能人工製品化的性質是不能授予的——Dickie爲了消除他自己的定義「藝術品是一件人工製品」可能呈現的內在衝突，乃主張，即使是自然物，只要它被當作藝術媒材使用，那麼它就是一件極限種類（minimal sort）的人工製品，此如，Duchamp 並沒有授予能人工製品化的性質給當作〈噴泉〉展出的小便器，他「製作了一件『極限人工製品』」，其定義得以確保。

Dickie機構理論的後期說法完全放棄了授予說，轉而主張藝術品所以是藝術，乃是它們在一種確立的常規（換言之，即藝術世界）中佔有身份暨地位的結果。而且，他用「展演團體（the presentation group）」或「藝術—製作機構」作爲一種極限機構來例示說明藝術機構，而使後期說法較前期說法更爲具體。

前期與後期說法的另一個重大區別在於後期說法引入了「規則—控制說」。Dickie在後期說法中主張：

> 稍早我說明能人工製品化的性質是作爲一件藝術品的必要條件。這項必要性主張隱含了一個藝術—製作規則：假如某人期望製作一件藝術品，他必須藉著創作一件人工製品以實現他的期望。我也主張作爲一件展示給藝術世界之觀衆的事物，乃是作爲一件藝術品的必要條件。這項必要性主張隱含了另一個藝術—製作規則：假如某人期望創作一件藝術品，他必須藉著創作一件展示給藝術世界之觀衆的事物以實現他的期望。這兩個規則結合起來對製作藝術品而言即爲充分。（註三二）

基於這些條件，Dickie終得爲藝術品下了定義：「一件藝術品是被創作來展示給藝術世界之觀衆的一種人工製品」（註三三）。

最後，Dickie指出，要證明一個理論爲眞，的確極爲困難，可以說，他所提出的機構理論說法，只是一種架構觀，藝術品清楚地置身其中，而且，沒有別的可信架構被提出。但是，因爲缺乏更具決定性的論證以說明機構理論是正確的、唯一的，故必須依賴提出有關它的描述，讓大家去判斷！然而，這裡所需要的「描述」，正涵蘊在機構理論展示的藝術可定義主張，以及它所作的界定之中。誠如Dickie所言：「這些定義只反映了構成藝術事業的互爲依賴的諸說法，而也因此它向我們報告了它所擁有的變動特質。」（註三四）

Dickie的機構理論有很多西方學者引用，它值得我們參考的是：

第一：脈絡觀的引入。機構理論主要要說明的就是此前發展的西方美學理論多半忽視了藝術置身其中的社會暨文化脈絡，若重新調整視點來看藝術，則藝術不但可以界定清楚，還可以建構出一套系統美學理論。這一點對大乘佛教美學的討論極有幫助，因爲大乘佛教的成立原本就極賴脈絡的釐清，脈絡觀的引入將有助於藝術觀的形成暨美學理論的建構，而且，這樣一來也爲佛教美學的「系統解釋」引入了一道光明。

第二：架構觀的引入。傳統美學理論所以容易成爲各種反例之犧牲品的理由是，它們隱含的架構太窄化，譬如，把焦點集中於藝術家暨作品特徵上，而忽略了圍繞於藝術周遭的其他架構要素。如此導致的結果是，凡欠缺傳統美學理論所把握之特質的可能藝術對象，即無從判斷其普遍性，也不能決定它是否能界定。這一種反思對佛教美學理論的建構十分重要，假如我們可以先確定某種架構觀，佛教美學諸概念還是有可能加以界定，那麼就有可能建構明確的佛教美學知識。

第三：「授予資格說」（使人聯想到佛教的「授記」）、「藝術—製作機構說」仍值得參考。一般而論，從佛教本身的教理、教相演繹出一套美學理念實在很困難，反之，考察於佛教氛圍中發展的各種佛教藝術或「類佛教藝術」之後綜合出一些看法，則似乎並不是那麼困難。所以，「授予資格」等說有助於我們思考建構佛教美學理論時那些外圍材料的取決。

3.反美學進路

一般而言，反美學進路實際上是由「反本質主義（或稱反基礎論）」、「反理論（the anti-theories）」暨「分析美學」（註三五）三種思潮所共同展現的一種藝術（理論）探討取向。「反本質主義」之梗概在前文討論開放概念時，已藉著說明Wittgenstein的看法展示了，大致上，反本質主義者認爲所謂「不管什麼時我們能夠界定一種實體或活動，我們必須知道它的本質或終極性質」的看法，就是一種「本質主義者的謬誤」（註三六）。

至於「反理論」，M. Mothersill是這樣說的：

> 反理論者視他們自己是批評（criticism）的朋友，但是在原則基礎上反對去詳細地闡釋批評的目標或美感價值的性質。困難在於去理解他們反對的依據，而且，即使大致上他們反對「本質主義」，但卻不清楚何以他們認爲本質主義在美學中是一種很大的危險，也不清楚若我們棄絕談論藝術的性質、美感態度、美感經驗會獲得什麼益處。他們的看法已具有影響力，畢竟，值得去聽他們說了些什麼。（註三七）

Mothersill這段話大致點明了「反理論」進路的要點：它或許可以歸類爲一種原則基礎不同的批評，

它反本質主義，揚棄藝術性質、美感態度、美感經驗，甚至揚棄藝術評價。這些都揚棄了，的確很難剩下什麼美學，或許，就Mothersill所論，反理論彰顯了一種品味傾向，但並不十分清楚其說。

比較清楚地提出正面主張的反美學進路是Kennick 揭示的，他在〈傳統美學立基於錯誤之上嗎？〉一文中指出傳統美學犯了兩大錯誤（註三八）：第一，定義就是有關本質的陳述（換言之，企圖把藝術按類同與種差的傳統方式加以定義是錯誤的）；第二，藝術批評必須有標準，故理論必先於批評（理論能提供批評所依據的標準是錯誤的，標準其實無從確立）。這些批評與其他反理論者的論調相近，但Kennick 卻另外揭示了一種解決方案，他認為，我們很清楚藝術是什麼，我們不清楚的是藝術概念，因為我們不知道如何將此概念分類暨界定，我們不清楚的是它的邏輯。值是之故，Kennick 主張，只要我們知道如何正確使用「藝術」這個字暨運用「藝術品」這個片語，我們就知道「藝術是什麼」（註三九）。這無異為反美學論者揭開了一條「語言」之路，有了另一個開發空間。

最後要說明的是反美學的「分析美學」進路。大致上，這一思潮中的「分析美學」是指受Wittgenstein影響，並循分析哲學的進路而試圖解消美學的一個學派（註四〇）。此進路約略受Wittgenstein的影響至深，Wittgenstein在其《邏輯哲學論》一書中曾指出，美學與倫理學是同樣的東西（非指內容相同，而是指它們都同形上命題一樣是無意義的），它們都不可表述（註四一）。他也曾指出「美」這個字是人類語言中最大的誤用。「分析美學」進路即引用Wittgenstein對本質主義的批評，以及他的語言觀點，而發展出解消美學的說法。

綜上所述，反美學進路所揭示的討論，就如同Mothersill在〈反理論主義者〉一文最末所引的話：「美學被認定要嚴格說的是什麼？」（註四二）其實，嚴格地說，就此一進路而言，什麼美學內容也沒有確定，它儼然是一種不置可否的「第三路線」。

以上反美學進路值得參考的是：

第一：循反美學中的反理論進路，可以重新考量佛教美學全面定位的可能——到底佛教美學是否要走理論路線？如果不走理論路線可以成爲一門學問嗎（在它喪失了解釋性、預示性之後，我們還有什麼其他期待）？或者還有其他路線可循？這些問題的面對暨因應，都可以在反美學的爭議中找到參考線索。

第二：反美學的語言層次的約定論，可以摸擬爲佛教美學理論探究的初步工作。雖然，B. R. Tilghman在其書《但它是藝術嗎？》的第一章〈傳統〈美學〉理論的目標暨結構〉中曾批評且反對Kennick的「語言約定論」看法，並認爲要把那種融入我們文化傳統之中，實際上又是我們生活之一部分的藝術，淺薄化成僅僅是一種「語意上的約定」，顯然是不當的（註四三）。然而，情況不如Tilghman所想的那麼悲觀，當我們處理語言問題時，或可如本文之建議，把它當作初步工作，抑或可以把文化、生活等脈絡的問題涵概進來一起討論，而這也正是建構佛教美學理論所要進行的工作之一。

第三：既然反美學進路是一種「第三路線」，其實就未眞正決定什麼，換言之，擬想的空間很大，譬如，我們甚至可以引進生物學的進化論以解釋藝術活動，而把它變成一種「決定論」型態觀（當然，這樣做，可能被批評爲「阻殺了藝術的創造性」），如此，有諸種可能可以取之與大乘佛教的理念相互對照討論，進而開展其美學觀。

結　語

綜上所論，本文嘗試說明了兩種佛教美學理論的建構進路，以及三種佛教美學理論建構的參考系，但基本上，本文的說明是概括而撮要的，參考系的建立猶需進一步的詳細討論暨評估。

其次，本文並未取消由藝術形上學建構佛教美學理論的進路，也未排除其他的可能參考系，這裡，只是就筆者的研究提出認爲較有益於佛教美學探究的一些資藉，以就教於方家。

再次，文中所論述的只是從事佛教美學探究時的可能參考系，這些參考系並不能決定佛教美學的發展型態。但無可諱言的是，就藝術可定義與否暨第三路線等三大面相來考量佛教美學的建構問題，的確是一種比較周延而可行的策略。

【附　註】

註　一　參見李正治撰，〈開出生命美學的領域〉，刊於《國文天地》一〇五期，頁六，台北：國文天地出版社，民國八十三年二月。

註二　關於Pepper的看法，拙文〈中國美學的儒道釋側面解讀〉中有較詳細的說明。拙文刊於《國文天地》一〇五期，民國八十三年二月，頁七～二一。

註三　關於這項問題的進一步說明，請參閱拙文〈佛教美學初探〉，刊於《文學與佛學關係》，台北：台灣學生書局，民國八十三年七月初版，頁一～二一。

註四　有關解釋的看法參考 Kelley, D., The Art of Reasoning（New York: W. W. Norton & Company, Inc., 1990），頁四八七～九四。關於解釋的對照性看法，若就科學哲學範圍而言，可以參考Pitt, J.（ed.），Theories of Explanation（New York: Oxford University Press,1988）. 若就較能照應人文學的範圍而言，可以參考Ruben, D.（ed.），Explanation（New York: Oxford University Press, 1993）. 在後面這本書的〈導論〉中，作者依Hempel的看法把解釋簡單區分成D－N（演繹—概括的）暨I－S（歸納—統計的）兩種模型，或依Salmon的看法簡單區分成「存有的」暨「非認知的」兩種模型，而它們的推論結構並非如本文所揭示的那麼簡單，而且，作者也指出了更多樣性的說法，譬如，Hempel即主張解釋的假設不需要說明任何有關所釋的原因（Ruben, 1993: 頁二～九）等等看法，請自行對照研究。

註五　語出《方廣大莊嚴經》，轉引自林傳芳，《佛學概論》，台北：佛光出版社，民國七十九年五月再版，頁一九。

註六　關於「原始佛教」（或云「根本佛教」，但實有區別），日本東北大學塚本啓祥教授曾於〈原始佛教〉一文中討論其實指，他認為根本佛教以五《尼迦（柯）耶》、四《阿含》為基本資料，所以可以總括入原始佛教一併研究。請參閱許明銀譯，《佛教研究入門》，台北：法爾出版社，民國七十九年五月，頁四九～六三。

註　七　有關討論請參考釋印順，《性空學探源》，台北：慧日講堂，民國六十二年重版，頁一～九八。

註　八　相關討論請參考釋演培，《佛教的緣起觀》，台北：正聞出版社，民國七十二年四月再版，頁三三～五八。

註　九　關於這種看法，黃俊威理解得很透徹，請參閱其書《無我與輪迴》，中壢：圓光出版社，民國八十四年一月初版。本文說明的「五蘊無我論證」也站在批評的立場參考了他的解析，因爲，如其書所示，筆者能接受黃俊威有關佛陀「無我」思想的理解，但他所分析的「五蘊無我論證」則有許多錯解（黃俊威，一九九五：頁八一～九二），請自行研究。

註一〇　筆者以爲在佛陀的教化中或許沒有所謂的「論證」，有也只有佛教本身的「內明」之一：因明。但是，佛陀所說的「法」並不是每一位衆生皆能了悟，佛陀免不了要作一番解釋（此在經中是尋常事），本文於此所謂的「論證」，指的就是此類解釋的推論結構（並非其原初結構），並非指佛陀果眞作了某種「論證」。

註一一　（大正二：頁二二上）

註一二　這是另一個問題，涉及「常、樂、我、淨」如何定位的糾結。

註一三　（大正二：頁二二上）

註一四　（大正二：頁二）

註一五　（大正二：頁七）

註一六　（大正二：頁七）

註一七　關於「世界預設」，以及「世界預設」與美學理論建構之間的關連之詳細說明，請參閱拙文《佛教美學初探》，頁九～一一，於此不再綴述。

註一八　參見川田熊太郎等著，李世傑譯，《華嚴思想》，台北：法爾出版社，民國七十八年六月一版一刷，頁二一。

註一九　參見前揭書（川田熊太郎，民七八：頁二六）。

註二〇　參見前揭書，（川田熊太郎，民七八：頁二四）。

註二一　參見楊政河，《華嚴經教與哲學研究》，台北：慧炬出版社，民國六十九年十二月初版，頁八～九。

註二二　參見拙文《佛教美學初探》，頁九～一〇。註二三　本圖式是參考Dicike的論述，再加上筆者個人的主張整理出來的。圖式中的概念暨其脈絡發展的相關說明，請參考Dickie, G., Introduction to Aesthetics: An Analytic Approach（New York: Oxford University Press, 1997）.

註二四　這裡所謂的「後設批評（metacriticism）」，主要討論的是由 Beardsley 所提出的主張。相關看法請參閱Beardsley, M., The Possibility of Criticism（Detroit: Wayne State University Press, 1970）.這類主張是由當代的藝術批評理論發展出來的，其中I. A. Richards與「新批評（New Critics）」學派強

調把批評的焦點由作者的傳記轉移到作品自身等看法，深深影響了後設批評的發展。

註二五　此原則不可能不涉及主觀上的因素，例如，偏好、學養限制、個人理解上的錯誤或偏差等等，筆者承認這些主觀因素都有可能存在，但於本文中實無需再另闢篇幅討論。

註二六　其說法請參閱Wittgenstein, L., Philosophical Investigations, translated by G. E. M. Anscombe, reprinted（New York: Basil Blackwell Ltd., 1991）.（特別是該§77）。或參考 McGinn, M., Wittgenstein and the Philosophical Investigations（New York: Routledge, 1997）.一書中較深入的討論。

註二七　參見Weitz, M.（ed.）, "The Role of Theory in Aesthetics," from Problems in Aesthetics: An Introductory Book of Readings（New York: The Macmillan Company, 1964）, 頁一五二。

註二八　請參閱前揭書Introduction to Aesthetics（Dickie, 1997:頁七一～三）。

註二九　"institutional"　這個字很難轉譯，它有「制度」、「機構」、「團體」、「機制」等等意思，就Dickie其書的文脈絡而論：若轉譯成「制度」，似乎未能照應其具體結構面的東西；若轉譯成「團體」，則抽象面的東西似難兼顧；若轉譯成「機制」可能較好，但這樣的譯法又與"mechanism"一字難以區隔，所以，本文最後權且轉譯成「機構」，但在意思上，乃涵概了「制度」、「團體」等層面的意含。

註三〇　Dickie由一九六九年的〈界定藝術〉一文開始，至一九七四的〈藝術暨美感〉一文，他寫出了藝術機構理論較早的兩種說法（前期說）。在他一九八四年的書《藝術圈》中，提出了全新的修正說法。以下所討論的Dickie之藝術機構理論各項說法，資料來源參考前揭書Introduction to Aesthetics（Dickie, 1997:

頁八二～九三）。

註三一　參見前揭書Introduction to Aesthetics（Dickie, 1997: pp. 83）。

註三二　參見前揭書（Dickie, 1997: pp. 90）。

註三三　參見前揭書（Dickie, 1997: pp. 92）。Dickie還分別界定了藝術家、觀衆、藝術世界、藝術系統，請自行參閱。

註三四　參見前揭書（Dickie, 1997: pp. 93）。

註三五　分析美學可細分爲兩種型態：一種試圖積極地重構藝術理論（前文所列圖式中的「分析美學(1)」），另一種則消極地試圖解消美學問題（前文所列圖式中的「分析美學(2)」）。反美學進路所指涉的是第二種型態的分析美學。

註三六　參見Mothersill, M., "The Anti-Theorists" in Beauty Restored（New York: Adams.Bannister.Cox, 1991）,p. 33.註三七　參見前揭書（Mothersill, 1991: p.34）。

註三八　參考Kennick, W. E., "Does Traditional Aesthetics Rest on a Mistake ?" in Aesthetics Today, edited by Morris Philipson and Paul J. Gudel（New York: The New American Library, 1980）, pp. 459-76.

註三九　參見前揭書（Kennick, 1980: pp. 463-4）。

註四〇　相關說明請參閱R. Shusterman《分析美學》第一章〈解析分析美學，見Shusterman, R.（ed.）, Analytic Aesthetics（New York: Basil Blackwell, 1989）. 或參閱Hanfling, O.（ed）, Philosophical

Aesthetics: An Introduction（Oxford: Blackwell, 1992）一書之〈導論〉。

註四一 參見Wittgenstein, L., Tractatus Logico-philosophicus, Germantext with an English translation by C. K. Ogden, introduction by B. Russell, reprinted（London and New York: Routledge, 1992）, p. 183.

註四二 參見前揭書"The Anti-Theorists" in Beauty Restored（ Mothersill, 1991: p.73）。

註四三 參見Tilghman, B. R., But is it Art?（Oxford: Blackwell, 1984）, pp. 7-13.

引用書目

大藏經刊行會，《大正新修大藏經》第二冊，台北：新文豐出版股份有限公司，民國七十二年十月修訂版。

川田熊太郎等著，李世傑譯，《華嚴思想》，台北：法爾出版社，民國七十八年六月一版一刷。

李正治，〈開出生命美學的領域〉，刊於《國文天地》一〇五期，台北：國文天地出版社，民國八十三年二月，頁一～六。

林傳芳，《佛學概論》，台北：佛光出版社，民國七十九年五月再版。許明銀譯，《佛教研究入門》，台北：法爾出版社，民國七十九年五月。

黃俊威，《無我與輪迴》，中壢：圓光出版社，民國八十四年一月初版。

楊政河，《華嚴經教與哲學研究》，台北：慧炬出版社，民國六十九年十二月初版。

蕭振邦，〈中國美學的儒道釋側面解讀〉，刊於《國文天地》一〇五期台北：國文天地出版社，民國八十三年二月，頁七～二一。

——，〈佛教美學初探〉，刊於《文學與佛學關係》，台北：台灣學生書局，民國八十三年七月初版，頁一～二一。

釋印順，《性空學探源》，台北：慧日講堂，民國六十二年重版。

釋演培，《佛教的緣起觀》，台北：正聞出版社，民國七十二年四月再版。

Beardsley, M.,The Possibility of Criticism, Detroit: Wayne State University Press, 1970.

Dickie, G., Introductionto Aesthetics: An Analytic Approach, New York: Oxford University Press, 1997.

Hanfling, O. （ed）, Philosophical Aesthetics: An Introduction, Oxford: Blackwell, 1992.

Kelley, D.,The Art of Reasoning, New York: W. W. Norton & Company, Inc., 1990.

Kennick, W. E., "Does Traditional Aesthetics Rest on a Mistake ?" in Aesthetics Today, edited by Morris Philipson and Paul J. Gudel, New York: The New American Library, 1980.

McGinn, M., Wittgenstein and the Philosophical Investigations, New York: Routledge, 1997.

Mothersill, M., "The Anti-Theorists" in Beauty Restored, New York: Adams.Bannister.Cox, 1991.

Pitt, J. （ed.）, Theories of Explanation, New York: Oxford University Press, 1988.

Ruben, D. （ed.）, Explanation, New York: Oxford University Press, 1993.

Shusterman, R. （ed.）, Analytic Aesthetics, New York: Basil Blackwell, 1989.

Tilghman, B. R., But is it Art, Oxford: Blackwell, 1984.

Weitz, M. （ed.）, "The Role of Theory inAesthetics,"from Problems in Aesthetics: An Introductory Book of Readings, New York: The Macmillan Company, 1964.

Wittgenstein, L., Philosophical Investigations, translated by G. E. M. Anscombe, reprinted, New York: Basil Blackwell Ltd., 1991.

————, Tractatus Logico-philosophicus, Germantext with an English translation by C. K. Ogden, introduction by B. Russell, reprinted, London and New York: Routledge, 1992.

（參考書目從略）

從《滄浪詩話》、邵雍詩學談現代詩的鑑賞

文化大學中文系
文學組副教授　徐紀芳

提要

宋人以文為詩，主於議論，直書其意，正是「我手寫我口」自由味濃的新詩特色。本文先後祭出「宋詩話壓卷之作」——《滄浪詩話》以及獨樹一幟的邵雍詩學，以兩者皆具有異曲同工的詩法、詩論系統，做為鑑賞的層級，引出「中國另類詩」——宋詩、現代詩在審美上的互動。宋詩所好之美乃在意識，不在形貌；貴澄明而不貴富麗；但邵詩、現代詩兼而有之。

拙文從「滄浪詩法」五項詩法：體制、格力、氣象、音節、興趣切入宋詩、現代詩的鑑賞；揭櫫出邵雍的詩論、《易》學、理學中的精粹，如何將詩作組織化解讀。《滄浪詩話》、邵雍詩學對宋詩、邵詩、現代詩的鑑賞是有確切系統與向度，這些層級不但能把詩作先歸檔在某一大類，爾後還能更仔細檢視作品的其他層級。例如：從邵學之「觀物論」看現代詩的「比喻」、「象徵」及「聯想」的運作，邵詩的兼容佛老，創新意象，寬闊了題材的運用；能更有深度地觀照人生。至於「首尾吟」更是現代「勸世歌」、「詠嘆調」、「歌謠詩」的先趨，不但詩味較活潑，且藝術層份濃郁。關鍵在於邵詩講究

優美的格律，卻渾然天成；其詩學便能提供現代詩在音樂、圖像、建築上寶貴的鑑賞。尤其是「元會運世」的宇宙觀、「皇極經世」的詩心，推展出源源不絕高妙的語文組合。

一、前言

因為現代人意識的多元化，現代詩不僅具備音樂性、繪畫性、建築性（聞一多《詩的格律》），隨著個人各派主張不同，象徵化、符號化以及弔詭（paradox）性質的詩作雜沓紛陳。至於中國古典詩，據《吳氏春秋》記載，相傳黃帝時作〈彈歌〉：「斷竹，斷竹，飛上、逐肉」，發展至今歷時數千年，形象、價值早已被肯定；其美感與意念的傳達已為人所熟悉，但這並不表示古典詩一定好懂，現代詩一定難懂。好比一些草書或現代繪畫、雕刻藝術，雖不必言筌但仍然可以欣賞，而「鑑賞」就需要基本藝術知識、訓練與涵養，並不同於一般娛樂消遣，不一定人人都看得懂。當然詩人或詩評也不能抱著一種「國王新衣」的心態，極盡晦澀之能事或牽強附會地硬拗，再說詩有其時空位移的本質（註一），就算純粹以西方文論（註二）創作，也仍是中西合體的現代詩，亦即：「站在中國文化傳統中發展出新的認知典範，突破「『傳統／現代』的意識框架」（註三）。我們傳統說：「六經皆我註腳」、「大塊假我以文章」，鑑賞若是也能做到「繪事後素」，站在「傳統」理論、創作基礎上為之，現代詩的解讀也許能夠較中國化。《隨園詩話》：「後之人未有不學古人而能寫詩者」；就文學史而言，接續傳統也是藝術發展的內在規律（註四），並不是說現代詩要蹈襲古典詩的規範，甚至企圖作精神的復辟（註五）。事實上也絕不可能回頭，因爲如此一來，文史傳承的意義便會淪喪。從《毛詩序》：詩分「風、雅、頌」三類；《荀子樂論》：分「風、大小雅、頌」四類，鄭眾《周禮注》：稱「比興」爲詩法，鄭玄將「賦比興」詩法、詩體兼之，《文心雕龍・比興》：稱「比興」爲詩體，而《詩品序》稱「賦比興」詩法或三義。綜上，自古從詩的類體或詩法切入對詩的瞭解，行年已久。總之，中國詩歌與自身根植的與語言系統和哲學理念關係密切，所以若能超越時空，用古典詩學及作品切入現代詩的鑑賞，的確有許多清新可喜、內容豐富的佳績，比純粹斷代鑑賞，更上層樓。例如東漢樂府〈羅敷行〉與李昌憲〈未婚媽媽〉做比較探討，一個是替當代女性揚眉吐氣，一個卻是現代工廠女工「鑰匙」愛情的辛酸；又〈上山採蘼蕪〉、〈漢宮秋〉與李金髮、鄭愁予、瘂弦等人的〈棄婦〉、〈情婦〉等，利用主題、旨趣、意象、修辭、作法、形式、聲韻上的對應、襯托或比擬，與傳統詩學會通，那麼現代詩的鑑賞便能登高望遠，無限開闊！

以下各節：先揭櫫《滄浪詩話》中五項兼具創作與鑑賞的詩法，說明「滄浪詩法」與宋詩、現代詩如何延續彼此審美生命、而相得益彰。《滄浪詩話》的五項詩法與邵詩學結構有相謀合之處，因此繼而論述邵雍詩學與邵詩如何開闊現代詩鑑賞的新里程。

二、滄浪詩法與「另類中國詩」

(一)滄浪詩法

唐詩、宋詞號稱我國詩壇雙葩，都是「合時而作」的藝術品，宋詩不同於唐詩，有如宋詞之不同於唐詩，正是其價值所在，吳喬《圍爐詩話》：

唐人以詩爲詩，宋人以文爲詩，唐詩主於達性，故於三百篇近；宋詩主於議論故於三百篇遠。

其實遠於三百篇正是這種「另類詩」的優勢。宋人思辯精細，宋詩之美乃在意態而非形貌；貴澄清而不貴華麗，從宋詩話的內容便可得其形貌。宋詩話起於歐陽修《六一詩話》，其次是梅聖俞（註六）。這些大多在對詩喊話，並沒有系統性的理論（註七）。乍看之下有許多論點可做爲審美的依據，事實上像：著重詩眼、悟入、詩不流於淺俗；「奇古不鄰於怪僻」，略嫌籠統、模糊不清，詩話理論間也有相抵觸者。至於：尊杜詩、風調高古、氣韻深穩等，大多不適用於品評現代詩的韻律與節奏（註八）。

南宋詩話以張戒《歲寒堂詩話》、姜夔《白石道人詩說》以及嚴羽《滄浪詩話》最突出，後者又號稱「宋詩話的壓卷之作」，《滄浪詩話．詩辨》一篇中提到「眞識」「妙悟」「入神」（註九）：

詩之法有五：曰體制、曰格力、曰氣象、曰興趣、曰音節。

指詩歌創作鑑賞必備的審美能力的培養，此外最重要的是——

若能具備這些藝術特質，進而達到渾然天成，那麼創作與鑑賞之間便可以「無斧鑿之痕」：

夫詩有別材，非關書也；詩有別趣，非關理也，然非多讀書、多窮理，則不能極其至，所謂不涉理路，不涉言筌者，上也。羚羊掛角、無跡可求，故其妙處透徹玲瓏。…如空中之音、相中之色、水中之月、鏡中之象，言有盡而意無窮《滄浪詩話．詩辨》

也就是說，創作與鑑賞都以「眞識」「妙悟」「入神」爲必備的審美能力，詩作又以上述五項詩法爲鑑賞的向度，那麼創作與鑑賞達到共鳴，不是件難事。此外，詩歌審美情趣就在「羚羊掛角」，「水月鏡花」，富朦朧、空靈之美，蘊藉含蓄之美。又，宋詩禪風盛行，以禪喻詩，嚴羽順勢將詩、禪思維方式互相詮釋，開拓另一論詩空間。雖然又指責宋人以議論爲詩，缺乏「興致」、「氣象」，但宋詩主理而情理交融，宋代士大夫改描繪生活爲剖析生活；抒寫人生到思索人生，並未脫離詩歌需要具體意象，可以替宋詩及現代詩的另類性，給予翻案的肯定與價值。綜上詩話中的宋詩特色而言，若分：體制、氣象、格力、興趣、音節五個向度，舉例說明該理論的要旨，詩話與詩作彼此相得益彰，對宋詩的解讀更能「眞識」、「妙悟」甚而「入神」。以下且讓《滄浪詩話》中的美學與宋詩的另類，款款相遇罷（註一〇）！

（二）「另類中國詩」——宋詩

若將《滄浪詩話》對詩作的評鑑項目組織，條列起來，儼然是一個有機體（註一一）：如下表

- ●「體制」人之體格／體幹
- ●「氣象」人之儀容／
- ●「格力」人之格調／筋骨 ‖
  - 「眞識」全人之行動賞心悅目
  - 「妙悟」全人之純眞不矯情
  - 「入神」全人之完美境界
- ●「興趣」人之精神
- ●「音節」人之言行語調／音色／韻律節奏

「入神」◆「眞識」「妙悟」↓「體制」「氣象」「格力」「興趣」「音節」↓詩作↓↑讀者鑑賞↑「體制」「氣象」「格力」「興趣」「音節」↑「眞識」「妙悟」◆「入神」

以上條列「入神」「眞識」「妙悟」先是指詩人內在的創作審美能力，「體制、氣象、格力、興趣、音節」指詩作具備的組織結構，當讀者鑑賞過程從「體制、氣象、格力、興趣、音節」五類向度切入、認知，會產生自己或詩人內在的創作審美過程的——「入神」「眞識」「妙悟」。鑑賞中能有新的「入神」「眞識」「妙悟」，讀者即是「回溯作家」；相同於詩人者，即是「共鳴」。

1. **體制**（題材）：

猶人之體格／體幹，要能令人賞心悅目，純眞不矯情達到完美境界，體制（題材）必須創新或巧妙地「奪胎換骨」，猶修辭中之「仿擬」格，是詩作生命的傳承／遺傳，例如：

●北雁末時歲欲昏　私書舊夢杳難分　井桐葉落池荷盡　一夜西窗雨不聞（歐陽修〈宿雲夢館〉）來自「何當共翦西窗燭，卻話巴山夜雨時（唐・李商隱〈夜雨寄北〉）

●一溪流水一溪月　八面疏櫺八面風（馮取洽〈自題交遊鳳月樓〉）

●千江有水千江月　萬里無雲萬里天（宋・雷庵正受《嘉泰普燈錄》卷十八）

題材特殊，以釋道思想入詩，說明只要千江有水，千江之上必都有同樣的月，旁涉「人皆有佛性」。又如蘇軾〈前赤壁〉「造物主之無盡藏」，〈水調歌頭〉：「高處不勝寒」等，之於「取用自然無盡藏，高寒如在太虛空」。這種仿擬格的修辭，不只是傳統，也是創作觀，更是文學的審美觀。此外，特出體材，如：

●馬穿山徑菊初黃　信馬悠悠野興長　萬壑有聲含晚籟　數峰無語立斜陽⋯（王禹偁〈村行〉）

這種通篇只寫景色的詩作，藉由「徑菊、野長、晚籟、斜陽」突顯體材爲主，毫不透露主要中心思想爲何。又李覯〈鄉思〉同然：

●「人言落日是天涯　望極天涯不見家　已恨碧山相阻隔　碧山還被暮雲遮。

●小點大痴螳捕蟬　有餘不足夔憐蚿　退來歸時北窗夢　一江風月趁漁船（黃庭堅〈寺齋睡起〉）

用兩句莊子中富含深意的典故，襯托出：臥北窗而夢見的江月何等可貴。

●常人無所重　惟睡乃爲重　舉世皆爲息　魂離神不動　覺來無所知　貪求新愈用　堪笑城中人

不知夢是夢　至人本無夢　其夢本遊仙　眞人本無睡　睡則浮雲煙　爐裏近爲藥　壺中別有

天　欲知睡夢裏　人間第一玄（陳摶〈贈金勵睡詩〉）

以上詩作表面均在言物說景，表露體材爲主，所用物、景不同，呈現體格也各異。最後一首題材特異，也是避免過於顯露主題者，此又一例。

2. **氣象**：如人注重儀容形貌的詩稱之。例如：

●水光瀲灩晴方好　山色空濛雨亦奇　欲把西湖比西子　濃妝淡抹總相宜（蘇軾〈飲湖上・初晴後雨〉之二）

●欲出未出光辣達　千山萬山如火發　須臾走向天上來　逐卻殘星趕卻月（宋太祖〈日詩〉）

●海浪如雲去卻回　北風吹起數聲雷　朱樓四面鉤疏箔　臥看千山急雨來（曾鞏〈西樓〉）

這三首詩以描摹爲主，但讀者看到的不只是景象，還有詩人的風格，特別是第二首，雖有些幼稚，卻頗能窺見太祖的形貌與品味。

3.「格力」：猶人之格調／筋骨／性格

●滿城風雨近重陽　獨上吳山看大江　老眼昏花看遠近　壯士軒豁任行藏　從來野色攻吟興是處秋光合斷腸　今古騷人乃如許　暮潮聲卷入滄茫（韓遞〈風雨中送潘邠老詩〉）

●夢中往事隨心見　醉裡繁華亂眼生　長爲風流惱人病　不如天性總無情（黃庭堅〈奉達李和甫代簡〉）

以上兩首詩利用「老眼、行藏、壯士、斷腸、騷人、滄茫、往事、醉裡、繁華亂眼、風流、惱人病、無情」是屬表「內在筋骨」的語詞，不類「體制」與「氣象」素材較外一層。

4.**興趣**：指詩作的精神、境界，雖有場景的鋪設，卻往往在某一句或最後一句出其不意，令人深刻不已，例如：

●巴山樓之東　秦嶺樓之北　樓上卷帘時　滿樓雲一色（文同〈望雲樓〉）

●花落柴門掩夕輝　昏鴉數點傍林飛　吟餘小立欄杆外　遙見樵漁一路歸（周敦頤〈題春晚〉）

●冷於陂水淡於秋　遠陌初窮到渡頭　賴是丹青不能畫　畫成應遣一生愁（司馬池〈行色〉）

文同是北宋畫家，詩的意境瑰奇，著重空間的美術感，而周詩不到最後一句彷彿只在寫氣象、寫風格，末一句「遙見樵漁一路歸」令人不自覺地聯想其與他句的關連，因而境界全出。

5.**音節**：猶人之言行語調／音色／韻律節奏

●一天秋色冷晴灣　無數峰巒遠近間　閑上山來看野水　忽於水底見青山（翁卷〈野望〉）

●半夜群動息　五更百夢殘　天雞啼一聲　作夢更多端　窮者夢富貴　達者夢神仙　夢中亦役役
人生良鮮歡（戴復古〈夢中亦役役〉）

翁詩在「山水水山」上造成的音樂效果，戴詩除了全詩「夢」字縈迴，「亦役役」這種音韻組合，產生忙碌不堪的沉重。又，全詩唯有「天雞啼一聲」是有聲句，也值得探討。

綜上條列宋詩話最具代表性、系統性的「詩法」，經過舉例，還原理論的要旨；當時嚴羽以此論極力肯定唐以前詩作（註一二），藉而抨擊宋詩，本文卻用同樣的理論，舉的是宋詩，進而鑑賞宋詩，分別在：「體制」、「氣象」、「格力」、「興趣」、「音節」上的表現。讀者所產生的「眞識」、「妙悟」、「入神」或有新的美感經驗，或與詩人達成某程度的共鳴。但《滄浪詩話》後人攻訐不休的便是其論點類似「囈語」（清．馮班《滄浪詩話糾謬》）、「其論詩只能從藝術風格上作唯心神秘之談」（《宋詩話考》）（註一三）。雖然及至清代王國維《人間詞話》都受其影響，但在現代，這種「主觀的唯心詩論」，是不堪一擊的。所以此外，像周敦頤〈題春晚〉，朱熹的〈賦水仙〉（註一四）都是耳熟能詳的名詩，又例如朱熹的〈春日〉：「勝日尋芳泗水濱，無邊光景一時新，等閒識得東風面，萬紫千紅總是春」，〈偶題之一〉：「步隨流水覓溪源，行到源頭卻惘然，始信眞源行不到，倚筇隨處弄潺湲」都值得一提再，堪稱情中寓景，說理見情，利用上述五個有系統向度逐一檢視，是比傳統「飄逸」、「婉約」、「豪放」等，具體而有系統。《滄浪詩話》論詩略嫌主觀唯心，但影響甚巨，所謂「一字之褒甚於斧鉞」，因此特舉「體制」、「氣象」、「格力」、「興趣」、「音節」等有系統詩法做爲鑑賞的切入點，的確較能辨識出好詩的「眞識」、「妙悟」與「入神」。

(三)「另類中國詩」——現代詩

中國詩史上又一個「另類」詩體——現代詩，若與宋詩互相會通、轉化，必然是一件詩壇的盛事。前節以五項詩法鑑賞宋詩，回應《滄浪詩話》理論的精義。現代詩，在數千年傳統形式上突破最大，因此在「眞識」、「妙悟」、「入神」成就上擴張審美的櫥子，開闢更多的可能性。無論：體材、形貌、風格、精神、節奏都更貼切地轉播了時代、個人潛意識，甚而小貓、小狗、嬰孩、電梯等等（註一五），一經角色轉換法，便能暢所欲言，所遍及的廣度、深度便無遠弗屆。這一小節仍以《滄浪詩話》所論及的五項詩法來看現代詩，略窺現代詩承先啓後、通古貫今、超越時空的特質）（註一六），再加上現代詩史，並沒有完全的「橫的移植」，以「滄浪詩法」論詩的審美項目，不失爲一既傳統又創新的鑑賞角度：

1.**題材**：現代詩在題材上特別值得檢視的特指——「脫胎換骨」類（即仿擬格修辭），而童詩、方言詩、情色詩最有特色：

(1)「『♂虞姬　虞姬奈若何』……我們結婚吧，我想」（陳彥文〈第三者〉）以項羽垓下歌為標題與現代人的戀情發展，疊印表現，又歐陽修〈戲答元珍〉與鄭愁予〈錯誤〉古今耀映。（註一七）。余光中的「公無渡河」樂府古詩新用（註一八）。周夢蝶〈菩提下〉藉六祖壇經精義，為現代人生注入禪思。非馬〈登黃鶴樓〉：「天空／滿有陰雲／努力作出蒼茫的樣子」。與唐・崔顥的〈登黃鶴樓〉大不相同，值得比較。

(2)楊喚〈花與果實〉：「花是無聲的音樂，／果實是最動人的書籍／當他們在春天演奏秋天出版……」，佚名：「雨／大便上面也不能不落下／說不要也不行／沒有人要跟他交換」又「木魚／有個壞人死了／和尚敲著他的頭／默唸他前世的壞話」，白靈〈玩〉「雨聲玩屋頂／車子玩馬路／連續劇在玩電視」，在在都是清新小品、可愛有趣。

(3)向陽〈公佈欄腳下〉：「……『此佈。』／（正得轉去賣布囉？）」，用一句以國語的公文詩句接一句台語工人的反應，道出勞資階級的層次與不公。又宋澤萊〈若是到恆春〉等，非用台語無法如此傳神、如此貼切。

(4)陳克華〈夢遺的地圖〉：「當嘴唇跳進陰唇／……／當抽象畫懸掛著抽象畫……」這種很難入詩，且不易美化的主題，現代詩做到了。

2.**氣象**：徐志摩〈再別康橋〉唯美似畫的詩作，以寫景爲主要詩作的版面者。李敏勇〈街景〉：「玻璃窗外／行人匆匆走過／尾隨著迷失的狗」（七十九年度詩選）。西西〈塞外〉：「鳥隻　拍翼／飛到這裡　找不到／棲息的　林木／河道　流到這裏／迷失」詩作中景語的鑑賞如人之儀容形貌，不急於也不點出主題，是較上乘的藝術，有更多的弦外之音。

3.**格力**：舉凡探觸孤絕或達觀的心靈以及對社會關懷系列詩作，是一種格調，猶如人之筋骨、風骨，這類的詩句值得特別受到檢視。例如：杜十三〈煤〉：「孩子／我們生命中的色彩是註定要從黑色的地層下面挖出來的」。商禽〈電鎖〉：「在我心臟中的鑰匙輕輕地轉動了一下『卡』…沒多久我便習慣了其中的黑暗」。紀弦〈狼之獨步〉：「這就是一種厲害／一種過癮」。瘂弦〈如歌的行板〉：「溫柔之必要／…君非海明威此一起碼認識之必要」，胡適〈詩與夢〉：「你不能作我的詩／正如我不能作你的夢」。以上都屬於處理內在心語和外在關懷者。

4.**音節**：余光中〈鄉愁四韻〉歌謠民歌型的詩，加上「詩的聲光」把詩搬上舞臺表演出來（註一八），此後詩的音節、音響更獨立地被重視。北島〈觸電〉：「我不敢再和別人握手／總是把手藏在背後」全詩把與人接觸時所受的傷，如同觸電的聲響隱藏於詩句中，這種「無聲之聲」，更引人入勝（註一九）。林亨泰的〈亞熱帶〉：「胖胖的太陽唱著胖胖的歌／胖胖的水田…」，鄭愁予〈錯誤〉：「我達達的馬蹄／是美麗的錯誤／我不是歸人　是個過客」。「疊字」的運用當然是音節和音樂性的考量。此外，「排比」、「頂眞」、「類疊」等等句式，或句中「雙聲」、「疊韻」、「協韻」等等，以及有聲響的句子，都是檢視的重點。

5.**興趣**：指境界、精神者，這類具有宗教情懷、人生境界的詩句，比「格力」類的個人抒情、社會關懷更高更遠。例如：劉半農〈在一家印度飯店裡〉：「這是我們今天吃的食／這是佛祖當年乞的食」。艾青〈雪落在中國的土地上〉：「寒冷在封鎖中國呀／……像這雪夜一樣廣闊而漫長」。

所以，就一首詩而言，例如：敻虹〈夢〉：「不敢入詩的／來入夢／夢是一條絲／穿梭那／不可能的相逢」就「體制」而言，太多與「夢」同題材的詩可以做比較；就「氣象」而言，詩中出現「夢、絲、相逢」名詞，只有「絲」稱得上具象名詞，而「夢、相逢」抽象名詞可視爲詩的「格力」，筋骨、格調來賞析。主題往往是與「格力」——抽象名詞（夢、相逢）有關，而旨趣卻常常落在「氣象」——具象名詞（絲）。在「音節」上，值得注意的當然是：「不敢……」與「不可能……」的「排比」句，「來入夢／夢是一條絲」的「頂眞」句，還有本詩唯一聽得到「聲響」的「『穿梭』那」等音節有關的詩句；這些也同樣是關鍵句，因爲詩作的「音」節往往就是「義」節。至於審視詩作的「興趣」，也就是精神境界，是從「不敢」與「不可能」的某些人生議題得到解決來看。因此，每首詩都有主要表現的形態，再兼以其他不同比重的組織。例如：路寒袖〈衣櫃〉，以「格力」爲主（以政治關懷爲主弦律，兼以比重不一的「體制、氣象、音節、興趣」等，全詩從衣櫃中翻出許多歷史，是一篇非常藝術的政治詩。其它詩作鑑賞，依此類推（註二〇）。綜上，以《滄浪詩話》的審美角度，統整各個現代詩的主弦律，並將其他詩法成爲鑑賞的向度，淬取出詩作的結構、巧思與靈動；「眞識」、「妙悟」與

「入神」。

三、邵雍詩學與現代詩

邵雍，字康節，號堯夫，今河南人，生於北宋大中祥符四年，卒於神宗熙寧十年（AD1011～1077）。其詩學理論以易學為基礎，饒富深意、天趣昂然，強調「天人合一」、「內聖外王」（註二一）「陰陽變亂」以及「窮理盡性」（註二二）。易經六十四卦：由太極生兩儀、生四象、生八卦，生生不息、循環不已。而詩作講求的是「渾然天成」、「正反合道」（註二三），詩人能洞察玄機，「追求現代精神，超越普通口語的散漫、平淡，必須能處理二十世紀人類特殊的知識與感應」（註二四）。以下就邵詩論四大主張，將詩作分四大類來賞析詩作，有如唐詩分「社會寫實、邊塞、田園」等，異曲同功，較為具體而有系統，不同於唯心主義的《滄浪詩話》詩法分類。

㈠天人合一：亦即⑴物我合一；⑵能轉換角色，民胞物與。

⑴楊牧〈春歌〉：

比宇宙還大的可能說不定／是我的一顆心吧／否則／你旅途中憑藉了甚麼嚮導／我憑藉愛／愛是心的神明。

田運良〈我們在遠離囂塵的驛宿寂寞相遇〉：

「……我邂逅萬古。這裡斷不是存在片刻／而是雋永之縮影。（原題：「上弦月補賦與女性」）

這是表露「心」之無限性，可應萬變而迎接永恒。

(2)鄭愁予〈卑亞南番社——南湖大山輯之二〉：

我的妻子是樹／我也是的／而我的妻子是架很好的紡織機／松鼠的梭，紡著縹緲的雲／在高處

它愛紡的就是那些雲……。

莊垂明〈瞭望台上〉……我偷問蒼鷹／凜風、鳴虫／什麼叫做邊界／他們都說：／「不懂」。人爲的力量可以強分地盤、邊界，而大自然是和睦相處、不分你我的。這兩首詩說明物我合一，物我同類。

邵詩哲學基礎就是「以物觀物」，不但能不溺於情好，更是一種「民胞物與」平等共萬有相與。他在《皇極經世．觀物內篇十二》：「聖人之所以能一萬物之情者，謂其能反觀也。所以謂之反觀者，不以我觀物，以物觀物之謂也。……，又安有我於其間哉？」例如〈秋懷三十六之一〉

甘瓜青如藍，紅桃鮮若血。不忍以手沾，而況用齒囓。

其色已可愛，其胃又更絕。食此無珍言，哀哉口與舌。

這種由感懷入、由感恩出的觀物詠物，非常特別。令人聯想到莊子「齊物論」對物類的省思，以及羅青〈吃西瓜的六種方法〉：「……／故而也就難以否認，西瓜具有／星星的血統」，楊寬弘〈稻與禾〉等等，如：

你以爲在風中／我已向你低頭／……將我刈割成一次次豐收的季節／……有一天兒女們終將再

出頭／著一身綠色的戎裝。

「物品」道出強勁的生命力，令人肅然起敬。此外，對哲理的觀察如〈觀易吟〉：

一物其來有一身，一身還有一乾坤。能知萬物備於我，肯把三才別立根。
天間一中分體用，人於心上起經綸。天人焉有兩般義，道不虛行只在人。

以及劉半農〈在一家印度飯店裡〉：

這是我們今天吃的食／這是我們佛祖當年乞的食／這雪白的是鹽／這袈裟的黃是胡椒／這羅毗般的紅是辣椒末／這瓦罐裡的是水／牟尼般亮／空般的清／無般的潔／這是泰晤士中的水／但仍是恆伽河中的水

又邵詩〈二色桃〉、〈雙頭蓮〉：「……疑是蕊宮雙姐妹，一時俱肯嫁春風」「……當年盡有風流過，謫向人間作瑞蓮」如此浪漫豪放的筆調，令人爲之驚豔。此外，詠「棋」（註二五）、詠「水聲」等等，不勝枚舉。而現代詩的藝術特點也正是極盡「詠物」、「觀物」之能事。例如：邵雍的「觀棋絕句」將觀棋人、走棋人都看不清眞相，交爭不已的現象諧趣帶過。而駱崇賢〈棋子〉（《七十四年度詩選》），李瑞騰的按語：作者「反戰」的思想，透過對將帥、士相的揶揄，爲「兵卒」喊冤：「中或不中，都只是空迴悲憤的呼嚎」，在在表現詩人沉重、嚴肅的心情。對物特出的看法不但是邵雍「觀物論」重點，更是詩的世界最主要的課題，一般詩作藉景抒情，是「鏡中映月」，較爲普遍；而「以物觀物」是更一層的「角色轉換」，這種物我兩忘的作法較不容易掌握。

㈡**內聖外王**：發揮心靈妙悟、家國大愛、社會關懷與宗教情操類的詩作，例如：

⑵何其芳〈成都，讓我把你搖醒〉：

「又像度過了無救荒唐的夜的人／在睡著覺」

有如屈原的〈漁父〉，衆人皆醉我獨醒的心境，心清明才能觀照時代。

周夢蝶〈所謂伊人〉：

「只要妳笑／妳就能笑出自己的眉目」

而論「邵康節的詩」（註二六）——《擊壤集》，以「觀物」爲詩作的哲學基礎，著重對生命歡愉和歌詠，有自家生活的描繪，著重以理入詩的理趣，無論體材、形式、聲韻都非常自由、自然。例如〈無苦吟〉、〈閒吟〉等詩。但無論如何，其詩作目標：仍是「行風雅之教」，類似托爾斯泰的「藝術論」（註二七）：「各種從宗教意識流出來的情感是無盡的……否則藝術的性質流於枯窮之途。」再加上北宋昇平之世（註二八）多樣化的邵詩還是不出一個「安樂」，可歸爲陶淵明的「淨化」類，與現代詩的多元、目標不定，還是很不相同。所以邵詩除了說理、詠史、遊覽、贈答、抒情、行旅、詠物詩之外，在此提出特別的「悼亡詩」、「觀物詩」與「首尾吟」以擴大現代詩鑑賞層面，其中可歸「內聖外王」，而「觀物詩」歸「天人合一」類，「首尾吟」歸「窮理盡性」類，用以探討結構分析。邵雍「悼亡詩」，哀而不淫（註二九），這也就是藝術與現實的距離美。在邵雍心中只有悼亡、哀感之心，而無眞正受苦之事。邵雍在《擊壤集．自序》：「情之溺於人也甚於水。古者謂水能載舟亦能覆舟，是覆載在人不在水；……。就如人能蹈水，非水蹈人也」。例如，〈傷心行〉：

不知何鐵打成針　一打成針只刺心　料得人心不過吋　刺時須刺十分深

這種只陳明悼亡現象，卻無一字哀傷，更是令人鼻酸。又如〈傷二舍弟無疾而化〉：

手足深情不可忘　割心猶未比其傷　急難疇昔爾相濟　終鮮如今我遂當
韡韡棣開無並萼　邕邕雁去破初行　自茲明月清風夜　蕭索東籬看斷腸

現代詩人辛鬱〈悼二哥〉（《七十七年度詩選》）：

入秋後有落葉紛飛／紛飛的落葉中／有一枚未曾黃透／阿二哥／你走何匆匆／隔著海／我將一聲哭／託付秋風／阿二哥／你相不相信／我被你握過的手／今天還溫著。

這首詩有四句長拍子的句子：「入秋後」、「阿二哥」、「隔著海」、「阿二哥」帶出「今、昔、昔、今」的場次，與前首〈傷二舍弟〉詩「昔爾相濟」、「今我遂當」，在同一主題，類似架構，取用不同鋪陳的景物，比對之下，饒富旨趣。而邵雍最突出的悼亡詩應該是〈南園南晚步思亡弟〉：

南園之南草如茵　迎風晚步輕無塵　不得與爾同歡樂
又疑天上有幾雲？一片世間來做人　飄來飄去殊無因

這首六句詩，特別表現餘音繚繞，意猶未盡，恰如徐志摩的自悼詩〈偶然〉：

我是天空的一片雲，／偶然投入你的波心——／你不必訝異，／更無須歡喜——／在轉瞬間消滅了蹤影。／你我相逢在黑夜的海上，／你有你的，我有我的，方向；／你記得也好，／最好你忘掉，／在這交會時互放的光亮！

這種人生最難解的結，最難解的憂，只是豁達或麻木是不能得到任何慰藉，而這兩首相隔千年的哀悼詩竟不約而同地說「我是天空的一片雲」、「一片世間來做人」，「飄來飄去殊無因」、「在這交會時互放的光亮麗」。鑑賞一首詩，無論就「體制」主題上、素材上、音樂上及意象上切入或比對都非常有收穫。

㈢陰陽變亂：

現代詩創作理論中的「矛盾聯結」及「虛實二十法」（註三〇），如「象則意之」、「情則景之」、「大則小之」、「靜則動之」、「主動則被動之」、「多則少之」、「正則反之」、「急則緩之」、「密則疏之」、「雜則序之」、「全體則部分之」、反之亦然，依此類推，陰陽並行不悖，包羅萬象。例如：夏宇的「甜蜜的復仇」、鄭愁予的「美麗的錯誤」等等。

邵雍創作三千多首詩，今集於《擊壤集》約一千五百多首，他的〈談詩吟〉：

詩者人之志，非詩志莫傳，人和心盡見，天與意相連。論物生新句，評文起雅言，與來如宿構，未始用雕鐫。

詩的體用因而擴張，也正是現代詩所承載的。詩不僅言志，人心天意，自在己身，並不需雕鐫，可以藉由新句雅正之語，自然流露。例如：白靈〈鐘乳石〉《七十三年度詩選》，頁一一三至四：

……（詩篇寫成了讀起來多麼容易）／而我的，仍垂懸著，無窮的待續句／在內裏，向深洞的虛黑中／探詢呀探詢／數萬滴汗珠詠成一個字／……那是水珠與水珠的拍手／句與句的呼應，卻是／幾千萬年的距離啊／……／當下向鐘乳與緩緩、向上的石筍／當可知的冥冥中那不可預知的／在時光的黑洞中，輕輕的／一觸！

這兩首相隔一千年的「詠詩吟」，對作詩的難易，看法迴異；但口徑一致地將宇宙、人生與創作多面鏡頭交疊互現。邵雍認爲「天人之際豈容鍼，至理何須遠去尋？」「天人合一」並不困難，而「一個詩人所有的眞理在他的作品內」（註三一）眞理不需遠求，近取諸譬的作風，在邵詩、現代詩比比皆是（註三二）。又例如〈觀物吟〉：「水火霖火雨露，土雨濛石雨雹，水風涼火風熱，土風和石風冽」利用「皇極經世」理念作詩，將「火水土石，風雨露雷」交疊互現，現在讀之，「名詞」全變成「形容詞」，想像空間擴大，不再是實質定指，而是無限延展。又〈自貽吟〉：「六十有七歲，生爲世上人。四方中正地，萬物備全身。天外更無樂，胸中別有春。」相對於林彧（《七十三年詩選》）〈單身日記〉：從凌晨1：30到另一個1：30中間有：作夢、收信、接電話、牛奶麵包、車禍、會議室、飛機、銀行、股票、醫院、電視，輾轉……作夢。情調完全相反的兩首詩：年長與年少；「大中至正」與「心遠地偏」；樂春與傷懷。主觀意識可以展現截然不同的心境。邵詩論講求「詩言情志，風雅之道，不爲所累，以物觀物」可喜的是，就現代詩而言，我們仍可從中國傳統的隧道中，開出鑑賞的捷運來。

(四)窮理盡性：

1.「元會運世」

並不是以說理窮物性爲主要基調的詩，而是以邵雍易學、理學有密切關係的「元會運世」架構分析，窮詩之理、盡詩之性，類似建構、解構的動作。「元會運世」系統原爲統籌自唐虞至五代歷史，再與四象、八卦、六十四卦卦數系統相配，以及人事萬物都能規畫在易數組織之中。因此，天、地、人可以無不輝映，無不會通，極近修辭格中的「譬喻」、「象徵」法；進而類似、對比、相近等「聯想」，擴充主題，或特寫、或濃縮等。「元會運世」是指：一元有十二會；一會三十運；一運十二世，如同一年十二月；一月三十日；一日十二時，而結構如下：

年	元	一
月	會	十二
日	運	三十
時	世	十二

引申←擴充

這原是指「時間」單位，但也可擴充，或對應到「空間」「人」、「事」、「景」、「物」上

一元（主題）←十二會

（正）		（反）
1	地點	2
3	人物	4
5	時間	6
7	何事	8
9	爲何	10
11	如何	12

以下是有關「地點」←的三十個語詞由一會三十運推展而成。

依此類推，但一般非超級長篇的詩作，大多只發展從「元」到「會」的第一環，例「林家花園」（註三三）

就一首詩而言，最初的寫作動機，寫作主題稱「一元」的話，所謂「十二會」便是指「人（物）、事、時、地、爲何、如何」六個向度，及其正反，組成「十二會」，之後，各項再推衍出三十個意象（「三十運」）。詩句前後排列，若變動組合，又交織許多可能性。然而，詩歌與「時間」（元會運世）系統的數類不同，例如，行數有的四行（絕句）、八行（律詩）「十行詩」、「十四行詩」等等。就如「元會運世」配上「六十四卦」、「二十四節氣」，詩的「行數」須遷就「十二會」的精神，或分成十二的「公因數」。過去詩人不斷嘗試、實驗而產生像「律、絕」等特定的行數的詩，將其與「易數」——四象或八卦產生的哲理相配，以解釋詩之節奏與弦律。這種會通是基於：「數能生象，象能生器」，亦即：一乾二兌三離四震五巽六坎七艮八坤，而《邵子全書》卷之六〈觀物篇下〉：

> 太極不動，性也，變則神，神則數，數則象，象則器，器則變，復歸於神也。

「性、神、數、象、器、神」，這就是人創作的流程。人之心性變動自神妙（神），作品便是透過文字組織（數——元會運世），表情意（象），呈現出作品（器）。這些旨趣與詩人也和讀者的心性相呼應（復歸於神），產生感興與共鳴邵雍思想由好幾組數類系統組成，「元會運世」爲其一，易數爲其二，所以舉凡一、二、四、八、十二、三十、六十四的「公因數」、「公倍數」都可以列管，與「元會運世」、「日月星辰」、「八卦、六十四卦」萬事、萬物相配，之後各類又相乘相因，無所不包。根據以上原理，可將詩創作到鑑賞分成六部分：

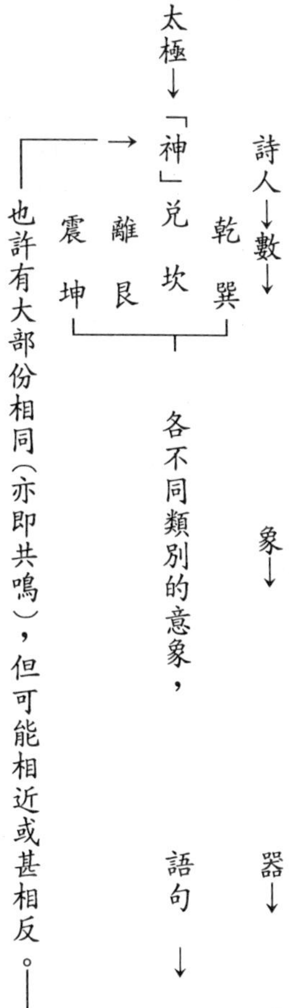

詩人↓數↓象↓器↓讀者

太極↓「神」→ 乾 巽／兌 坎／離 艮／震 坤 → 各不同類別的意象，語句 → 「神」↑太極

也許有大部份相同（亦即共鳴），但可能相近或甚相反。

例如：

太極	作者心性	杜十三〈都市筆記——牙刷〉（節錄自《七十八年度詩選》頁八九）
發「神」	喜怒哀樂情意	哀
數	組織謀篇	一、乾：昨天晚上說過的一句諾言 二、兌：今天早上卻卡在齒縫 三、離：怎麼刷都刷不去 四、震：反而把牙刷折斷了 五、巽：午後再用牙籤剔除 六、坎：挑出來的那一串／又黑又黃 七、艮：活像妳經常掛在嘴邊的—— 八、坤：海枯石爛
象	詩句意義	口蜜腹劍 口若懸河 口沫橫飛 的人（詩人以此變出任一可能旨趣）
器	旨趣	讀者可能或喜或怒哀樂不等
神		

由上例可看出邵學與詩作創作過程之間微妙的關係，「易數」代表次序，也代表意念輕重緩急的意義，透過創作和鑑賞的流程，對詩句的分析，更能掌握整首詩作的脈動。詩作在謀篇前後排列時，可以「由數生象、由象生器」、而「象」「器」，並非只有說理、敘事、表情達意而已，往往詩句產生許多圖畫、場景出來，此類詩句或可稱爲「景語」）（註三四）。邵雍對「先天圖」也曾說：「圖雖無文，吾終日言，未嘗離乎是，蓋天地萬物之理，盡於其中矣。」（〈觀物外篇〉）上，《邵子全書》卷之五）邵雍利用易圖更具體說明萬物形象的類別，進而解釋二十四節氣循環推演，以萬事動靜體用的變化。好比詠物、感懷或敘事詩的圖象呈現，都是由心所確認的具象宇宙。例如：周策縱「水詩三首之二」——清明，全詩只有一個字「露」，令人聯想到：「清明時節雨紛紛，路上行人欲斷魂……」的詩句，彼此之間，在字音，字義上也會由大地的「露珠」、跳接到人眼中的「淚珠」；而「露」是陰陽不和而滋生，「淚何嘗不是陰陽兩隔才湧進」。又，「露」也是「清」且「明」毫無雜質的嗎？詩人的字，涵蘊一個寬廣的世界，（註三五），難怪有些詩像拆字謎語，密藏玄機於字裡行間。

2.皇極經世

邵雍理學專著《皇極經世》的「觀物論」，一言以蔽之，就是：以大中至正應變萬方，其次是聲與音，動植飛走、陰陽剛柔之數，相因相乘。所謂：

> 窮日月星辰、飛走動植之數，以盡天地萬物之理。述皇帝王霸之事，以明大中至正之道，陰陽之消長，古今之治亂。

至於聲音唱和講求，是基於萬物各有其性情、形體和聲音（律呂、節奏）。例如：張默〈夜〉節錄於《七十一年度詩選》頁七八：

霧
一波一波地
湧來
把兩旁孟宗竹的倩影
漂得更朦朧了
祇要伸手
不管紅檜或者鳳尾草
都會情不自禁地攀附
那喜歡拱腰地平線
反而愈縮愈長

這首詩可分出四組語詞出來：

類組	類別	類組相關語詞
1	動詞	波、湧、漂、伸手、攀附、拱腰、縮。
2	自然	霧（朦朧），地平線（縮）
3	人	手（倩影／情不自禁／拱腰／攀附）
4	植物	孟宗竹、紅檜、鳳尾草（長）

由「動物、自然、人、植物」四大類組分別爲四個橫切面，切片出來的意象從「波、湧、漂、伸手、攀附、拱腰、縮」，呈現出怎樣的一個夜？便不言而喻了。即便詩人並沒有意識到他的作品會有這種流向，但他只要用了這類的動詞，便如這類的「建材」，必然「建構」出這樣的一個先波湧、漂動，進而又伸手、攀附，拱腰的「夜」，似乎強勢演出之後，漸漸縮到一角，退場而去。此外，若將主要的詩句之主詞，語詞配上「數、象、圖」及「相乘相因」的情形，即如下：

詩句主詞／數	象、圖（本有的屬性與排列）	相乘相因
霧	朦朧	波、湧、伸手
孟宗竹、紅檜、鳳尾草	長	攀附、情不自禁、倩影
手、倩影	伸手、情不自禁、攀附、拱腰、縮、長	霧
地平線	長	縮、拱腰、喜歡

本組詩只節錄〈夜〉這一段，其他尚有銀杏林、晨，各題又帶出幾方面的數（出場次序）、象、圖，經過相乘相因，原本的屬性變換，有的詩句出現「有字無聲」，不具聲響的句子的狀況（註三六），以邵雍理學結構套在作品上，透過「相乘相因」，我們可以看出一首詩主要意（象）象（圖）以及「出場次序」（數），明白整個骨幹及彼此的關係。表面上好像在肢解詩作，其實是回溯詩人的來時路，將作品取用的元素歸檔後的情形與成品做重疊、並列的比對，更深入鑑賞作品質地。

3. 詞意呼應

以這種理念將詩作做一個橫切面，條列其各組素材，例〈洗心詩〉：

人多求洗身，殊不求洗心。洗身去塵垢，洗心去邪淫。

塵垢用水洗，邪淫非能淋，必欲去心垢，須彈無絃琴。

列舉各四字，各有不同質地，輕重虛實，自然呈現節奏抑揚與清濁，而交疊唱和。

淫	身	心	人	交疊唱和
淫水	水身	水心	人水	水
淫欲	欲身	欲心	人欲	欲
淫塵	身塵	心塵	塵人	塵
淫垢	垢身	心垢	垢人	垢

解構之後再鑑賞，反覆不斷出現的「人、心、身、淫、水、慾、塵、垢」交疊不已，令人有一種更深

刻的緊張與不安，甚至產生髒亂的感覺。現代詩人劉洪順的〈春天踏青，撞傷推嬰兒車的母親〉（《七十九年度詩選》頁六）：

花粉 寧靜 耕耘 新鮮果子 雙乳	花粉／上街頭（其中一組） 寧靜／馬達聲 耕耘／傾斜的建築 新鮮果子／排氣管 雙乳／銅像，凋萎					
（春日） 交疊唱和 （今日）	上街頭	馬達聲	傾斜的建築	排氣管	銅像	凋萎

上圖是「春日」與「今日」景象的交疊，舉凡所有新生（嬰兒）、孕育（母親）的力量都會被「撞傷」。這種解讀作品，不但不會宥於單一、偏頗的解釋，有點接近現象學式的評論法，卻非常「中國」；之後再重讀一遍原詩作，便會驚豔詩人這種組合的旨趣與理論，是有意義的。

4.**聲韻呼應**

邵雍以先天易數、四象之法推衍萬物之數，再相映於聲音。萬物既由太極而來、陰陽動靜剛柔之變化而成，有音唱必有聲和，例如「琵琶行」、「王小玉說書」、「秋聲賦」等，便是最典型的聲與物相應和的範例。根據邵雍「聲音唱和圖」系統之原理，可利用①同音（字）相成的「重疊」或「重用」，②異音相續的「錯綜」（一句中具備平上去三聲字者），③同韻相協的「呼應」，造成音節感，將其他抽象或具體的情況捕捉下來，例如：李魁賢〈鏡和井〉（《七十五年度詩選》節）：

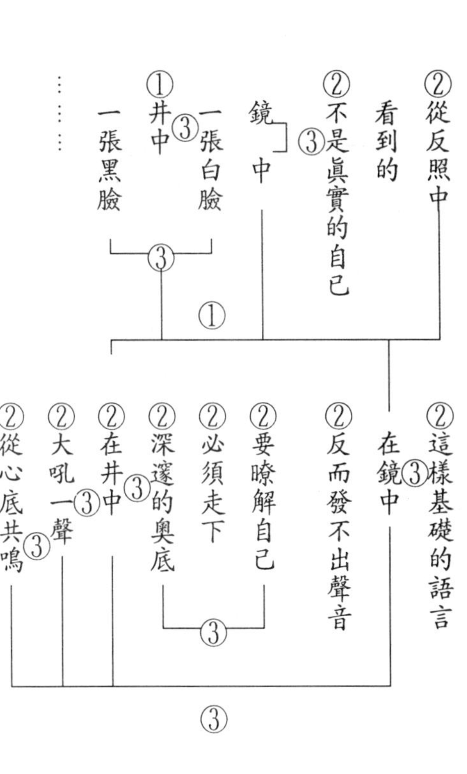

因爲音韻安排的性質不同，稀鬆、濃馥之間可端詳出節奏、詩音的律動與波長。至於「四聲」與「用

韻」，唐《元韻譜》：「平聲哀而安，上聲厲而舉，去聲清而遠，入聲直而促」，雖是籠統的歸類，卻不失為詩詞「聲義同源」的一種檢視。邵雍精通聲韻，即便用險韻、窄韻，反倒令其才華更加突顯。例如：〈南園賞花詩〉

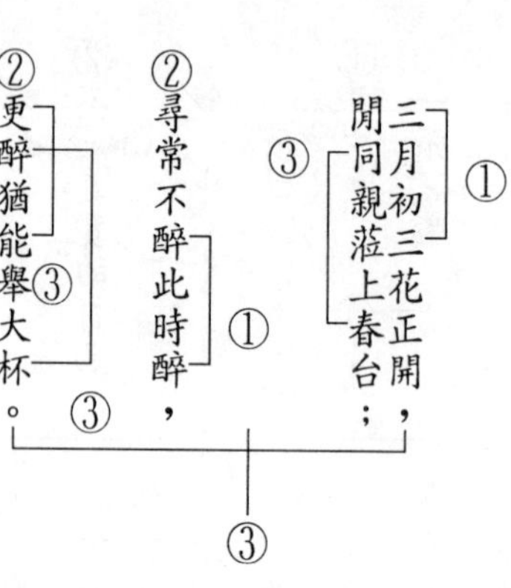

三韻腳「開」「台」「杯」，屬「魚」「歌」聲，有「擴張、舖陳、舒散」之感。四句末字分屬「平平仄平」聲，具聲揚之意，「三月初三」為「齒聲部」，「閒同親蒞」多為「喉音」前三句末收「咍」韻為「蟹之開」，末韻「灰」為「蟹之合」，前後由厚重而清厲，又由開合相配，因此「尋常不醉」「此時醉」，之後還更醉，重覆、層遞，加強特寫，於是舉大杯痛飲，也沒問題。全詩在暮春三月舒放情懷，自然輕快。以上兩例都是以「字」為單位，檢視其聲韻分佈情形，了解句中、句間聲韻「相同」、

「錯綜」或「呼應」的現象，可加強對詩意的會通。又楊孟芳〈酒話〉（《七十七年度詩選》）

那天對不起你／講了酒話／話是酒燒出來的／句句當眞／你用笑聲把它熄滅了
那天對不起你／講了酒話／酒話熄滅後／還有香味／你用眼睛把它冷卻了
那天對不起你　／講了酒話／酒醒之後／心又昏過去了／你用手勢把喝酒的人轟出門外
那天對不起你／講了酒話

依據前列詩作，可列一表格：

酒話	酒燒	句句當眞	你用笑聲把它熄滅了
酒話	熄滅後	還有香味	你用眼睛把它冷卻了
酒醒之後		心又昏過去了	你用手勢把喝酒的人轟出門外

檢視這組語詞的聲響，以及「酒話」所牽引出來的事件，和種種感官混用，酒話便顯得相當傳神、眞實。全詩具有「聲響」的句子很少，只有「講了酒話」、「你用笑聲把它熄滅了」、「酒話熄滅後」，因此「你的笑聲」對這場「酒話」就格外突顯而具重要性。舉凡與音樂有關的藝術，音效的安排，自然是鑑賞的重點之一。又例如：楊孟芳〈小時候〉（《七十七年度詩選》）

在清清的河水裏／我打撈自己的小時候／被水泡過的小時候／被魚咬過的小時候／如今／又晾曬在故鄉的河灘／大海從遙遠的地方／伸出柔怯的手臂／拍打著／拍打著我們的小時候

(1)

(2)

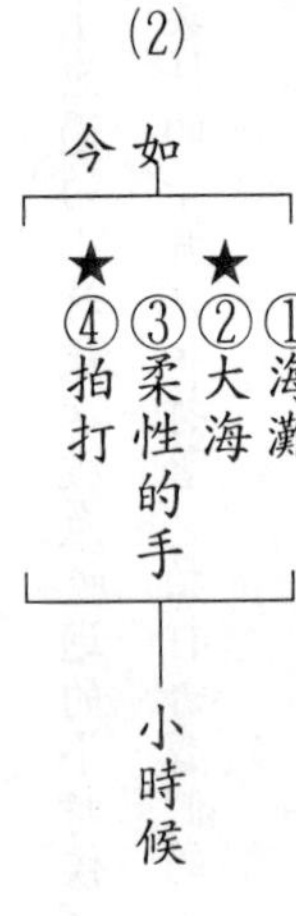

從詞語的情境所呈現的聲響，不難發現(1)「清清的河水裡」的聲響★大過(2)「如今」的聲響★，「如今」的鏡頭轉移時，一靜一響參差，即便詩人創作時並無刻意安排，但其思路確實走過一靜一響的流程中，似乎有些什麼淡了點，個中情意，便產生一波波節奏、律動和無盡的迴盪。

5.**對仗**：

古典詩「對仗」是格律的一部份，現代詩不規則的對仗（有時是「意對」），也是造成音樂性的要素。邵詩中的對仗極其多元，與現代詩遙遙相望。例如：絕句也對仗，律詩每聯都對，隔句對、扇子對連珠對，首聯已對偶的「偷春格」，尾聯也對仗，又交錯對、寬對、工對、假對兼自對、兼流水對，或頷聯不對仗等等（註三七）。詩須具備音樂性、繪畫性、建築性的前題下，詩句中就算沒有完整圖象出現，而對仗仍可把意念建構起來，在讀者心中至少會產生一種所謂「抽象派」的圖畫出來。

例如；林央敏〈無通嫌台灣〉（《七十六年度詩選》）

阿爸的汗，阿母的血，沃落鄉土滿四界……果籽的甜，五穀的香，予咱後代吃吻空

「汗、血、果、穀」這組「工對」自可合成一幅「社會抽象畫」，由對仗詩句為橫切面著眼，也常是鑑賞（邵）詩格律現象的切入點。例如：白靈〈芒鞋〉——弘一法師（《八十一年度詩選》）

終勝幾千波，盪不盪得開／那胸中烏雲的迷惑／木魚數萬記／敲不敲得破／慾河裏頑石的愛恨

腳印千萬只，說不說得清／芒鞋啊抖落的紅塵／紅塵十丈於烈燄裏／青燈一盞在孤煙中……

繁華派慈祥的燈火／茶花託悲憫的蝴蝶……

鐘聲木魚、烏雲頑石、繁華茶花、燈火蝴蝶。只需把對句中的名詞結合，便能構出一幅「追悼哀思」的畫作。意即透過繪畫性的創作技巧——對仗（對襯），還原詩人創作時的某層意象。審視這些關鍵詞語（Topic vocabulary）較能掌握作品的主題與旨趣，例如：邵詩〈莫如吟〉，每聯對仗、句句排比：

親莫如父子，遠莫如蠻夷。蠻夷和亦至，失子失須離。

仁莫如父子，義莫如君臣。二者尚有失，自餘惡足論。

君臣守以義，父子守以仁。義失為離國，仁失為路人。

〈莫如吟〉主題探討相對、絕對的問題。「仁義」是絕對的，父子、君臣、蠻夷、離至、得失全是相對的，處處用對，以突顯相對的人事，「莫如」絕對的「仁義」所能比擬的。

6. 首尾吟：

邵雍最獨特的組詩——首尾吟，共一三五首，除了首尾兩聯語詞固定，頷、頸二聯都是對句；而

首聯的「對句」與尾聯「出句」都是點出主題的關鍵，前後呼應。例如第六首：

→堯夫非是愛吟詩

主題句

詩是堯夫自足時。

不信人間有憂事，

堯夫非是愛吟詩←

開口笑多無若我，同心言少更爲誰？

田園管勾憑諸子，樽俎安排仰老妻。

「首尾吟」的結構性是相當刻意、明顯，像這首詩主題由首尾兩句主題句（Topic sentence）：「自足時」、「不信人間有憂事」帶出，如果「觀物詩」是空間的詩篇，那麼「首尾吟」便是時間的詩篇。第一首「爲『見聖賢興有』時」，「豈爲古人無闕典」；最後一首是「詫劍時」，「此器養來年歲久」，說明「聖賢道興」與「品題風月」同等重要，凡能爲闕典略盡綿薄之力，邵雍自覺責無旁貸。但是在現代詩中，除了「勸世歌」、「竹枝調」等歌謠式，或譜成民歌的詩作，如余光中的〈昨夜妳對我一笑〉、〈鄉愁四韻〉、宋澤萊〈若是到恆春〉，李魁賢〈圍井〉（《七十四年度詩選》）、方群〈有人對我說〉（《八十四年度詩選》）或溫健騮〈致阿保里奈〉等，在每段開頭都有做爲開場的句子，格式統一，富含說明主題的功能，但不一定只對某某時間做描繪。形式上是「有首無尾」，隔段類疊式的修辭（註三八），例如徐望雲〈槍聲響起〉：各段分別以「第一聲響起」、「第二聲遲疑地出發了」、「第三聲忍不住停在槍膛」。這種相似於「首尾吟」，段落句首有標題性的藝術形態，首尾詩句特別是鑑賞的重點。

一三五首「首尾吟」，共同的主題是：「堯夫隨時愛吟詩」，而其中的子題：獨酌時、至樂時、自足時、自詫時、贊易時等等，雖是五花八門，但畢竟所指向的時間與律動，已被嵌入古典的時光燧道裡了；比起現代詩的時間詩篇，邵詩內容、項目非常有限，如果只是將隔段類疊的現代詩各段首尾所成呈現的發展情形，條列出來，倒是一項很重要的鑑賞切片。例如蘇紹連〈地震圖〉（《八十三年度詩選》）：

首	尾
1這裡是地球嗎？我們在直昇機上搜尋……	想把消息透過人造衛星向其他星系傳遞
2這裡是大陸嗎？我們在直昇機上疑慮時……	中共的軍隊封鎖了這一切的消息
3這裡是臺灣嗎？在直昇機上驚惶的我們……	臺灣本土是不是已經分裂了
4這裡是故鄉嗎？在直昇機上流淚的我……	上去（直昇機上）　也許能更接近天堂

這首關懷土地、哀憐地球災難卻求助的詩，我們以欣賞「首尾吟」的結構切入，不難將詩人所顧及的點、線、面，背後的言外之意、弦外之音一併建構起來。賞析不能像分解零件一樣，枉顧其精神、氣象，在審視詩作時有如全面地認識一個人一樣；先「聽其言、觀其行，或觀其眸子」、「品頭論足」，先建構起首尾，萬本便不離其宗，就多元、多樣的現代詩而言，這種鑑賞法或者就是所謂「傳統之石」可以攻錯吧！

四、結論

宋代詩話盛行於南宋，對於北宋詩觀雖未盡公允，但仍有可取之處，以此審視中國兩大「另類」詩——宋詩與現代詩，頗具意義。特別是嚴羽《滄浪詩話》條列的五項詩法——「體制」（題材）、「氣象」（儀容形貌）、「格力」（風格）、「音節」（聲響）、「興趣」（精神、境界），對詩作審美、鑑賞，助益良多。拙文先舉隅宋詩、現代詩，回溯宋人的詩心，對《滄浪詩話》之詩法重新了解；也讓《滄浪詩話》對宋詩、現代詩有所青睞。宋詩、現代詩這兩代詩都能取得獨立自主、為藝術而藝術的權利（註三九）。兩代詩人無法因作詩而仕宦顯達，便應上了「詩窮而後工」的情形（註四〇）。無論宋代或現代，詩對美的信仰沒有變，由邵雍的詩學、詩作與現代詩鑑賞做對話，是件相得益彰的事。將從來便熟悉的理念系統、創作架構用來解構、解讀新新的現代詩，較能充分鑑賞，因為現代詩畢竟並非百分之百「橫的移植」。更且邵雍有相當強的儒釋道哲學基礎，聲韻、易學系統也多所擅長，因此鑑賞現代詩依邵詩學系統分成：「天人合一」，以物觀物類；「內聖外王」，妙悟而關懷大我類；「陰陽變亂」類，以及「窮理盡性」等四類切入。與《滄浪詩話》之詩法理論互相輝映，尤其是「陰陽變亂」類的詩作，除了檢視「矛盾聯結」詩句中的詩趣，更可以透過同一主題，卻用相近或相反的素材做比對鑑賞，而宋代流行「奪胎換骨」的詩法，古今詩作之比對，必然趣味橫生。而「窮理盡性」更是揭櫫邵學之「元會運世」、「象、數、圖」、「聲音唱和圖」等理論，落實在說明詩作建構與解構上的關係。既然「詩」本來就不一定要寫得像唐詩一樣，才是好詩，如此的檢視，是一種突破，確實掀開現代詩難懂的神祕面紗，雖不能言筌，卻易於心領神會，讀詩的人可以與詩境中的聲情畫意，在某一個鑑賞的層級處，款款相遇。

【附註】

註一　一九九二年諾貝爾文學獎得主德瑞克．華柯特（Derek Walcott）一九三〇生於聖路西亞（St.Lucia）千里達詩人兼劇作家，他的主要風格是將千里達的本土文化柔合在西方英語文學的傳統中，因他能將本土文化的典故，同時運用於他的詩句中，且非常自然，在西印度群島的作家均用這種夾雜本土語文特有的英語寫作，頗具非洲英語的特色。以上參考楊耐冬〈從西印度群島文學談華柯特〉，出自《大同雜誌》八十一年十二月號頁九五至九九。

註二　參見《現代西方文論選》伍蠡甫、林驤華編輯，書林再版，論及「唯美主義」（Aestheticism）「象徵主義」（Symbolism）「神祕主義」（Mysticism）「意識流」（Stream of Consciousness）「精神分析學派」（Psychoanalysis）「超現實主義」（Surrealism）「存在主義」（Existentialism）「意象派」（Imagism）「荒謬劇場」（Theater of Absurd）等等。

註三　《文訊》第三期「當代文學討論會之三」頁八六，七十六年六月出版，龔鵬程〈傳統與現代意識糾結之危機〉。

註四　李元洛《中國詩歌傳統縱橫談》：「文學的發展除了作爲文學作品反映的內容——社會生活及其發展這

一外部原因外，還有內在本身條件，這就是文學自身的繼承革新和發展。換言之，繼承民族傳統，是詩歌發展的內在規律」。

註五　徐望雲《帶詩翹課去》三民書局八十年出版。

註六　參見《中國詩話史》蔡鎭楚／湖南文藝一九八八年出版／頁五七至一〇八。

宋詩話起於歐陽修《六一詩話》論點，大致：一、是主張自然爲文，二、是注重詩人的生活經歷社會關照，三、是題材多樣化，四、是注重詩歌鑑賞（註七）。其次是梅聖俞，則主張：一、意新語工，二、狀難寫之景如在目前、含不盡之意見於言外《中山詩話》，三、詩以意爲主，文詞次之；四、量力致功、事如己出。之後蘇軾、黃庭堅等都有詩話著作。山谷主張「非有爲不發於筆端」，卻又反對諷彈時政。而嚴羽也指出「東坡、山谷『始自己意以爲詩』」、「以文字、才學議論爲詩」（《滄浪詩話．詩辨》），故盛極一時的江西詩派便以其詩風蔚爲潮流。

註七　同右，《中國詩話史》。

註八　同註六，並舉隅說明：

宋詩話舉隅／著者／理論摘要

1.後山詩話／陳師道／點鐵成金，奪胎換骨，無一字無來處。守拙毋巧、守樸毋華、守粗毋弱、守僻毋俗。

2.潛溪詩眼／范　溫／著重「詩眼」。

3.李希聲詩話／李　錞／以風調高古爲主，講求人品和學識，反對雕琢使事。

4.潘子眞詩話／潘　淳／重句律、探來歷，講求語意清新，氣韻深穩。

5.王直方詩話／王直方／詩尊杜甫，詩作平淡，不流於淺俗，奇古不鄰於怪僻，詩題不窘於物象，敘事不病於聲律。比興深者道物理，用事工者如己出。

6.彥周詩話／許　凱／說明詩話的性質。

7.竹破詩話／周紫芝／作詩正要寫所見，用字需蘊藉，不露風骨。

8.珊瑚鉤詩話／張表臣／尊杜甫詩，又自炫文采，論古今詩體變化。

9.藏海詩話／吳　可／以杜詩爲體，蘇黃爲用，學詩渾似學參禪。

10.唐子西文錄／唐　庚／詩學杜甫，混然天成爲妙。

11.艇齋詩話／曾季貍／詩貴悟入，江西派詩論。

12.韻語陽秋／葛立方／人情對境自有悲喜，審美客體隨主體而變化，講求詩思即創作靈感。

註　九　入神：指古人有古之妙處，我亦有我之妙處，同工異曲異地皆然，如風行水上，自成其紋，眞能詩者，不假雕琢，俯拾即是：取之於心，注之於手，滔滔汩汩，落筆縱橫，從此尋達性靈，歌詠情志，涵暢乎理致斧藻於群言，又何滯礙之有乎？此之謂入神奇（卷八）。

註一〇　本節將條列宋代詩話中「可用的」審美理論，舉宋詩與現代詩爲例，一方面說明宋詩話美學觀的「可用性」，同時例證宋詩與現代詩在藝術上的較公允的評價。

註一一　陶明濬《詩說雜記》卷七：「……此蓋以詩章與人身體相爲比擬，一有所缺，則倚魁不全。體制，如人之體幹，必須佼壯；格力如人之筋骨，必須勁健；氣象如人之儀容，必須莊重；興趣如人之精神，必須活潑；音節如人之言語，必須清朗。五者既備，然後可以爲人；亦惟備五者之長，而後可以爲詩，近取諸身，而詩道成焉」（《文藝論叢》初篇卷二）。

註一二　「詩有詞理意興，南朝人尙詞而病於理；本朝人尙理而病於興；唐人尙意興而理在其中；漢魏之詩，詞理意興，無跡可求。」（《滄浪詩話．詩評》）。

註一三　參見同註七《中國詩話史》頁一一六。

註一四　見涑水公庵雨作〈拜張魏公墓下〉。

註一五　參見《七十五年年度詩選》謝馨〈電梯〉，現代人生活的主要空間之一。羅任玲〈寶寶，這不是你的錯〉，爲新生兒悲嘆，活在問題叢生的世界。

註一六　本章鳥瞰《年度詩選》七十一年至八十四年，爾雅出版，以及《中國現代詩選》上下，楊牧、鄭樹森編，洪範七十八年出版。

註一七　八十五年文化大學中文系文學組主辦「文藝詩展」所出版的《文藝詩展集》頁九一至九五。又，夜中三潘宗裕將歐陽修〈戲答元珍〉與鄭愁予〈錯誤〉作比較：「春風疑不到天涯，二月山城未見花。殘雪壓枝猶有橘，凍雷驚筍欲抽芽。夜聞歸雁生鄉思，病入新年感物華。曾是洛陽花下客，野芳雖晚不須嗟。」其中的1◎春風疑不到天涯，二月山城未見花／●東風不來，三月的柳絮不飛、2◎曾是洛陽花下客，野芳雖晚不須嗟／●我打江南走過、3◎夜聞歸雁生鄉思／●我不是歸人，是個過客，以上三組的確輝映得非常巧妙。

註一八　《樂府詩集》卷二十六〈箜篌引〉：「公無渡河，公無渡河，墜河而死，將奈公何」而余光中的「公無渡河」：「公無渡河，一道鐵絲網在伸手；公無渡河，一架望遠鏡在凝眸；墜河而死，一排子彈嘯過去，將奈公何？一叢蘆葦在搖頭……」（節錄）。

註一九　七十四年六月二十九「草根詩社」舉辦「詩的聲音」起，強化詩與傳播，多媒體之間的關係。「詩的聲光」八十五年耕莘文教基金會主辦演出，即將「握手」因「觸電」的關係而「握手」便以有聲拍掌詮釋。

註二〇　陳黎〈罰站——給中國少年〉「……微風不曾強迫鞦韆翻書／……少年中國／你爲什麼罰站在習慣的教室裏」。洛夫的〈石室之死〉：「而我卻是那被鋸斷的苦梨／在年輪上你可聽清楚風聲，蟬聲」。徐訏〈夜醒〉：「青春／逝去的青春裡／我應悔未曾痛醉」。卞之琳〈斷章〉：「明月裝飾了你的窗子／你裝飾了別人的夢」。席慕蓉〈一朵開花的樹〉：「朋友，那不是落葉／是我凋零的心」。李金髮〈棄婦〉：「衰老的裙裾發出哀吟／徜徉在邱墓之側」。非馬〈蛇〉：「出了伊甸園，再直的路也變得曲折蜿蜒」。羅門〈傘〉：而只有天空是傘／雨在散裏落／傘外無雨」。陳黎〈蔥〉：「我忽然想起我的青春／我的母親在家門口等我買蔥」。

註二一　拙著《邵雍研究》文化大學八十四年博士論文，頁五九至七一，又程顥：「堯夫先生講的盡是內聖外王之道。」（《程明道集》卷四）又朱子：「康節爲人，須極會處置事，爲他神閒氣定，不動聲色……養得純厚……看得天下事理精明。」（《朱子語錄》，朱文公集卷八二）。

註二二　雍引《易》說：「理盡性以至於命…物之理，天之性，天地之道盡於物……盡於人。天之能盡物謂之昊天；人之能盡民，謂之聖人」。

註二三　參見黃永武著《中國詩學・設計篇》遠流出版，頁二七六起。

註二四　見鄭樹森編《現代中國詩選・導言》，頁一一，洪範出版。

註二五　《擊壤集》卷十七〈觀棋〉絕句：「來去交爭意，難忘黑白心，一條無敵路，撤了沒人尋。來去交爭意，難忘黑白情，一條平穩路，痛惜沒人行。」

註二六　參見陳郁夫《邵康節學記》六十八年天華出版社。

註二七　托爾斯泰著《藝術論》金楓出版，耿濟之譯，頁七一。

註二八　邵雍〈採花詩〉：「頭上花枝照酒卮，酒卮中有好花枝。身經兩世太平日，眼見四朝全盛時……。」

註二九　原出自《論語・八佾》。

註三〇　參見蕭蕭《現代詩創作演練》，白靈《一首詩的誕生》，九歌出版，頁八四至一九〇。

註三一　參見翁文嫻〈評論可能去到的深度〉，頁四五，引莊皮豆・李察（Jean-Pierre Richard）一九五五年出版《詩與深度》一書中語。

註三二　參見及翁文嫻〈「興」之涵義在現代詩創作上的思考〉，《現代詩學季刊》第七期，頁一一三，引許夏宇的〈與動物密談〉。

註三三　同註三〇《一首詩的誕生》，頁一九四「林家花園」，詞語結構圖。

註三四　參考施逢雨〈古典詩詞中一些特殊的景語與情語〉有詳盡討論，論文出自第一屆中國古典文學研討會，清大主辦，八十六年四月二十日。

註三五　引《七十二年度詩選》，爾雅七十三年出版，蕭蕭序文。

註三六　同註二一《邵雍研究》頁二〇四至二〇五。

註三七　對仗理論、類別，參見《詩詞曲格律》，上海老幹部大學主編，甘肅人民一九八七年出版，頁一二四至一三四。

註三八　宋澤萊〈若是到恆春〉，分別在「落雨、天晴、黃昏、不必撿時陣」等；方群〈有人說我……是分別是「K黨、M黨、S黨、X黨」，林燿德〈人人都向我索討食譜〉也是這樣，（《八十四年度詩選》）頁一八七至一九〇。

註三九　參見簡錦松〈從一個新觀點試論北宋詩〉，收錄於《宋代文學與思想》，學生書局，七十八年出版。文中提到：宋詩不再有進試之功，無實質利益可圖，詩呈現一種輕鬆的情調（頁三九，詩人定位詩爲閒餘的表現，直接追求與生活相關的事物。至於「議論多」，不過是（宋）詩人在寫生活中常有的議論之趣，而非爲議論而作詩（頁四二）。

註四〇　語出柳宗元《石門無文字禪》卷二七，頁十七下，〈跋高台仁禪師所畜子宣詩〉所引述。東坡〈答錢濟明三首〉亦提及此（《東坡全集》卷八十五，頁二〇下）

詩性的覺醒

——中國文化中審美意識的迷失與復甦

南華管理學院
副教授　蔡瑞霖

一、兩種態度的美學精神之提出

本文主旨在探討兩種美學路數，即「理性態度的美學」（Aesthetics in rational attitude）與「詩性態度的美學」（Aesthetics in poetic attitude）。這兩種路數既是傳統的問題，也是當代的問題。在東西方哲學的交流會通中，這兩種美學態度各有其相應的對比內容。

在西方，鮑姆嘉登及康德爲一理性態度的美學路數，其主要內容爲「感性認識」。胡塞爾及茵迦登的美感經驗的現象學，是其當代翻版。其次，維柯及海德格則爲詩性態度的美學路數，主要內容爲「形象思惟」。詩性態度的美學傳統由叔本華與尼采，繼承維柯精神，下逮於海德格。詩性美學與理性美學，兩者互有關連而彼此各具特色。至於，主張美感即直覺的克羅齊雖以發揚維柯美學爲職，居於兩種路數之間，而實屬於感性認識的態度。

在中國文化的審美意識中，感性認識伴隨其相應的知性認識，以建體立極的理性精神爲主導，自始即表現爲「鄭聲」（紫）與「雅樂」（朱）之分辯。此以孟子學傳統爲代表，而荀子以「禮樂之統」屬之，下逮於宋明理學皆是。其此，形象思惟及其根源之詩性智慧則表現爲天籟及莊子生命中的逍遙無待（無分於紫與朱）之精神。形象思維的美學態度在魏晉玄學中迻衍爲人物品評、畫論與言談等藝術生命的多種表現。依此，中國文化傳統中的審美意識是兩種態度相融並行，甚至是兩個路數相互發揚的。

但是，這樣並軌發展的美學傳統，卻有審美意識上的迷失。此中關鍵即「以質救文」及其「以理宰氣」的美感銓釋之問題。簡言之，審美意識的迷失是（理性態度）與（詩性態度）衝突的結果，其復甦關鍵在於「雅樂之樂」與「無聲之聲」的眞正融和，惟本文將不論及此融合之具體內容。毫無疑問，這兩種態度或路數的傳統美學問題，也重現在東西方當代美學的發展軌跡中。本文以此爲簡別關鍵，探討兩種美學態度之異同關連，藉以爬梳義理，允爲「詩性的覺醒」與審美意識之重新發皇。

二、感性認識與理性態度的美學

毫無疑問，美學研究的理性態度及路數，可以舉康德（Immanuel Kant,1724-1804）爲代表。其《判斷力批判》是批判哲學體系的最後階段工作。美學之成立是基於理性態度，以溝通知性認識與道德實踐的必要（中介）。康德的美學是歸屬於道德實踐之價值判斷以定出理性自身規範的美學，亦即理性規範的感性認識。依此，《判斷力批判》實肩負著整個批判哲學之目的論的任務，它自身又必須以〔無目的的合目的性〕來做中介溝通（註一）。這就使「第一批判」所做的理性認識，亦即〔範疇做爲知性概念〕以及〔直覺之給出雜多〕，這兩者的綜合統一不會停留在純粹的理性設準上，而必然過渡到實踐理性（第二批判）的自由意志及其意念之道德律令的自我給出與遵守的態度上。套中國哲學的話說，美學的成立乃是爲了建立起〔道問學〕（理性設準下的知性認識）與〔尊德性〕（自由意志及其意念之給出道德律令）的關連。簡言之，感性認識是知性認識的理性伙伴，它們共同爲理性規範之道德實踐而服務。

康德這樣的批判哲學確實成就了理性態度的美學。然而，美學之理性態度，這條路數之首先成立，卻是鮑姆嘉登（Baumgarten,1700- 1766），他將〔Aesthetics〕規定爲研究「感性認識」的學問。藉由感官能力所能獲得之完整的認識活動，正是美感認識之研究，就稱爲「美學」（die aesthetischen Wissenschaft, 感性學）（註二）。鮑姆嘉登所下的這個定義，代表西方近代美學成立的基本精神——理性之自我規範的精神。感性所能獲得之最完整的認識，即爲美感認識，是理性限度下的感性之最高成就。「感性認識」以及它的孿生兄弟「知性認識」，都是理性的產物。理性態度的美學路數是正面彰顯價值判斷之如何可能的路數——依理性的自我規範而做的價值判斷，促使美學以及審美活動亦必須同道德實踐一樣建立其自身之價值。故美感判斷（審美判斷）即隱含了相對的理性原則的知性認識之配合。鮑姆嘉登是以高級的理性認識（邏輯學）與相對爲低級的感性認識（感性學）來規定美學的。在此，美學既是一種「與理性類似的思惟之藝術」（註三），當然不是詩性智慧之形象思惟。感性之〔

類似理性」是因爲它不直接是理性，卻又服從於理性態度的意思。簡言之，鮑姆嘉登所說的美學是理性態度之美學，而康德則進一步規定爲理性之道德實踐的美學。

徵諸儒家，所謂理性態度之（道德的）美學路數，乃是「入太廟，每事問」（理性規範的知性認識），從而聞昭樂「盡美矣，又盡善也」（理性規範的感性認識）的態度，亦即以理性來規範知性與感性而爲道德實踐的過程。簡言之，「禮」即理性規範的表現。因此，「達於禮而不達於樂，謂之素；達於樂而不達於禮，謂之偏」（仲尼燕居），此即禮樂相須爲用。總而言之，以和與樂爲內容的美學精神，皆與禮相關。

理性態度的美學精神所成就的藝術人格，其實是道德實踐之藝術境界的人格。此美學路數以孟學傳統爲主流，荀學則附麗焉。孟荀在人性論上雖然多有杆格，內外各鑠，善惡相傾，但是在美感經驗及其審美意識的（理性化）要求上，卻是相互一致的。孟子云「可欲之謂善，有諸己之謂信，充實之謂美，充實而有光輝之謂大，大而化之之謂聖，聖而不可知其謂神」（盡心篇下）。這是前後連貫的道德實踐歷程，最終是道德人格的完成，而美感與藝術精神則自然包含在其中矣。「仁之實，事親是也；義之實，從兄是也；智之實，知斯二者弗去是也；禮之實，節文斯二者是也；樂之實，樂斯二者」（離婁篇上）。事親與從兄皆道德行爲，孟子以其形式規範（節文）爲「禮」，從而樂（音洛）此節文即爲「樂」。《孝經》云「移風易俗，莫善於樂；安上治民，莫善於禮」，正是此義。

孟子之理性態度的美學精神，將審美意識收攝在道德人格中，這在荀子論「禮樂之統」裡，也同樣如此。「凡禮義者，是生於聖人之僞，非故生於人之性也」（性惡），既使是外在的教化、後天的對治，都以成就道德人格爲目的。「且樂也者，和之不可變者也；禮也者，理之不可易者也。樂合同，禮別異。禮樂之統，管乎人心矣。窮本極變，樂之情也；著誠去僞，禮之經也」（荀子《樂論》），最終亦是禮樂相須而並舉。依此，道德即涵有藝術，善即融攝了美。荀子於《樂論》中提到：

夫樂者，樂也，人情之所必不免也。故人不能無樂。樂則必發於聲音，形於動靜，而人之道，聲音動靜性術之變盡是矣。故人不能不樂。樂則不能無形，形而不爲道，則不能無亂。先王惡其亂也，故制雅頌之聲以道之，使其聲足以樂而不流，使其文足以辨而不言思，使其曲直繁省、廉肉節奏足以感動人之善心，使夫邪汙之氣無由得接焉，是先王立樂之方也。而墨子非之，奈何！

這就爲孔子的「雅樂／鄭聲」之分辨，給了最好的說明——審美意識其實是道德意識，所以「正樂」就是以禮樂匡正教化。荀子在此也說明了「感性認識」的意義，即人情必具有的「樂」之必然（發於聲音，形於動靜），（曲直繁省、廉肉節奏）（廉，文理也）皆是感性認識的內容。但是，這些感性認識的內容都歸攝於先王之制雅頌之道中。理性態度的感性認識所成就的美學精神，始終是道德實踐的精神，於茲可見一斑（註四）。

審美意識既是道德意識，則當道德意識落入「以理宰氣」的困境時，審美意識的「以理宰氣」之困境亦不可免。依「理氣之分」來說，氣是氣質之性，理即以義理之性來規範之，於焉發生。朱子主張「存天理，去人欲」，因爲「天地之間，有理有氣。理也者，形而上之道也，生物之本也。氣也者，形而下之器也，生物之具也」（《文集》，答黃道夫書）。「理」是道德意識所感發的形上實體，「氣」是此形上實體之發用。故道德實踐過程中的「理氣」關係，亦即「體用」之關係。依此，美感經驗及其審美意識，乃至於藝術人格之表現，皆收攝在體（理）用（氣）關連中，由理性的道德行為予以融合發揚而已。道德意識中，理高懸於上，而氣委之於下；審美意識既從屬於道德意識，則其「以理宰氣」之尊卑高下，亦同樣如此。

三、形象思惟與詩性態度的美學

形象思惟是主客泯合的詩性思惟，朱光潛在談及維柯《新科學》的精神時，強調「形象思惟」在歷史的發展次第中早於「抽象思惟」，並且後者還必須以前者為基礎。此亦即先前所論的：詩性態度的美學精神早於理性態度的美學精神，而且理性必須建立在詩性的基礎上。朱光潛提到：

他〔維柯〕說：「人最初只有感受而無知覺，接著用一種受驚恐不安的心靈去知覺，最後才用清晰的理智去思索」。所以原始民族作為人類的兒童，還不會抽象的思惟；他們認識世界只憑感覺的形象思惟，他們的全部文化（包括宗教、神話、語文和法政制度）都來自形象思惟，都有想像虛構的性質，也就是說，都是詩性的，即創造性的。（註五）

詩性思惟是創造性的形象思惟，是環顧著自然天地而忐忑不安的詩性心靈，其最終歸宿乃是重新融入自然。這種直接面對自然的〔純粹感覺〕之所以成其為詩性思惟，乃因為它不是伴隨以知性認識之「

感性認識」，也就不遵守理性的法則。詩性的形象思惟以〔存有論情境〕爲自身給出的根源，其相應的認識意義只是觀照自身，所以也就沒有一理性規範的孿生兄弟（知性認識）相伴隨。在它看來，不論知性或感性的認識，凡一切認識都是對立造作，都是虛假姿態。依此，只是思惟就是詩性思惟，亦即不以認識或規範態度來面對人自身所創造的具體形象之感覺——觀照（註六）。透過形象思惟而觀照於自然必然是詩性的，因爲那樣的自然亦是觀照者自身所創造的。觀照者的這個境況，在莊子所云「不材之才」（齊物論）的自任自適中，可以尋得蹤跡。然則，形象思惟的眞實內容爲何？詩性態度的美學精神有何特徵？又如何不同於理性態度的美學精神？詩性態度的美學精神並沒有〔建體立極〕的觀點。所以，它沒有道德實踐的價值判斷，它若有所價值上的取捨乃是此價值之自身解消，亦即只默許於自由以及解放爲唯一的價值。由於解消解放之故，它只能歸返於智（詩性智慧），此即「詩性的復歸」。復歸而後得其自然及自由，冥然觀照一切。維柯以「部落自然法」爲詩性智慧的具體範例，在「發現眞正的荷馬」的篇章中，他提到：

古代各種神話寓言都是圍繞著諸天神而流傳下來的，它們都是原始人類的詩性智慧的結晶，實際上就是原始社會的『詩性歷史』。研究社會發展就要從這種詩性歷史開始。（註七）

詩性歷史是詩性態度之歷史法庭的唯一法官，他的職責就是對於詩性智慧的永恆復歸。此復歸即歸返於形象思惟的起源精神上，而將理性態度的美學精神調合起來。維柯的詩性智慧（形象思惟）有三個共同的起源，徵諸中國文化同樣如此。朱光潛評介云：

憑原始人類以己度物的習性(詩性智慧)就幻想……。這種信仰天神意旨的宗教就是人類社會的第一個起源。在原始時代並沒有婚姻制,……逐漸有了一夫一妻制、婚姻典禮和家庭制。這就是人類社會的第二個起源。……興起了收屍埋葬的典禮,而且有了靈魂不朽的觀念。這就是人類社會的第三個起源。這三大起源(相當於我國《周禮》中的祭禮、婚禮和喪禮)是後來一切文物和典章制度的種子,從此產生了政權、財權、法律、政治乃至語言文字、藝術和哲學科學等等。(註八)

依此,康德批判哲學中的三個理性設準,正是從維柯的這三個起源而給以(理性化)的規範之結果。亦即「上帝的存在、自由意志、靈魂不朽」這三個抽象思惟,即來自於「信仰天神、婚姻家庭、收屍埋葬」這三個有關人類起源的形象思惟上。在此,詩性智慧也只是遵守於「部落自然法」的形象思惟,而非理性規範下的抽象思惟,亦即只在純粹審美意識,而不隸屬於道德意識中。康德代表了理性態度的美學精神,而維柯早已指出了詩性態度的美學精神之具體內容。東西文化傳統容有不同,而美學精神的兩種態度之開展,卻有對比的眞實意義。依此,孟荀傳統所開啓的理性態度的美學思想,豈不正與莊子之詩性態度的美學思想,相互對比嗎?

先秦諸子中能將「詩性歷史」開展爲美學精神的,大蓋只有莊子。可以說,《詩經》是詩性歷史的直接見證,而《莊子》則是中國文化之審美意識之詩性歷史的眞正開端。莊子既返之於老子的形上境界,又點出無我精神的藝術主體,而將個己化之於天地自然當中。關於詩性態度的莊子美學精神,容後再述（註九）。

四、「鄭聲」與「雅樂」之分辨

上述這兩種態度的美學觀，在先秦階段皆已有之。孔子生命中的和樂精神代表了這兩者的融合境界。質言之，孔子人格即具有兩種美學路數的原始精神。然而，從歷史的角度看，審美意識之「詩性態度」總是先於「理性態度」而出現。詩性智慧的形象思惟，既然先於理性規範的感性認識而出現，所以審美意識的根源首先就在形象思惟的內容中，而不在理性規範中。詩性智慧所揭露的美學精神，是歷史美學的精神，也是歸返於智之自然美學的精神。理性規範之感性認識的作用，往往是〈後起的〉、〈追加的〉，以及用來〈匡正〉與〈規範〉的，它往往不能融入於自然及歷史的美學境界中。此中以音樂爲例，可以見出此訊息。依於理性規範之感性認識的考量，理性態度的美學精神必須在詩性態度上進一步提出「雅樂與鄭聲」之分辨。

「鄭聲」就是俗樂。聲之不合於律，即不得稱爲樂，故以「鄭聲」貶之。鄭衛所處爲三河之地，交通商貨集中方便，故鄭聲是各國俗樂之通稱，即各諸侯國新興音樂（註一〇），而非十五國風之詩。孔子何以要分辨樂之「雅俗」？蓋感性認識必須導之於理性規範，從而成就爲「禮」（自我規範之理性行爲）的要求。依此，既「惡紫之奪朱也，惡鄭聲之亂雅樂也，惡利口之覆邦家者」（《論語》陽貨篇），故有「今樂」（鄭聲）與「古樂」（雅樂）之分辨。鄭聲因何不好？非國風之詩，淫聲而已，亦即不雅也。這是道德的價值判斷，從屬於政治教化的一環。如此，則淫聲、鄭聲、過聲等，皆指縱欲過度而不節制者之音樂（也只是不合於律之聲音），即「罔淫於樂」（《尚書》大禹謨）之所指。律有格度準則的意思，亦即禮之格度準則。簡言之，不合於禮制之俗音鄙樂，若從理性態度的美學精神看來，「…皆淫於色而害於德，是以祭祀弗用」（《禮記》樂記），不登大雅，乃至應逐出廟堂。

為甚麼「雅俗之辨」如此尖銳深刻，以致於成為兩種美學態度的區分之關鍵？其實是因為周文化的沒落衰蔽，禮壞樂崩的憂患處境之故。「周室俱壞，樂尤微眇，以音律為節，又為鄭聲所亂，故無遺法」（《漢書》藝文志），既是周室禮樂自身崩壞於前，也是各諸侯國新興音樂（新制禮樂）相較競作於後，整個周天下失去了統一的格度準則可依靠。於是，「周室既衰，雅樂漸廢，淫聲迭起」（馬端臨文獻通考經籍考），一種理性態度的音樂美學之批判要求，乃平地拔起。這就是孔子所欲導之正的「正樂」思想——「匡亂世，反之於正」（《史記》太史公自序）。孔子提到：「吾自衛返魯，然後樂正，雅頌各得其所」（《論語》子罕篇），即在舒暢此意。

雅頌各得其所，是各歸於其分位而得其正樂。按「雅樂」為君子宴飲時所奏，「頌樂」為君子祭祀時所奏（註二二），兩者有別。依此，雅樂即指宴樂，非郊祭廟堂所奏之頌樂。將郊祭廟堂所奏逕視為雅樂而別於宴樂，乃後世之變衍。其實，雅宴是同一回事，皆以鄭聲俗音之不為以自況。無論如何，廣義的雅樂（含頌樂）是對反於俗樂（鄭聲俗音）而說的，目的即以雅抑俗，使導之於正。孔子之所謂「正樂」乃是將《詩》中可施為禮者，依音律格度而再弦歌之，以約之於禮而已。在理性態度的美學精神中，正樂即施之於教化之雅樂，此所以「成均」之謂。成均，依律以成的意思，指以音樂之格律爲正樂而制之，引申爲大學之制。

由於「惡鄭聲，恐其亂樂也」（《孟子》盡心篇），所以孔子主張「放鄭聲，遠佞人」。何以故？因爲「鄭聲淫，佞人殆」（《孟子》衛靈公篇）。這樣的道德價值之判斷是理性之自我規範的結果，何以識得鄭聲、佞人？緣於知性認識之不容於己的理性設準，而能放逐鄭聲、遠離佞人。所以，音樂的感性認識之離不開其孿生的"道德的"知性認識，乃是爲了成就理性態度下自我規範的「禮」！雖然，孟子將孔子的「正樂」思想轉化爲「王道」思想，從而「雅俗之辨」（雅樂與鄭聲之分辨）也隨之轉而爲「王霸之辨」（王道與伯術之分辨），故對梁惠王說出：若王能〔與民爲樂〕，則「今之樂猶古之樂」（孟子梁惠王）的話，從而雅俗之辨可泯矣，但此「王霸之辨」卻依然以道德意識收攝審美意識，其理性規範之強烈意圖相較於「雅俗之辨」則有過之而無不及。

就美學精神而言，〔放鄭聲〕是很嚴肅的道德判斷。若說表現爲審美意識的「樂」必須依於「禮」而建立，依於禮而得其正（正樂），則禮之爲「禮」的綱領性表達其實是可以離開「樂」而成立的。無論如何，禮樂之審美意識的表現乃是譴訊於〔理性法庭〕而非〔歷史法庭〕，亦即不譴訊於〔詩性法庭〕也。詩性法庭總在理性態度之前即已存在，而且永恆存在——人類的文明起源以及其永恆復歸的詩性歷史。因此，詩性智慧永遠是〔當前的〕歷史法則，而理性態度不過是它規規矩矩的願望、憧憬與想像的一時遊戲耳。

禮樂之確立，規矩之彝定，這樣的理性態度並未違背此詩性的歷史法則，但卻是整個族群之歷史洪流的泡沒浪花而已。蓋詩性的歷史法庭，是以「勢」爲歷史之道而譎訊其審美意識的法庭，故周室衰微亦是自然之勢而已，實乃氣之運勢如此。詩性智慧及其歷史法則之內在的關連，隨著諷刺詩的出現而顯現。就「興於詩，立於禮，成於樂」（《論語》泰伯篇）而言，詩才是禮樂的源頭，並且在歷史法庭中「詩」供出了她的永遠無罪的證明——詩性智慧。質言之，詩性法庭以「思無邪」爲判準也。依此，孔子「正樂」思想之批判精神，永遠援用不到曾點之志的「詠而歸」意境上。

何以詩性法庭以「思爲邪」爲判準？在詩性態度下，孔子慨然地說「詩三百篇，一言以蔽之，曰：思無邪」（《論語》爲政篇），則以「思無邪」之故，十五國風亦不下於雅頌之正。「風」是詩性歷史的產物，則「鄭聲」豈不也同樣是詩性歷史的產物？「風」沒有格度準則，孔子願將其歌詠之，以合於音律。在理性法庭中鄭聲亦不合於律，卻外於國風之傳，而任其亂之名？「雅俗之辨」固不在詩性的歷史法庭，可想而知。

何謂思無邪？《詩》魯頌「駉」云「思無疆、思無期、思無　、思無邪」，指「思」之無所限定的狀態，即想像力也。孔子即以「思之無邪」爲綱領，規定爲（發乎情，止乎禮義）的「思」。思必發乎情，合於詩性態度，所以說「詩者，民之性情也」（《文中子》）。思又止乎禮義，則超出詩性態度而擬列於理性法庭矣。此所以孔子又期望於「詩」之「興、觀、群、怨」功能及其進一步的理性規範。《論語》中提到「子曰：小子何莫學夫詩？詩可以興，可以觀，可以群，可以怨。邇之事父，遠之事君，多識於鳥獸草木之名」（《論語》陽貨篇）。「興觀群怨」原是詩性的而衍爲理性所管轄的感性認識，「事父事君」是理性之自我規範，「多識於名」則爲理性所管轄的知性認識。然則，失卻詩性智慧之無所限定的想像力之後，可以有「思無邪」（形象思惟）的詩性創作嗎？

在詩性的歷史法庭中，孔子是以「文質相救」的陳述來拔舉理性之自我規範的。孔子將理想的道德人格之形成描述爲「質勝文則野，文勝質則史，文質彬彬，然后君子」（《論語》庸也篇）。質是氣性領域的質樸生命，文是節以爲文的禮儀規範。過於質或文，皆有所失。「正樂」就是要造就出文質彬彬的君子。時人有疑問：「君子質而已，何以文爲？」這即透露些許詩性面貌。可是，子貢的回答是一旦「文猶質也，質猶文也，虎豹之鞟猶犬羊之鞟也」（《論語》），亦即去掉了皮毛之節文禮儀，則虎豹（君子）與犬羊（小人）即全然爲質樸生命而沒有可區別的了。這是理性態度的美學觀，至於詩性態度則不然。莊子以「純素之道，唯神是守」（繕性篇）來描繪之，「故素也者，謂其無所與雜也；純也者，謂其不虧其神也。能體純素，謂之眞人」（《莊子》繕性篇）。郭象之注則云「若不能保其自然之質而雜乎外飾，則雖犬羊之鞟，庸得謂之純素哉！」從這種詩性態度之「純素」精神來看，去掉了皮毛亦未見得就等同爲全然質樸的生命——理性法庭的禮樂陳述，襲用於詩性的歷史法庭中未必有效。

爲甚麼必定要區分出理想的人格？緣於孔子之「郁郁乎文哉，吾從周」（《論語》八佾篇）以及「文王既沒，文不在茲乎？」（《論語》子罕篇）的周代禮樂制度的嚮往。君子之所以成其爲君子是藉由「文」來決定的，「質」則是赤裸裸的質樸生命，無從分別，也無所分別。依此，文質之分和雅俗之辨是一樣的理性態度，其所開展的美學精神也就同樣是理性的精神。雅俗之辨的歷史事實既是周文疲蔽，正樂思想也就是以質救文的思想。可嘆的是，在理性態度中這個「以質救文」的使命，最終反而落入「以理宰氣」的困境中，雖然「文質相救」在詩性歷史法庭中獲得極大自由之釋放。

五、天籟與逍遙無待的藝術生命

在詩性態度中，眞實人格是至人、神人、眞人，其生命底子是質而不在於文不文，是俗而非雅不雅，是自然而不是禮樂之施與不施。詩性人格即純然美感與藝術精神的人格，無所謂「自然與名教之爭」、「廟堂或山林之志」的困境。何以如此？此審美意識之純粹而無雜之故也。前已提及，詩性態度的美學精神是形象思惟，是詩性地創造，從而也就是觀照而已。觀照的美學精神是中國文化中審美意識的主流，在藝術生命的對比歷程裡乃是主客俱泯的境地，不僅是無目的性，而且更是純粹無雜的藝術體驗。莊子〈天地篇〉之舒露此意最徹底：

上神乘光，與形滅亡，此謂照曠。致命盡情，天地樂而萬事銷亡，萬物復情，此之謂混冥。

「照曠」是與天地自然相冥合的純粹觀照。際此，主客莫辨而形神合一，物各付物而觀照者自然融於其中，這就叫「渾冥」。這樣的境地，也即「用志不分，乃凝於神」〈達生〉的境地。「器」可以憑藉爲藝術創造的媒介，但其實此所謂「器」不外就是天地本身，亦即自然而已——巧匠者以其技藝播弄乎「器」，其照曠態度與混冥境地，亦與天地自然相彷彿。「梓慶削木爲鐻，鐻成，見者驚猶鬼神。…器之所以疑神者其是已」（達生篇），「凝神」就是透過此相彷彿的技藝以虛擬於眞實之謂也。至於斯，莊子（天下篇）乃可以說：

獨與天地精神相往來，而不敖逆於萬物…上爲與造物者遊，而下與外死生無終始者爲友。

達到主客泯合，冥化爲一之境，就能「遊」（游）。此所以「自喻適志」（齊物），也所以「逍遙無待」。逍遙而無待以至於無所待，就稱爲「絕待」。借老子來申其義，即「游心于物之初」、「游乎至樂」之境地，即（《莊子》田子方篇）：

老聃曰：吾游心于物之初。…孔子曰：請問游是？老聃曰：夫得是，至美至樂也。得至美而游乎至樂，謂之聖人。

遊（游）亦即「化」也，詩性智慧之純粹無雜的美感意境——老子名之爲「道」，莊子語爲「天籟」，皆詩性的自然意境。「有物混成，先天地生，寂兮寥兮，獨立而不改，周行而不殆」（《老子》第二五章）這樣的詩性態度的「道」，在理性法庭中，只能歸之於《易》繫辭傳所謂「乾坤陰陽」之道，從而是參贊地創造而非遊化地創造。參贊之故，所以建體立極，使「乾坤並列，天地定位」；遊化則不然，得其至美至樂而無所建立焉。理性的美學精神其究極是「樂之合於禮」的和，詩性的美學精神之究極同樣是「和」，但卻無關於禮樂的外在表現。老子云「道生一，一生二，二生三，三生萬物。萬物負陰而抱陽，沖氣以爲和」（《老子》第四二章），又云 「知和曰常，知常曰明」（《老子》第五五章），是致虛守靜而後能揭露的天地之和，此所以詩性態度而非理性態度的美學觀。莊子對老子「天地之和」給以進一步轉化，融入藝術人格的審美意識中。莊子〈天道篇〉對「天地之和」的藝術體驗是：

> 夫明白于天地之德者，此之謂大本大宗，與天和者也。所以均調天下，與人和者也。與人和者，謂之人樂，與天和者，謂之天樂。

「天地之和」乃是透過人之觀照而使人天融通的「和」——人樂與天樂之融通就是和。依此，人天是不分的，「庸詎知吾所謂天之非人乎？所謂人之非天乎？」（《莊子》大宗師），又「天與人不相勝也，是之謂眞人」（大宗師）。在詩性法庭中，形象思惟是無所限定的想像力，亦即詩性的創造。莊子的藝術境界以達到無分於天人，最終在「休乎天鈞」（《莊子》齊物論）以「合于天倪」（齊物論）——這就與「天賴」相應。「夫吹萬不同，而使其自己也，咸其自取，怒者其誰邪！」（齊物論）——人籟地籟皆不足以化其自身，唯天籟獨自化耳。郭象注云：

> 此天籟也。夫天籟者，豈復別有一物哉？此眾竅比竹之屬，接乎有生之類，會而共成一天耳。無既無矣，則不能生有；有之未生，又不能爲生。然則生生者誰哉？塊然而自生耳。自生耳，非我生也。我既不能生物，物亦不能生我，則我自然矣。

藝術人格之達於天籟，直與外在的禮樂教化之施與不施無關，只是塊然自生，自然而化。這樣的審美意識是「心齋」、「坐忘」，亦即「逍遙遊」。莊子〈人間世〉假寓言以明其志：

回曰：敢問心齋？仲尼曰：若一志。無聽之以耳，而聽之於心。無聽之於心，而聽之於氣。聽止於耳，心止於符。氣也者，須而待物者也。唯道集虛。虛也者，心齋也。

〔若一志〕，如詩之言志而專一、純粹與無雜，這叫心齋。「墮肢體，黜聰明，離形去知，同於大通，此謂坐忘」（大宗師）；依此，不僅忘乎禮樂，也忘於自己，忘乎江湖道義，亦忘於天地當中。詩性歷史中的藝術人格不是原始而未教化的野蠻人，而是於文明教化中保有純眞質樸生命的眞人。詩性法庭所譴訊的是過度理性化的道德意識，所定讞宣罪的是「以理宰氣」的教條規範，而非思無邪的和樂境地。

六、審美意識的迷失與詩性覺醒

不論詩性或理性態度，中國文化中的審美意識必然以「和」爲主要精神，已論之於上。然而，和之所以爲「和」的審美判斷之判準，究竟是「雅樂」（教化之和）還是「天籟」（天地之和），卻迭有對立。審美意識的迷失，於焉發生。事實上，此迷失乃是〔詩性法庭〕與〔理性法庭〕相互衝突的結果，亦即理性的感性認識與形象思惟之究竟能否融合爲一之問題。此審美意識之復甦的關鍵在於「雅樂之樂」與「無聲之聲」的眞正融合。何以故？茲略述於下，並用資本文之結語。

第一、理性態度的美學精神是從「思之無邪」發展到「雅樂之樂」。只有通過理性之自我規範以遂行道德實踐之禮的要求，思無邪的「和」與雅樂的「和」才會融貫在一起。「禮之用，和爲貴，先王之道斯爲美。小大由之，有所不行，知和而和，不以禮節之，亦不可行也」（《論語》有子之語），足見此義。

「禮樂相須」的理想國度，僅在理性法庭的判官心中存在——這個限制是詩性歷史的共識，卻是理性態度之所不能知與不能識者（註一二）。孔子慨然提到「禮云禮云，玉帛云乎哉？樂云樂云，鐘鼓云乎哉？」（《論語》陽貨篇）乃是理性態度的詩性復歸，益顯出其兩種美學精神之混然未分時的眞實人格。這樣的詩性復歸，可以與〈思無邪〉相應的一段話做呈庭見證：「樂其可知也。始作，翕如也；從之，純如也，皦如也，繹如也；以成」（《論語》八佾篇）。

第二、詩性態度的美學精神則從「大音希聲」轉化到「無聲之聲」。老子認爲「天地萬物生於有，有生於無」（《老子》第四〇章），無即是道自身。因此「道隱無名」，道的所在是「大方無隅」，道的形象是「大象無形」，道的音聲是「大音希聲」（第四一章）。道的音聲之所以爲大，不外乎「大曰逝，逝曰遠，遠曰反」（第二五章），而「反者道之動」（第四〇章），故由此大音聆聽出道之動跡綿密至極，而眇稀不可聞。以故道的音聲之所以爲希，即由於此「聽之不聞名曰希」（第一四章）。詩性態度的音樂美學觀正是此大音希聲的美學觀，是音樂的存有論描述，亦是對聲音的詩性觀照。何以有此大音希聲？道之鼓動也，天籟之自化也。如此，則審美意識的究極境界，乃在於「終日號而不啞（嗄），和之至也」（第五五章）及「吹萬不同，使其自己」（前引《莊子》）的境地——此所謂「無聲之聲」，乃至無音之音、無樂之樂、無均之均、無律之律的至和之境。

「至和」（和之至），是詩性的觀照之審美意識的和，即將此天地萬物予以詩性地藏任之。「至人之用心若鏡，不將不迎，應而不藏，故能勝物而不傷」（《莊子》應帝王），此所謂「藏天下於天下」（大宗師），而達到「無所藏而都任之，則與物無不冥，與化無不一」（註一三）的境地。理性態度的美學精神絕不容於此，恐道德意識之無所掛搭安立也。

天籟雖爲無聲之聲，而能使地籟人籟自生鼓動，以成就理性態度的音樂美學。依此，「聲音以平和爲體而感物無常」（嵇康《聲無哀樂論》），自然貫穿在比竹絲弦中，融合無間。此所以「聲音有自然之和，而無繫于人情。克諧之音，成于金石；至和之聲，得于管弦也」（同前引），即道出〈聲無哀樂〉而寧有天籟的奧密。詩性的無聲之聲凝住了理性的雅樂之樂，才叫顏回終不改其樂。

第三、音樂美學爲例所呈現的兩種美學精神之眞正融合，不在道德意識之判攝審美意識，而在審美意識之舒展道德意識。詩性智慧恰是理性困境的解消妙方。然而，魏晉美學的音樂美學雖然解消了道德意識之判攝審美意識的困境，但卻未能眞正以此審美意識來舒展道德意識，遂流爲審美意識之迷失，而詩性智慧不復明朗矣。阮籍的看法最爲代表：

夫樂者，天地之體，萬物之性也。合其體，得其性則和；離其體失其性則乖。昔者聖人之作樂也，將以順天地之性，體萬物之生也。故定天地八方之音，以迎陰陽八風之聲；均黃鐘中和之律，開群生萬物之情氣。故律呂協，則陰陽和；音聲適，而萬物類；男女不易其所，君臣不犯其位，四海同其觀，九州一其節。奏之圜丘而天神下，奏之方岳而地祇上。天地合其德，則萬

物合其生；刑賞不用，而民自安矣。（阮籍《樂論》）

樂既源於天地萬物自身，卻又歸於聖人作樂，所以道德意識又與審美意識並立而猶爲冒進，詩性法庭中復以理性判官爲首瞻。「律呂協」、「陰陽合」、「音聲適」、「萬物類」，而道德秩序井然分明。詩性法庭以男女君臣限定規範，此走回理性態度的美學精神之路矣。莊子〈天下篇〉云：

天下大亂，聖賢不明，道德不一，天下多得一察焉以自好…不該不備，一曲之士也。判天地之美，析萬物之理，察古人之全。寡能備於天地之美，稱神明之容…後世之學，不幸不見天地之純，古人之大體，道術爲天下裂。

美學精神原也只有一種，無分於詩性或理性。既於今道術爲天下裂至久，故兩種態度亦判然斫分，兩相衝突，而中國文化之審美意識亦紛亂迷失矣。兩種態度的美學精神之融合可能嗎？莊子〈知北遊〉的一段平常的話，或許可以爲審美意識之成其爲自己以及舒展其理性之困境，提供相應的藥方！

天地有大美而不言，四時有明法而不議，萬物有成理而不說。聖人者，原天地之美而達萬物之理，是故至人無爲，大聖不作，觀於天地之謂也。

【註釋】

註　一　請參閱拙文〈當代中國美學之理想主義的困境〉（一九九二）。

註　二　鮑姆嘉登，《關於詩的哲學沉思錄》（一九八三），頁一一五～一一六。

註三　鮑姆嘉登，《理論美學》；轉引自李醒《西方美學史教程》（一九九四，北京大學），頁二六一。

註四　熊十力、牟宗三、唐君毅等當代新儒家，亦當屬此理性態度的美學觀，或稱爲當代中國美學之理想主義。

註五　朱光潛，《維柯的〈新科學〉及其對中西美學的影響》（一九八三，香港中大），頁三〇。

註六　除了〔抽象思惟總是建基於形象思惟〕之外，朱光潛提到，形象思惟還有〔以己度物的隱喻〕以及〔從個別具體人物以形成想像性的類概念〕等特性。參考同上，頁三〇～三一。

註七　朱光潛，上揭書，頁一三。又，云「…最重要的是兩部史詩都是詩性智慧的產物，而不是哲學家玄學智慧的產物。荷馬決不是一個哲學家。…他的兩部史詩是希臘部落自然法（習俗）的兩大寶庫，是世界最早的歷史」（同上，頁一一）。

註八　同上。

註九　中國文化中詩性態度的美學精神與審美意識，與理性主義的新儒家美學是相對照的，譬如王國維、方東美、宗白華、朱光潛等皆屬之。

註一〇　參考，蔣孔陽《先秦音樂美學思想論稿》（一九八六，人民文學），頁八九。

註一一　蔣孔陽，前揭書，頁八二。

註一二　理性態度的美學精神，以「禮樂相須」爲理想，是教化之常軌，當無庸置疑。林安梧先生爲南華管理學院創校之初作《成年禮頌贊》，堪爲此理性態度之典型。其頌贊云「大哉禮也，體之履之。體之於天，著之於人；履之於世，行達其道（也）。其於生也，天命自然，道生德蓄，亭毒長育。其於立也，依仁游藝，繼善成性，可革可成。大哉禮也，體之履之，亭毒長育，可革可成」。拙意以爲「禮樂」既相須以成，則當有樂贊方完備，故戲作續貂，頌贊云「美哉樂也，用之和之。用之於一，化之於群；和之於邦，徠臣其王。其於心也，明覺性靈，衆類踐形，有物有則。其於教也，景文風行，儀典相從，可繼可久。美哉樂也，用之和之，有物有則，可繼可久」。

註一三　郭象，莊子注，大宗師。

魏晉形體美學試論

臺灣師範大學
國文系副教授 莊耀郎

提要

魏晉形體美學，從哲學美學處說乃肇始於《人物志》的氣性系統所揭示的形體獨立的意義，使形體美學的理論得以展開。然而成就魏晉風度的名士的形體美學，非徒形體當身而已，必在形體之內外有一串系之條件互相滲透，呈辯證性的發展，最終趨於形體而顯，這就是緣起觀的審美理論。在玄學的時代空氣下，善於辯名析理且富有儁才的嵇康所呈現的形體美就是典型的例子。綜觀魏晉形體美學在美學史上的意義，就是對於前代比德形式的超越，直下對於形體美的肯定，對於形體醜的轉化，成功地創造了藝術美的形象，並連類於自然物和山水等來建構形體美學，創造並豐富了它的詞彙和內容。《世說新語》可以說是從理論落實到創作成功的典範，代表著魏晉形體美學的完成。

關鍵詞：形體美學、比德、緣起理論

魏晉是一個美學自覺的時代，也是個性自覺的時代，大凡人物、山水、音樂、文學、書法及繪畫

等在理論和實踐皆有質的突破，形成美學史上的黃金時代。此其中具有關鍵地位的就是經由人物品鑒而開創的文藝美學思潮，它的影響可以從後來文藝評論的術語率多沿用人物品鑒的語言獲得證明。魏晉一代由於煽起玄風，和政治上的分裂紛亂，精神上因而受到衝擊，進而對傳統進行反省批判，思想由是不定於一尊，對於人和事的思考也就從政治教化的單一觀點下解放出來，各個得到獨立的地位。其中對於人物方面的論述則對於才性、風神、性格、情感關注尤多，而對於直接呈顯所謂魏晉風度的形體亦留下豐富的資料，惜歷來論者鮮能正視之，至多止於討論形神關係時絡帶論述，且結論多是崇尚精神而忽略形體（註一）。筆者以為形成所謂的魏晉風度之人物形象，其構成的因素是多方面的，形體理當受到應有的重視，本文擬從形體的角度審視魏晉人物形象的構成理論，並進而討論魏晉的形體美學。

一、形體獨立的哲學根據及義涵

魏晉崇尚自然，在道家齊物的觀念下，萬物於是受到較為平等的對待，形體是人存在的物質基礎，其稟氣於自然，與萬物並生，嵇康〈聲無哀樂論〉云：

> 夫天地合德，萬物資生；寒暑代往，五行以成，章為五色，發為五音。音聲之作，其猶臭味在于天地之間，其善與不善，雖遭濁亂，其體自若而無變也。（註二）

嵇康認為音聲之作，與萬物並生，其存在自有其內部的律則，不受人類主觀情感的影響，五音、五色、五臭且如此，更何況五行所構造成的形體，亦當有其自存之律則，獨立於天壤之間。實則這種觀念早在劉卲《人物志·九徵》篇中已發明此義，其文云：

凡有血氣者，莫不含元一以爲質，稟陰陽以立性，體五行而著形。苟有形質，猶可即而求之。若量其材質，稽諸五物，五物之徵，亦各著於厥體矣。其在體也：木骨、金筋、火氣、土肌、水血、五物之象也。（註三）

劉卲論人物之理，是依氣性的思路而言，凡兩漢以來氣性所涵的內容皆屬之，以一氣之化生作爲萬物存在的形而上說明。元氣是萬物存在普遍底質素底子，是未分化時的共同質素，由元氣化而爲陰陽二氣，說明元氣不能永遠住於混沌未分之狀態，必然有所剖判才能創造萬物，陰陽分而個體形成，殊別之性亦由是而確立。體五行而著形是說萬物之形體是以五行之元素而構成，由木、金、火、土、水五物構造成人體之骨、筋、氣、肌、血之體象。劉卲在此以分析方式說明元氣化生物萬物的過程，在氣化的思路下，必然函著在化生過程中所稟的氣之各種分化之可能性，如氣稟之強弱、厚薄、清濁、精純駁雜等，以決定智愚、才不才、壽夭、貴賤、貧富、善惡等（註四）。而萬物的殊異性可以由此得到說明，人之不同各如其象也因而得以明白。人的形體存在之形而上的根據，也可以從這裡得到確立。

劉卲的人物理論同時也使美學理論得以開展，至少使得在審美主體之審美能力及審美對象何以爲美的形而上根據得到說明。

才有庸儁是一存在的事實。在理論上說文學藝術的創作，必和作者的才情相符，風格氣質也一定和作者的稟賦相應，所以劉彥和說：「故辭理庸儁，莫能翻其才；風趣剛柔，寧或改其氣。」（註五）劉邵也說「學所以成材也。」（註六）這是說後天的學識學習是用來成就其本有之才性及材具，只能將潛在的才能充分實現出來，無法逾越或損益其本有的才具，這是才質命定的說法，氣質決定的理論，從王充到劉勰都是如此。並且此一理論不僅討論才具高下的問題，也涉及何以形成藝術風格多樣之理論的解決，《文心雕龍．體性》云：

賈生俊發，故文潔而體清；長卿傲誕，故理侈而辭溢；子雲沈寂，故志隱而味深；子政簡易，故趣昭而事博；孟堅雅懿，故裁密而思靡；平子淹通，故慮周而藻密；仲宣躁銳，故穎出而才果；公幹氣褊，故言壯而情駭；嗣宗俶儻，故響逸而調遠；叔夜儁俠，故興高而采烈；安仁輕敏，故鋒發而韻流；士衡矜重，故情繁而辭隱。觸類以推，表裡必符，豈非自然之恒資，才氣之大略哉！（註七）

劉勰的這段文字，說明才氣稟賦、體性剛柔之不同決定了生命情態的特殊面目，生命情態的特殊性決定了藝術風格之各異。雖然劉勰是針對文學立說，其實也可以泛論其他的藝術領域，其於美學亦然。審美主體之審美能力之高下，與各人審美欣趣品味之不同也可以援上述的理論來說明。

劉邵人物論的殊勝處不止在於解決了審美主體的能力問題，而且也賦予了審美客體的美的質素內容。依劉邵的說法，人物之出現乃在於元氣陶鑠而成，此元氣陶鑠之過程必然有其多寡、厚薄、精駁、強弱之配置，配置之的當與否就是能否造就人物的關鍵，所以審美主體之形成同時也可以是審美對象之出現，所以劉劭說「聖人之美，莫美乎聰明」（註八），聖人之才性體段，本身可以是人物情性之理的審美主體，也可以是被審美的對象，這是理論上標宗立極的說法。不過就本文所論述的「形體美學」而言，則稍有不同，此不同在於作爲審美主體者不必要求具備如審美客觀之形象體段方可以成立，只需具備內在的審美能力即可，否則如果一定要有南威之容才可與論淑媛的話（註九），則許多審美活動將成爲不可能，且形色之作爲審美對象，原是以質素的構成爲主，審美能力則是審美主體之才學的映發，兩者之有區別是顯而易見的。如此說來作爲審美客體之人物體段，則不止於具備內在之才性而已，更重要的是在於外顯之形色確有足以欣賞者，此一審美之活動方得以成立。劉劭的理論雖未指明質素要如何配置方得爲美的形體，因爲這恐怕永遠是造化的奧秘，人們難以洞悉，但是在理論上在造化陶鑠的過程中必然有如此配置方得爲美的塑造，美的形體方始具現。

二、緣起觀點的審美理論與範例

然而正式的審美活動並不是單純的主客對列的，而是一串系列條件的緣起（註一〇），換言之，所有前所敘述或未加敘述的種種條件，都只是這個「緣起」理論的條件之一，即使是審美主體及審美客體也只是方便說明的區分，落在正式的審美現象上，在緣起中都是同時起現同時作用，並不以主客的形式呈現，如此方能泯滅主動被動或主觀意志強加於客體的扭曲，所謂「悠然見南山」（註一一）的悠然境界才可以得到充分的說明。

劉卲將人物觀察的表徵分爲九項：神、精、筋、骨、氣、色、儀、容、言（註一二），通過這九徵而得到具體的人物形象。即使是這九徵也只是緣起現象中的若干條件，並非僅有的條件。其次，就美感的呈現原則而言，如果所美在神，則其他一切條件皆趨於神而呈現，如此則神爲顯，而精、筋、骨、氣、色、儀、容、言等則爲隱；如果所美在言，則其他一切條件皆趨於言而呈現，如此則言在顯，而神、精、筋、骨、氣、色、儀、容等則爲隱，其餘皆可推而明之，進一步說在審美活動中可能涉及的先天的條件，如前文有關劉卲人物理論所及著，以及後天的學問、修養、思想等甚至擴及文化傳統，時代風尚等皆爲緣起的條件，相互滲透影響映照，而顯現爲一具體之審美情境，如此形成一大緣起，這是比較完備的說法。歷來亦多有關這一方面的論述，雖未全備，然亦可將其視爲思想發展的軌跡，如《管子．內業》：

心全於中，形全於外。

全心在中，不可蔽匿，和於形容，見於膚色。（註一三）

這是指心氣之修養雖屬內在無形，然影響所及，必發於形容，見於膚色，說明了心氣雖然無形不可見，但對於形容膚色仍有直接的影響而無法掩飾藏匿。《孟子．盡心上》云：

君子所性，仁義禮智根於心，其生色也，睟然見於面，盎於背，施於四體，四體不言而喻。（註一四）

孟子指出一個人的道德修養，自然地會體現於動作威儀之間，舉止行動都合於禮，這是由道德心外現於表情形體的具體說明。文中所謂的面，背及四體雖不是純就生理的軀體而言，不是單純的形體義，而是依孟子的道德意義之下的禮節儀容動作，安措手足所指的形體義，本於心而著乎形容，由內而符外，這是修養之影響行爲舉止的明證。《莊子・逍遙遊》也有一段有關形體的生動描述：

> 藐姑射之山有神人居焉，肌膚若冰雪，淖約若處子，不食五穀，吸風飲露；乘雲氣，御飛龍，而遊乎四海之外；其神凝，使物不疵癘而年穀熟。（註一五）

莊子所言神人乃體道之士，而此道之作用直接顯示在形體上的就是「肌膚若冰雪」，在氣質上的顯現就是「淖約若處子」；至於如何能使「肌膚若冰雪」的現實條件，或恐就是「不食五穀，吸風飲露」的生活方式了。所以形體所具現的實基於思想修爲之由內而符外，生活條件之調適養護所致。由以上所舉三例分別說明了內在的心氣修持，道德修養，體道境界對於容貌、肌膚、形體、儀態舉止等的影響，這點大柢是無疑義的，然而也必須指出的是形體的地位仍居於心神之下受其制約，還沒有得到獨立的地位。必待魏晉而後能正視形體，無論是養生或審美，才得到獨立的地位。

如依前述之美學理論徵諸實例，則嵇康就是最佳的範例。《世說新語・容止》篇云：

> 嵇康身長七尺寸，風姿特秀。見者嘆曰：「蕭蕭肅肅，爽朗清舉。」或云：「肅肅如松下風，高而徐引。」山公曰：「嵇叔夜之爲人也，巖巖若孤松之獨立；其醉也，傀俄若玉山之將崩。」（註一六）

此文所云重點在嵇康的風姿，然而其高引清舉，孤松獨立，傀俄之狀實有得於七尺八寸之身長則無可疑，當時有人稱讚嵇康的兒子嵇紹「卓卓如野鶴之在雞群」，王戎輒答曰「君未見其父耳」（註一七），可見高挺之姿在嵇康而言甚爲卓爾獨出，此挺拔之姿必然要憑藉高大的形軀來凸顯，〈康別傳〉云：

> 康長七尺八寸，偉容色，土木形骸，不加飾厲，而龍章鳳姿，天質自然，正爾在群形之中，便自知非常之器。（註一八）

嵇康之儁才、形質之美當時之人早有定論，山濤、王戎等人也都同聲讚嘆，偉容色是稱其挺拔的姿儀外表，且天質自然，不假雕飾，自爾突出於群形之中，爲非常之器，縱使不加修飾，亂頭麤服，也不掩其天然之本色，嵇康之無視形骸，不獨史傳述之，他在〈與山巨源絕交書〉也屢次言及，其文云：

> 性復疏嬾，筋駑肉緩，頭面常一月十五日不洗，不大悶癢不能沐也，每常小便，而忍不起，令胞中略轉乃起耳，又縱逸來久，情意傲散，簡與禮相背，嬾與慢相成。
>
> 危坐一時，痺不得搖，性復多蝨，把搔無已，而當裹以章服，揖拜上官，三不堪也。（註一九）

可見嵇康之土木形骸，非徒說說而已，縱使此書翰爲有意之作，然平居之事不必是虛構，觀其娓娓道來，稱情入理，固是有其實而爲其言說所本，一九六〇年四月在南京西善橋發掘到一座南朝劉宋時代的磚造墓室，墓室兩壁砌有「竹林七賢」的大型磚印壁畫，南壁即以嵇康爲首，嵇康頭上梳著雙髻，胸前袒露，雙手撫琴，神情閒適而略帶傲岸之氣，亦可以見其形象之梗概。嵇康固然憑藉自然所賦予的異質，而有此偉岸姿容，但何以生活嬾慢如此，仍能有好形質，此不可不涉及其〈養生論〉所言之服食養身之道：

是以君子知形恃神以立，神須形以存，悟生理之易失，知一過之害生，故修性以保神，安心以全身，愛憎不棲於情，憂喜不留於意，泊然無感而體氣和平，又呼吸吐納，服食養身，使形神相親，表裡俱濟也。（註二〇）

嵇康知形神相倚恃之理，一方面固然要修性安心，去除愛憎憂喜，以保體氣和平，這是修養心性對生理形軀影響的說明；一方面就形體本身而言，也有一套導養的方法，如呼吸吐納，服食養身。魏晉時期，服食是一種風尙，嵇康在服食方面，有他自己的理論，其文云：

滋味煎其府臟，醴醪煮其腸胃，香芳腐其骨髓。（註二一）

然則世人不知上藥良於稻稷……（肴饌旨酒）皆淖溺筋腋，易糜速腐，初雖甘香，入身臭腐，竭辱精神，染污六府，鬱穢氣蒸，自生災蠹，饕淫所階，百疾所附，味之者口爽，服之者短祚。（註二二）

嵇康認爲服食是指服藥，而不是講究滋味、佳肴旨酒之口味享受，反而認爲美味旨酒正是妨害生理，百疾災蠹之所寄，所以嵇康少飲酒而多服食，同時的阮籍卻耽飲酒而少服食，這倒是一個有趣的現象。嵇康相信物質屬性可以在人的形體生理得到轉化，因此相信藥石之效可以資年延命，不僅在家中服食，還親自外出採藥，在〈遊仙詩〉中說「採藥鍾山隅，服食改姿容。」（註二三）同時說：

流泉甘醴，瓊蕊玉英，金丹石菌，紫芝黃精，皆眾靈含華，獨發奇生，貞香難歇，和氣充盈，

澡雪五臟，疏徹開明，吮之者體輕。（註二四）

所食皆衆物之靈華，金丹以固身，紫芝黃精可以清氣，可以輕身。嵇康養生論，後爲渡江三大名理之一，至於其服食之效應如何，實難徵測，不過對形體之調護的確是曾經關心過的，而且也必然影響他的生活性情。至於服食五石散已成爲時代的風尚，而名士尤習服食，其目固在於養生，其效果則令人感到身輕如飛，久服之後，也會影響性格和情緒的發展，魯迅在其〈魏晉風度及文章與藥及酒之關係〉一文中的即指出「晉人多是脾氣很壞、高傲、發狂、性暴如火的，大約便是服藥的緣故。」也指出嵇康的脾氣極壞，不肯和世俗妥協，驕視俗人，這也可以看出嵇康性情的一面，但是魯迅只看到表面，沒有注意到嵇康何以狂傲、壞脾氣的歷史背景及個人操守性格的堅持。

如果以前述所說的緣起理論來說明嵇康之形體美，則嵇康所稟受於天之自然之質，其深沈睿知，志趣高尚，論其性格乃恬靜寡欲，含垢匿瑕，寬簡有大量，未嘗見喜慍之色；論其學則家世儒學而酷好老、莊，辨名析理，精當入微；論其才則長於文學，縱横翰墨，手揮五絃，精通音律；論其癖則好服食，善養生、採藥、嗜鍛鐵；論其世則篡亂相仍，名教失墜，政權交替；論其境遇則處魏宗室之姻婭而處篡魏之晉室王朝；論其友則呂安、山濤、阮籍、向秀之屬，總此主觀客觀之條件都爲一大緣起，遂發而爲嫉惡之剛腸，才高而性烈，顯現在外的則爲飄逸曠達，偉岸不群，雖然外表土木形骸，不自藻飾，猶不掩其天姿。形體在外爲顯，而其他條件爲隱，則其姿態之美合此顯隱而獨成嵇康之所以爲嵇康之形體美，具現於審美者之前，獨一無二而不可取代之美。

依審美之理論言之，能欣賞魏晉之美或嵇康之美者，固亦必具此美感之心靈，其中尤以《世說新語》爲代表，其作者無論是劉義慶或爲集體創作，這些作者都是晉宋間人，即使是作注的劉孝標也在梁代，魏晉之流風餘韻未遠，尤其重要的是要有相應的心靈，《宋書・劉義慶傳》云：

爲性簡素，寡嗜欲，愛好文義，才詞雖不多，然足爲宗室之表。（註二五）

宗白華說「西洋文藝復興的藝術（建築、繪畫、雕刻）所表現的美是穠鬱的，華貴的，壯碩的；魏晉人則傾向簡約玄澹，超然絕俗的哲學的美。」（註二六）如果說魏晉人的美的風格可以概括爲「簡約玄澹」的，則劉義慶的「性簡素，寡嗜欲，愛好文義。」毋寧說具有相應的心靈，無怪乎《世說新語》特具魏晉美感和藝術精神的一部著作，此書的美感心靈和藝術的視角選擇了魏晉，也因此構成魏晉審美的主體面，與客體面交互映照，緣起無盡，其中人物的形體美就是無數焦點中的一個。如此理解，才構成完整的審美理論。

三、比德傳統的超越

《世說新語・容止》篇有如下的記載：

時人目「夏侯太初朗朗如明月之入懷，李安國如玉山之將崩。」

王夷甫容貌整麗，妙於談玄，恒捉白玉柄麈尾，與手都無分別。

潘安仁、夏候湛並有美容，喜同行，時人謂之「連璧」。

裴令人有容儀，脫冠冕，麤服亂頭皆好，時人以爲「玉人」。見者曰：「見裴叔則如玉山上行，光映照人。」

驃騎王武子是衛玠之舅，儁爽有風姿，見玠輒歎曰：「珠玉在側，覺我形穢。」

有人詣王太尉，遇安豊、大將軍、承相在坐，往別屋見季胤、平子，還，語人曰：「今日之行，觸目見琳琅珠玉。」

王大將軍稱太尉：「處眾人中，似珠玉在瓦石間。」

此處用「玉山」「珠玉」「玉」來形容人體膚肌之質地細緻，溫潤有光澤之美，或形容儀容俊美，風度爽朗者如「玉山」；寫李安國、嵇康如「玉山之將崩」，裴楷爲玉人，光彩照人；也有局部描寫，如王衍的手捉白玉麈尾，手和玉色都無分別，麗澤天生可以想見；形容潘安仁、夏侯湛的美容，同行如連璧。〈容止〉篇中所喻，皆以玉直說容貌和肌膚之鮮麗，和漢以前有不同，以玉喻美人的傳統由來已久，但涵意有別，如《禮記．祭統》「故國君取夫人之辭曰：請君之玉女與寡人共有敝邑，事宗廟社稷。」句下鄭玄《注》云：

言玉女者，美者之也，君子於玉比德焉。（註二七）

從鄭《注》看來，「於玉比德」才是玉女的主要內容，而非容貌或身體之美好如玉之質，許慎《說文解字》釋「玉」云：

石之美，有五德者：潤澤以溫，仁之方也；䚡理自外，可以知中，義之方也；其聲舒揚，專以

遠聞，智之方也；不撓而折，勇之方也；銳廉而不忮，絜之方也，象三玉之連——其貫也。（註二八）

玉之德有五：仁、義、智、勇、絜。以之喻人，非以言形體可知矣！至魏晉則脫去這種比德的傳統，直寫肢體容貌肌膚，純就玉石之質地喻之，有趣的是，傳統以玉所喻的對象多爲女性，而〈容止〉所記的則多爲男性，說明審美意識之獨立，不依傍道德與性別之區分，而是當體直覺，觸目即是的創造性直觀，此創造性直觀是基於藝術形象的自由想像，其中有類比、聯想、美感判斷等綜合感受的當下頓現，而成就此形象思維。

四、形體美的當身肯定

魏晉思想既不定於一尊，因此論人亦不專主於道德，尤有專主於色貌者，《魏晉・荀彧傳第十》注引《晉陽秋》曰：

粲常以婦人者，才智不足論，自宜以色爲主。驃騎將軍曹洪女有美色，粲於是娉焉，容服帷帳甚麗，專房歡宴。歷年後，婦病亡，未殯，傅嘏往唁粲，粲不哭而神傷，嘏問曰：「婦人才色並茂爲難，子之娶也，遺才而好色，此自易遇，今何哀之甚。」粲曰：「佳人難再得，顧逝者不能有傾國之色，然未可謂之易遇。」痛悼不能已，歲餘亦亡，時年二十九。（註二九）

古人論女，德容言工四者兼之，而荀粲獨重色，以爲才智不足論，是以娉女唯重美色，且專房歡宴，以爲美色得之不易，終以身殉色，可謂好色矣。孔子也說過「吾未見好德如好色者也」這樣的話，可見好色者自古有之，且爲常人之情，但直到魏晉才有荀粲坦承不諱，且終生好之。以荀粲之例言之，雖仍不免有溺於色而未能超越至藝術境界來對待女性美，然就美色之當身論之，確有其所以爲美，足以令人終身追求焉者，且樂於斯詠於斯者，西方美術史上人體美始終是最主要之內容，而且形成悠久之藝術傳統可以爲之佐證。形體美一方面是造化之傑作，也是人文之精萃，是人類文化中最高層次審美客體；一方面它能給予人最強烈及最深沈的審美感受，也是最內在的審美尺度。（註三〇）荀粲追求形體美，肯定形體美是以生活實踐的態度對待，未轉化爲文學或美術的形式，但對形體美之重視則一，也可以說是形體美之自覺的宣示。《世說新語．賢媛》第二十一條云：

> 桓宣武平蜀，以李勢妹爲妾，甚有寵，常著齋後。主始不知，既聞，與數十婢拔白刃襲之。正值李梳頭，髮委藉地，膚色玉曜，不爲動容，徐曰：「國破家亡，無心至此，今日若能見殺，乃是本懷。」主慚而退。（註三一）

劉孝標《注》引《妒記》文略有不同，其後文云：

> 因欲所之，見李在窗梳頭，姿貌端麗，徐徐結髮，斂手向主，神色閑正。辭甚悽惋，主於是擲刀，前抱之曰：「阿子，我見汝亦憐，何況老奴。」遂善之。（註三二）

上文所述當爲事實，此事實所呈現的決非一個身世可憐的女子以其絕世的容貌和視死如歸的安閑神態征服了情敵如此單純（註三三），不可否認的，李女「髮委藉地，膚色玉曜。」「辭甚悽惋」在此事件中居於關鍵之地位，是「美」令凶妒之南康長公主頓熄其妒意和殺氣，是美超越了男女的情愛，令女人亦能欣賞女人之美，超越了仇恨及嫉妒，只顯一「我見猶憐」之欣趣，美之感動人有能如此者，且有此絕代之姿，亦當有能欣賞此美之人，否則終不能免於悲劇，其中所顯之理與康德所說美是超功利，超越現實利害關心的說法相符合（註三四）。

晉時欣賞形體美者，非必是士族方有此逸致，而是一種時代的風氣，衆庶所同，且無婦孺老幼男女之別，〈容止〉篇嘗記載：

潘岳妙有姿容，好神情，少時挾彈出洛陽道，婦人遇者，莫不連手共縈之。（註三五）衛玠從豫章至下都，人久聞其名，觀者如堵牆。玠先有羸疾，體不堪勞，遂成病而死。時人謂「看殺衛玠」。

由此可知有美姿容好神情者，塗之人皆知其美，故孟子嘗說：不知子都之美者是無目也（註三六），縱使美之品味有高下，然對於美之有欣賞力，則是有普遍性意義的，不過，能表現得如晉時洛陽道上的婦人般如此開放而恣意者，求之於古必不多，求之於今亦屬罕見。衛玠被時人稱爲「璧人」，可見其形體之美，因爭睹其俊美，竟至耽誤病情致死，因其俊美而至於斯，大概也只有魏晉時代的人才有此等事。

至於在文學作品中，對於形體美之描述者，自古有之，尤以女性形體美之頌讚爲甚（註三七），魏晉之作者尤其擅作，如曹植之〈洛神賦〉寫宓妃之體段：

其形也，翩若驚鴻，婉若遊龍，榮曜秋菊，華茂春松，髣髴兮若輕雲之蔽月，飄颻兮若流風之迴雪。遠而望之，皎若太陽升朝霞，迫而察之，灼若芙蕖出淥波，穠纖得衷，脩短合度，肩若削成，腰如約素，延頸秀項，皓質呈露，芳澤無加，鉛華弗御，雲髻峨峨，脩眉聯娟，丹脣外朗，皓齒內鮮，明眸善睞，靨輔承權，瓌姿豔逸，儀靜體閑，柔情綽態，媚於語言。（註三八）

這一段文字可以說是對女性形體美之當體描述，從身材之高矮胖瘦，膚色姿態之整體描寫，到局部的肩、腰、頸、髮髻、眉毛、脣、齒、眸子、面頰、語言音聲，無一不至，精細入微，整體美細部美都在曹植筆下呈現，若非對形體美之肯定及仔細觀察，難以形容至此。非惟子建有此作，王粲〈神女賦〉也有類似之描寫，其文云：

惟天地之普化，何產氣之淑眞？陶陰陽之休液，育天麗之神人。稟自然以絕俗，超希世而無群。體纖約而方足，膚柔曼以豐盈，髮似玄鑒，鬢類削成，質素純皓，粉黛不加；朱顏熙曜；曄若春華；口譬含丹，目若瀾波；美姿巧笑，靨輔奇葩。（註三九）

王粲之形容更爲具體，體約而方足，說明不能再省簡，亦不必多，肌膚柔美曼妙而豐盈，髮質黑漆似鏡，朱顏皓質渾然天成，朱顏寫其年輕，皓質明其顏色，目光若流波生瀾，是動態的描寫，巧笑麗姿，呼之欲出，生動逼人，是對形體美之進一步肯定。

從荀粲對於色貌之重視，終身好之，至於超越仇恨嫉妒利害之關心，以至於普遍在文學作品中出現對於形體美之描寫，皆可說是魏晉一代對於形體美之正視與肯定。

五、形體醜與藝術美

醜是與美相對的審美範疇，呈現和美相悖的形式和效果，和美的關係是相對而辯證地存在，並非絕對獨立。依《人物志》氣化的理論說明之，形體是五行所陶鑠而成，如果說美的形體是氣質元素之充實及構造發展之完成，而所陶冶成的是一個形式和諧，有一定的比例，秩序，多樣的統一的美的形體，則醜所意味的即上述美的條件的缺乏或不充分，或者是構造之有缺陷，如《莊子》書中之畸人；或者是形體比例未當而有虛歉，如曹操之自慚於姿貌短小；或者是質素配置之不勻當，相對於膚色如玉如雪的美白，呈現為幽黯粗糙；或者是比例秩序之不諧調，鼻仰眼小，嘴歪臉斜，四肢短長不稱等等，不一而足。然而有關形體醜的記載，一般典籍不大留意，而《世說新語》則留下不少生動的記錄。

美容易受肯定，形體美而有才者尤其受肯定，縱使才不能稱其貌者，就容貌當身亦可以受到肯定（註四〇），惟醜不然，醜而無才者固不論矣，縱使有才亦需能有足以自處者方能自得，然而通過藝術心靈的創造，雖醜亦可以為美，這個由自然醜向藝術美轉化的過程就是創造，就形體美論之，《莊子》之後，以《世說新語》最富此創造心靈。莊子描述兀者王駘、叔山無趾，闉跂支離無脤、甕盎大癭等形不全之人（註四一），從人名就可以知其形軀為畸人，畸於人而牟而天，莊子從大道之自然給畸人予以安立，其書中對畸人的刻畫尤為生動精采，如〈人間世〉云：

支離疏者，頤隱於臍，肩高於頂，會撮指天，五管在上，兩髀為脅。

莊子所描述者，無疑是身體畸形之人，然而通過莊子之筆下，其畸體之狀如躍目前，形體雖醜反而成就了文學之美，何況莊子通過大道之無用以成全其大用，悲憫之情於此可見。《世說新語》亦不乏以形體醜為題材者，然不同於《莊子》者，莊子之形體醜多取材於畸人，而《世說》多取材於常人，如〈容止〉篇所云：

> 庾子嵩長不滿七尺，腰帶十圍，頹然自放。
>
> 劉伶身長六尺，貌甚醜顇，而悠悠忽忽，土木形骸。左太沖絕醜，亦復效（潘）岳遊遨，於是群嫗齊共亂唾之，委頓而返。

庾子嵩之形體不高而要帶十圍，處衆人之中，居然獨立，雅有遠韻，頹然自放，不以為意，是知老、莊之意者（註四二），形體之醜反而成就其風格之美，劉伶本是酒徒，縱酒放達，脫衣裸形，遺其形骸，不介意世俗之價值觀，常放情肆志，可以說得莊生無用之大旨者（註四三），形體醜而猶能優游人間世，成就其酒徒形象。只有左太沖不安於其醜，復效潘岳出游，而遭群嫗共唾，可以想像其狼狽之形象。《世說》之載其事，生動鮮活，藝術形象突出。其次有關許允娶婦也是一個精采的片段：

> 許允婦是阮衛尉女，德和妹，奇醜。交禮竟，無復入理，家人深以為憂，會允有客至，婦令婢視之，還答曰：「是桓郎。」桓郎者，桓範也。婦云：「無憂，桓必勸入。」桓果語許云：「阮家既嫁醜女與卿，故當有意，卿宜察之。」許便回入內，既見婦，即欲出。婦料其此出，無復入理，便捉裾停之。許因謂曰：「婦有四德，卿有其幾？」婦曰：「新婦所乏唯容爾，然士

有百行，君有幾？」許云：「皆備。」婦曰：「夫百行以德爲首，君好色不好德，何謂皆備？」允有慚色，遂相敬重。（註四四）

此則入於〈賢媛〉，固以論其德爲主，然許允婦不以其貌寢而失去對婚姻的自信，反而因容貌之缺乏反襯出其才德，其機捷應對，所言入情入理，不亢不卑，遂贏得自己的幸福，一個容貌無足稱道而充滿自信，才智無雙的女性形象躍然紙上，而事實上，其才智尤有過於許允者（註四五）。再者是有關曹操的一則故事：

魏武將見匈奴使，自以形陋，不足以雄遠國，使崔季珪代，帝自捉刀立床頭。既畢，令間諜問曰：「魏王如何？」匈奴使答曰：「魏王雅望非常，然床頭捉刀人，此乃英雄也。」魏武聞之，追殺此使。（註四六）

這又是一則貌醜而不能掩其氣概的記述，曹操雖形貌短小，外表無足稱道，但是神明儁發，英雄蓋世，其勢不可掩，縱使爲捉刀人，其英氣勃發之狀，仍不能瞞過匈奴使者之眼識，是以形貌寢陋無害於雄姿英發，余嘉錫雖謂此條所說「近於兒戲，頗類委巷之言，不可盡信。」然就文學之創作而言，其所塑造之藝術形象，卻因其形陋而益增其生動。

六、形體美與自然美的連類

《世說新語》寫魏晉名士風度，多與山川自然之物事連類，如：

王戎云：太尉神姿高徹，如瑤林瓊樹，自是風塵外物。（註四七）

庾子嵩目和嶠：「森森如千丈松，雖磊砢有節目，施之大廈，有棟梁之用。」（註四八）

王太尉云：「郭子玄語議如懸河寫水，注而不竭。」（註四九）

郭林宗至汝南造袁奉高，車不停軌，鸞不輟軛；詣黃叔度，乃彌日信宿。人問其故？林宗曰：「叔度汪汪，如萬頃之陂；澄之不清，擾之不濁，其器深廣，難測量也。」（註五一）

寫王衍之神姿高徹，以瑤林瓊樹，層巖壁立喻其超然出於風塵之表，高不可攀的意象；以千丈松且有節目，寫和嶠之大才和不從流俗有個性；以懸河不竭，喻郭象玄談之口才和玄思；以汪汪如萬頃之陂，喻黃叔度不可測之深廣器量。皆以自然物之姿態，用度、氣勢、深廣的意象，類比於人的神韻、器用、才學、器識。《世說新語》的這種思考及創作模式，也用於形體之描述上，如：

顧悅與簡文同年，而髮蚤白。簡文曰：「卿何以先白？」對曰：「蒲柳之姿，望秋而落；松柏之質，經霜彌茂。」（註五二）

魏明帝使后第毛曾與夏侯玄共坐，時人謂「蒹葭倚玉樹。」（註五三）

時人目「夏侯太初朗朗如日月之入懷，李安國頹唐如玉山之將崩。」（註五四）

山公曰：「嵇叔夜之為人也，巖巖若孤松之獨立；其醉也，傀俄若玉山之將崩。」（註五五）

裴令公目：「王安豐眼爛爛如巖下電。」（註五六）

王右軍見杜弘治，歎曰：「面如凝脂，眼如點漆，此神仙中人。」（註五七）

劉君道桓公：鬢如反猬皮，眉如紫石稜，自是孫仲謀、司馬宣王一流人。（註五八）

文中以蒲柳秋落喻掉髮，以松柏經霜喻髮蚤白；時人以蒹葭擬毛曾，玉樹擬夏侯玄；以朗朗日月寫夏侯玄之坦蕩，以玉山將崩寫李安國之頹唐，嵇康之醉態；以孤松聳立說嵇康形體之特出；以巖下電形容王戎之眼神；以凝脂喻面，點漆喻目；以反猬皮喻鬢，紫石稜喻眉。諸如此類，不勝枚舉，皆以自然物寫人之眼、眉、鬢、髮、面、儀、態，這當然不是以客觀認知的態度，著實的求眞的態度取得自然物與人體之相對應，而是以「澄懷味象」的方式（註五九），玩味自然與人之形質，用「玩味」即說明它不是感官式的味覺，而是以藝術心靈（澄懷）審美直覺的味，是一種美的欣趣，質的感受，繼而以「得意忘象」的方式將兩者共通處通過「遷想妙得」而聯綴起來（註六〇），換句話說，用藝術創作之想像力將兩者連類。如凝脂之白而腴的質地，臉面之白皙，通過想像將兩者連接，遺去脂的形象，而在杜弘治的面上呈現一「白皙的美感形象」；同樣地，點漆之黑而亮的質地，眼珠之黑亮的特徵，通過想像將兩者綴合，遺去漆的形象，呈現「黑亮的美感形象」；孤松之挺拔獨立，高峙突出，俯視寰宇的姿態，嵇康之身長七尺八寸，高視突兀的形象，通過想像將兩者觸類以思，遺去松的樹之形象而得到一「爽朗清舉卓爾獨立的美感形象」。這樣的審美歷程，是首先對人物的美感特徵有一質地把握，因爲每一個體之生命都是特殊而具體的存在，如何將此美感傳達，則是創作心靈的巧思，於是向外尋求衆所共知的事物——自然物，玩味其美而有所得，通過想像力之運作而將人體與自然連類一處，觀其共通，將美感投射在自然物上傳遞出去。其中想像力即聯想是橋梁，如何將兩種不同存在形式的具體美感能巧妙地類比，就是藝術感染力成敗的關鍵，是一種自由的創造，而《世說新語》的作者可以說相當成功地運用此種創作方式，凝鑄了當代人物的體段，創造無數鮮活的藝術形象，給後代留下了創作的典範。

七、結　論

魏晉形體美學，可說是發軔於《人物志》對形體獨立的宣示，使得形體美的審美得以開展，然而何以魏晉名士所成的魏晉風度前所未有，後代絕蹤？則審美的問題當非徒觀形體之當身可得，形體之內之外必有一串系之條件在互相滲透辯證，此一切條件生起最後趨於形體而顯，這就是緣起觀點的審美理論，如此既可以滿足審美對象之具體獨持性，也可說明爲何有時代風格之不同。魏晉形體美學之有特殊意義，就在於對前代比德形式的超越，而直下對形體的肯定，且對於醜之轉化，成功地創造了藝術美之形象，並連類於自然山水萬物來建構形體美學，豐富了形體美學的詞彙及內容。而《世說新語》的作者可以說是將形體獨立的意識落實而爲文學作品，從理論到創作成功的典範，而魏晉形體美學也才於焉告成。

【附　註】

註　一　葉朗說：人的形體被分爲兩部分：一部分關乎神明，在人物品藻中受到重視；一部份屬於形骸，在人物品藻中則被忽略。見所著《中國美學史大綱》上冊（臺北：滄浪出版社，一九八六年九月，初版）頁二〇四，賴麗容指出：學術界論魏晉「人物品鑑」向來注意其「以神識」，「尚神明」的發展，而未曾注意到「形體自覺」一面。注意到「形體」的獨立價值是魏晉文化的新方向。見所著《魏晉「人物品鑑」研究》（臺北：臺灣師大國文所博士論文，一九九六年五月）細考今已出版之各本美學史亦缺乏對形體美的獨立討論，從而可知。

註二　戴明揚《嵇康集校注》（臺北：河洛圖書出版社，一九八六，初版），頁一九七。

註三　劉卲《人物志》（臺灣：商務四部叢刊，子部），頁一。

註四　牟宗三《才性與玄理》（臺灣：學生書局，一九八五，修訂七版），頁。

註五　范文瀾《文心雕龍注》（臺灣：開明書店，一九七〇），卷六，頁八。

註六　同註三，〈體別〉篇，頁九。

註七　同註五，〈體別〉篇，卷六，頁八。

註八　同註三，《人物志》，劉卲〈人物志序〉。

註九　《文選》卷四二，曹子建〈與楊德祖書〉原文作：蓋有南威之容，乃可以論其淑媛；有龍泉之利，乃可以議其斷割。（臺北：漢京，一九八三），頁五九三。

註一〇　本文所用「緣起」一詞乃有得於馬凱照《審美原理》（臺北：海王印刷，一九八六）書中〈藝術品之緣起性〉的啓發，不過馬氏只用於審美心理現象之描述，本文則擴及至整體之審美理論，和佛教所謂之「

緣起」義亦有不同，本文側重在條件生起義，而所謂之條件延伸至形上學的領域，和佛教只在現象界說緣起，旨在明自性空的理論有別。

註一一　陶淵明〈飲酒詩〉：「採菊東籬下，悠然見南山。」見逯欽立校注《陶淵明集》（臺北：里仁書局，一九八二），頁八九。

註一二　同註三，〈九徵〉篇，頁六一七。

註一三　《管子》（臺北：中文出版社，一九二〇），頁九三一。

註一四　朱熹《四書章句集註》（臺北：大安出版社，一九九四），頁四九七。

註一五　郭慶藩《莊子集釋》內篇〈逍遙遊〉（臺北：河洛圖書出版社，一九七四，景印一版），頁二八。

註一六　《世說新語‧容止》，余嘉錫《世說新語箋疏》（臺北：仁愛書局，一九八四），頁六〇九。

註一七　同註一六，頁六一二。

註一八　同註一六，箋疏引，頁六〇九。

註一九　同註二，卷二，〈與山巨源絕交書〉，頁一一七。

註二〇　同註二，卷三，〈養生論〉，頁一四六。

註二一　同註二〇。

註二二　同註二，卷四，〈答向子期難養生論〉，頁一八四。

註二三　同註二，卷一，〈游仙詩〉，頁三九。

註二四　同註二二，一八四—一八五。

註二五　標校讀本《宋書》列傳第十一，〈宗室　劉義慶傳〉（臺北：鼎文書局，一九八〇，初版），頁一四七七。

註二六　宗白華〈論世說新語和晉人的美〉見所著《美從何處尋》（臺北：元山書局，一九八五，初版），頁一八八。

註二七　《禮記．祭統》鄭玄注，《禮記鄭注》（宋紹熙建安余氏萬卷堂校刊本，臺北：學海出版社，一九七九，初版），頁六二〇。

註二八　段玉裁《說文解字注》（臺北：蘭臺書局，一九七七，五版），頁一〇。

註二九　標校讀本《三國志》《魏書．荀彧傳第十》注引（臺北：鼎文書局一九八〇，初版），頁八三。

註三〇　潘立勇《形體美與性選擇》第二章「形體美與性選擇的美學意義」見該書（臺北：學生書局，一九九五，初版），頁一七。

註三一　同註一六，〈賢媛〉篇第二十一則，妹或作女，頁六九三。

註三二　同註三一，劉孝標《注》引《妒記》文，又余嘉錫箋疏引敦煌本《殘類書》，認爲《類書》敘事詳贍，過於《世說》及《妒記》，蓋別有所本，疑非采自《世說》，頁六九四。

註三三　蕭艾〈世說有關婦女的記載〉，見所著《世說探幽》（湖南：湖南出版社，一九九二，初版），頁二八六。

註三四　見牟宗三譯註《康德判斷力之批判》上冊（臺北：學生書局，一九九二，初版），頁一六四。

註三五　同註一六，〈容止〉篇第七則，頁六〇八。

註三六　同註一四，《孟子・告子上》孟子曰：「惟目亦然，至於子都，天下莫不知其姣也，不知子都之姣者，無目也。」，頁四六二。

註三七　例如《詩經・衛風・碩人》：「手如柔荑，膚如凝脂，領如蝤蠐，齒如瓠犀，螓首蛾眉，巧笑倩兮，美目盼兮。」宋玉〈神女賦〉：「貌豐盈以莊姝兮，苞溫潤之玉顏；眸子炯其精朗兮，瞭多美而可觀；眉聯娟以蛾揚兮，朱脣的其若丹；素質幹之醲實兮；志解泰而體閑。」〈好色賦〉：「東家之子，增之一分則太長，減之一分則太短；著粉則太白，施朱則太赤；眉如翠羽，肌如白雪；腰如束素，齒如含貝。」

註三八　同註九，曹子建〈洛神賦〉，頁二七〇。

註三九　王粲〈神女賦〉（據藝文類聚七十九引），見《中華叢書、兩漢三國文彙〈辭賦〉》（臺北：臺灣書店，一九六〇），頁四三一。

註四〇　《世記新語・容止》第二十五則：王敬豫有美形，問訊王（導）公，王公撫其肩曰：「阿奴恨才不稱。」劉孝標《注》引《語林》曰：謝公云：「小時在殿廷會見承相，便覺清風來拂人。」才雖不稱其形，然猶有可稱，於此可證。見《世記新語箋疏》，頁六二〇。

註四一　同註一五，〈人間世〉篇，頁一八〇。

註四二　庾敳字子嵩，讀老、莊，太尉王衍雅重之，與郭象等游。見《晉書》本傳。標校讀本《晉書》（臺北：

鼎文書局，一九八〇初版），頁一三九五。

註四三　同註四二，《晉書》卷四十九本傳，「時輩皆以高第得調，伶獨以無用罷，竟以壽終。」，頁一三七五—一三七六。魏晉名士因政治的緣故，少有能全身者。

註四四　同註一六，〈賢媛〉篇第六則，頁六七一—六七二。

註四五　同註四四，第七、八兩則即記載許允婦之數處危難，臨事從容，料事如神，眼光深邃，胸懷如日月之坦蕩，誠不可多得。頁六七三—六七五。

註四六　同註一六，〈容止〉篇第一則，頁六〇七。

註四七　同註一六，〈賞譽〉篇第十六則，頁四二八。

註四八　同註四七，〈賞譽〉篇第十五則，頁四二六。

註四九　同註四七，〈賞譽〉篇第三十二則，頁四三八。

註五〇　同註四七，〈賞譽〉篇第三十七則，頁四四二。

註五一　同註一六，〈德行〉篇第三則，頁四。

註五二　同註一六，〈言語〉篇第五十七則，頁一一七。

註五三　同註一六，〈容止〉篇第三則，頁六〇九。

註五四　同註五三，〈容止〉篇第四則，頁六〇九。

註五五　同註五三，〈容止〉篇第五則，頁六〇九。

註五六　同註五三，〈容止〉篇第六則，頁六一〇。

註五七　同註五三，〈容止〉篇第二十六則，頁六二〇。

註五八　同註五三，〈容止〉篇第二七則，頁六二〇。

註五九　南朝宋宗炳（三七五—四四三）〈山水畫序〉曰：「聖人含道應物，賢者澄懷味象。」見《歷代論畫名著彙編》（臺北：世界書局一九七四初版），頁一四。

註六〇　晉顧愷之（約三四六—四〇七）〈魏晉勝流畫贊〉曰：「凡盡，人最難，次山水，次狗馬；臺榭一定器耳，難成而易好，不待遠想妙得也。」

聖人異表

——儒家審美外一章

淡江大學中文系副教授 殷善培

一、唯聖人能踐其形

「聖人」的內涵，雖因時因學說而有別（註一），但從來是儒家理想人格的極致與成就之對象則是無可置疑的（註二），理想人格外顯於事功上則特稱爲聖王（孟子即有此稱），聖王必是聖人，但聖人卻不一定是聖王，聖人是否成爲聖王存在著時與命的限定。不過，若不特別強調事功，聖人可以代指聖王。

聖人既然是人格的極致，學者以學聖、成聖自期，但若面稱之「既聖」，則不免謙遜起來（註三）。以孔子來說，弟子推尊夫子爲「仁且智，夫子既聖矣」（《孟子・公孫丑上》），但孔子卻說「若聖與仁，則吾豈敢」（《論語・述而》），這種謙遜成了儒學性格中的一大特色（註四）。

儒家強調聖人道德修養的內聖精神，從美學角度則可說儒家的聖人是強調道德人格之美的，孟子就說：

> 聖人之行不同也，或遠或近，或去或不去，歸潔其身而已矣。（〈萬章・上〉）
>
> 聖人，人倫之至也（〈離婁・上〉）
>
> 聖人與我同類者……心之所同然者，何也？謂理也，義也。聖人先得我心之所同然耳。故理義之悅我心，猶芻豢之悅我口。（〈告子・上〉）
>
> 可欲之謂善，有諸己之謂信，充實而有光輝之謂大，大而化之謂聖，聖而不可知之謂神。（〈盡心・下〉）
>
> 聖人，百世之師也（〈盡心・下〉）

說聖人是「與我同類」肯定了聖人非有異於衆，至於「歸潔其身」、「人倫之至」、「大而化之」明顯重視聖人的道德人格。不過，值得注意的是這一句話：

> 形色，天性也。惟聖人然後可以踐形。（〈盡心・下〉）

楊儒賓將此句放在「身體觀」的領域探討（註五），楊先生以爲：原始儒家的身體觀原型有三：一是禮化的身體觀（禮義觀），以荀子爲代表，強調人的本質、身體與社會的建構是分不開的；一是心氣化的身體觀（踐形觀），以孟子爲代表，強調形—氣—心的結構，主張生命與道德的合一；一是自然氣化的身體觀，強調自然與人身同樣是氣化產物，在本質上同樣是感應（註六）。朱熹對孟子踐形觀的理解是：「人心有形有色，無不各有自然之理，所謂天性也。踐，如踐言之踐。蓋衆人有是形，而不能盡其理，故無以踐其形；惟聖人有是形，而又能盡其理，然後可以踐其理而無歉也。」簡言之，即盡其性理以踐其形（盡性踐形），這樣的詮釋應當是接近孟子原義的（註七）。

不過，東漢趙岐的解釋亦值得我們玩味：「形，謂君子體貌嚴尊也。《尚書．洪範》『一曰貌』。色，謂婦人妖麗之容。《詩》曰『顏如舜華』，此皆天假施於人也。踐，履居也。《易》曰：『黃中通理』。聖人內外文明，然後能以正道履居此美形。不言居色，主名尊陽抑陰之義也。」剔除尊陽抑陰之說不論，說「形」是「天假施於人也」，又說「聖人」是「能以正道履居此美形」，這除了可能是先秦威儀說的繼承外；從漢代學術性格思考，不由得令人想起「體貌」的問題，尤其是聖人的「體貌」。

踐形觀強調道德人格修養，因此可以不談聖人「體貌」，但從自然氣化的身體觀思考，聖人體貌可是天人感應的徵表（註八），自有道理可說。

二、聖人不相

自然氣化的身體觀既是強調天人感應，形貌必有徵表以明感應所在，《呂氏春秋．觀表》就指出：「聖人之所以過人以先知，先知必審徵表，無徵表而欲先知，堯舜與衆人同等……人亦有徵，事與國皆有徵。聖人上知千歲，下知千歲，非意之也，蓋有自云也。綠圖幡薄，從此生矣。」人、事、國皆有徵表，《漢志》數術略形法類就包括，相宮宅、地形、人、刀、劍、六畜等項；形法小敘云：「形法者，大舉九州之勢以立城郭室舍形，人及六畜骨法之度數，器物之形容以求其聲氣貴賤吉凶。猶律有長短，而各徵其聲，非有鬼神，數自然也。然形與氣相首尾，亦有有其形而無其氣，有其氣而無其形，此精微之獨異也。」這一段文字告訴我們三點：⑴形法的目的在「求其貴賤吉凶」，這往往有動燭機先的用意在；⑵此「貴賤吉凶」其數是自然的，也就是命定的；⑶但氣／形的感應過程中是有例外的。前兩點易解，第三點關係重大，稍後再加解釋。

事、國之徵暫且勿論，且就人之徵表來看，人之徵在相（面貌、五官、氣色、體態、聲音、威儀、精神……），繹審其相便出現了相術。

相術的出現，從發生因探討，當與春秋戰國變革之際，在上位者的君位繼承，人才流動時的知人、識人、用人及遊士階層的時遇之感有密切關係（註九）。

爲君位繼承而相者，最早見諸史傳（《左傳．文公元年》西元前六二六年）的公叔敖請周內史叔服相其二子（穀、難），叔服答稱「穀也食子，難也收子。穀也豐下，必有後於魯國」，即屬此（註一〇）。

爲知人、識人、用人而相者，平原君的：「勝相士多者千人，寡者百數，自以爲不失天下之士。」（《史記．平原君列傳》），就是最好的說明；至於士爲一己的時遇幸偶，亦往往求助於相者，姑布子卿、唐舉，就是這類相者；有趣的是，士亦每每藉面相擇主而事，如《史記．秦始皇本紀》載尉繚說秦王其人：「蜂準長目，摯鳥膺，豺聲，少恩而虎狼心。居約，易出入下；得志，亦輕食人。」《史記．越王句踐世家》亦載范蠡謂句踐其人：「長頸鳥喙，可與共患難，不可與共樂。」

可知戰國諸侯爭雄，爲求洞燭機先，無論是在上位者或遊士階層，莫不索求各種徵表；及鄒衍五德終始之說出，此風更勝，無怪乎「疾濁世之政，亡國亂君相屬，不遂大道而營乎巫祝，信機祥」（《史記·孟荀列傳》）的荀子，會寫下了〈天論〉、〈非相〉痛斥其非。〈天論〉與本文關係不大，可以不論；〈非相〉中，荀子雖再三強調「相人，古之人無有也，學者不道也」，但無可否認，相人已是爲普遍風氣，荀子爲破斥此風，以相爲非，故列舉古聖賢的異相以明差長短、辨美惡是不必要的：

> 徐偃王之狀，目可瞻馬；仲尼之狀，面如蒙倛；周公之狀，身如斷菑；皋陶之狀，色如削瓜；閎夭之狀，面無見膚；傅說之狀，身如植鰭；伊尹之狀，面無須麋。禹跳，湯偏，堯、舜參牟子。

荀子舉了古聖中的不合相法的反例來說明相術的不可信，只是同樣的反例也可從不同的角度思考，所得出的意義就完全不同了，這就是所謂的「聖人不相」。

「聖人不相」一詞出現在《史記·范睢蔡澤列傳》唐舉與蔡澤的對話中：

> 吾聞先生相李兌，曰：「百日之內持國秉。」有之乎？曰：「有之。」曰：若臣者何如？唐舉孰視而笑曰：「先生曷鼻、巨肩、魋顏、蹙齃、膝攣。吾聞『聖人不相』，殆先生乎？」蔡澤知唐舉戲之，乃曰：富貴吾所自有，吾所不知者壽也，願聞之。唐舉曰：「先生之壽，從今以往者四十三歲。」蔡澤笑謝而去。

唐舉見蔡澤尊容爲「曷鼻（仰鼻）、巨肩、魋顏、蹙齃（蹙鼻）、膝攣」，戲稱是屬於「聖人不相」，「

「聖人不相」表明相法不及於聖人，聖人也者，就如前引《漢志》形法類小敘的「精微之獨異」，自不能以常法拘之。値得留意的是「聖人不相」這一命題不能說成「不中相者是聖人」，這在條件述句（conditional statement）中是很清楚的，唐舉戲蔡澤須如此理解。

三、聖人皆有異表

「非相」既可導出「聖人不相」，「聖人不相」若從正面立論就是「聖人皆有異表」了（《白虎通義．聖人》），「聖人異表」多見於漢代文獻，首揭其說的是《淮南子．脩務訓》：

> 堯眉八采，九竅通洞，公正無私，一言而萬民齊。舜二瞳子，是謂重明，作事成法，出象、漢賦現禹耳參漏，是謂大通，興利除害，疏河決江。文王四乳，是謂大仁，天下所歸，百姓所親。皋陶馬喙，是謂至信，決獄明白，察於人情。禹生於石，契生於卵，史皇產而能書，羿左臂而善射。

〈脩務訓〉引此九人，包括異表（堯、舜、禹、文王、皋陶）、感生（「禹生於石」當爲「啓生於石」之誤，詳見劉文典《淮南子集解》引王引之說）、異能（史皇、羿）三類，意在說明常人「無五俊之天奏，四俊之才難，欲棄學而循性，是謂猶釋船而欲水覆也」，初不在強調氣／形的對應。「九竅通洞」、「重明」、「大通」、「大仁」、「至信」云云，與其異表並無多少關聯，只可說是修飾語，這或與

《淮南子》行文受辭賦影響有關。

同一時期，董仲舒《春秋繁露·三代改制質文》也提到：

> 舜形體大上而員首，而明有二童（瞳）子，性長於天文，純於孝慈。
>
> 禹生發於背，形體長，長足肵，疾行先左，隨以右，勞左佚右也。性長於水，習地明水。
>
> 契先發於胸，性長於人。至湯，體長專小，足比扁而右，勞右佚左也。性長於天光，質易純仁。
>
> 后稷母姜原履天之跡而生后稷。后稷長於邰土，播田五穀。至文王，形體博長，有四乳而大足，性長於地文勢。

董仲舒倡言「人副天數」，人的形軀、精神無一不與天文相應（《春秋繁露·人副天數》），異表云云則是配合天道而生，意在強調「天道各以其類動」，同舉異表，但與《淮南子·脩務訓》用意並不相同。

東漢王充《論衡·骨相》提到十二聖的異表：

> 黃帝龍顏，顓頊戴午（干），帝嚳駢齒，堯眉八采，舜目重瞳，禹耳參漏，湯臂再肘，文王四乳，武王望陽，周公背僂，皋陶馬口，孔子反羽。

王充的用意是「人命稟於天，則有表候見於體。察表候以知命，猶察斗斛以知容矣。表候者，骨法之謂也」，十二聖「或在帝王之位，或輔主憂世」，這就是他們稟受於天的命，異表則是稟命的表候，所以「聞聖人之奇者，身有奇骨，知能博達，則謂之聖矣」（《論衡·講瑞》），這是性成命定之說。

時代相近的《白虎通義》說聖人異表是「所以能獨見前睹，與神通精者，蓋皆天所生也」，這與王充觀點頗爲近似，這些異表是：

傳曰：

伏羲日祿衡連珠，大目山准龍狀，作易八卦以應樞。

黃帝龍顏，得天匡陽，上法中宿，取象文昌。

顓頊戴干，是謂淸明，發節移度，蓋象招搖。

帝嚳駢齒，上法月參，康度成紀，取理陰陽。

堯即八采，是謂通明，歷象日月，璇璣玉衡。

舜重瞳子，是謂滋涼，上應攝提，以象三光。

禮說曰：

禹耳三漏，是謂大通，興利除害，決河疏江。

皋陶馬喙，是爲至誠，決獄明白，察於人情。

湯臂三肘，是爲柳翼，攘去不義，萬民蕃息。

文王四乳，是謂至仁，天下所歸，百姓所親。

武王望羊，是爲攝揚，盱目陳兵，天下富昌。

周公背僂，是爲強俊，成就周道，輔於幼主。

孔子反宇，是謂尼甫，德澤所興，藏元通流。

與《論衡．骨相》相較，異表的聖人多了伏羲，但更重要的差異是《白虎通義．聖人》強調的是「非聖不能受命」，王充重點並不在此（註一一）。《白虎通義》之所以有這樣的說法，是與所引據的文獻思想有關。陳立《白虎通疏證》說此處的「傳曰」兼用〈元命包〉、〈援神契〉等緯文；「禮說」即《禮．含文嘉》，亦即《白虎通義》的聖人異表說引據的是讖緯思想。

讖緯思想中聖人異表更爲多見，上自天皇、地皇、人皇的古三皇，下至赤漢劉邦均有其說（註一二），讖緯思想中的異表是放在「受命」主軸下思考，這一主軸有一套完整的程序，依序是「感生」、「異表」、「符應」、「改制」、「祥瑞」（註一三），所以王充可以簡單臚列十二聖相，但《白虎通義》卻得加上「是謂……」，如此一來形式上似與《淮南子．脩務訓》近，但用意差距甚遠！

四、異表的能指與所指

《白虎通義》的聖人異表可以從符號學的能所關係來說明。異表是徵表，徵表可視爲符號學中的能指（signifier），受命則是其所指（signified），這裏的能所關係是標示（indexicality）與象似（iconicity）（註一四），茲說明如下：

「伏羲日祿衡連珠，大目山准龍狀，作易八卦以應樞。」

《孝經緯．援神契》作：「伏羲大目、山準、日角，而連珠衡。」

日祿即日角，祿、角古音同。日角，聖人多有之（註一五），指「庭中有骨起，狀如日」（《尚書中候》鄭玄注）。

衡，人之眉上曰衡。連珠，骨如連珠。衡連珠者，眉上骨如連珠狀。

山准（準），高鼻。龍狀，龍顏，狀似龍。

伏羲的異表指向「作易八卦以應樞」，樞爲樞星（北斗七星之一），將異表與天文相比附，正是異表/受命標示關係所在。與鄭玄注讖緯齊名的宋均，就是從這一角度來解釋〈援神契〉此句「伏羲，木精之人。日角，額有骨表，取象日所出。房，所立有星也。珠衡，衡中有骨表如連珠，象玉衡星」，日角是說伏羲於五德屬木，木於五行方位居東，東爲日出之所，故有日角。

這層的標示關係究竟是什麼？《白虎通義》可能是將眉上的「衡」視爲天上的玉衡星，玉衡星屬北斗七星；也有可能將連珠解爲星宿。八卦也者，仰觀俯察，「象在其中矣」（《易．繫辭下》），故與天象相比擬。

不過，不同的詮釋系統所看出的標示關係是會有所差異，《易緯．乾鑿度卷下》就從十二辟卦去除乾、坤二卦之後的十卦來說明異表：

> 孔子曰：復表日角。臨表龍顏。泰表載干。大壯表握訴，龍角大辰。夬表升骨履文。姤表耳參漏，足履王，知多權。遯表日角連理。否表二好文。觀表出準虎。剝表重童（瞳）明歷元。此皆律歷運期相一匡之神也，欲所按合誠。

鄭玄注「復表日角」云：「表者，人形體之章誠。名復者，初震爻也。震之體在卯，日於出焉。又初應在六四，於辰在丑，爲牛，牛有角。復，人表象。」鄭玄運用自創的「爻體說」、「爻辰說」來解釋異表(註一六)。從爻體著手，復卦(上地下雷)初爻爲陽爻，震卦初爻亦爲陽爻，所以說「初震爻」，震卦居卯位，東方，日出之地，故云「日於出焉」。從爻辰著手，六四爻辰爲丑，於十二生肖屬牛。合而言之，從爻體說復卦爲日，從爻辰說復卦屬牛，牛有角，所以說「復表日角」。

準此，黃帝「得天匡陽，上法中宿，取象文昌」、顓頊「發節移度，蓋象招搖」、帝嚳的「上法月參，康度成紀，取理陰陽」、堯的「歷象日月，璇璣玉衡」、舜的「上應攝提，以象三光」、湯的「湯臂三肘，是爲柳翼」就不能只視爲虛文，而當求其能所的標示關係。

至於「禹耳三漏」、「文王四乳」、「武王望羊」、「周公背僂」、「孔子反宇」則屬於象似關係。

「禹耳參漏」，《淮南子・脩務訓》高誘注云：「參，三也。漏，穴也。」即耳洞有三。這或許與相術中耳爲長江，禹耳三漏正取象疏河決江。

「文王四乳」，黃暉《論衡校釋》說是四乳生八子，相傳之訛。四乳，就是四產。後訛爲文王之身有四乳。《春秋緯・元命包》作「文王四乳，是謂含良。蓋法酒旗，布恩舒惠。」宋均注：「乳，酒也」、「酒者，乳也，乳天下謂也」，取象哺育天下。

「武王望羊」，若據《春秋緯・元命包》則做「武王駢齒，是爲剛強。取象參房，誅害以從天心」，宋均解釋的很清楚：「日房爲明堂，主布政。參爲大臣，主斬刈，兼此二者，故重齒爲表」，屬法天一型的標示關係。至於「望羊」，古注解爲遠視、仰視（註一八），似取受命之狀。「周公背僂」，即駝背，取象負有重責大任，所以說「成就周道，輔於幼主」。「孔子反宇」，孔子頭形似尼山，四方高而中下。稱之「反宇」者，可見是從天圓地方的蓋天說來看的，這一「反宇」的異表大概表示孔子是失時的素王，「德澤所興，藏元通流」，所以爲赤漢制法（註一九）。

「皋陶馬喙」，「馬喙」，馬嘴，口狀如馬嘴；這一則大有問題，首先，馬喙不可說是異表，否則，句踐的長頸鳥喙也算異表了；再則，皋陶未曾受命，何以列爲聖人？雖然《白虎通義．聖人》略有解釋（註一七），但並不能釋疑，這的確是一大問題，該怎麼解釋呢？答案就在《尚書中候．苗興》的「皋陶之苗爲秦」，注云：「秦出伯益，明是皋陶之子也」，原來說皋陶爲聖人是在迂迴地處理秦的問題，所以「皋陶馬喙」云云不能從能所的標志來解釋。

綜上所述，十三聖異表可以分爲二類：一類是法天取象，多與天官相應，能所間的標示關係必須索解天人相應，這在自然氣化的身體觀中可說是最符合氣／形的對應關係；一類是直接就人事取象來標示能所關係；只有「皋陶馬喙」乃因其他因素加入，可說是例外。

明乎此，「日祿衡連珠」、「得天匡陽」等詞就不只是修飾語，而是標示或象似的能所關係，這層關係也表示著氣化身體觀下的政教審美現象，迥異於踐形觀的道德人格美！

【附註】

註一　何謂聖？聖的本義是什麼？白川靜以爲聖人的本義是能聽見神之聲，是能聞神聲而最接近神的人，詳見氏著，加地伸行、范月嬌合譯《中國古代文化》（台北：文津，民國七十二年），頁八九—九〇。至於聖人觀念中國思想史上的演變與意義等問題，，可參見秦家懿〈「聖」在中國思想史內的多重意義〉，清華學報，新十七卷，第一、二期合刊）；王文亮，《中國聖人論》（北京：中國社會科學，一九九三）。

註二　這並不是說聖人只是儒家的理想人格，可以說聖人是中國文化中的理想人格。唯《莊子》較奇特，理想人格則有「至人」、「神人」、「聖人」、「眞人」、「全人」、「德人」等，「聖人」未必是極致。這些理想人格差異，參見崔大華《莊學研究》（北京：人民，一九九二），頁一四九—一六二。

註三　孟子非常強調「仁且智」與聖的關係，如〈萬章下〉說孔子是聖之時者、集大成者，金聲而玉振，「金聲也者，始條理也；玉振之也者，終條理也。始條理者，智之事也；終條理者，聖之事也。智，譬則巧也；聖，譬則力也。」〈公孫丑下〉也載有陳賈說仁且智雖周公不能也。「仁且智」與聖人的關係可以再思考。

註四　這裏其實觸及了相當有趣的問題，可否自詡爲聖人？《孟子．公孫丑上》記載公孫丑與孟子知言、養氣的問答後，公孫丑突如其來的一問：「宰我、子貢善爲說辭，冉牛、閔子、顏淵善言德行；孔子兼之，曰：『我於辭命，則不能也。』然則夫子既聖矣乎？」孟子急著說：「惡！是何言也！昔者子貢問於孔子曰：『夫子聖矣乎？』孔子曰：『聖則吾不能，我學不厭而教不倦也。』子貢曰：『學不厭，智也；

教不倦，仁也。仁且智，夫子既聖矣。』夫聖，孔子不居，是何言也！」不敢自居、也不能自居爲聖，難不成聖人只能既歿之後推尊之？牟宗三正是如此認爲（參見《中國哲學的特質》第三講，臺北：學生民國六三年）但《白虎通義．聖人》不這麼認爲：「聖人未歿時，寧知其聖乎？」「知之。《論語》曰：太宰問子貢曰：「夫子聖者歟？」孔子曰：「太宰知我乎！」「聖人亦自知聖乎？」曰：「知之。孔子曰：『文王既歿，文不在茲乎！』」但，《白虎通義》的「聖人」實是「聖王」（詳見本文第三部份）。

註　五　「身體觀」是近年興起的研究途徑，主要處理氣與身體的問題，參見楊儒賓主編的《中國古代思想中氣論及身體觀》（台北：巨流，民國八二年）

註　六　楊儒賓，《儒家的身體觀》（台北：中央研究院中國文哲研究所籌備處，民國八五年），〈導論〉，楊先生以爲三派來自二源，一是以周禮爲中心的威儀身體觀，二是以醫學爲中心的血氣觀。

註　七　程子也說的很清楚：「此言聖人盡得人道而能充其形也。蓋人得天地之正氣而生與萬物不同。既爲人，須盡得人理，然後稱其名。衆人有之而不知，賢者踐之而未盡，能充其形，惟聖人也。」（朱熹《四書集註》）

註　八　王符說：「人之相法，或在面部，或在手足，或在行步，或在聲響，面部欲溥平潤澤，手足欲深細明直，行步欲安穩覆載，音聲欲溫和中宮，頭面手足，身形骨節，皆欲相副稱，此其略要也。夫骨法爲祿相表，氣色爲吉凶候，部位爲年時，德行爲三者招，天授性命決然，表有顯微，色有濃淡，行有薄厚，命有去就，是以吉凶期會，祿位成敗，有不必然者，非聰明慧智，用心精密，孰能以中。」（《潛夫論．相列》）

註　九　相術的出現若從本質因（理論因）來看，自然與天命觀、天人感應等觀念有關；若從發生因（歷史因）探討則與上位者需求人才、遊士階層的幸偶時命相連，這一部份的探討，詳見蕭艾，《中國古代相術研究與批判》（湖南：嶽麓，一九九六），第一章；黃建良，《中國相術與命學探源》（北京：新華，一九九三），上編。祝平一，《漢代的相人術》（台北：學生，民國七十九年），第二章。

註一〇　內史叔服倒是值得留意的人，內史在周代官制中爲太史寮系統，後世數術之學其源就是出自太史寮，這一問題可參見李零，《中國方術考》（北京：人民中國，一九九三），緒論；《左傳》中有兩則與叔服有關的記載，都與數術有關，一則是文公十四年的「有星孛入于北斗。周內史叔服曰：不出七年，宋、齊、晉之君皆將死亂。」一則是成公元年的「叔服曰：背盟而欺大國，此必敗。背盟，不祥，欺大國，不義。神、人弗助，將何以勝？」

註一一　王充雖也說「文王在母身之中，已受命也。王者一受命，內以爲性，外以爲體，體者面輔骨法，生而稟之……夫四乳，聖人證也，在母身中，稟受聖命，豈長大之後，脩行道德，四乳乃生？」（《論衡・初稟》），但他更強調「十二聖相不同，前聖之相，難以照後聖也。身形殊狀，生出異土，雖復有聖，何如知之？」所以落在性命的角度發揮。

註一二　舉例如下：

古三皇（天皇、地皇、人皇）

天皇頎羸，三舌，驤首，鱗身，碧驢禿揭；

地皇十一君，皆女面，龍顙，馬蹏，蛇身；

人皇，龍身，九頭，驤首，達腋；

地皇氏逸，于有人皇，九男相像，其身九章。（《洛書·靈準聽》）

三皇（《禮緯·含文嘉》之三皇爲虙戲、燧人、神農）

伏羲山準，禹虎鼻。（《孝經緯·援神契》）

伏羲龍身牛首，渠肩達掖，山準日角，龠目珠衡，駿毫翁鬣，龍唇龜齒，長九尺有一寸，望之廣，視之專。（《春秋緯·合誠圖》）

伏羲大目，山準龍顏。（《春秋緯·元命包》）

神農生三辰而能言，五日而能行，七朝而齒具，三歲而知稼般戲之事。（《春秋緯·元命包》）

神農長八尺有七寸，弘身而牛頭，龍顏而大脣，懷成鈐戴玉理。（《孝經緯·援神契》）

註一三　「受命」與「天文」是讖緯思想的二大主軸，每一主軸下均有一完整的操作程序，詳見殷善培，《讖緯思想研究》，政治大學中國文學研究所博士論文。（民國八五年）

註一四　皮爾斯指出能所間的聯係有三種情況：一是標示（indexically），能所的關係是靠因果關係形成的；二是象似（iconicity），能所間的關係存在著某種知覺類似性；三是規約（conventionality），也就是約定俗成的關係。參見趙毅衡，《文學符號學》（北京：中國文聯，一九九〇），頁二一～四；李幼蒸，《理論符號學導論》（北京：中國社會科學，一九九三），頁四八一—二。

註一五　如《春秋·演孔圖》「有人卯金豐，擊玉鼓，駕六龍。其人日角龍顏，姓卯金刀，含仁義，戴玉英，光中再，仁雄出，日月角」、《春秋緯·含誠圖》「伏義龍身牛首，渠肩達掖，山準日角，奯目珠衡，駿毫翁鬣，龍唇龜齒，長九尺有一寸，望之廣，視之專」、「豐下兌上，龍顏日角，八采三眸，鳥庭荷勝，琦表射出，握嘉履翌，竅息洞通」、《春秋緯·命歷序》「離光次之，號曰皇談，銳頭日角，駕六鳳凰出地衡，在位五百六十歲」、《孝經緯·援神契》「黃帝身逾九尺，附函挺朵，修髯花瘤，河目龍顙，日角龍顏」、《論語·摘象輔》「顏回山庭日角，曾子珠衡犀角」、「子夏日角大目」、「子張日角大目」，河圖、洛書中更是多見。

註一六　鄭玄爻體說的意義，參見劉玉建，《兩漢象數易學研究·上》（廣西：廣西教育，一九九六），第八章。

註一七　《白虎通義·聖人》「何以言皋陶聖人也？以目篇『曰若稽古皋陶』，聖人而能爲舜道。『朕言惠可底行』，又『旁施象刑維明』」。

註一八　《孔子家語·辦樂解》「近黮而黑，頎然長曠如望羊」，注：「望羊，遠視也」，《釋名·釋姿容》「望佯：佯，陽也；言陽氣在上，舉頭高似若望之然也。」

註一九　「丘爲制法，主黑綠，不代蒼黃」（《孝經緯·援神契》），孔子爲黑帝精，而周爲木德，承木德者當爲火德，孔子生不逢時，所以不得爲王，所以名爲「素王」。不過「王」畢竟是「王」，《春秋》一書就是孔子的「改制」理念，「聖人不空生，必有所制，以顯天心。丘爲木鐸，制天下法。」（《春秋緯·演孔圖》），只是這一「改制」在當時並未施行就制度上講，周爲赤統，繼周者爲黑統，合爲孔子黑帝精之時，所以讖緯中屢言孔子爲赤制，如：「丘生倉際，觸期稽度，爲赤制。故作《春秋》，以明文命；綴紀撰《書》，修定禮義。（《尚書緯．考靈曜》）、「丘立制命，帝卯行」（《孝經緯．援神契》）、「丘攬史記，援引古圖，推集天變，爲漢帝制法，陳敘圖錄」（《春秋緯．漢含孳》）、「黑孔生，爲赤制」（《春秋緯．感精符》）、「孔子論經，有鳥化爲書。孔子奉以告天，赤爵集書上化爲黃玉，刻曰：孔提命，作應法，爲赤制」（《春秋緯．演孔圖》）。讖緯中的孔子形象，詳見周予同，〈緯讖中的孔聖與他的門徒〉，收在《周予同經學史論著選集》（上海：上海人民，一九九六）。

中國藝術的特質

德簡書院主持人　王鎮華

綱　要

眞正的文化，平凡而深刻、無邊，不易言明卻讓人終身服膺。

在正常的時代，大家不言而喻，默信不移；

在危機時代，才需要去說它，想儘力把它說清楚，寫出來。

如果簡單用三個名詞說，中國藝術的特質——如中國文化的特質：

㈠具有濃厚的主體成長性　不主客對立，不外化——工具化、商品化

㈡實踐性　不只是視覺等感官的，也不只是概念的，自我解釋的

㈢整體性　不掉入專業的窄巷，做局部性的極致講究——拚湊感

較詳細的從各個角度來看，它具有下列特質：

㈠生氣靈活　1.乾　活的、生氣昂然、飽滿　天行健

㈡餘地餘韻　「留白」　⑴可以自由聯想

⑵有餘意

⑶湧現生機、生氣

㈢講究厚實（即大氣）　2.坤　厚實巨大：大、厚、高、遠

層次、深度　（大自然與人性的）層次、深刻

㈣懂得精微　微：履霜堅冰至

㈤質樸自然　3.地　自然系統　不對立，不征服

㈥安立人心　平和　人　人的系統　不優越，不壓迫

㈦講理敬天　「配天」　天　形而上的系統　不緊張，不對立

㈧澄明朗朗　不特殊化，神祕化　4.德　悳『在生活中　（整體性）　不局限

㈨簡易、「乾淨俐落」易知、易從；親切易入　面對自己的成長　不外化

㈩主從分明　透過「做」（實踐）　工具化

⑾時　季節感、時間感（音樂性、線性）、　獲得各種本性的心得』　商品化

尊重主體節奏　（尊卑）

位　局部中有整體

(十二)含蓄　由於忠於自己的充實充問題

(十三)貴氣　食人間煙火的，真為人服務的

大氣　敦厚

(十四)舒暢　圓融　「溫柔」即心悅誠服的

(十五)適當　平實　非干涉的　宰制的

(十六)信執　方正

(十七)負面而言，沒「火氣」——即不短路

(十八)對物質、感官的態度是「役物而不役於物」

是意在筆先，「知止的」

5. 終——　不「水仙」，

壯——服務　不孤芳自賞

始——

終——

壯——充實　不揮霍才情，不虛誇

始——

6. 四種基本的感覺　元　不局限

亨　不博雜

利　不生負作用

貞　有信念有執著

不作怪；耐得住孤獨寂寞

最容易產生的一種「短路」

(九)兩極調和　　7.陰陽相濟

中——不過份，也不拘束　　位育中和

(十)充實的美學觀　　8.現象　充實之謂美

(十一)具有一貫性　可久　　易知可親則可久

（包容性）　可大　　易從有功則可大

╱然而，這些特質，使中國文化生命活存了五千年的特質，有它自己的變遷以及外來的沖擊雙重的考驗——但，中國歷史從來不靠排外生存下來，相反的，忠實吸收消化是常態，問題是：不能喪失自己。什麼是自己？

╱面對中西文化、藝術的異同，如何調適：貞定其異，感應其同；

同則相感，異則相動。

╱送給來聽講的朋友——天道酬勤，實者慧。

——有情有信，無爲無形〈莊子〉，闇然日彰，的然日亡〈詩經〉——

一、前　言

我會去探討〈中國藝術的特質〉原因頗多，一方面是由於在中原大學教授基本設計課十二年，學生被我們訓練得只懂欣賞西方藝術，反而對於中國的民俗及藝術品不知如何欣賞，令人深感遺憾。十年前，我開始收集中國造形的資料，才深知中國造形之豐富。另一方面是我在研究中國建築時，發現其中有些抽象的感覺，很難將其歸類，而它卻深深影響所有的中國建築，於是我把它發展出來；而且在中國的「禮」（生活方式）、繪畫、音樂、戲劇……各方面也有同類特質，所以我也收爲內容做爲實例。經驗這些之後，我才發覺我所整理的就是中國藝術的特質。

當時，整理後還不敢發表，因中國藝術的特質，第一項就是「很有生氣」，「生氣」在我們教學之造形概念中，便不知要擺在何處？但談中國藝術不談「生氣」，等於什麼都不能談，這時才體悟中西美學的不同。由於中國的東西是活的，我雖然已整理過七、八張綱要，卻難以適當分類，總覺有所不妥，很難兼顧各個層面。在一個偶然的機會，將其置於周易的框架上，才發覺非但妥當，而且一些平常的字眼，開始轉生出許多新意。

眞正的文化是平凡且深刻無邊的，不易講明，卻能使人終身服膺；換而言之，眞正珍貴的東西，我們有權利不開口，反而講出來的常是些糟粕。但在這文化的危機時代，我們被學生及西化人士逼得得說出中國藝術的特質；我們非但要講清楚，更要將它寫出來，讓他們明白中國藝術的深處妙處。

中國藝術的特質——一如中國文化的特質

中國藝術簡單歸納，包含三個特性，首先是具有主體成長性，所有藝術品均和主體有關，怎樣的人就會有怎樣的藝術品。這種人格論的說法，很難論定，說的不好便會壓抑天才，但一個人的人格特質會影響他的藝術創作，也是不言而喻的。第二就是實踐性，中國藝術談論得再多，並不等於會做；道理講得再深刻，對於那些會做的匠人而言，常常反而好笑，因為他知道雖然你碰到了些深刻的東西，卻不太相干，還沒眞正進入。第三個中國藝術動人之處，即是它的整體性，因為不論主體性或實踐性，必然具整體化。蘇東坡曾說：「無窮出清新」，我想在座對中國文物欣賞愛好的朋友，縱使中國文物給人無邊無底把握不住之感，我們敢去面對，甚至會面對到背後漸漸浮現的主體（作者自己與觀者自己）。以下便是我把它放在周易的框架下，較詳細地由各個角度對特質做介紹，使易經內容與中國藝術特質也做一對比、探討。各節先介紹易，再介紹相關特質。

二、從易經的各個角度整理中國藝術的特質

(一)「乾」所具有的——生氣靈活與餘地餘韻

整個宇宙人生究竟是命定的或是自由的，中國文化不如此談論；而認為宇宙間的一切種種，其根源是一股創生力量，不斷地往前開展。在「乾」字中，左邊太陽由地平線昇起，右邊草的芽正要突破地表，那個生的力量就是「乾」，所以「乾」是「活」的，有「生氣」、「生機」的、是「飽滿」的。我們傳統的美學形容詞上，談到藝術品的飽滿，即是稱它相當有生氣；具體而言即如「天行健」。

然而這種靈活、飽滿的生氣並非最高境界，最高的境界是能生出這種生氣的「生生」，傳統的用

字即「留白」一詞。但一般的解釋層次不高，泛指空白，西方繪畫大多是滿佈而少有留白，中國藝術品卻喜歡留白，這給了生活排得滿滿的現代人有自由聯想的空間。另一個較高的層次，就像我們聽音樂會，演奏結束了，卻還能餘音繞樑；任何藝術在形式外，有其弦外之意，可令你眞實的感覺到，內心深深感動，這就是中國藝術留白的第二層意思。而留白最難展現的層次，便是湧現生機，如一個最會講話的人，不是滔滔不絕使人產生壓迫感，而是他起了頭，大家盡興談論時，他反而並不多言；藝術品亦同，它不會用累積法來轟你，簡單幾點動作不多，便讓你活了起來，這就是最高境界，也就是要有餘地、餘韻。留白雖可將它說成具體的「空白」，倒不如說是個「沒動沒畫，卻能湧現生機，蘊含豐富意義的地方」。

(二)「坤」所具有的——講究厚實與懂得精微

在乾之後，所凝聚成的就是「坤」。如跟人說話，我用心去講，這是生命的興發；在講完後，留在錄音帶的聲音，或每個人心頭的記憶，就是坤——是客觀存在的。坤這個字，左邊是土地，右邊是申，也就是指大地，在客觀中最具體的即是大自然。傳統論美的字眼中所謂的厚實巨大，山水所謂高遠、深遠、平遠，都是指自然客體內容之豐富。

也表現在深度和層次上，不論是人或大自然，其大已不只是尺寸上的大，且是層次上的豐富。同時，這個大，是蘊藏在細微之中的，一海之大，一勺水就有；一山之大，一鏟土也具足；人生之大，由你當下的態度，便可知七、八分了，至少某一階段如此，所以大就在「微」之中。此又微又大的坤性，可用「履霜堅冰至」代表。要了解乾，就是天行健；要了解坤，就記得履霜堅冰至，冬天大地冰封，那是一點一點冷起的眞實過程；就如同有煙癮的人，也是一根一根抽起，有一天他沒了煙，就不能做事、聊天。整個易經大半在談生命的「防微杜漸」，人生重要的都在當下中。從坤中，我們可見二個特質：就是講究厚實，要有深度、層次，都是指其豐富而言；另一特質便是懂得精微，在藝術造形上，能用微的民族畢竟不多。

㈢地人天三才——質樸自然、安定人心與講理敬天

乾坤不是概念，中國人認爲一切根源來自乾，乾再生坤，但乾與坤都「不對」（拒絕概念化），它們是萬物的根元；乾所引發出來的第二層就是陰陽（就理言）、仁義（就人言）、剛柔（就物言）……要具體的談，即第三層出現地人天三個系統，地是大自然的系統；而大自然中最獨特的就是人的系統，尤其是人心；第三個系統即是天，人類想了解人和地，因人地均是形而下的，想了解形而下具體的事物，自然會想用道理去解釋它，「理」就是形而上——天的部分，故中國人所講的形而上是具體的抽象道理。道理人人可講，而其中是否有眞理貫穿「一以貫之」就不一定了。從地人天發展出質樸自然、安立人心、講理敬天三個特質。

中國人向來重視物質樸素的本性，人心由此安立、發展。如果站在投資的角度去購買藝術品是危險的，見了會令人起貪婪之念的藝術品，最好不要購買，否則便會浸淫在銅臭之中；藝術品是有精神的，接觸到好的藝術品，就如接觸到好老師，反之，無異於和魔鬼共處。好的藝術品不用言語，便能

使我們的心靈受感染，安定、上進的感覺便能由心自然升起。天的系統是講理，藝術品本身蘊藏著深厚的哲理，是最無言的雄辯。

由質樸自然和安立人心二特質，合成人與自然所衍伸出的一種平和、和諧的特質；西方人和自然的關係有對立性，即強調克服自然、人定勝天；但中國人和自然較重和諧性。至於人與天之間，西方的人神關係是緊張的，在哥德式教堂中，神是高不可攀的；但在中國寺廟的造形與空間卻是可親的，和我們日常生活密切不分，人神間的關係是調和的。老子和中庸裡都談到「配天」，所謂的天功人代、開物成務均是指人與天地的關係，無論是「平和」或「配天」都是人和自然、人和天和諧關係所產生的特質。

㈣德中的——澄明朗朗、簡易、乾淨俐落、主從分明、時位

一個自然而飽滿的生命，就像個小孩，有了自覺後懂事、充實，逐漸成長成熟，但他還是得面臨一生的大限——死亡，自然人也許無所謂，有習俗的安排，但一有文明後，人便要求了解生死的問題，而也有了怕死的現象；就算不怕死，有限的生命如何克服？人死後是否進入虛空？這也不是個愉快的問題。中國文化突破的一個方法是——德；這個字二千五百年前孔子便對子路說過「由，知德者鮮矣」。而今我們要將德加以闡明，即「在生活中，面對自己的成長，透過做，得到各種本性的心得」，此實踐心得就是德。在阮元的經籍纂詁中，德共有一百七十多條註解，還是莊子的「德者，得也」講得最清楚。

在生活中不能光用腦去活，更要用心去活，用腦是認知、利用某物，用心則是自己眞心去做，利用是將它當作工具，做則是強調身體力行，長在身上的心得，便是有德。藝術不僅不能脫離，更須面對生活、成長，有些現代藝術脫離了生活、令人難以理解；而藝術若不能從面對自己出發，那他藝術的出發點都還沒找到，如何可能坦誠地暴露自己的種種眞性情？如果藝術家在創作前便先有預設、設限，不敢講眞話，那麼便喪失了藝術的動人之處，不敢「自恣」（禪宗自剖之意）、說眞話，這就連藝術起碼的美的基礎，「眞」都沒了。唯有眞誠，才能知道自己成長問題之所在，但「強調」一點不等於做，愈聰明的人愈會用「強調」偷渡「做」；而藝術說得再深刻，仍可能「說得像哲學家，但做得卻像個傻瓜」。這就是中國主體的文化，畢竟做過以後的了解，和思考上的理解是有段差距的。

由德之中，可得澄明朗朗、簡易（乾淨俐落）、主從分明、時位四項特質。德流露的特質是澄明朗朗，中國藝術品不談怪力亂神。甚至漢朝談神異都很樸素，總之「神秘入玄」就偏離了澄明特質，得「明朗入玄」才是中國的玄。學問會越做越複雜，實踐則越做越簡單；做學問，因要開展，必然會越來越複雜，而實踐勢必則整合出簡單的途徑。中國文明、文物是走實踐的路，以實踐去接近、面對整體，所以中國藝術品有種簡明的動人。

中國傳統文化是如易經所謂的「簡易的」，而後來的某種複雜現象，可能是來自佛教和金人文化影響所致；戰國時複雜的「錯采鏤金」圖案，是由層次組成的複雜，且只流行於王宮之中，在士大夫間則普遍流行著「初發芙蓉」的簡易之美；古董市場常說的「乾淨俐落」便是在說以簡易的處理手法，明快地掌握了複雜的內容。德在心中累積而成德，透過親身的體驗、實踐，使得一切越來越簡易。

我們是以德行定人尊卑的；尊卑反映在造形等藝術上則出現主次、主從。尊卑非階級，由德行決定的是尊卑，力量折服的才是階級；造形不能沒有重點，甚至在層次中也有主次，如在圖案的層次中（主紋、次紋、底紋）均有主次。

透過德，整個時空觀念會有所改變。時空有三個層次，第一是用理性處理時空，即時空二分，如我們看鐘錶所知的時間，看幾何座標所知的空間，兩者是獨立不並存的。東方人能欣賞「靜中有動」（如白石的蝦），而西方人卻得將它畫出（如下樓閃動的狗腳），才能體會。第二層時空是合一的，即凡是有關生命的東西有時間就有空間，兩者並存，就像中國人的一柱香、一盞茶、一頓飯、一個時辰，都是時空合一的。而心中有德的體會以後，其實踐感動非但時空合一，更可超越時空（感動中忘了時空感或有超越時空的意義），這便是中國文物的時空觀念，是時空的第三層意義。當我們感動於自然的季節感，音樂性的線性感，亦即生命的流動，即屬此層的察覺。在第三個層次是尊重主體的節奏，中國的長手卷、四面廳……甚至任何文物、空間動線在把玩觀賞時，其快慢欣賞者是可以自己控制的，但西方藝術則是以創作者、表演者爲主，而非以觀賞者爲主。這樣的時空觀，以生命爲基調，很重主體性（如「閒」情逸緻），我們叫做「時或位」，時位的局部裡有整體，因其設計時，並非以視覺結構爲主，而是每一步都用心在做設計，所以局部中有整體；用時間來說，即是剎那中有長久的時間感。

(五) 含蓄與貴氣

人生本有三個階段——開始、壯大、終結。自然的生命乃由開始而至終結，但人文的生命卻是以自我成長的終結來面對別人的開始，此時一切便有不同。自然生命的始終之道，就是生之道；一個人文生命的終始之道，乃是以你的終（成德）面對子女的開始，或社會上不成熟人的開始，這就是生生之道。前半生以充實自我爲主，後半生則是服務人群，此即王道思想。由此我們得到兩項特質，首先是含蓄，現在某些含蓄，已發展到酸不可聞的地步，相當的世故，眞正的含蓄，即如天才面對自己德的充實，也會有所謙遜，因天才是在心領神會時，方能展現才氣，而總有江郎才盡之時，論語中言及，即使有周公之才之美，但驕傲的話終將不足觀矣，所以中國文化是最懂得珍惜天才的，因爲它知道如何指導天才。爲何以天才來強調含蓄？因天才若放肆，便薄了。常見一些藝術品，頗有才氣，然而它卻缺少了中國藝術品內斂、凝聚之感，故含蓄的展現，是面對自我充實的必然結果。在充實之後，服務社會，則散發出貴氣——這是一種自爵，中國文化從不用人爵，向來以自爵或天爵作自我肯定（譬如素王「素其位而行」即重德位），許多賞玩中國藝術品者，品評態度頗爲狷淨，甚至狷到不食人間煙火的地步，那在他賞玩的物品中，必然缺少貴氣——這並非朝廷的官味、富豪的金粉氣，眞正貴氣是在充實飽滿後爲人服務而產生的；換言之，心中有別人有大衆，即充實之貴氣！

就像孔子遇見隱士，隱士說孔子如喪家之犬，孔子回答：「我不和人生活在一起，難道和禽獸爲伍」？那些隱士雖高，卻只能獨善其身，孤芳自賞，因而缺乏那股爲人服務的貴氣，有貴氣者不必是而常常是栖栖惶惶如喪家之犬，我們不以成敗論英雄，而以心態、作爲論貴氣。一個人若是只懂得孤芳自賞就易自戀，美國大學頗爲流行，在中國文化中也有不少這種人，狂一膨脹，甚至看不起天下人。蘇東坡早期亦是如此，「與誰同坐」？「清風、明月、我」；有天夜裡，他夢見觀世音，蘇軾把這看不起人的苦惱告訴觀世音，觀世音回答他，那你看看自己吧。蘇軾一夢醒來，成了最能體諒人情世故的「解人」。中國有些藝術品看似俗氣，而它卻是頂尖的，即因其中充滿貴氣。眞是一紙之隔啊。

(六)四種基本感覺——四氣

談到這裡，易經的人生框架已大致完成，言及架構的內涵，即是乾卦的「元、亨、利、貞」四字，六十四卦的內容亦盡歸於此。所有的中國藝術品都講究這四種感覺，這四種感覺可稱之爲四氣——欣賞藝術品時，心有所感覺而流露於呼吸變化者。元即是大自然的大；大容易流於博雜，故其次要通，如何通？就成長而言，就是尊重自己成長的節拍，看自己成長的需求去學、去做，以主體去消化就能通；但一個人在大與通之後，常易流爲自我享受，若能走入社會，爲人服務，栖栖惶惶，便能有益於人類社會。眞利，尤其要注意適當，「利者義也，義者宜也」，所以大師級的藝術作品，就是能做到適當的表現而不作做，一作怪一誇張，便顯出小氣。貞，是指在亂世渾濁中仍信有一正路，根源在用心的純正。有次一位朋友拿了個漢代圓形的碟子，腳是正方形的，朋友說腳很正，我一看是歪的，我再用心端詳一番，形線雖然有點歪，但由作品中可見他虔誠地在捏那個腳，因而有了正的感覺。某些現代藝術之所以不能吸引我去收藏，在於其出發點便有市場導向、有理論形式的預設，用心不平正，自己都難以說服自己，更甭說感動他人了。中國大陸的藝術品有些不再是中國的線條，所見的不少是誇露式的社會教條式之線條，那就無法面對自己及人性的眞實。小心那種虛誇外露的感染。所以正，不是左右的對稱，而是用心的純正。

由元、亨、利、貞中，探求出四項特質：大氣、舒暢、適當、正信。大氣的大，是言其厚實（豐富），前面已談過；舒暢也就是圓融、溫柔。這溫柔並非男女柔情，柔更不是軟，藝術品和人一樣不能軟。有時看宜興壺，雖然精緻，卻缺乏手感，缺乏生活使用的厚度，那種來自生命的觸覺、厚重，而成了只適合放在架上的精緻品。這柔字是特指來自對人與人之間的尊重，一個主體對另一個主體自主性的尊重態度，這便是柔，而不是以技術震撼控制他人。藝術家在創作時，是解衣磅礡、目中無人完全的投入，謙虛地像小孩般專注去做，只求自我感動，所以柔是主體性藝術的特色，就像中國書法線條、太極拳、南管：：等藝術均強調柔，所謂「專氣致柔」以求生命流動的感覺，對他人沒有壓迫而有所保留的感覺，這種溫柔直是圓融。適當即是求平實中的恰當，不作怪，平實中見其偉大。心中有正當信念、擇善固執，所完成的藝術品就能自正正人——這絕非執著於形式上的對稱。我喜歡看但不喜歡購買某些現代藝術品，是由於它已避重就輕，直接玩起造形，只想以形式或觀念去控制別人，因而失大之眞，沒有正的感覺，而大與正正是生命的特性。

若不敢追求這四項特質，便會產生短路現象，由負面而言，就是藝術品充滿了火氣——想以刺激、技術等控制別人，而非眞正面對藝術的內涵。這些就都是短路了。

中國藝術品求「意在筆先」，所謂的意是指生活的意見，目前許多藝術品的技術已是世界水準，卻常對生活沒意見，令人有不知所云的感覺，所以我們看到的，只是些工藝品，而非藝術品，藝術必面對眞我，具有人的靈性，雖不了解也能感動你我，而那些工藝品只是在玩弄材料特性、追求感官刺激，缺乏意在筆先的意，只有「筆」，也可以說已無法「役物而不役於物」。宜興壺的衰敗，原因之一即是如此。另一極端，把茶壺故意做得很稚拙，則是學習漢代造形，一味講求外形質樸，也失其正。藝術品之難即在此，過猶不及，難以兩極兼具。這要有眞誠的勇氣、工夫！

(七)兩極調合——中

陰陽並非不可得的神秘感，而是兼融兩極，用心去創作藝術便能擁有；用一個字來講，就是「中」，不過分也不拘束，追求兩極調合。

(八)可久可大的現象

中國的美學並非止於視覺或觀念，孟子說「充實之謂美」，美在於自然人生的豐富，藝術品也會因人的豐富而豐富；怎樣的人就有怎樣的藝術品。如現代佛像，在臺灣充滿市儈氣，大陸則充滿教條氣，令人不敢領教，都失去了那股純正虔誠之美。我們相信的是人和藝術的一致，追求的是自然與人性的豐富，藝術現象於是有了包容性、一貫性，因而可久可大。

以上這些特質，都是整個人的生活老實去做，才會流露於作品上的，反之，直接想在作品上撲捉這些特質很容易流於刻意做作；當然用來反省、欣賞、評價是有用的。

三、藝術特質本身的變遷與外來的衝擊

這些特質在中國綿延了五千年，甚至可說是七千年，其間也有其變遷；早期藝術品比較渾然，地人天三系統相當飽滿，春秋戰國後注重於「人文」，漢代之後更進一步滑落到政治的「治道」，甚至於「術道」，由於術太具體太宰制，於亂世則有冥道、天道的出現，至今則什麼都有。今天除了中國本身的變遷，再加上外來的衝擊，狀況相當混淆失序了。雖然外來的科學、民主能消除我們所不能改變的貧窮和專制，但科學和民主所帶來的僅是人權，即身爲一個人要生存起碼的自由，但有了人權還是有如何做人的問題，而中國文化的重點，即在有了人權之後仍有的人格的文化。我深信欣賞中國文物的朋友，那怕他們成了社會上獨特的一群人，但他們延續了中國人格藝術的欣賞，懂得文物中感人之處，雖然西方藝術帶來極大的衝擊力量，幸而有愛好中國文物的朋友，接續了文物的精神。也許我們還比不上西方博物館中的研究保存者，因他們那種尊重、虔誠的態度，是來自於他們知道那是人類靈性的呈現，是十分珍貴的。這次的衝擊是個考驗，中國歷史從不靠排外生存，他總是吸收外來文化，吸收消化是他的常態；然而吸收不能喪失自己，但——自己是什麼？相信欣賞中國藝術的朋友，較能感受主體性和藝術感人的關聯。

中西文化與藝術的溝通問題

在中西文化接觸溝通中，我有句感言：「貞定其異，感應其同；同則相感，異則相動」。常見有些人在接觸西方美學後，再來看中國的美，反而不知如何下手，而且他心中的美學與生活是分裂的，私下生活是一套，研究談論又是另一種態度。其中有個根本問題：生命要如何使用？一種是爲自己成長，自己受用；另一種是建立客觀事物，如追求科學知識、社會制度⋯⋯等。生命能一心開二門，生命的潛力可用於成長自我，也可用於建立客觀事物，這也就是人格和人權兩種文化，或德行與人爲兩種文化，這二條路倒也是生命難以避免的。但請不要以彼取代此，更要注意我們文化的特質偏重何者。

四、結語——天道酬勤，實者慧

李可染的畫論中有言：天道酬勤，實者慧。這話在我們藝術教育中，已很難再傳遞下去，爲何共產國家的藝術常得獎，只因自由世界的人不肯深下工夫。人的才智是差不多的，但人性內容的表達是靠技術，技術則是勤苦鍛鍊而來；實實在在的大努力，甚至終能帶來智慧。一個好的老師，就要能引發學生勤奮，而後走條實在的道路，才是藝術的正軌，方能獲得眞正的智慧和感動，若想走捷徑或怪異的路，就不是正視生命的藝術。

我欣賞中國藝術的原因即是：「有情有信，無爲無形」；它讓我體會到「闇然日彰，的然日亡」。現代人做事，常是有爲有形，無情無信；做任何事都求具體或有力，做給他人看，說是多大的名家、多久的功力，看了卻無動於衷。日彰或日亡，尤其長時間反省下來，更是如此。藝術品要先感動自己，眞誠去做。莊子說一個有心人掉一根針在地上，千年後有人會聽見，若有此心，才眞是無爲無形。無爲是不預設、不設限，直接面對自然生活的眞實，那要不在乎花多少力氣或不在乎別人是否看見，眞信便去做，其中即可能有情有信。若用心走藝術之路，雖闇然，必日彰，若只想一時取信於人，一味追求具體，這條明確的路就會越走越窄。我深信無論中國藝術現在處境爲何，將來她在世界上必定是個大主流。

「情節單元」在元雜劇審美批判中的運用意義

國立勤益工專
共同科副教授 劉淑爾

提要

「情節單元」(motif) 一詞乃是「民間故事」研究中相當重要的觀念和名稱，它是「故事」分析中不可再分析的最小單位，也就是構成「故事」的最基本要素，因此對一個故事之內蘊意義、文化結構及審美心態等等的瞭解有很大的助益。就創作者與觀賞者的關係而言，元雜劇是個面向群眾的藝術，比起傳統的詩詞歌賦都更必須獲得廣大民眾的支持才能生存，而多數的劇本亦具有故事情節，這使得元雜劇有著濃厚的民間性，因這樣的特質與觸發，本論文的敘述重點，便在論述已在「民間故事」的研究中有相當成就的「情節單元」，若將它借用在也面向群眾的元雜劇審美批判中，其所能產生的功能與貢獻。

壹

「情節單元」(motif)（註一）一詞，在「民間故事」的研究中，是指「故事」構成的最基本要素，也是「故事」分析中不可再分析的最小單位，所有可稱之爲「故事」的，至少都必須有一個極基本的「情節單元」。而形成「情節」的要件，則必須是一不尋常的、有趣的、令人意想不到、或值得一提的事件：通常它以行爲、行動爲核心——包含行爲的本身不尋常（如：死而復活、人變老虎）、行爲的發生者不尋常（如：聚寶盆、鳥雀助人分穀）、行爲的結果或影響不尋常（如：繡球招親、假新娘）等；亦或是不以行爲、行動爲核心的靜態異象（如：三腿驢、九尾豹）。因此，一般性的、通常性的事件敘述，縱使是洋洋千言，也不能成爲「故事」；必須具有這種値得一提的非通常性「情節單元」，才能成爲「故事」。目前，在各種民間故事的「情節單元」整理分類中，以美國學者湯普遜(Stith Thompson)所完成的《民間文學情節單元索引》（註二）一書，最具國際性及普遍性。雖然，此書在歸納排列上仍有一些不妥或顯得瑣碎的瑕疵（註三），但因此書不僅是最早將民間文學情節單元作較全面性地細加分類的著作，同時此書所收錄的範圍又極其廣泛（註四），以其內涵具備國際性及廣泛性，所以仍是各國致力於「情節單元」分類者的基本依據，亦是從事比較文學工作者的一本十分重要的參考書。（註五）

茲因元雜劇也是個需要群衆支持的戲曲文學，這使得「情節單元」運用在元雜劇的研究上得到了支持，然而元雜劇雖已是相當接近民間的市民文學（註六），可是比起那些以口傳爲傳播途徑的「民間故事」而言，元雜劇的民間性則又略遜一疇，加上兩者間的傳播憑藉形式有所不同——一爲舞台演出的劇本，一爲口耳相傳的故事；因形式之異，內容走向亦有所不同。因此，在運用「情節單元」爲分析依據時，對「情節單元」的分類情況便須重新斟酌，以期更適用於元雜劇的內容分析。所以，我參考了湯普遜的分類方式，把元雜劇的「情節單元」重新分爲十四大類，茲依順序敘述如下；一、天象類。二、神仙類。三、鬼魂類。四、變化類。五、法術類。六、奇物（人、事）類。七、動物類。八、夢兆類。九、人倫類。十、機智、欺騙類。十一、乖戾、殘忍類。十三、字謎、隱言類。十四、報應類。（註七）

而應用「情節單元」分析於元雜劇研究上，因屬開端性的嘗試性質，很多工作就都必須從最基本開始，所以便也不能坐享以前人的成果爲階梯的方便，從最原始的地方出發，成了這項研究最基礎的路。所以，重新閱讀原始資料——元雜劇劇本（註八），再依「情節單元」的要件，把劇本中的「情節單元」找出，並把找出的「情節單元」依類歸納，就成了最基礎的工作。這項工作繁重而重要——因爲它是往後一切分析研究的最基本依據，而更重要的是：很多的觸發與啓示，也是在這樣的工作開展進程中發覺與獲得。而本篇短文，便是從觸發與啓示中，依劇本中「情節單元」之有無及類別，來談「情節單元」在元雜劇審美批判中的運用意義。

貳

雖然一個戲曲劇種的存在或消亡，以其有無舞台藝術爲標誌；換言之，以其有無觀眾爲標誌，而不以其有無劇本爲準繩。然而，換一個角度而言，在時間的淘汰下，一個劇本的留存，則爲這個戲曲藝術的特色與精神，留下了可探討的線索，所以劇本的留存，一方面不僅可作爲作家才華的表證，另一方面亦是當時觀眾之文化生活的見證。而不管是作爲表證或見證，戲曲雖爲綜合性藝術，但從劇本中最能表達出作家創作時的思考方向，或是觀眾看戲時的情感文化，則莫過於劇本中的題材，而在題材的敘述中，「情節單元」以其非一般性事件之特殊性的重要特質，便可成爲探索與考察的主軸，因而「情節單元」的有無及類別，就有成爲重要指標的價值。而本文的重點便在探討——這個指標在審美的批判中，可能幫助我們看到了些什麼？

一、劇作之成就、風格與「情節單元」

元雜劇是多種藝術的綜合統一，它融合文學、音樂、美術、雜技、武術等多種藝術於一身。就戲曲舞台表演的場面呈現而言，元雜劇集唱、作、念、打、舞於一身，繽紛燦爛的優美外在形式先於文學內容吸引住觀眾的目光。因此，對元雜劇而言，這些外在的表演形式是構成戲曲的要素，戲曲若喪失了這些表演形式也就喪失了戲曲的本質，因而元雜劇的存在發展就不似詩詞歌賦般——以其文學內容爲唯一的表現憑藉。雖然戲曲具有這樣的特性，但我們還是要反過來問：那麼戲曲的題材內容，是否對它的外在表演形式，甚或是對戲曲整體的藝術成就，有著深遠影響的關係呢？我想這是值得思考的問題。而在探索中，我便想以在題材內容中占有重要地位的「情節單元」作爲考察的對象，以分析劇作的藝術成就、風格與「情節單元」的關係。

㈠作家之作品成就與「情節單元」的有無：

首先，將以單一作家爲分析對象，而我要舉例說明的，則是在元雜劇的創作中占有重要地位的關漢卿，目前我們所能見到的關漢卿作品及這些作品的「情節單元」，我則已將其歸納在附表一。從表格的歸納中，我們可以發現：在所存的十七個劇本中祇有三個是沒有「情節單元」的；換言之，「情節單元」在關劇本的出現率高達百分之八十二以上。而關漢卿在元雜劇創作上的高成就則是備受肯定的，這不禁要使我們發出這樣的問題：是不是高成就的創作者，就高使用「情節單元」呢？而同一作家的作品在藝術成就上，有「情節單元」的劇作是不是比無「情節單元」的劇作要高呢？這都是值得探究的問題。

就第一個問題而言，單一作家使用「情節單元」的比例，也許還不能說服我們——高成就的創作者，一定就高使用「情節單元」。因此，再探其它作家之劇作的「情節單元」出現率，會是一個有力的它證。於是，我把有元曲四大家之稱的「關、馬、鄭、白」的作品及這些作品的「情節單元」，都歸納在附表一，以期得到更合理的答案。從表格的歸納中得知：馬致遠的七本劇作中有六個是有「情節單元」的；鄭光祖的七本劇作中也有五個是有「情節單元」的；而白樸在僅存的三個劇本中則全都是有「情節單元」的。由此可知，這三位在元雜劇的創作上亦頗受好評的作家作品，也與關作一樣—

—有高比例的「情節單元」出現率。所以，雖然作家的成就高低，因其所留存的作品數不一、及其作品在當時的上演率如何我們無法精確得知等等，因此，我們無法單純地把它以數字化作推斷（如不能說作家使用「情節單元」的比例愈高，那麼他的成就也就愈高）。然而，這些數字，在某些觀念的求證中依然給了我們有力的佐證，所以**高成就的元雜劇作家，經常是高使用「情節單元」的**，這個觀念在數字的證明下，它是可以合理成立的。

而就第二個問題而言，縱使是同一作家，他的每一本劇作也不盡然有相同的成就，因此，每一劇作的成就高低與「情節單元」的關係，也同樣引發了我的注意。就關漢卿的作品而言，他三個沒有「情節單元」的劇作——《杜蕊娘智賞金線池》、《狀元堂陳母教子》、《詐妮子調風月》，都不算是關漢卿高成就的名篇。而關漢卿最膾炙人口的曠世巨作——《感天動地竇娥冤》，僅在這一篇作品裡則便出現了五個「情節單元」；而其它名篇如《趙盼兒風月救風塵》、《包待制智斬魯齋郎》等，也都是有「情節單元」的劇作。因而，有「情節單元」的劇作比無「情節單元」的劇作容易有較高藝術成就的推論，在數字的佐證下也是可以成立的。

㈡同一類題材之劇作成就與「情節單元」的有無：

如前所述，同一作家的不同作品有高成就高使用「情節單元」的傾向，那麼同一類題材的劇作與「情節單元」的有無，是不是也有同樣的情形呢？

在這個問題上，我選了兩個大家所熟悉的題材——三國人物劇及水滸劇，作爲討論的對象。而有關這些題材的劇作及其「情節單元」的情形，我將他們歸納在附表二，以利大家參考與對照。

在二十一個三國人物劇中，有九個是無「情節單元」的，而其中有八個是出自於在中國文學史上並無留下記錄的無名氏作家之手，而這些無「情節單元」的三國人物劇，在同一題材的作品中亦不是成就傑出的名劇。在三國人物劇中，幾個比較受肯定的作品：如高文秀的《劉玄德獨赴襄陽會》、朱凱的《劉玄德醉走黃鶴樓》、關漢卿的《關張雙赴西蜀夢》等，則都是有「情節單元」的劇作。

而在九個水滸劇中，成就較高的則要算是康進之的《梁山泊黑旋風負荊》及高文秀的《黑旋風雙獻功》，而這兩個劇作亦是使用「情節單元」的。

由此可知，不管從作家或是從題材的角度，我們都可以得到這樣的一個結論：「情節單元」有助於劇作的藝術成就是成立的。

雖然元雜劇是種高度融合的藝術表演，其存在並不似傳統的詩詞歌賦以內容爲表現的唯一憑藉，然而好的內容對形式美的展現是有助益的。而「情節單元」是有趣的、不尋常的、或令人意想不到的、值得一提的事件，因此對內容的張力及表現都是有益的，它常能使內容更具可看性，所以對整個劇作的藝術表現成就，也同時有著正面的影響，這不管是在同一作家的作品，或是同一題材的作品中，我們都能得到相同的論證。

㈢劇作之藝術風格與「情節單元」的類別：

由上述兩點中，我們可以瞭解「情節單元」的有無對劇作的成就高低有影響，這也觸發了我想到另一個問題——那麼「情節單元」的類別與劇作的藝術風格又有什麼關係呢？（比如說那一類的「情節單元」最常在悲劇中出現呢？又那一類的「情節單元」最常被喜劇使用呢？）

西方戲劇中悲劇擁有崇高的地位，而情節又是西方悲劇藝術的最重成分。因爲，就西方戲劇藝術而言，戲劇以衝突爲能事，沒有什麼藝術比戲劇更適於表現衝突，而衝突效果又以通過情節產生最顯而易見。但在中國——這個長期以來受儒家「樂而不淫，哀而不傷」之教化的「溫柔敦厚」的民族，衝突常是隱濳在內而不是顯現在外的，亦就是不作爲一個動態過程展示出來，而是體現一種靜態的成果。所以，中國戲曲並沒有西方那種「引起憐憫與恐懼」，讓人驚心動魄，一悲到底的悲劇。中國以其特有的民族性，產生了悲中帶喜、悲喜沓見的有別於西方的悲劇藝術格局，這種悲劇樣式雖有別於西方，但卻與西方悲劇有一個共同點：那就是情節的安排在劇中都佔有重要的地位。

舉例而言，曾被王國維在《宋元戲曲考》中評爲「即列之於世界大悲劇中，亦無愧色也。」的《竇娥冤》及《趙氏孤兒》兩劇，都使用多個「情節單元」。那麼它們使用的「情節單元」又是屬於那一類呢？《竇娥冤》的「情節單元」較爲複雜，五個「情節單元」都不同類——「陰錯陽差」（命運類）、「冤死者屍血上噴不著地」（奇事類）、「六月飛雪」（天象類）、「護婆婆媳婦甘蒙冤」（人倫類）、「鬼魂托夢助破案」（鬼魂類），而《趙氏孤兒》則較單純，兩個「情節單元」——「自殺以守密」、「以己子代他人之子受死」則都屬於人倫類。從這兩個劇作的「情節單元」而言，我們已看到人倫類的「情節單元」在悲劇性的劇作中有高出現率的傾向。這兩個劇作都有這種傾向，那麼其它有悲劇性的劇作又是如何呢？再看其它具悲劇性的劇作，如《漢宮秋》的「自殺以守貞潔」、《晉文公火燒介子推》的「以身代死救人苦難」及「割股療飢」亦都屬人倫類的「情節單元」。由此可見，悲劇性劇作，人倫類的「情節單元」是有高出現率的情形。

就人倫類的「情節單元」而言，具值得一提的行爲、行動，有大部分是在表現人倫關係中的高尚品德，又這種高尚的品德是必須禁得起厄運、苦難的試煉，或是具自我犧牲的精神，而厄運、苦難與自我犧牲則都具濃厚的悲劇性，因此屬於這種性質的人倫類「情節單元」本身便具濃厚悲劇性，所以便可以很自然的與悲劇性劇作結合。

人倫類的「情節單元」在悲劇性劇作中有高出現率的情形，那麼其它類的「情節單元」又是如何呢？就第一天象類的「情節單元」而言，因元雜劇之劇情表現以人物爲中心，所以此類的「情節單元」在元雜劇中便爲數甚少，又天象所產生的異變又都與人有關，如《竇娥冤》的「六月飛雪」乃是因爲竇娥的重大冤屈，因此便與悲劇結合；而《降桑椹蔡順孝母》的「冬變春使桑椹結果實」則是因蔡順的孝心，重在傳達孝道的可貴，則無關乎戲劇的悲喜。而第二神仙類與第五法術類的「情節單元」常是被用來宣揚佛道的思想，因此也較與戲劇的悲喜無關。而第三鬼魂類的「情節單元」多敘述有關冤魂的行爲、行動，因其冤屈，所以在悲劇性的劇作中亦頗常出現。

另一方面，就喜劇而言，中國喜劇的主色彩是肯定性的，是一種歌頌性的嬉笑劇。不似西方喜劇主要是純粹的諷刺、嘲弄、揭露等否定性形態。而具有這種肯定性能被歌頌又有令人感到愉悅的行爲、行動，則是以第十「機智、欺騙類」的「情節單元」為數最多，因此在喜劇性劇作中，第十類的「情節單元」則有高出現率的傾向。如《趙盼兒風月救風塵》、《梁山泊黑旋風負荊》、《黑旋風雙獻功》等喜劇性劇作，都出現了第十類的「情節單元」。然而機智雖然是正面人物可被歌頌的行為，可是卻也是反面人物常用的手段，因此這類「情節單元」在非喜劇性的著作中也是可看見的。

由上述這些例證中可知：「情節單元」的類別與劇作的藝術風格是會有關係的，並且它們也易於表現內容作品的主旨思想，而元雜劇的十四類「情節單元」又有不同的特色，所以在這些方面的探索則還有再深入的空間。

二、觀眾之審美習慣與「情節單元」

審美習慣是觀眾群生活文化的一種表徵，因為審美習慣是建立在觀眾的生活、思想、情感、信仰、風俗……的基礎上，因而由探討觀眾的審美習慣中，我們也可進而瞭解到這一觀眾群的社會、心理、文化……的情況。而某一種藝術，若是它需要廣大群眾的支持，那麼這種藝術也定會受到這種審美習慣的左右或影響（如作品儘量符合或不違背觀眾的審美習慣），這種影響著甚至決定著作品主要面貌的力量，就是觀眾（或閱讀者）對作品的反作用力，也就是反饋。

戲曲在中國，它的觀眾一直是以廣大的民間觀眾為主體，尤其發展至元，戲曲欣賞群眾化、商品化的的情形更臻成熟，戲曲作為精神的商品而存在，它的銷售額（上座率）決定於雇主（觀眾）的好惡程度；商品只有適合雇主的需要，才能打開銷路，因而上述的反饋作用也就更爲顯著。劇本受到了這種反饋作用的影響，在內容上便會依循著這種反作用有所制約，所以，我們若仔細對劇本重新考察，便也能反求出滲透在劇本的反作用力是什麼情況。而作爲對劇本這種反饋作用的再考察，劇本內容的什麼線索，可以提供一個理想的觀測點呢？

行爲、動作常是一切思想、情感、心理、文化……的具體反映，而劇本內容中的「情節單元」大多又是以行爲、動作爲核心，所以在反饋作用的考察中，「情節單元」便可提供一個理想的觀測點。

就以《全元雜劇》而言，在所歸納出來的「情節單元」中，以第十「機智、欺騙類」爲數最多，約占所有「情節單元」的三分之一，而出現這類「情節單元」的劇目，則包含了傳統方式以人物或題材爲分類（註九）的歷史劇、社會劇、風情劇……等各種劇類，從這一考察中發現——不管劇目要表現的主題是什麼，「機謀」的運用成爲故事進展中的衝突或高潮，則是元雜劇故事佈局的一種基調。這種現象，提供了我們一些觀眾審美心理或看戲意願的線索，這線索告訴我們——在「機謀」的猜測或思辨中，得到刺激、學習、想望或贊歎，是最容易滿足觀眾看戲意願及符合觀眾審美心理的劇情處理。換言之，由這個訊息我們可以得知，在元雜劇觀眾群的審美習慣中，以「機謀」爲故事之進行基調的佈局，觀眾們是喜歡的、愛看的。

又元雜劇的觀眾群因具有全民的廣泛性及基層的民間性，所以「販夫俗子、短衣束髮」者便成爲戲院裡權威的評論者，換言之，審美輿論權不是掌握在少數達官貴人或巨商富賈之手，而是在爲數眾多的平民百姓身上。因此民間輿論的反饋，也常對元雜劇作品發生影響。舉例而言，如在第九評論人品、人性的「人倫類」「情節單元」中，有許多類似「妓念舊情助士中舉」的「情節單元」，也有許多類似「秋胡戲妻」的「情節單元」，從這些「情節單元」中，我們看見地位卑下或外表看似柔弱的女子，卻具有堅貞的性情、高潔的人格；而那些清高的文士，卻常是被鞭韃或是被救助的，而那些握有生活主導權的丈夫，卻是那麼粗鄙而自私。這些都與觀衆群的基層性有關，因此故事劇情的佈局，也以卑微人物具高尚情操的同質性身分爲基調，符合了民間觀衆群的審美輿論習慣。

又中國戲曲觀衆對鬼魂的迷信思想及近乎迷狂的感情態度，也對戲曲內容起了很大的反作用，同時也形成了對戲曲的獨特審美心理。這在元雜劇的「情節單元」中也可得到了應證。在元雜劇的「情節單元」中，有關鬼魂的「情節單元」占有相當的分量，第三類便是整個有關「鬼魂」的「情節單元」，而在第六的「奇事類」及第十四的「報應類」中，也有少數有關「鬼魂」的「情節單元」。所以，在元雜劇中，有關鬼魂的劇作便有著重要地位。觀衆對鬼魂的普遍信仰及觀衆愛看鬼魂劇的審美習慣，是劇作家運用鬼魂迷惑觀衆，進而去感動觀衆的前提。假如觀衆根本不相信世界上有鬼魂的存在，不認爲有關鬼魂的劇作是好看的劇作，那麼鬼魂對觀衆的迷惑作用也就會削弱，甚至完全喪失。鬼魂在許多劇目中之所以占有那麼重要的地位，正說明這種迷信思想及審美習慣的存在。

由此可知，在觀察觀衆對劇本的反饋作用並進而探索觀衆的審美習慣上，「情節單元」是可提供一個理想的觀測點。

三、雜劇藝術美的表現特徵與無「情節單元」之劇本

就現存的元雜劇劇本而言，約有三分之一的劇本是無「情節單元」的，占有不輕的比例地位。因其存在，我們在探究上就有瞭解的必要，就觀衆的角度而言，我們要瞭解這些沒有「情節單元」的劇本到底以什麼內容可以繼續吸引觀衆的注意力，又以劇本的角度而言，我們要探究它的藝術格局又是呈現什麼樣的型態。

在這些沒有「情節單元」的雜劇中，筆者發現他們的共同特點是：劇本中沒有苦難或厄運能引起觀衆強烈的情緒反應，換言之，這些沒有「情節單元」的劇本是沒有悲劇的。然而他們的內容中也沒有什麼値得一提的、有趣的事件，換句話說，也沒有那種可引發人笑的喜劇內容，那麼它們到底以什麼樣的內容姿態而存在呢？

這些沒有「情節單元」的劇本，筆者認爲給他們冠上「傳說劇」應是最恰當的名稱，因爲這些劇本的發展，除了極少數的劇目外，大都是以傳說人物爲主線去安排劇本的內容。而這些傳說人物則包含歷代帝王將相、文人武士及傳說中的綠林英雄或各教派人物。他們共同的特點是人物享有盛名。例如《蘇子瞻風雪貶黃州》、《程咬金斧劈老君堂》、《關雲長單刀劈四寇》、《狄青復奪衣襖車》、《爭報恩三虎下山》、《西華山陳摶高臥》……等。這些雜劇，在內容上都不以情節取勝，有的以主角人物的傳聞爲主引人耳目；有的則是借人物以傳達某種思想，以發人思辨……，不管他們的角度是

什麼，大都以依附在人物身上的傳說爲發揮的主要內容。單就劇本內容的閱讀而言，通常這些劇本內容是單調的、不生動的，可是它爲什麼還能存在呢？我想除了劇中主角人物獨具魅力外，最主要還是跟雜劇舞台的表現特徵有關。

如前所述，元雜劇是集唱、作、念、打、舞於一身的高度綜合性藝術，繽紛燦爛的優美外在形式先於文學內容吸引住觀衆的目光。這些外在的表演形式是構成雜劇藝術的要素，同時也對元雜劇的內容起著重要的影響。因此，劇本內容和民間故事存在的條件就不相同，民間故事之所以成爲「故事」，「情節單元」是絕對必要的條件，但就劇本而言，「情節單元」雖是重要的條件，但卻不是絕對必要的條件，形成劇本內容的要素，尙包括形象、性格、言詞、歌曲與思想等，也有他們展現的機會與地位。所以，就觀衆而言，去看戲可以只是去聽聽餘音繚繞的動人歌曲，或令人會心的機智、幽默的對白，亦可以只是去看看演員的身段表演，看他如何把人物詮釋得淋漓盡致；而就劇本而言，它可以只是特別注重唱辭的優美、或注重人物對白的生動、或只特別注重人物的形象……，並不須要完全都顧及，而這種劇本內容也唯有在中國戲曲這種特殊的形式結構下才會產生。

叄

關於戲劇美學的研究，前人已累積相當可觀的成績，有的著眼於舞台的表演特徵（如戲曲表演的虛擬性、程式性），有的著眼於內容的風格（如元雜劇的悲劇、喜劇研究），有的著眼於單一作家的美學成就（如關漢卿、馬致遠雜劇的藝術成就），它們都各有各的貢獻，亦各有各的局限。而「情節單元」應用於元雜劇的審美批判中，算是一種新的方式或觀點，它的意義並不在它的完美無缺，而在於視野的開拓與新發覺，如果它的應用，能使前人的成就有更多的結合，或有更清晰的佐證，那麼它就有被運用的價值。

而就整個元雜劇的研究而言，前人雖也累積相當可觀的成就，但也漸漸地拘限於某幾個方面的探討，例如多偏於某一作家的研究（如關漢卿雜劇、馬致遠雜劇……）、或某一題材的研究（如公案劇、社會劇……），對於綜合的全面性探討成績則稍嫌薄弱（全面性的論著以通史、文學史居多）。我想「情節單元」這一新觀點的運用，不僅會在審美批判中有所價值，我想在整個元雜劇研究的其它方面（如中西戲劇之比較、戲曲故事題材之溯源與流變……），它也能有新視野的開拓與發掘，「情節單元」之運用在元雜劇研究上的意義也在於此。

更多的參與、更深入的研討，將會減少錯誤的發生，並把問題的眞相做更精詳的闡明，同時亦能使研究成果有更好的成績，在「情節單元」分析初運用於元雜劇之際，更多的參與、更深入的研討便是一個最大的期盼了。

【註釋】

註一　Motif 一詞翻譯，參考金榮華〈《六朝志怪小說情節單元分類索引》序〉（中國文化大學中文研究所，民國七十三年）。亦有人翻成「母題」或「子題」，但都不能掌握此詞的涵義，就實際所指，「Motif」一詞，仍以稱作「情節單元」最爲適當。

註　二　Stith Thompson. Motif-Index of Folk-Literature. Revised and enlarged edition. Bloomington: Indiana University Press, 1955,6 vols.湯氏於1932-1936年間完成此書，後來他又陸續對此書作了大規模的增訂，於1955年此書已增訂爲六冊出版。

註　三　在此書中，每一個情節單元都有一個編號，在這個號碼之下，各國民間文學相同的情節單元都放在一起。使用者很快可以查知：某個情節單元是否別國也有；或是在那些國家的故事裡也有。湯普遜歸納情節單元的方式是：將情節單元分爲二十三個大類，每大類以A、B、C、D等字母表示（未用之三字母爲I、O、Y）。大類之中，各分若干次大類，次大類下又分支類，支類之下再列細目；各類各目之情節單元都有一個號碼，號碼採用有小數點的方式，以利有新的情節單元時在適當之處插入。湯普遜所分之二十三大類的內容及秩序依金榮華之翻譯如下：

A　0-2899.　神話、諸物起源(Mythological Motifs)

B　0-899.　動物(Animals)

C　0-999.　禁忌(Tabu)

D　0-2199.　變化、法術、法寶(Magic)

E　0-799.　鬼、亡魂(The Dead)

F 0-1099. 奇人、奇事、奇物(Marvels)

G 0-699. 妖魔精怪(Ogres)

H 0-1599. 考驗、檢定(Tests)

J 0-2799. 聰明人、傻瓜(The Wise and the Foolish)

K 0-2399. 機智、欺騙(Deceptions)

L 0-499. 天命無常、事有意外(Reversal of Fortune)

M 0-499. 預言未來(Ordaining the Future)

N 0-899. 好運、壞運（Chance and Fate)

P 0-799. 社會(Society)

Q 0-599. 獎勵、懲罰(Rewards~nd Punishments)

R 0-399. 捕捉、拯救、逃亡(Captives and Fugitives)

S 0-499. 乖戾、殘忍(Unusual Cruelty)

T 0-699. 婚姻、生育(Sex)

U 0-299. 生活的本質(The Nature of Life)

V 0-599. 宗教(Religion)

W 0-299. 個性的特點(Traits of Character)

X　0-1899.　幽默(Humor)

Z　0-599.　其他(Miscellaneous Groups of Motifs)

其歸納排列之不妥或瑕疵，請參考金榮華〈對湯普遜「民間文學情節單元索引」中歸類排列的幾點商榷〉（漢學研究第八卷第一期）。

註　四　湯普遜的《民間文學情節單元索引》一書收錄範圍極廣；在文學形式方面，除民間故事外，也包括了神話、傳說、寓言、笑話、故事、歌謠等記錄；在流傳地區方面，涵蓋了亞洲、歐洲、南北美洲、非洲各國的材料；在採集時間方面，則是古今作品兼容並取。

註　五　請參考拙著〈「情節單元」在元雜劇研究上的運用意義〉（國立勤益工商專科學校「勤益學報」第十三期，民國八十五年二月）。

註　六　就創作者與觀賞者（閱讀者）的關係而言，全面性的中國文學應包含三大類，即：知識分子文學、市民文學、民間文學。

知識分子文學：又稱爲士大夫文學或雅文學。此種文學，是知識分子「言志」的作品，如離騷、唐詩之類等即是，這類文學的閱讀者亦同屬知識分子，所以是知識分子寫給知識分子看的文學。

市民文學：又稱爲通俗文學；所謂市民，是工商業發展之後的小市民——他們認識一些字，但又不能達到成爲文學家的水準。而通俗的市民文學，便是這些小市民的重要精神食糧與娛樂，因此，此類作品通常是士大夫「降格」以作，換言之，也就是知識分子寫給小市民看的文學（但它也可以雅俗共賞），如水滸傳、三言二拍等，因此此類作家通常不希望、也不願意出名。

民間文學：又稱爲口傳文學或農民文學。此類作品是最早的文學作品，如神話、傳說等即是。它以口耳相傳爲憑藉，創作者同時是傳播者也是欣賞者，因此原始的初民、或是廣大的民間百姓，都能成爲此類文學的作者與讀者。

註　七　元雜劇的「情節單元」在這十四類的整體分布情形，請參考拙著《元雜劇情節單元與故事類型研究》（文化大學中文研究所博士論文，民國八十五年六月）。

註　八　原始資料的重新閱讀，爲求完整與普遍，是以《全元雜劇初編、二編、三編、外編》（楊家駱主編．世界書局印行）四套書爲依據，這四套書中去除不同版本的相同劇目，共蒐集了二一二篇不同劇本（初編八三篇、二編二五篇、三編四三篇、外編六一篇），經過重閱與歸類，發現並不是所有的劇本都有「情節單元」，約有三分之一強的劇本是無「情節單元」的。

註　九　明初的《太和正音譜》依題材將雜劇分爲十二科：一神仙道化　二隱居樂道　三披袍秉笏　四忠臣烈士　五教義廉節　六叱奸罵讒　七逐臣孤子　八鏺刀趕棒　九風花雪月　十悲歡離合　十一煙花粉黛　十二神頭鬼面。近人羅錦堂的《現存元人雜劇本事考》亦依題材將雜劇分爲八類：一歷史劇　二社會劇　三家庭劇　四戀愛劇　五風情劇　六仕隱劇　七道釋劇　八神怪劇。

附表一

關漢卿作品一覽表

篇目名稱	情節單元之名稱及類別
◎山神廟裴度還帶1—16	繡球招親（11・B）命運類
	善有善報⒁報應類
◎王閨香夜月四春園1—10	字謎⒀字謎類
	蒼蠅示冤⑺動物類
◎包待制三勘蝴蝶夢1—12	夢蝶示意⑻夢兆類
	以己子代他人之子受苦⑼人倫類
◎包待制智斬魯齋郎1—13	利用文字筆畫增添使一人成爲兩人⑽機智、欺騙類
◎杜蕊娘智賞金線池1—6	無
◎狀元堂陳母教子1—14	無
◎望江亭中秋切鱠1—7	美人計（10）機智、欺騙類
◎詐妮子調風月1—4	無
◎閨怨佳人拜月亭1—3	亂點鴛鴦（11・B）命運類
	陰錯陽差害錯人（11・A）命運類
	冤死者屍血上噴不著地⑹奇事類

◎感天動地竇娥冤1—5	六月飛雪　(1)天象類
	護婆婆媳婦甘蒙冤　(9)人倫類
	鬼魂托夢助破案　(3)鬼魂類
◎溫太眞玉鏡台1—8	爲己求婚空設新郎　(10)機智、欺騙類
◎趙盼兒風月救風塵1—9	美人計　(10)機智、欺騙類
	以假護眞事終成　(10)機智、欺騙類
◎劉夫人慶賞五侯宴1—15	母親拜子，似有人推子起身　(9)人倫類
	白兔引路　(7)動物類
◎鄧夫人苦痛哭存孝1—17	以其人之道還制其人　(14)報應類
◎錢大尹智寵謝天香1—11	假意屈辱以激人奮發　(10)機智、欺騙類
	避名諱　(10)機智、欺騙類
◎關大王獨赴單刀會1—1	劫持人質得脫身(10)機智、欺騙類
◎關張雙赴西蜀夢　1—2	鬼魂托夢求報仇　(3)鬼魂類

馬致遠作品一覽表

篇目名稱	情節單元之名稱及類別
◎半夜雷轟薦福碑1—33	冒名替代上任爲官　(10)
	龍神擊碑懲罰罵者(2)

◎西華山陳摶高臥1—31	無
◎江州司馬青衫淚1—32	用計離間騙婚 ⑽
◎呂洞賓三醉岳陽樓1—34	樹木托胎爲人 ⑺
◎破幽夢孤雁漢宮秋1—30	自殺以守貞潔 ⑼
◎馬丹陽三度任風子1—35	摔死己子以示決心⑿
◎開壇闡教黃粱夢1—36	施法術讓人入夢 ⑸

鄭光祖作品一覽表

篇目名稱	情節單元之名稱及類別
◎立功勳慶賞端陽4—24	無
◎虎牢關三戰呂布2—5	無
◎㑳梅香騙翰林風月2—3	設計激士求取功名⑽機智、欺騙類
◎迷青瑣倩女離魂2—4	魂離軀體成二身 ⑶鬼魂類
◎輔成王周公攝政2—1	發願以身代死 ⑼人倫類
	以妻兒爲人質示忠誠 ⑼人倫類
◎醉思鄉王粲登樓2—2	假意屈辱以挫人傲氣⑽機智、欺騙類
◎鍾離春智勇定齊2—7	夢兆得人 ⑻夢兆類
	操響蒲琴 ⑽機智、欺騙類

篇目名稱	情節單元之名稱及類別	作者
	碎解玉連環 (10)機智、欺騙類	
	刺字於身以譏辱(12)殘忍、乖戾類	

白樸作品一覽表

篇目名稱	情節單元之名稱及類別
◎唐明皇秋夜梧桐雨1—18	馬踐罪人屍首方始前進 (6)奇事類
◎董秀英花月東牆記 1—20	一見鍾情 (6)奇事類
◎裴少俊牆頭馬上 1—19	一見鍾情 (6)奇事類

附表二

三國人物劇作品一覽表

篇目名稱	情節單元之名稱及類別	作者
◎十樣錦諸葛論功1—81	無	無名氏
◎走鳳雛龐統掠四郡4—13	故讓職位，使人替死 (10)機智、欺騙類	無名氏
◎兩軍師隔江鬥智3—30	賠了夫人又折兵 （11・a）命運類	無名氏
◎周公瑾得志娶小喬4—14	無	無名氏

劇目	情節	作者
◎莽張飛大鬧石榴園4—16	設宴爲名捕來賓 (10)機智、欺騙類 暗號爲訊捕來者 (10)機智、欺騙類	無名氏
◎曹操夜走陳倉路4—11	刺字於身以譏辱 (12)乖戾、殘忍類 知人心事 惹禍上身 (12)乖戾、殘忍類 喬裝脫逃 (10)機智、欺騙類	鄭廷玉
◎張翼德單戰呂布4—15	無	無名氏
◎張翼德三出小沛4—20	無	無名氏
◎張翼德大破杏林莊4—21	無	無名氏
◎陽平關五馬破曹4—12	知人心事惹禍上身 (12)乖戾、殘忍類 喬裝逃脫 (10)機智、欺騙類 喬裝替死 (9)人倫類	無名氏
◎壽亭侯怒斬關平4—18	無	無名氏
◎劉玄德獨赴襄陽會1—55	馬躍大溪帶人脫困 (7)動物類	高文秀
◎劉玄德醉走黃鶴樓2—23	馬能躍大溪 (7)動物類 僞裝身分以救人 (10)機智、欺騙類 假誓毀令箭絕人退路 (10)機智、欺騙類	朱　凱
◎劉關張桃園三結義4—19	耳垂過肩、手長過膝 (6)奇物(人、事)類 貴人睡時顯蛇鑽七竅相 (6) 奇物(人、事)類	無名氏
◎諸葛亮博望燒屯3—1	佯敗誘敵以火攻 (10)機智、欺騙類	無名氏

篇目名稱	情節單元之名稱及類別	作者
	炊煙欺敵得脫困 (10)機智、欺騙類	
◎關大王獨赴單刀會1—1	劫持人質得脫身 (10)機智、欺騙類	關漢卿
◎關張雙赴西蜀夢 1—2	鬼魂托夢求報仇 (3)鬼魂類	關漢卿
◎關雲長千里獨行3—6	假裝送客 暗設伏兵 (10)機智、欺騙類 下毒謀害 (10)機智、欺騙類	無名氏
◎關雲長單刀劈四寇4—17	無	無名氏
◎關雲長大破蚩尤4—37	無	無名氏

水許劇作品一覽

篇目名稱	情節單元之名稱及類別	作者
◎大婦小婦還牢末1—58	收人贈物惹災禍 (12)乖戾、殘忍類	李致遠
◎王矮虎大鬧東平府4—60	無	無名氏
◎同樂院燕青博魚1—24	無	李文蔚
◎爭報恩三虎下山3—26	無	無名氏
◎梁山五虎大劫牢4—58	設計陷害再相救 (10)機智、欺騙類	無名氏
◎梁山七虎鬧銅臺4—59	設計陷害再相救 (10)機智、欺騙類	無名氏
◎梁山泊黑旋風負荊 1—66	冒名嫁禍 (10)機智、欺騙類 挖心梟首 (12)乖戾、殘忍類	康進之

◎黑旋風雙獻功　1—54	下毒救人　⑽機智、欺騙類 暗號爲訊相呼應　⑽機智、欺騙類 僞裝身分以殺人　⑽機智、欺騙類	高文秀
◎魯智深喜賞黃花峪　3—43	信物爲證得以獲救報仇　⑽機智、欺騙類	無名氏

復古與審美

——略談何景明詩中的審美意識

加拿大維多利亞大學
太平洋與亞洲研究系教授
白潤德

一

歷來研究明代文學思潮諸家集中在明末的白話文學。然而，最近十幾年卻有不少研究者注意明代中葉的古文辭派，或稱之爲明代復古運動（註一）。其運動由以李夢陽、何景明爲中心的所謂明前七子爲創史者，又有以李攀龍、王世貞爲中心的後七子等。一般討論這個文學運動的學者取各詩人的詩話、序文、書信等爲研究資料。拙稿雖然也略探這類資料，但意在討究序文等明確闡述的文學觀點是否與這些作家作品裏所含審美意識一致。由於篇幅、時間及本人的知識均有限，本稿僅以何景明爲中心探討對像。

何景明於弘治十二年（西元一四九九年）第一次上北京應試，落第而尋歸信陽。十五年第二次應試中進士，十六年任中書舍人，居住北京。那時何景明已經與李夢陽有密切交往。何景明同鄉、妹夫孟洋爲何景明作墓誌銘道：

當是時，關中李君獻吉（夢陽）、濟南邊君廷實（貢）以文章雄視都邑。何君往造，語合，三子乃變之古。自是，操觚之士往往趨風秦漢矣。

孟洋言及李、何學秦漢，意思是兩人的文章以司馬遷等人爲楷模，詩歌則更重視漢、魏時代的古體詩及盛唐諸家的近體詩。

幾年後，何景明爲明初詩人袁凱的詩集寫序，序文中把他對詩歌歷史的看法說得比較詳細：

何景明〈海叟集序〉

……景明學詩，自爲舉子歷宦，於今十年，日覺前所學者非是。蓋時雖盛稱於唐，其好古者自陳子昂後，莫若李、杜二家。然二家歌行近體，誠有可法；而古作尚有離去者，猶未盡可法之也。故景明學歌行、近體有取於二家，旁及唐初、盛唐諸人；而古作必從漢魏求之。雖迄今一未有得，而執以自信，弗敢有奪。……（註二）

二

何景明同李夢陽交往了兩、三年，奉孝宗哀辭使貴州、雲南。何氏那時才二十四歲，第一次有機會獨立創作。他那時期的作品現幸存不少，例舉如下：

何景明〈自武陵至沅陵道中雜詩〉(三)

亭午入大谷，烈陽經中天。樹木多鬱蒸，石圻起焦煙。掘地飲我馬，數尺不得泉。僕夫告饑渴，揮汗墮馬前。安得萬間廈，坐使清風延。（註三）

十首〈自武陵至沅陵道中雜詩〉中何景明用典頻頻列，如這第四句「石圻起焦煙」出自鮑照〈苦熱行〉「湯泉發雲潭，焦煙起石圻」（註四），第七句出自《詩經》「君子于役，苟無饑渴」。這種典故的運用對年青官員、詩學已成名的何景明很合適。明代中葉奉朝廷命出差的極少眞冒饑渴險。用鮑照詩句不是想不起另外表達苦熱的方法，而是表示自己可以跟鮑照相比，是一種昂揚自信。

何景明在雲南路上常有這種回顧參照古詩傳統的自我意識。過貴州西南部的關索嶺又有一例子：

何景明〈關索嶺〉

噫嘻吁嶮巇，何天設之危艱。下有奔雷歕雪之飛壑，上有懸崖石棧百折而造天。嶔崟兮巉巖，回復兮盤盤。行人鴈陳而魚貫，計分寸兮躋攀。飛鳥兮折翼，猴猱兮無援。苟失足殞巖而落菁兮，曾不足以充虎蛇之餐。朝不見日，夕不見月，雲煙慘慘兮晝夜寒。噫嘻乎，何天設之危艱。我來倚絕壁而長望，蓋不知蜀道之爲難。（註五）

這首詩顯然是後繼李白的〈蜀道難〉：

噫吁嚱，危乎高哉，蜀道之難難於上青天。……上有六龍迴日之高標，下有衝波逆折之迴川。黃鶴之飛尚不得，猿猱欲度愁攀援。青泥何盤盤，百步九折縈巖巒。……（註六）

然而喚起古代的大作像玩空中飛人，不愼之時恐傷大雅。以上引用的〈自武陵至沅陵道中〉一首，除用《詩經》、鮑照典故外，還用杜甫的。何景明寫「安得萬間廈，坐使清風延」，顯然引用杜甫〈茅屋爲秋風所破歌〉的結尾：

> ……安得廣廈千萬間，大庇天下寒士俱歡顏，風雨不動安如山。嗚呼，何時眼前突兀見此屋，吾廬獨破受凍死亦足。（註七）

杜甫這首詩表達其經過恐懼、盛怒、羞恥、絕望，最後達到爲別人自我犧牲的博愛境界，可以認爲世界文學裏人道主義的一個登峰造絕。何景明反而滑稽地引用以表示自己差使一時的不便，確令讀者意外之餘更有失望之感。我們至少認爲何景明寫這首詩的用意跟杜甫的不同。杜甫把自己的無能跟悲哀變成有益于人的祈求。何景明則把古人名句變成造詩練習。在藝術方面，杜甫並置各種感情以表達他內心意識流（註八）。何景明則用五言詩的比較穩定形式叫讀者欣賞自己詩學技能。

三

何景明對杜甫的看法究竟如何？要懂得〈自武陵〉所表示的態度，我們應該先查其背景。復古派諸家贊美杜甫似乎只限于稱贊其詩。何良俊道：

> 李空同言，作詩必須學杜。詩至杜子美，如至圓不能加規，至方不能加矩矣。（註九）

「學杜」即是學杜作詩，而非學其爲人。明代古文辭派的重要特點之一是他們不十分重視學古人的道德行爲，而著眼於文學著作本身，用某種形式主義標準來品評各時代的名著。何景明也不例外。

他的早期論詩諸篇常用這種觀點品評杜甫各詩體的長短。例如他的〈明月篇〉一首有序論杜詩曰：

僕始讀杜子七言歌詩，愛其陳事切實，布辭沉著。鄙心竊效之，以爲長篇聖於子美矣。既而，讀漢魏以來歌詩及唐初四子者之所爲。而反復之，則知漢魏固承三百篇之後，流風猶可徵焉。而四子者雖工富麗，去古遠甚，至其音節，往往可歌。迺知子美辭固沉著，而調失流轉；雖成一家語，實則詩歌之變體也。夫詩本性情之發者也，其切而易見者，莫如夫婦間。是以三百篇首乎雎鳩，六義首乎風。而漢魏作者，義關君臣、朋友，辭必托諸夫婦，以宣鬱而達情焉。其旨遠矣。由是觀之，子美之詩，博涉世故，出於夫婦者常少，致兼雅頌，而風人之義或缺，此其調反在四子之下與？……（註十）

杜甫的「語不驚人死不休」歷來被視作他作詩的座右銘（註一一）。何景明則認爲杜甫詩雖有「陳事切實，布辭沉著」的長處，但「調失流轉」。這種說法有兩個方面要注意。第一，何氏的序跟杜甫的座右銘都似乎以「語」爲中心。然而，第二，何景明採取文學歷史態度，認爲「詩聖」杜甫的這一種詩體當被看成「詩歌之變體」。

正因爲何景明有這種文學史的意識，他才能講「詩歌的變體」。可是，文學史意識會影響審美意識。我們一旦認盛唐爲近體詩的成熟時代，就會把沈佺期、宋之問作品的一些特色當作某種缺憾。還有，寫文學史就是處理文學作品、文學家。可是，處理並不一定包括尊敬。就從他們與處理對像關係方面來看，處理者其位在上，尊敬者其位在下。並且，處理的方式是多樣的。西方近來的所謂「後現代主義」運動有不少例子。有美術、音樂、文學、電影作品引用、暗示、甚至玩弄前代的名作（註一二）。何景明〈自武陵〉未成熟地用典或屬于玩弄一類。

四

有人說，歷史家不能完全擺脫自己所處的歷史背景。〈明月篇序〉中，何景明把自己對七言歌行的史學態度講得很詳細，我們可以看一看他作品裏的一首〈大梁行〉，以便與初唐的一首類似的詩，盧照鄰的〈長安古意〉，作個比較。先看何氏的〈大梁行〉。〈明月篇〉大概是正德元年（一五〇六年）秋天的作品，可以認爲跟李夢陽學了兩、三年以後的一首「畢業作」。〈大梁行〉則是二年春的作品。那時侯，李夢陽已經罷官歸開封，何景明返信陽「養病」，路過開封，給李夢陽寫詩：

何景明〈大梁行〉

朝登古城口，夕藉古城草。日落獨見長河流，塵起遙覻大梁道。大梁自古號名區，富貴繁華代不殊。高樓歌舞三千户，夾道煙花十二衢。合沓輪騶交紫陌，鳴鐘暮入王侯宅。紅粧不讓掌中人，珠履皆爲門下客。片言立賜萬黃金，一笑還酬雙白璧。帶甲連營殺氣寒，君王推轂將登壇。彎弧自信成功易，拔劍那知報怨難。已見分符連楚越，更聞飛檄救邯鄲。一朝運去同衰賤，意氣雄豪似驚電。楊花飛入侯嬴館，草色凄迷魏王殿。萬騎千乘空雲屯，綺構朱甍不復存。夜雨人歸朱亥里，秋風客散信陵門。川原百代重回首，宋寢隋宮亦何有。遊鹿時銜内苑花，行人尚折

繁臺柳。繁臺下接古城西，春深桃李自成蹊。朝來忽見東風起，薄暮飛花滿故堤。（註一三）

再請看盧照鄰〈長安古意〉：

長安大道連狹斜，青牛白馬七香車。玉輦縱橫過王第，金鞭絡繹向侯家。龍銜寶蓋承朝日，鳳吐流蘇帶晚霞。百丈游絲爭繞樹，一群嬌鳥共啼花。啼花戲蝶千門側，碧樹銀臺萬種色。複道交窗作合歡，雙闕連甍垂鳳翼。梁家畫閣天中起，漢帝金莖雲外直。樓前相望不相知，陌上相逢詎相識。借問吹簫向紫煙，曾經學舞度芳年。得成比目何辭死，願作鴛鴦不羨仙。比目鴛鴦眞可羨，雙去雙來君不見。生憎帳額繡孤鸞，好取門簾帖雙燕。雙燕雙飛繞畫梁，羅幃翠被鬱金香。片片行雲著蟬鬢，纖纖初月上鴉黃。鴉黃粉白車中出，含嬌含態情非一。妖童寶馬鐵連錢，娼婦盤龍金屈膝。御史府中烏夜啼，廷尉門前雀欲栖。隱隱朱城臨玉道，遙遙翠幰沒金堤。挾彈飛鷹杜陵北，探丸借客渭橋西。俱邀俠客芙蓉劍，共宿娼家桃李蹊。娼家日暮紫羅裙，清歌一囀口氛氳。北堂夜夜人如月，南陌朝朝騎似雲。南陌北堂連北里，五劇三條控三市。弱柳青槐拂地垂，佳氣紅塵暗天起。漢代金吾千騎來，翡翠屠蘇鸚鵡杯。羅襦寶帶爲君解，燕歌趙舞爲君開。別有豪華稱將相，轉日回天不相讓。意氣由來排灌夫，專權判不容蕭相。專權意氣本豪雄，青虬紫燕坐春風。自言歌舞長千載，自謂驕奢凌五公。節物風光不相待，桑田碧海須臾改。昔時金階白玉堂，即今唯見青松在。寂寂寥寥揚子居，年年歲歲一床書。獨有南山桂花發，飛來飛去襲人裾。（註一四）

這首跟何詩相比，結構上區別顯著。何景明的〈大梁行〉有很清楚的結構。一共有三十六句、七次換韻、八個詩節。首、結兩個詩節爲「框架」，都稱朝夕、朝來薄暮、古城、塵起飛花、詩人的存在。其餘的幾段也很分明。第二、三詩節寫大梁的繁華時代，第四寫其受到攻擊，第五、六寫其衰落，第七寫目前的景像。全詩的關鍵在第三次換韻。第一、二詩節過四句換韻。依這個式樣，應該在「客」字後再換韻。我們讀到「璧」字才知道還沒換。從「一笑還酬雙白璧」至「帶甲連營殺氣寒」是詩裏最大的對照。同時，「白璧」跟「帶甲」在形象方面也有一種類似，都是硬性的，發微光的，可以讓人隨手玩耍的。如果全詩有缺點的話，便是第五、六詩節似乎多餘，第六或可以省略。

盧照鄰的這首詩的結構並沒有何景明的〈大梁行〉清楚。或許可以粗略地分四個部分：首十六句寫長安繁華，次十六句寫其美人，次二十八句寫其豪富的尋樂，尾八句寫其衰落。可是第二、三段的布置不太明顯。豪富尋樂當然與美人有關。第三段也可以成「俠客」、「金吾千騎」、「將相」三小部分。然而，這種分段解剖對盧照鄰的這首詩不太合適，因爲它的主題不是美人俠客，而是繁華、荒淫、無常等現像。

總之，盧氏的詩像一部幻想曲，結構疏鬆自由。何景明的則像奏鳴曲，有呈示、展開、再現部。何氏當然沒有聽過奏鳴曲，但是他寫過兩種盧照鄰所沒想到的文體，時文（八股文）和近體詩。這不是說他寫的是「八股詩」，可是他寫歌行時，近體詩及時文意識還存在，可由其作審美標準選擇的參考。

五

至此，我們討論的都是何景明早期的作品。何景明那時期的審美標准，無論是序文所明確闡述的還是詩歌所含蓄體現的，都受了李夢陽學的影響。李、何正德二年以後只有兩次見面。五年（西元一五一零年）李夢陽起用，上任江西提學副使，過信陽，給何景明寫詩。其次年，何景明復官。十多年間，兩個人雖然頻頻通信，但是對文學漸漸地有了不同的看法。正德九年，李夢陽又罷官返家，而何景明卻還在北京當官，並甚受後輩的尊敬，有自己的弟子，如薛蕙、鄭善夫、李濂、戴欽等。到正德十年，李夢陽終于給何景明寫信，批評何氏的詩法。何景明寫〈與李空同論詩書〉以對（註一五）。何景明把自己跟李夢陽對復古的不同看法寫得一目了然：

> 追昔爲詩，空同子刻意古範，鑄形宿鏌，而獨守尺寸。僕則欲富於材積，領會神情，臨景構結，不做形跡。

他認爲文學的演變是不能倒轉的。詩文雖然有「不可易之法」，可是作家的「語不必同」。他用兩個比喻批評沒有創造力的作家：

> 鴻荒邈矣。書契以來，人文漸朗，孔子斯爲折中之聖；自餘諸子，悉成一家之言。體物雜撰，言辭各殊，君子不例而同之也，取其善焉已爾。故曹、劉、阮、陸，下及李、杜，異曲同工，各擅其時，并稱能言，何也？辭有高下，皆能擬議以成其變化也。若必例其同曲夫然後取，則

既主曹、劉、阮、陸矣，李、杜即不得更登詩壇，何以謂千載獨步也？僕嘗謂詩文有不可易之法者，辭斷而意屬，聯類而比物也。上考古聖立言，中徵秦、漢緒論，下采魏、晉聲詩，莫之由易也。……

故法同而語不必同矣。僕觀堯、舜、周、孔、子思、孟氏之書，皆不相沿襲而相發明，是故德日新而道廣，此實聖聖傳授之心也。後世俗儒，專守訓詁，執其一說，終身弗解。相傳之意背矣。今爲詩，不推類極變，開其未發，泯其擬議之跡，以成神聖之功，徒敘其已陳，修飾成文，稍離舊本，便自杌捏，如小兒倚物能行，獨趨顚僕。雖由此即曹、劉，即阮、陸，即李、杜，且何以益于道化也？佛有筏喻，言舍筏則達岸矣；達岸則舍筏矣。

最後，在結束要說客氣話時，他用建筑學爲比喻：

今空同之才，足以命世，其志金石可斷，又有超代軼俗之見。自僕遊從，復睹作述，今且十餘年來矣。其高者不能外前人也，下焉者已踐近代矣。自創一堂室，開一户牖，成一家之言，以傳不朽者，非空同撰焉誰也？

李夢陽回了兩封信表示對何景明的不滿（註一六）。第一封信用何景明的建筑學來反駁：

子擿我文，曰：「子高處是古人影子耳，其下者已落近代之口。」又曰：「未見子自築一堂奥，突開一户牖，而以何急於不朽。」此非仲默之言，短僕而諛仲默者之言也。短僕者必曰「李某豈善文者？但能守古而尺尺寸寸之耳。必如仲默出入由己，乃爲舍筏以登岸。」斯言禍子者也！

古之工，如倕如班，堂非不殊，户非同也。至其爲方也，圓也弗能舍規矩。何也？規矩者法也。僕之尺尺而寸寸之者，固法也。假令僕竊古之意，盜古形，剪截古辭以爲文，謂之影子誠可。若以我之情，述今之事，尺寸古法，罔襲其辭，猶班圓倕之圓，倕方班之方，而倕之木非班之木也。此奚不可也？

李夢陽又用「規矩」討論「法」的問題：

夫筏我二也。猶兔之蹄，魚之筌，舍之可也。規矩者，方圓之自也，即欲舍之，烏乎舍？子試築一堂，開一户，措規矩而能之乎？措規矩而能之，必并方圓而遺之，可矣。何有於法，何有於規矩？……阿房之巨，靈光之巋，臨春、結綺之侈麗，楊亭葛廬之寂，未必皆倕與班爲之也。大小，鮮不中方圓也。何也？有必同者也。獲所必同，寂可也，幽可也，侈以麗可也，巋可也，巨可也。守之不易，久而推移，因質順勢，融鎔而不自知。於是，爲曹、爲劉、爲阮、爲陸、爲李、爲杜，即今爲何大復，何不可哉？此變化之要也。故不泥法而法嘗有，不求異而其言人人殊。……。非自築一堂奥，自開一户牖而後爲道也。

李夢陽的第二封信逐句批評何景明的近作，還發揮他的「法」說：

夫子近作乖於先法者，何也？蓋其詩，讀之若摶沙弄泥，散而不瑩。又粗者弗雅也。如〈月蝕〉詩：「妖遮赤道行」是耳。然闊大者鮮把持，又無鍼線。古人之作，其法雖多，端大抵，前疏者後必密，半闊者半必細，一貫者必一虛，疊景者意必二。此予之所謂法，圓規而方矩者也。……

……

《詩》云：「有物有則」。故曹、劉、阮、陸、李、杜能用之而不能異，能異之而不能不同。今人止見其異而不見其同。宜其謂守法者爲影子，而支離失眞者以舍筏登岸自寬也。夫文與字一也。今人模臨古帖，即太似不嫌，反曰能書。何獨至於文而欲自立一門戶邪？自立一門戶，必如陶之不冶，冶之不匠，如孔之不墨，墨之不楊邪。此亦足以類推矣。且仲默「〈神女賦〉」、「〈帝妃篇〉」、「南遊日」、「北上年」四句接用，古有此法乎？「水亭菡萏」、「風殿薜蘿」，意不一乎？

在何、李這三封信裏可以看出他們具有的共同審美態度，即，一種引古代名作爲標準的規範形式主義。而最基本不同點在於他們對法及文學演變的看法。何景明比較簡單地描繪法的內容，認爲作家一旦把古人的法學好便該去「自創一堂室，開一戶牖」。堂室的獨創性便是作家成就的一大部分。李夢陽描繪法很詳細，認爲所可以用的法已經存在，「堂室」的妙處在于跟已經存在的法獲取一致。對研究李、何詩論的來說，李夢陽第二封信還有一個很有意思的特色。那是李氏一句一字地批評何景明的三首詩。何詩全文如下：

何景明〈六月望月食〉

未月黃衢厄，妖遮赤道行。魄殘疑近晦，食甚始生明。奏鼓風飆慘，登壇雷雨清。攙搶猶未掃，天

意豈休兵。（註一七）

何景明〈訪子容自荊州使回〉㈠

使節荊門返，文章楚郡傳。綵雲神女賦，斑竹帝妃篇。弔古南遊日，憂時北上年。停杯問世事，轉眼幾回遷。（註一八）

何景明〈同李川甫鄒子家過張子言舍〉

偶道清涼地，番思苦熱哀。水堂菡萏折，風殿薜蘿開。逃暑無三伏，憑虛有一臺。西山晝雷雨，不見洗天來。（註一九）

李夢陽評何詩道：「如〈月蝕〉詩：『妖遮赤道行』是耳。」這個「是」或許指「粗者弗雅」，而非指「摶沙弄泥」云。他對這首詩不滿是由於題目、內容的問題，與「法」似乎無關。

李夢陽對何景明另外兩首則提問：「古有此法乎」、「意不一乎」。上文中，李氏已講「前疏者後必密」等規則，又引沈約的詩論。他沒有說得更具體，或可認為何氏這兩首詩的缺點在於簡單、貧乏。比方說，〈訪子容〉詩的頷、頸兩聯都有一樣的結構。在格律、語法兩方面，四句都有兩個字的題語，三個字的名詞性謂語。兩聯的題語、謂語結構不完全一樣。「綵雲」、「斑竹」是形容詞跟名詞，「弔古」、「憂時」是動詞跟賓語。「神女」、「帝妃」是名詞修飾名詞，都成專名詞，「南遊」、「北上」是副詞跟動詞。可是連李夢陽所批評的〈同李川甫〉的中聯都比這首更有變化。

總之，李夢陽的詩論雖然稱贊漢、魏、盛唐，但是他面對具體的某一首詩，他的標准似乎極其簡單，也很切實的：拒絕單調，避免不文雅的意象和措詞。他批評這些詩頗具見地。〈訪子容〉是何景明全部作品裏比較無聊的一首。「妖遮赤道行」一句有一點孟交的風格。這種風格我們會喜歡，可是李氏的不贊稱，與其輕視中、晚唐諸家的態度是一致的。對我們來說，最引人注目的是一種視角的不相符。李夢陽稱「一貫者必一虛」，好似揭露宇宙結構的一大秘密，而其批評何詩中的語句卻不過是一種吹毛求疵。

六

李、何雖然有這次意見不合，但他們並沒有如衆人所說的絕交（註二〇）。十三年（西元一五一八年），何景明上任陝西提學副使過開封，曾最後一次跟李夢陽交往。何景明在陝西任官時期的作品，現存較少。其中有一些頗受杜甫的影響，或牽連杜甫作品。有一首寫杜甫詩裏常稱的劉備：

何景明〈昭烈廟〉

漂泊依劉計，間關入蜀身。中原無社稷，亂世有君臣。峽路元通楚，岷江不向秦。空山一祠宇，寂寞翠華春。（註二一）

杜甫有一首五言排律詩，雖然用不同的詩體，但仍可看出何景明詩出所在：

杜甫〈謁先主廟〉

慘澹風雲會，乘時各有人。力侔分社稷，志屈偃經綸。復漢留長策，中原仗老臣。雜耕心未已，歐血事酸辛。霸氣西南歇，雄圖歷數屯。錦江元過楚，劍閣復通秦。舊俗存祠廟，空山立鬼神。虛簷交鳥道，枯木半龍鱗。竹送清溪月，苔移玉座春。閭閻兒女換，歌舞歲時新。絕域歸舟遠，荒城繫馬頻。如何對搖落，況乃久風塵。孰與關張並，功臨耿鄧親。應天才不小，得士契無鄰。遲暮堪帷幄，飄零且釣緡。向來憂國淚，寂寞灑衣巾。（註二二）

除題目一樣之外，兩首詩的韻部也相同。何詩的韻腳都是杜詩所用的。杜詩的第六聯顯然是何詩頸聯的來源。兩首詩的尾句都起於「寂寞」二字。何詩之第一至六句可看作對杜詩之第一至十二句所作的概要和注解。可是何詩第六句的意義跟杜詩第十二的相反。杜甫在曾爲劉備首都成都寫此詩，他第六聯著眼於從蜀往秦、楚（劉備對手領土）的路線。何景明在劉備未曾征服的陝西寫詩，他指出四川諸江流往劉備去世的地帶，楚國。杜甫、何景明當然都知道劉備要失敗，可是杜甫想像其希望所在之處，而何景明則想像其困難所到之地（註二三）。

兩首詩的下半雖都寫廟，卻不大相似，這個在此不詳細討論。杜甫另外有詩可認爲何詩的類似物：

杜甫〈詠懷古跡〉(四)

蜀主窺吳幸三峽，崩年亦在永安宮。翠華想像空山裏，玉殿虛無野寺中。古廟杉松巢水鶴，歲時伏臘走村翁。武侯祠屋長鄰近，一體君臣祭祀同。（註二四）

杜甫的這首詩是他的晚期七言律詩。一般稱他的〈秋興八首〉爲中國歷代詩歌絕頂的學者多認爲〈詠懷古跡〉僅次於〈秋興八首〉。如杜甫不少其他偉作一樣，〈詠懷〉各首布辭用不連續的風格，有時也并置意外的意象。例如這首詩的首聯用「主」、「幸」、「崩」、「宮」諸字強調劉備有皇帝的地位。然而，同聯裏也用「窺」字，似令人起喊捉賊之念。首聯給人以尊敬輕視皆備的感覺，頷聯中有劉備時代光輝的翠華、宏偉的玉殿混同出現在杜甫眼前的空山、野寺中。可是翠華是想像的，玉殿是虛無的。頸聯有古物（古廟的杉松、每年的節日）當使役動辭的主語（杉樹、松樹叫水鶴巢其上，伏節、臘節使村翁步行來參加）。上三聯充滿不協調的成分，如失敗的皇幸、變成祠廟的宮殿等。尾聯卻景情合一。一般的，我們想起劉備就連想到諸葛亮，但是杜甫這首詩第七句才提到武侯的祠屋，指其長久地鄰近。尾句像巴哈的風琴賦格曲，把一大系列的不諧音轉換成主音大調的和音。這句用兩對并列的名辭（「君臣」、「祭祀」）以強調劉、諸葛為「一體」。最後韻腳「同」等于賦格曲的和音。

這種濃縮後而釋放的能量是杜甫詩歌的一個特色。跟何景明詩作比較以前，再提一例：

杜甫〈詠懷古跡〉(五)

諸葛大名垂宇宙，宗臣遺像肅清高。三分割據紆籌策，萬古雲霄一羽毛。伯仲之間見伊呂，指揮若定失蕭曹。福移漢祚難恢復，志決身殲軍務勞。

〈詠懷古跡〉之四寫劉備廟，以「同」為目的。〈詠〉之五則寫諸葛亮祀，其主題也可以用最後韻腳「勞」一字來表示。彼以大調結束，此則以小調處置。然而，這首跟第四首一樣有很高的能量。除了諸葛亮像之外（一件很重要的例外），這首詩所有的意像是想像並抽像的。可是這些意像又大部分有具體的對象（「垂」、「宇宙」、「高」、「分」、「割據」、「紆」、「雲霄」、「羽毛」、

「伯仲之間」、「指揮」、「定」、「失」、「移」、「祚」、「恢復」、「身殲」、「勞」等。這些意像雖然充滿巨大的空間跟有力的舉止，可是相互之間很少有具體的關係。結果是全文體現了諸葛亮勞而不就的形像，也可以說是體現了杜甫自己的形像，勞於「詩務」。

何景明的〈昭烈廟〉顯然與杜甫的〈謁先主廟〉、〈詠懷古跡〉有關。然而這關係有甚麼內容？何詩的風格是不是向杜詩學來的？（註二五）何景明的這首詩句句寫得似清非清。所清之處在於各句的結構，所不清之處在於聯與聯的關係。首聯寫劉備的困難，頷聯寫政治方面，頸聯寫地理，尾聯寫劉備身後的廟堂。劉備的形像當然是統一全文的元素之一。另外有杜甫的形像、杜甫的詩。杜詩見於何詩之中極其明確。除首聯之外，何景明的每聯都出自杜甫〈謁先主廟〉、〈詠懷古跡〉。「社稷」、「君臣」、「空山」、「寂寞」、「翠華」都是從杜甫引申而來的（「祠宇」、「祠屋」相近）。

杜甫其人也可見於何詩之中。除第一句「依劉計」之外，〈昭烈廟〉句句可以認爲與杜甫有關。杜甫「間關入蜀」後才寫〈謁先主廟〉、〈詠懷古跡〉。此時安史之亂的後效尚讓中原「無社稷」。杜甫自己沒有回陝西，卻下「峽路」入楚而病死。何景明在正德十五年（西元一五二〇年）初夏寫他的詩。何景明此年春夏巡察陝南各府、縣學校。這時期武宗正在他作的所謂「南巡」，寧王反剛平。其「復古」的內容不限于引用杜甫的詩句，且包括一種歷史性同情。此詩的意義不限于寫劉備，同時也包括杜甫寫劉備，以及何景明自己所寫的劉備及杜甫。應該注意的是何景明這首詩跟以上討論的〈自武陵到沅陵〉一首的比較。〈自武陵〉引用杜甫詩用得十分不虔誠。而〈昭烈廟〉卻同時既尊敬杜甫又佩服劉備。

七

何景明的「復古」或有兩種內容。一種是史學態度，另一種可以稱「傳統的意識」。史學、傳統均以過去的爲主題，可是史學三眼於演變，傳統則著眼於不變的。何景明寫序文、與李夢陽爭論詩法依據他對詩歌歷史的知識分析得很微妙。然而，他在寫無論是笨拙失算的〈自武陵至沅陵〉還是深刻動人的〈昭烈廟〉時，他試圖與古代名家爲伍，故意地把自己的作品放在不變的傳統之中。然而，出其所料的是他難免受詩歌演變的影響，如其〈大梁道〉的結構不像盧照鄰的〈長安古意〉。

最後，因爲我們討論的是審美意識，應該再提一個問題。李、何諸家的資料中，「美」字非常罕見。他們是審美還是審善、審眞、審工？他們自己或許回答不上。由上引用的詩文，我們認爲其詩論主要是「審工」的。然而，何景明寫〈昭烈廟〉似乎眞出乎其美感而寫。我們應該認識到何景明詩中審美意識的復雜性並未體現於他在序文及信件中對「復古」的看法，也就是說其復古言論沒有其詩有意思。可是，一般寫中國文學史的學人，寫到明代中葉便把自己的題目私下換成中國文學批評史。難怪讀者常覺得明代詩歌乏味。詩話、序文、作家與作家評論詩法的書信有一定的參考價値，可以用來研究作家的意見，研究每一個時代文人對文學遺產的態度等題目。然而，文學史的最基本資料是文學作品本身以及其所含的審美意識。

【附註】

註　一　見龔顯宗《明七子詩文及其論諍之研究》、簡錦松《明代文學批評研究》、廖可斌《復古派與明代文學思潮》等。

註　二　《大復集》文淵閣四庫全書本，三十四卷．三頁，見拙作《何景明叢考》總號序007。

註　三　《大復集》七卷．二頁，總號151:008。

註　四　《文選》正中書局影印本，二十八卷．二十頁。

註　五　《大復集》十一卷．七頁。總號151:026。

註　六　安旗《李白全集編年注釋》巴蜀版，一七五頁。

註　七　《杜詩引得》一三七頁。

註　八　此說見Eva Shan Chou（周杉）*Reconsidering Tu Fu: Literary Greatness and Cultural Context.* 周先生對杜甫的「并置風格」作了深刻的分析，也討論了杜甫在中國文化中的地位及杜甫爲人、著作兩個元素。

註　九　《四友齋叢說》中華書局版，二三四頁。

註一〇　《大復集》十四卷．十四頁，總號371:009。

註一一　《杜詩引得》四零九頁〈江上值水如海勢聊短述〉。

註一二　代表性例子如下：（甲）小說：美國斯泰倫(William Styron), *Sophie's Choice*的講述者道："Call me Stingo." 這句引用麥爾維爾(Herman Melville), *Moby Dick*的首一句，講述者道："Call me Ishmael"。（

乙）音樂：意大利貝里奧(Luciano Berio)的交響(Sinfonia)的第三樂章引用馬勒(Gustav Mahler)的第二交響曲的第三樂章。（丙）美術：英國培根(Francis Bacon)引用委拉斯開茲(Velasquez)的一幅教皇像來畫自己的表現主義畫。近來，有英國作曲家透尼基(Mark Anthony Turnage)以培根的畫爲靈機，作一部「三位尖叫的教皇」(*3hree Screaming Popes*")。（丁）電影：西班牙部努爾(Luis Bunuel)的電影，易裝癖者的主人公先放巴哈B小調彌撒音樂*Et incarnatus est*的唱片，再穿上女裝。

註一三　《大復集》十一卷．六頁，總號271:001。

註一四　《全唐詩》中華書局版，五一八頁。

註一五　《大復集》三十二卷．十九頁；總號書:005。李夢陽的書失傳。李、何的書是甚麼時期寫的，前說不一。近人簡錦松先生才證明其爲正德十、十一年的作品（《李何詩論研究》三十三頁）。拙作《何景明叢考》（七十一頁）另加旁證。

註一六　《李空同集》偉文影印本，六十一卷．六頁（總一七三五頁）。

註一七　《大復集》二十二卷．二頁；總號352:285。

註一八　《大復集》二十一卷．六頁；總號352:288。

註一九　《大復集》二十一卷．六頁；總號352:283。

註二〇　這個問題衆說不一，請參考拙作《何景明叢考》七十八、八十九、一百五十頁。

註二一　《大復集》二十二卷．十五頁，總號452:021。

註二二　《杜詩引得》四八八頁。

註二三　除杜、何兩首詩之外，另有中唐詩人劉禹錫的一首值得參考：

劉禹錫〈蜀先主廟〉（《全唐詩》四零一六頁）天地英雄氣，千秋尚凜然。勢分三足鼎，業復五銖錢。得相能開國，生兒不象賢。淒涼蜀故妓，來舞魏宮前。

橫田輝俊曾比較劉、何二人之詩（見其〈何景明の文學〉，《廣島大學文學部紀要》25 (1965): 246-61）。橫田先生認爲何景明的詩比劉禹錫的更教讀者同情劉備。劉禹錫把劉備寫成偉大的英雄，尾聯卻將眞可同情的「蜀故妓」寫成戰利品。

註二四　《杜詩引得》四七一頁（下同）。

註二五　我們現在比較的杜、何詩當然不屬于同一詩體（杜詩是七言律詩，何詩則是五言律詩）。杜、何兩家的風格不同，最明顯的例子便是他們的〈秋興八首〉。在此僅各錄一首以供辨別：

杜甫〈秋興八首〉（一，《杜詩引得》四六七頁）玉露凋傷楓樹林，巫山巫峽氣蕭森。江間波浪兼天湧，塞上風雲接地陰。叢菊兩開他日淚，孤舟一繫故園心。寒衣處處催刀尺，白帝城高急暮砧。

何景明〈秋興八首〉（一，《大復集》二十四卷．十一頁，總號272:016）

高樓一上思堪哀，水盡山空鴈獨迴。萬里關河迷北望，無邊風雨入秋來。故人尺素年年隔，薄暮清砧處處催。徒有寒樽對花發，病懷愁絕共誰開。

老莊的音樂思想及其對魏晉古琴音樂美學的影響

——以陶淵明的「無弦琴」與嵇康的「琴賦」為主

屏東師範學院語教系副教授 李美燕

提要

本論文旨在探討老莊的音樂思想及其對魏晉時期古琴音樂美學的影響。全文除前言與結論外，共分兩部分論述：壹、老莊哲學中的音樂思想。貳、老莊思想影響下的魏晉古琴音樂美學觀。

首先以老莊思想中有關樂論的素材為主，以探討老莊哲學中的音樂思想，此就文獻的材料來看，又可分為兩方面論述：一、老莊對世俗音樂與傳統樂教的省思。二、老莊以「道」為本體的音樂審美觀——「大音希聲」、「至樂無聲」。

其次，就老莊思想影響下的魏晉古琴音樂美學觀來加予探討，則其影響的主要論點如下：㈠「技進乎道」、「得意忘言」。㈡「大音希聲」、「至樂無聲」。

再者，即以陶潛「無絃琴」之說與嵇康「琴賦」為主以析論之。

藉由上述的探討，期能使中國音樂文化上的瑰寶——古琴，以傳統樂教為本位的琴道思想，在魏晉時期融匯入老莊思想的影響，而形成在音樂美學上的特色得以呈現；另則使老莊的音樂思想及其在音樂美學上的影響論題點示而出，以俾今日對傳統文化的傳承與創新。

壹、老莊哲學中的音樂思想

一、老莊對世俗音樂與傳統樂教的省思

老莊哲學中有關樂論的內容，主要見於兩方面：其一是針對世俗音樂與傳統樂教的省思而發。在世俗音樂方面，老子首先正視的即是「五音令人耳聾」（註一），當人心陷溺於震耳欲聾的五音而迷醉時，反而令人麻木失聰。而《莊子》〈天地篇〉裡亦有謂「五聲亂耳，使耳不聰」（註二），皆是指出人陷溺於世俗音樂的追求，而帶來的負面影響。

此外，在《莊子》的外雜篇裡，由反對世俗之音的淫亂人心而說，如外篇〈駢拇〉有文曰：

多于聰者，亂五聲，淫六律，金石絲竹黃鐘大呂之聲，非乎？而師曠是已。（註三）

又〈胠篋〉篇亦曰：

擢亂六律，鑠絕竽瑟，塞瞽曠之耳，而天下始人含其聰矣。（註四）

又外篇〈馬蹄〉亦曰：

五聲不亂，孰應六律？（註五）

文中對於「五聲」、「六律」的反省：「多於聰者，亂五聲，淫六律」，顯然是繼承了老子的觀點「五音令人耳聾」而來，而「五聲不亂，孰應六律？」，則是意謂大道廢而後人爲出；五聲亂，而後六律應。又見於外篇〈在宥〉裡亦有一段論述，曰：

說樂（也）〔邪〕，是相于淫也；……天下將安其性命之情，……，存可也，亡可也；天下將不安其性命之情，……乃始臠卷 囊而亂天下也，而天下乃始尊之惜之，甚矣天下之惑也！……故君子不得已而臨莅天下，莫若無爲。無爲也而後安其性命之情。（註六）

所謂的「說樂」，亦即以樂教天下，乃是天下大亂，而後才提出來的救世之道。天下若安於性命之純眞，則樂之存亦可，亡亦可。「故君子不得已而蒞臨天下，莫若無爲。無爲也，而後安其性命之情」，若由無爲之治，使人心契合大道，安其性命之情，即無需說樂以相救，而反流於五聲之淫亂人心。另外，在〈繕性〉篇有謂「中純實而反乎情，樂也；信行容體而順乎文，禮也。禮樂偏行，則天下亂矣。」（註七），即是提出了對傳統禮樂之教的省思，有所謂「中純實而反乎情，樂也」，說明樂之本意乃在使人心復歸純樸眞實之性情。這些見諸《莊子》外、雜篇對傳統樂教省思的論點與老莊反對禮樂教化對人性的桎梏，而追求返樸歸眞、自然無爲的人生理想是相一致。

二、老莊以「道」為本體的音樂審美觀

其次是在老莊思想裏可見藉著音樂表達「道」的形上思維。在《老子》一書中，有關的論述主要

是「大音希聲」。

所謂的「大音」不同於世俗之「五音」，此《老子》文曰：

> 大方無隅，大器晚成，大音希聲，大象無形，道隱無名。（註八）

「大音」與「大方」、「大器」、「大象」並列，顯然是立於「道」的境界而說，「大音希聲」是藉著音樂來描述道的特性，以老子哲學而言，「大音希聲」是在人主觀的脩養工夫上，透過「無爲」的心境提昇，所達到的與道合一的境界，因而以世俗人心聞樂，五音譁耳令人失聰，以道心聞樂，心智不爲聲所陷溺，所聞之樂即是「以道爲本體的無聲之樂，乃音樂中最完美的典型」（註九），換言之，這裏顯然不是就音樂本身來談音樂美學的問題。後來王弼注曰：

> 聽之不聞名曰希，不可得聞之音也。有聲則有分，有分則不宮而商矣。分則不能統眾，故有聲者，非大音也。（註一〇）

又王弼《老子微旨例略》亦有文曰：

> 爲音也則希聲，……宮也則不能商矣，……音而聲者非大音也，……五音不聲則大音無以至，……五音聲而心無所適焉，則大音至矣。……用大音則風俗移也。（註一一）

王弼注「大音希聲」，有謂「聽之不聞名曰希，不可得聞之音也」，此乃承《老子》第十四章之文「聽之不聞名曰希」（註一二）這個理念而發揮。至於「有聲則有分，有分則不宮而商矣。分則不能統衆，故有聲者非大音也。」，由「有聲者非大音也」對顯出「大音希聲」（『希聲』即『無聲』）的義涵，此又承《莊子》一書〈齊物論〉裏昭氏之鼓琴比喻「愛成而道虧」之意而來，其文曰：

是非之彰也，道之所以虧也；道之所以虧，愛之所以成。果且有成與虧乎哉？果且無成與虧乎哉？有成與虧，故昭氏之鼓琴也；無成與虧，故昭氏之不鼓琴也。（註一三）

爾後郭象亦注曰：

夫聲不可勝舉也，故吹管操絃，雖有煩手，遺聲多矣。而執籥鳴弦者，欲以彰聲也，彰聲而聲遺，不彰聲而聲全。（註一四）

所謂「煩手遺聲」、「彰聲而聲遺」，即是「有聲者非大音也」，反之，「不彰聲而聲全」，即是超越「有聲」而至於「無聲」的境界，這裏，乃是老子藉諸音樂來點示「道」體的一種表達方式。審言之，所謂的「有聲」是指人心有爲的音樂實踐；而「無聲」（大音希聲）則是謂道心無爲的精神境界（即王弼注所謂「心無所適焉，則大音至矣」），因此，所謂的「大音希聲」（無聲）並非在音樂實踐中與「有聲」相對立的概念，兩者實有質的不同。

另外，在《莊子》書中亦可見與《老子》「大音希聲」相通的論點，此即㈠提出以「道」爲本體的天籟境界，㈡重視以「和」爲體性的無聲之樂，㈢由無聲之樂通達「和與天樂」的境界。

在《莊子》〈齊物論〉裡，有所謂「地籟」、「人籟」與「天籟」之說，其文曰：

子游曰：「敢問其方。」子綦曰：「夫大塊噫氣，其名爲風。是唯無作，作則萬竅怒號。」……子游曰：「地籟則眾竅是已，人籟則比竹是已，敢問天籟？」子綦曰：「夫吹萬不同，而

使其自己也，咸其自取，怒者其誰邪！」（註一五）

關於「天籟」，郭象注以爲「夫天籟者，豈復別有一物哉？即衆竅比竹之屬」。「自己」、「自取」，則是「自己而然」、「天然耳，非爲也」、「物各自生而無所出焉」、「物皆自得之耳」之意（註一六），而成玄英疏亦謂「使其自己，當分各定，率性而動，不由心智。所謂亭之毒之，此天籟之大意者也」。（註一七）文中「地籟」是指風吹動大地上的孔穴時所發出的聲音；「人籟」則是人吹動竹管時所發出的聲音；「天籟」則是「是唯無作，作則萬竅怒號」的「大塊噫氣，其名爲風」，是爲無聲之聲，亦即由自身的體性，不待他而然所發出的聲音，故所謂天籟，即天然非人爲之意，若衆竅比竹皆各依其體性，率性而動，自己而然，亦是所謂的「天籟」，故「天籟」是一境界義，關此，牟宗三先生有一說値得參考：

「天籟」義即「自然」義。明一切自生、自在、自己如此，並無「生之」者，並無「使之如此」者。……此自然是一境界，由渾化一切依待對待而至者。此自然方是眞正之自然，自己如此。絕對無待、圓滿具足、獨立而自化、逍遙而自在、是自然義。當體自足，如是如是，是自然義。天籟並非一物，只是一「意義」，一「境界」。此意義，此境界，即就「吹萬不同」之自己、自取、而暗示之，故即「自然」也。「自己而然，謂之天然」。背後並無一怒（努）發之者使之如此。……而郭注亦說：「即衆竅比竹之屬，接乎有生之類，會而共成一天耳。」「會而共成一天」即個個圓滿具足，自己而然。（註一八）

又，「天籟」是一境界義，乃是透過莊子的脩養工夫——「心齋」、「坐忘」所達到無待而自然的化境體證而得，藉由音樂的境界來加以說明。就「心齋」而言，〈人間世〉有文曰：

回曰：「敢問心齋？」仲尼曰：「若一志，無聽之以耳而聽之以心，無聽之以心而聽之以氣！聽止於耳，心止於符。氣也者，虛而待物者也。唯道集虛，虛者，心齋也。」（註一九）

「一志」，即是凝神專一，如〈達生〉篇有謂孔子顧謂弟子，傴丈人「用志不分，乃凝於神」（註二十），這是由「無聽之以耳而聽之以心，無聽之以心而聽之以氣！」，層遞漸進的修養工夫而來，「無聽之以耳而聽之以心」，由超越耳目感官的陷溺執著，而以心知去感應；「無聽之以心而聽之以氣！」，心知與外物交構，亦不免有成心我執，故唯有消解成心，超越我執，使耳止於聽的功能，心止於符應萬物，不將不迎，所謂「徇耳目內通而外於心知」（註二一），才能超越心知感官的執定，而由道心的虛無靜觀以開顯「天籟」之妙義，以見其無待自然義。反之，人心有待他然，坐馳不返，即要以「坐忘」的工夫相對治，此〈大宗師〉有文曰：

顏回曰：「回益矣。」

仲尼曰：「何謂也？」

曰：「回忘仁義矣。」

曰：「可矣，猶未也。」

他日，復見，曰：「回益矣。」

曰：「何謂也？」

曰：「回忘禮樂矣。」

他日，復見，曰：「回益矣。」

曰：「何謂也？」

曰：「回坐忘矣。」

仲尼 然曰：「何謂坐忘？」

顏回曰：「墮肢體，黜聰明，離形去知，同於大通，此謂坐忘。」（註二二）

所謂「坐忘」相對於「坐馳」而言，「墮肢體」即是「離形」（「無聽之以耳」），「黜聰明」即是「去知」（「無聽之以心」），「離形去知」也就是〈人間世〉所謂「徇耳目內通而外於心知」，而「同於大通」的「坐忘」境界即是「心齋」——「聽之以氣」、「虛而待物」的境界。

這裏，莊子的「天籟」義，由「心齋」、「坐忘」的修養工夫點示而出，不止是說明莊學由自我超越以達到無待逍遙、自然無爲的境界。同時也蘊涵了音樂審美的合理性，關於音樂審美的體驗特徵，參見（英）瓦倫汀《實驗審美心理學》一書中〈音樂美的體驗〉一文裏曾經提到：

我們的審美經驗的另一個標準是：我們的注意力必須全部傾瀉在這美的物體上，我們必須完全地專注於它。一旦我們轉而注意其它所見的事物，或者停留在與音樂有關的記憶之中，那就會偏離了眞正的審美態度。（註二三）

以審美的體驗來說，音樂是時間的藝術，在瞬間流逝的美感契會，主要是來自審美主體的專注凝神，渾然忘我，此即與莊子由「虛而待物」之心境所開出物我合一之境界相契合。

而由此一境界所開顯出的音樂美學觀，即是以「和」爲體性的「無聲之樂」，見諸外篇〈天地〉有言曰：

> 視乎冥冥，聽乎無聲。冥冥之中，獨見曉焉；無聲之中，獨聞和焉。（註二四）

這裡，以「和」爲體性的無聲之樂，即是超越世俗的五音，默契道妙後所體會到的一種境界，乃是透過莊學「心齋」、「坐忘」的脩養工夫體證而得。此又可透過《莊子》書中外篇〈天運〉一文中，北門成問于黃帝「咸池」之樂一事來加以說明，其文曰：

> ……北門成問於黃帝曰：「帝張咸池之樂于洞庭之野，吾始聞之懼，復聞之殆，卒聞之而惑，蕩蕩默默，乃不自得。」帝曰：「汝殆其然哉！吾奏之以人，徵之以天，行之以禮義，建之以太清。夫至樂者，先應之以人事，順之以天理，行之以五德，應之以自然；然後調理四時，太和萬物。四時迭起，萬物循生；一盛一衰，文武倫經；一清一濁，陰陽調和，流光其聲；蟄蟲始作。吾驚之以雷霆；其卒無尾，其始無首；一死一生，一僨一起，所常無窮；而一不可待，汝故懼也。吾又奏之以陰陽之和，燭之以日月之明；其聲能短能長，能柔能剛；變化齊一，不主故常；在谷滿谷，在阬滿阬；塗郤守神，以物爲量。其聲揮綽，其名高明。是故鬼神守其幽，日月星辰行其紀。吾止之于有窮，流之于無止。予欲慮之而不能知也，望之而不能見也，逐之而

不能及也；儻然立於四虛之道，倚于槁梧而吟，目知窮乎所欲見，力屈乎所欲逐。吾既不及已夫！形充空虛，乃至委蛇。汝委蛇，故怠。吾又奏之以無怠之聲，調之以自然之命。故若混逐而叢生，林樂而無形，布揮而不曳，幽昏而無聲。動於無方，居於窈冥；或謂之死，或謂之生；或謂之實；或謂之榮；行流散徙，不主常聲。世疑之，稽于聖人。聖也者，達于情而遂于命也。天機不張而五官皆備，此之謂天樂，無言而心說，故有焱氏爲之頌曰：『聽之不聞其聲，視不見其形，充滿天地，苞裹六極。』汝欲聽之而無接焉，而故惑者，樂也者，始于懼，懼故祟；吾又次之以怠，怠故遁；卒之于惑，惑故愚；愚故道；道可載而與之俱也。」（註二五）

〈天運〉篇裡藉著北門成問于黃帝《咸池》之樂的對話，以長篇幅描述性語言來談至樂的意涵，所謂的「至樂」與「常聲」（世俗的五音）正好相對，不由聽聞可得，而是在消解了心智上對於五音的執著後，與道合一的一種體證，雖聽之不可聞，然充滿天地，苞裹六極，無所不在。而北門成對於至樂「始聞之懼，復聞之怠，卒聞之而惑，蕩蕩默默，乃不自得」，即是惑於欲聞至樂而不能以感官心知實際接觸，事實上，所謂「至樂」，「慮之而不能知」、「望之而不能見」、「逐之而不能及」，唯須由道心默化以遇之，自可於此有所體認，此即至樂無聲。

故《莊子》一書中，「天籟」、「無聲之樂」、「至樂」的境界是相通的，這種境界乃是由道心妙慧證悟所得，且無須言語道說，而心中自然悅服，由此進而可通達所謂「天樂」的境界。「天樂」與「人樂」乃是相對的兩種境界。此在〈天道篇〉裡有文曰：

……夫明白天地之德者，此之謂大本大宗，與天和者也；所以均調天下，與人和者也。與人和者，謂之人樂；與天和者，謂之天樂。莊子曰：「吾師乎！吾師乎！萬物而不爲戾，澤及萬世而不爲仁，長於上古而不爲壽，覆載天地刻雕眾形而不爲巧，此之謂天樂。故曰：『知天樂者，其生也天行，其死也物化，靜而與陰同德，動而與陽同波。』故知天樂者，無天怨，無人非，無物累，無鬼責。故曰：『其動也天，其靜也地。一心定而王天下，其鬼不祟，其魂不疲，一心定而萬物服。』言以虛靜，推于天地，通於萬物，此之謂天樂。天樂者，聖人之心，以畜天下也。」（註二六）

由「天籟」、「無聲之樂」、「至樂」的境界，所帶來的心靈上妙契道悟的悅樂，即可通達於「與天和者」的「天樂」境界，亦即能與大本大宗的天道相和，這是超乎世俗人心的悅樂（人樂）而有之悅樂。總言之，老莊並未正面地提出音樂美學思想，由老子的「大音希聲」到莊子的「天籟」、「無聲之樂」、「至樂」，都是藉諸音樂對「道」的境界的描述性語言，但這些思想卻形成了後世音樂美學的重要論題，尤其是古琴音樂藝術。

貳、老莊思想影響下的魏晉古琴音樂美學觀

古琴音樂藝術一向是中國文人、哲人與樂人修身養性的寄託表徵，然傳統的琴道一直是以儒家樂教美善相樂的理想爲依歸，直至魏晉時期，才使人們尋繹出在老莊思想影響下的特色，爾後在魏晉時

期即有以老莊形而上的人生理想與古琴音樂藝術實踐結合的音樂美學思想。

一

就魏晉古琴音樂美學而言，老莊音樂思想所形成的重要影響，主要見於「大音希聲」、「至樂無聲」的美學命題，至於琴樂藝術融匯老莊思想而形成的審美意識，開展出在魏晉時期琴樂藝術的風格與特色，則由「技進乎道」、「得意忘言」以見之，茲先分別論述如下：

㈠「技進乎道」、「得意忘言」

《莊子》〈養生主〉「庖丁解牛」一則寓言，蘊涵著藝術實踐上，「技進於道」的審美意識，其文曰：

庖丁為文惠君解牛，手之所觸，肩之所倚，足之所履，膝之所踦，砉然嚮然，奏刀騞然，莫不中音。合於桑林之舞，乃中經首之會。文惠君曰：「譆，善哉！技蓋至此乎？」庖丁釋刀對曰：「臣之所好者道也，進乎技矣。始臣之解牛之時，所見無非（全）牛者。三年之後，未嘗見全牛也。方今之時，臣以神遇而不以目視，官知止而神欲行。依乎天理，批大卻，導大窾，因其固然。技經肯綮之未嘗，而況大軱乎！良庖歲更刀，割也；族庖月更刀，折也。今臣之刀十九年矣，所解數千牛矣，而刀刃若新發於硎。彼節者有閒，而刀刃者無厚；以無厚入有閒，恢恢乎其於游刃必有餘地矣，是以十九年而刀刃若新發於硎。雖然，每至於族，吾見其難為，怵然為戒，視爲止，行爲遲。動刀甚微，謋然已解，如土委地。提刀而立，爲之四顧，爲之躊躇滿志，善刀而藏之。」文惠君：「善哉！吾聞庖丁之言，得養生焉。」（註二七）

在這則寓言裏，值得注意者是，庖丁解牛神乎其技，遊刃有餘，乃在於「以神遇而不以目視，官知止而神欲行」。以「形」（官知）與「神」（神欲）相對而言，庖丁解牛不在藉諸官能心知的作用，而是隨心神的自由運行，此即庖丁「所好者道也」的具體內容。這裏，由「官知止而神欲行」，點出至「技」與「道」的關係。所謂「技進於道」、「神乎其技」，徐復觀有曰：

> 然則庖丁解牛，究竟與莊子所追求的道，在甚麼地方有相合之處呢？第一、由於他「未嘗見全牛」，而他與牛的對立解消了。即是心與物的對立解消了。第二、由於他的「以神遇而不以目視，官知止而神欲行」，而他的手與心的距離解消了，技術對心的制約性解消了。於是他的解牛，成爲他的無所繫縛的精神遊戲。他的精神由此而得到了由技術的解放而來的自由感與充實感；……是道在人生中實現的情境，也正是藝術精神在人生中呈現時的情境。（註二八）

由「心」（認識心）與「物」（牛—手）的對立解消，使心解放於技術性的制約，獲得精神上的自由獨立，體現道在人生中呈現時的情境，依此來詮釋莊子「技進於道」、「神乎其技」的境界，並賦予藝術精神的義涵，這裏，徐復觀的說法固是，換言之，「庖丁解牛」乃是先入於技，而後出乎技，終至進於道，此中的境界實有一精神生命的超越發展在其中，此即透過自心上泯除我執，執於心與物主客對立的修養工夫，而達到「自然」的精神境界。

如此的境界在古琴音樂藝術的實踐上，即是如同嵇康所謂「器冷絃調，心閑手敏，觸 如志，唯意所擬。」（註二九）的境界，「心閑手敏」，「閑」之一字點示出精神境界上逍遙自在，無所掛礙，故彈琴時手隨心神而運，唯「意」所擬，意之所到，指下之功力即可神乎其技地表現得淋漓盡致。這也就是所謂「官知止而神欲行」、「以神遇而不以目視」的化境。此外，古琴音樂美學裏，「意」的審美範疇尚有一個重要的觀念，此即琴意得之於絃外，正如言有盡而意無窮。基本上，這是將道家的言意之辨運用在琴學的表現上，如見諸《莊子》〈外物〉篇有文曰：

荃者所以在魚，得魚而忘荃；蹄者所以在兔，得兔而忘蹄；言者所以在意，得意而忘言。吾安得夫忘言之人而與之言哉！（註三〇）

「意」的概念的提出，使琴樂藝術的審美觀由「技」進乎「道」；由「得意而忘言」而形成琴論中「絃外之音」的重要論題。同時，此一審美範疇實即蘊涵著由「有聲」入於「無聲」「無聲之樂」、「大音希聲」的最高審美境界。

(二)「大音希聲」、「至樂無聲」

道家的「大音希聲」、「至樂無聲」對於琴樂在藝術的實踐上與意境上有重要的影響。就藝術的實踐而言，琴曲在受到儒家樂教爲主的雅樂審美觀的影響，琴論的特色多半是反對煩手淫聲、曲繁節促，但琴音貴淡、貴希的審美風格卻是來自老莊「無聲之樂」——大音希聲，由超越的、形而上的精神『境界』，落實到實踐的、形而下的音樂『意境』的影響。故就琴樂的意境而言，古琴音樂藝術的最高審美範疇——「希聲之樂」，在琴樂上的實踐，藉著虛實手法有意識地交融進行，由有聲入於無聲的美感意境，也就是來自道家「無聲之樂」——大音希聲的影響。因此，就古琴美學由有聲入於無聲的審美意境而言，「無聲之樂」——大音希聲提供了一個理想的哲學基礎。

但値得注意者是，「無聲之樂」——大音希聲原本是對於形而上的「道」的抽象性的描述，一旦落實於形而下的藝術實踐，呈顯其風格與特色，老莊的「境界」與藝術的意境實有質的不同，因爲「希聲之樂」仍是在「有聲」的意識範疇中，亦即屬於「有」的層次；而老莊所謂的「無聲之樂」——大音希聲，則是已超越人心主觀的意識範疇，這個境界乃是透過如莊子「心齋」、「坐忘」的修養工夫體證而得。

另外，「無聲之樂」的體性——「和」，落實在琴樂的實踐上亦是，除了作爲追求音樂和諧的基本要求外，在魏晉時期的古琴音樂美學中，也承襲了莊子的思想，以「和」作爲音樂的本質以通達自然的和諧與天道的和諧。總之，老莊的「技進乎道」、「得意忘言」與「大音希聲」、「至樂無聲」的思想是深刻地影響後世的音樂美學觀，尤其是古琴音樂藝術，以下即就老莊思想影響下的魏晉古琴音樂美學觀以論之—以陶淵明的「無弦琴」與嵇康的「琴賦」爲主。

二

魏晉時期的古琴音樂美學乃是儒道形而上的理想與音樂實踐的結晶，同時也是文人、哲人、樂人內心涵養的寄託表徵。其中，又以老莊思想對魏晉古琴音樂審美觀的影響最具特色，可以陶淵明的「無絃琴」之說，最能體現老莊自然無爲、返樸歸眞的人生境界；嵇康的「琴賦」則是魏晉時期琴樂美學中論述最完整的一篇，作爲討論的素材。

(一)陶淵明「無弦琴」之說

在陶淵明的詩文作品裏，淵明喜弄琴書，處處眞情流露，表現出特有的生命情調，在其詩文中可見，撫琴自娛是他的生活情趣，也是超越世俗塵網的心靈寄託。關於陶淵明的「琴趣」，就其詩文作品來看，可見如下：

少學琴書，偶愛閒靜，開卷有得，便欣然忘食。〈與子儼等疏〉（註三一）

衡門之下，有琴有書，載彈載詠，爰得我娛。〈答龐參軍〉（註三二）

凱風因時來，回飆開我襟．息交逝閒臥，坐起弄書琴。〈和郭主部〉（註三三）

孔耽道德，樊須是鄙；董樂琴書　田園不履．若能超然，投跡高軌．敢不斂衽，敬讚德美。〈勸農〉（註三四）

「琴書」是陶淵明息交絕遊，隱居衡門下，生活情趣的寄託，在其詩文中述及琴書的內容，既流露出陶淵明的生活情趣，也反映出其人生境界。尤其是琴樂，在陶淵明的詩文裏，呈現出老莊思想的生命祈嚮，如：

曰琴曰書，顧盼有儔，飲河既足，自外皆休。〈扇上畫贊〉（註三五）

「飲河既足，自外皆休。」，即是出自《莊子》〈逍遙遊〉「偃鼠飲河，不過滿腹」（註三六）的典故，以喻隱逸生活的恬淡知足，撫琴自娛的生活情趣。又如：

清琴橫床，濁酒半壺，黃唐莫逮，慨獨在余。〈時運〉（註三七）

「清琴橫床」、「黃（黃帝）唐（唐堯）莫逮」更是將撫琴的琴趣視爲人生最高的價值，「慨獨在余」，點示出淵明自足於琴樂的悅樂，故撫琴自娛的藝術涵養，使陶淵明雖常「被褐」、「屢空」，依然能「欣自得」、「常晏如」，如：

弱齡寄事外，委懷在琴書。被褐欣自得，屢空常晏如。〈始作鎮軍參軍經曲阿〉（註三八）

此外，如〈歸去來兮辭〉有曰：

歸去來兮，田園將蕪，胡不歸？既自以心爲形役，奚惆悵而獨悲？悟已往之不諫，知來者之可追，實迷途其未遠，覺今是而昨非，……悅親戚之情話，樂琴書以消憂。〈歸去來兮辭〉（註三九）

陶淵明自覺「誤落塵網中，一去三十年」（註四〇），「心爲形役」，故息交絕遊，以追求恬淡自如，逍遙自在的生活，而琴與書既是淵明生活的情趣，也是消憂的慰藉。又如：

欣以素牘，和以七弦。〈自祭文〉（註四一）

今日天氣佳，清吹與鳴彈。〈諸人共遊周家墓柏下〉（註四二）

淙淙懸溜，曖曖荒林，晨採上藥，夕閑素琴。〈祭從弟敬遠文〉（註四三）

知我故來意，取琴為我彈．上弦驚別鶴，下弦操孤鸞。〈擬古〉（註四四）

願在木而為桐，作膝上之鳴琴，悲樂極以哀來，終推我而輟音。〈閑情賦〉（註四五）

凡此皆可見陶淵明撫琴以自娛的情趣，而琴樂即是淵明超世隱逸的生命寄託。同時，由淵明的詩文可知，陶淵明在琴樂藝術的審美境界，已提昇至人生境界的高度。故後世對於陶淵明詩文作品中的琴趣，即有如下之說：

《宋書》〈隱逸傳〉：

潛不解音律，而蓄素琴一張，無弦，每有酒適，輒撫弄以寄其意。（註四六）

梁昭明太子蕭統在〈陶淵明傳〉：

淵明不解音律，而蓄無弦琴一張，每酒適，輒撫弄以寄意。（註四七）

《晉書》〈隱逸傳〉：

性不解音，而蓄素琴一張，弦徽不具，每朋酒之會，則撫而和之，曰：但識琴中趣，何勞絃上聲。（註四八）

《南史》〈隱逸傳〉：

潛不解音聲，而蓄素琴一張，每有酒，適輒撫弄，以寄其意。（註四九）

《蓮社》〈高賢傳〉：

性不解音，蓄素琴一張，絃徽不具，每朋酒之會，則撫而和之，曰：但識琴中趣，何勞絃上聲。（

註五〇）

上述史書所載，所謂「無絃琴」之說，均言淵明「不解音律」、「蓄素琴一張」、或「無絃」、或「弦徽不具」，而以「但識琴中趣，何勞弦上聲」來代表淵明的琴樂造詣。然後人於此解說紛紜，而根據近人陳怡良之考據論證（註五一），若由陶淵明的詩文可見，陶淵明自言少學琴書，載彈載詠以自娛，樂琴書以消憂，以至欣然而忘食……等，則陶淵明應是通曉音律。至於「不解音聲」，參見陳怡良之說：

「不解音聲」之「解」義，當釋如禮記經解疏云：「解者，分析之名」同，較見允妥。「不解」即「不求妙解」，「不特去解譬精到」，「不求精深剖析」，「不求精解」之意。「不解音聲」，非謂不知音聲，當釋爲「於音樂之規律如律呂、宮調，不求精深剖析，不特去解析精到」。（註五二）

至於「無絃琴」一事，亦參見陳怡良之考證，應屬可能（註五三）。今就陶淵明「無絃琴」的琴趣而論，筆者以爲在後世諸家之說，或以爲所謂不求解者，即「得意忘言」之意，尚可切乎淵明之琴境所體現之意涵，如：

李治《敬齋古今黈》卷七《畿輔叢書》有文曰：

陶淵明讀書不求甚解，又蓄素琴一張，弦索不具，曰「但得琴中趣，何勞弦上聲」，此二事正是此老得處。俗子不知，便謂淵明眞不著意，此亦何足與語！不求解則如勿讀，不用聲則如勿蓄。蓋不求甚解者，謂得意忘言，不若老生腐儒爲章句細碎耳；何勞弦上聲者，謂當時弦索偶不具，因之以爲得趣則初不在聲，亦如孔子論樂于鐘鼓之外耳。今觀其平生詩文，概可見矣：〈答龐參軍〉云「衡門之下，有琴有書。載彈載詠，爰得我娛。豈無它好，樂是幽居」，〈歸去來辭〉云「悅親戚之情話，樂琴書以消憂」，〈與子儼等疏〉云「少學琴書，偶愛閑靜，開卷有得，便欣然忘食」。使果不求深解，不取弦上之聲，則何爲載彈載詠以自娛耶？何爲樂以消其憂耶？何爲自少學之，以至於欣然而忘食耶？癡人前不得說夢，若俗子輩又烏知此老之所自得者哉？（五四）

「得意忘言」之說，就琴樂之重意、重絃外之音的藝術境界而言「無弦琴」之意涵，頗能符合陶淵明的超然風格與審美情趣。此可藉諸淵明〈飲酒詩〉一首來看，其文曰：

結廬在人境，而無車馬喧，問君何能爾，心遠地自偏，采菊東籬下，悠然見南山，山氣日夕佳，飛鳥相與還。此中有眞意，欲辨已忘言。（註五五）

陶淵明「結廬在人境」，意謂並非遺世棄俗，遠離人間世，「而無車馬喧」，然而心靈不爲世俗塵囂所染，乃因「心遠地自偏」，心思無所掛礙，虛靈明靜，觀照天地萬物，一切皆如，才有「采菊東籬下，悠然見南山」的超然意趣，在悠然自得的田園生活中，與大自然相迎相契，達到物我合一、情景交融的境界。「此中有眞意，欲辨已忘言」，蘇東坡有謂「陶公意不在詩，詩以寄其意耳。」（註五六），陶淵明人生境界的體現——此中有眞「意」，無待言詮——欲辨已「忘言」，即是與老莊

「得意忘言的智慧遙相契應，依此來看陶淵明「無絃琴」的境界，顯然是受道家影響，莊子的言意之辨，得意而忘言的生命智慧，融會在古琴藝術的實踐，在陶淵明「無弦琴」的琴趣可謂發揮的淋漓盡致。此，又可以唐、張隨〈無絃琴賦〉所體認者作一說明：

陶先生解印彭澤，抗跡廬阜，不矯性於人代，笑遺名於身後，適性者以情，怡神者以酒。酒兮無量，琴也無弦，粲星輝於日下，陳鳳咮於風前。素振手以揮拍，循良質而周旋。《幽蘭》無聲，媚庭際之芬馥；《綠水》不奏，流舍後之潺湲。以爲心和即樂暢，性靜則音全，和由中出，靜非外傳。若窮樂於求和，即樂流而和喪，扣音以征靜，則音溺而靜捐。是以撫空器而意得，遺繁弦而道宣。……曰：聲無情兮情逾倍，琴無絃兮意彌在。天地同和有眞宰，形聲何爲迭相待。（註五七）

「撫空器而意得，遺繁絃而道宣」，正是《莊子》郭象註有謂「煩手遺聲」、「彰聲而聲遺」，反之，「不彰聲而聲全」之意，點示出陶淵明「無絃琴」之意涵，乃在重絃外之音、重意，體現得意而忘言的妙諦。而「形聲何爲迭相待」一句，點示出物我相忘而不相待的境界，更是陶淵明撫「無絃琴」蘊而爲發的思想。凡此皆可說明淵明受老莊思想的影響，將其生命境界表現在古琴音樂美學上的體現。

(二) 嵇康《琴賦》：

嵇康的《琴賦》在魏晉時期的琴樂美學中是頗爲重要的一篇，其點示出琴樂的本質、琴樂美學的思想基礎，皆可見其受老莊思想的影響。嵇康在《琴賦》序中首先點明了撫琴的心志意趣，其文曰：

> 余少好音聲，長而翫之，以爲物有盛衰，而此無變。滋味有厭，而此不勸，可以導養神氣，宣和情志，處窮獨而不悶者，莫近於音聲也。是故復之而不足，則吟詠以肆志，吟詠之不足，則寄言以廣意。然八音之器，歌舞之象，歷世才士，並爲之賦頌，其體制風流，莫不相襲，稱其材幹，則以危苦爲上，賦其聲音，則以悲哀爲主，美其感化，則以垂涕爲貴，麗則麗矣，然未盡其理也。推其所由，似元不解音聲，覽其旨趣，亦未達禮樂之情也。衆器之中，琴德最優，故綴敘所懷，以爲之賦。（註五八）

嵇康以爲琴樂可以「導養神氣，宣和情志」，然前人「體制風流，莫不相襲，稱其材幹，則以危苦爲上，賦其聲音，則以悲哀爲主，美其感化，則以垂涕爲貴，麗則麗矣」，而「未盡其理也」、「未達禮樂之情也」。因此，嵇康反對令人垂涕悲哀的音樂審美觀，同時，以「衆器之中，琴德最優」，這裏，似乎是承襲傳統樂教的觀點，如《新論》〈琴道〉所言「琴之言禁也。君子守以自禁也，……八音廣播，琴德最優」（註五九），然而，審諸所謂「未盡其理」之「理」，「未達禮樂之情」之「情」，嵇康由琴樂的本質「性絜靜以端理，含至德之和平」以點出，其文曰：

> 性絜靜以端理，含至德之和平，誠可以感盪心志，而發洩幽情矣。是故懷戚者聞之，則莫不憯悽，愀愴傷心，含哀懊咿，不能自禁；其康樂者聞之，則欨愉懽釋，抃舞踊溢，留連瀾漫，溫噱終日；若和平者聽之，則怡養悅愉，淑穆玄眞，恬虛樂古，棄事遺身。是以伯夷以之廉，顏

回以之仁，比干以之忠，尾生以之信，惠施以之辯給，萬石以之訥甚。其餘觸類而長，所致非一，同歸殊途，或文或質，總中和以統物，咸日用而不失，其感人動物，蓋亦弘矣。（註六〇）

琴樂以「含至德之和平」爲其本質，總「中和」之德以統物，「和平」、「中和」即是嵇康在〈聲無哀樂論〉裏所謂「音聲有自然之和」（註六一）、「聲音以平和爲體」（註六二），琴樂有「和平」、「中和」的體性，可使「伯夷以之廉，顏回以之仁，比干以之忠，尾生以之信，惠施以之辯給，萬石以之訥甚」，這也似乎是以傳統樂教由「和樂而和心，和心而和政」的觀點而說，然而事實上，就〈聲無哀樂論〉裏「夫哀樂自以事會先遘於心，但以和聲以自顯發」（註六三），聲心異軌的觀點來看，音樂之所以能移風易俗，並非靠音樂本身有哀樂之情的感染，而是靠音樂所蘊涵的精神——「和」去影響，這種論點已是打破了傳統樂教裏「音」、「心」對應，「聲」、「情」聯繫的觀點，因此，嵇康〈琴賦〉裏所謂的「和」，已不是傳承儒家樂教影響下的雅樂審美觀的範疇。關此大陸學者蔡仲德於《中國音樂美學史》中以爲，這完全是一套道家思想。（註六四），又：

這「和」的特性來自天地自然，爲音樂自身所具有，……（註六五）平和而無哀樂本來既是「道」的特性，又是「道」賦予人的自然情性，就也應該是音樂的本質特性。（註六六）

蔡氏以爲音樂以「自然之和」、「平和」、「和平」、「中和」爲體性，來自道家思想的影響，其說誠然可貴，然論證則太顯簡單而薄弱。事實上，由嵇康的《聲無哀樂論》與《琴賦》的內涵來看，其在音樂美學上的價值即是，標識著對音樂本身特殊性的省思，而跳脫出長期在儒家樂教影響下的雅樂審美觀，尤其是琴樂，嵇康由「越名教而任自然」的省思，表現在藝術的自覺上，而提出了對音樂的本質——「和」的思維，這顯然是承襲莊子「無聲之中，獨聞和焉」而來，亦即琴樂本身應是有其在音樂實踐上的特質，成為琴樂的體性，此即所謂的「和」，故如牟宗三先生在《才性與玄理》對於〈聲無哀樂論〉一文中之「和」，即論曰：

聲音在於天地之間，有其自體。其體即下文所謂「和」也，故曰「和聲」。「和」以韻律之度定，此即聲音之體性也。（註六七）

又

和聲客觀自存，「吹萬不同，而使其自己」，（齊物論語），即其自身惟以「韻律之和」為體性也。（註六八）

牟師將嵇康的聲音之「和」詮釋為「韻律之和」，就音樂的實踐上而言，韻律之和諧本應是音樂美學上的基本要求，但今若就聲音之自性論其「體」為「和」，則又超越了音樂實踐的層次，而進入了音樂哲學的抽象思維，換言之，這裏所謂的「和」已非音樂上的和聲義。故就〈聲無哀樂論〉所論來看，音樂之「和」如只是一抽象之體性，則自無任何象可言，聲無哀樂亦屬當然，然嵇康又說聲音各有其大小、猛靜、單複、高埤、善惡、舒疾等特色，則顯見其思辨上之不足。牟師於此有文曰：

如只是一和，則自無任何象。但彼又說「以單複高埤為體」，又說「聲音之體盡於舒疾」，是則其和不只是一抽象之通性之和，而且有殊性於其中之和。舒疾單複高埤即特殊色澤也。如是平和一色澤，則只使人安靜，不激動人之情感，自亦不能由之起哀樂。但有特殊之色澤，即可引起特殊之反應。是即不能說無哀樂之應也。（註六九）

此外，嵇康對於琴樂本身所具有的特殊性質的觀點，「琴」的制作、形制與音色、音響，在《琴賦》中都有具體的說明，其文曰：

顧茲梧而興慮，思假物以託心，乃斲孫枝，準量所在，至人攄思，制爲雅琴。乃使離子督墨，匠石奮斤，夔襄薦法，般倕騁神，鎪會裛厠，朗密調均，華繪彫琢，布藻垂文，錯以犀象，籍以翠綠，絃以園客之絲，徽以鍾山之玉，爰有龍鳳之象，古人之形。（註七〇）

這段文字論及「古琴」的制作與在形制上的特色，其中嵇康所提出的貢獻是，最早提出「徽」位之說，「徽以鐘山之玉」，這是徽位以定音的重要記載。其次，在「琴」的音色與音響的特色，有文曰：

若論其體勢，詳其風聲，器和故響逸，張急故聲清，間遼故音　，絃長故徽鳴。（註七一）

此亦見於《聲無哀樂論》裏有謂「琴瑟之體，間遼而音　，變希而聲清」（註七二）。再者，在〈琴賦〉中亦可見「意」的觀念在琴樂美學中呈顯，是通達琴樂的最高境界——「大音希聲」的美學範疇，而這主要是承莊子「技進於道」、「得意忘言」的觀念而來，其文曰：

於是器冷絃調，心閑手敏，觸　如志，唯意所擬。（註七三）

而後列子〈湯問〉篇亦有一說與嵇康〈琴賦〉之旨一脈相承。其文曰：

瓠巴鼓琴而鳥舞魚躍，鄭師文聞之，棄家從師襄遊。柱指鉤弦，三年不成章。師襄曰：「子可以歸矣。」師文捨其琴，嘆曰：「文非弦之不能鉤，非章之不能成。文所存者不在弦，所志者不在聲。內不得於心，外不應於器，故不敢發手而動弦。且小假之，以觀其後。」（註七四）

其中「所存者不在弦，所志者不在聲」二句，即是論及絃外之音與聲外之意，此皆承襲老莊思想中的言意之辨而來，成爲在琴樂美學的實踐上的重要觀念。

老莊思想對魏晉時期古琴音樂美學的影響，主要有「技進於道」、「言意之辨」與「無聲之樂」、「大音希聲」等範疇，這除了說明古琴美學在魏晉時期突破傳統由儒家樂教爲主導的雅樂審美觀，融匯入合於魏晉名士玄理風格與生命情調的審美觀外；也呈顯出古琴音樂在作爲文人、哲人與樂人的藝術實踐時，乃是以寓「道」於藝（技藝），而開展出以人生境界爲依歸的審美價值，如陶淵明的「無弦琴」之說；與琴樂美學的最重要論著「琴賦」一文。

結　論

老莊思想在先秦時期由對自我生命的省思爲產生的基緣，有見於人心陷溺於心知情欲的馳逐，封限於禮樂名教的桎梏，而亟思相應之道。其中在音樂方面，可見老莊對世俗音樂與傳統樂教的省思是，人心迷醉於世俗音樂，適足以使人耳聾失聰；而樂教乃是大道廢、人心亂的產物，倘人心「中純實而反乎情」，即無需說樂以相救。

此外，在老莊思想裏亦可見藉諸音樂描述對於「道」的形上思維，如《老子》有謂「大音希聲」，以音樂來作爲對於「道」體抽象性的描述，所謂「大音」，不同於世俗之五音，乃是人透過「無爲」的修養工夫所體證的境界。而《莊子》亦提出與《老子》「大音希聲」相通的論點，此即以「道」爲本體的天籟境界，以「和」爲體性的無聲之樂，由無聲之樂通達「和與天樂」的境界。莊子的「天籟」義，由「自己」、「自取」以呈顯，亦即由自身之體性，不待他而然而說，此乃透過莊子之修養工夫，由「心齋」、「坐忘」所達到無待而自然的化境而得。而此一境界所開顯出的音樂美學觀，即是以「和」爲體性的無聲之樂，這是超越世俗的五音六律，默契道妙後所體證的境界，故莊子有謂「至樂無聲」，形成了後世音樂美學的重要範疇，尤其是琴樂的最高審美理想。

再者，就老莊思想中對古琴美學之影響，則可見其主要的範疇有：「技進乎道」、「得意忘言」與「大音希聲」、至樂無聲。落實於琴樂實踐上，作爲虛實手法交融運用的基礎，形成琴樂虛中有意的意境，而「得意忘言」之「意」，影響著琴樂重絃外之音、重意的審美意識，至於「大音希聲」——至樂無聲則開顯出琴樂最高的審美境界。

今就老莊思想對魏晉古琴音樂審美觀的影響而言，以陶淵明的「無絃琴」之說與嵇康〈琴賦〉最具代表性。陶淵明「無絃琴」之境界，蘊涵了「眞」性情的流露，「得意忘言」的超越智慧，由「大音希聲」——至樂無聲所體證物我兩忘、物我合一的境界。而嵇康〈琴賦〉一文，以琴樂之「和平」、「中和」之本質，乃「衆器之中，琴德最優」，「和平」、「中和」之有關音樂體性之描述，即是承襲莊子「無聲之中，獨聞和焉」而來；另外，「意」的審美範疇亦在〈琴賦〉中點示而出，凡此皆可見老莊思想對魏晉古琴音樂審美觀的重要影響。

【附註】

註　一　（晉）王弼注，《老子　帛書老子》，（台北：學海出版社，民國八十三年再版），頁一一。

註　二　郭慶藩輯，《莊子集釋》，（臺北：河洛出版社，民國六十三年臺影印三版），頁四五三。

註　三　同註二，頁三三四。

註　四　同註二，頁三五三。

註　五　同註二，文曰：「故至德之世，其行塡塡，其視顚顚。當是時也，山無蹊隧，澤無舟梁，萬物群生，連屬其鄉，禽獸成群，草木遂長。是故禽獸可係羈而游，鳥鵲之巢可攀援而闚。夫至德之世，同與禽獸居，族與萬物並，惡乎知君子小人哉？同乎無知，其德不離，同乎無欲，是謂素樸。素樸而民性得矣。及至聖人，蹩躠爲仁，踶跂爲義，而天下始疑矣；澶漫爲樂，摘僻爲禮，而天下始分矣。故純樸不殘，孰爲犧尊，白玉不毀，孰爲珪璋。道德不廢，安取仁義。性情不離，安用禮樂？五色不亂，孰爲文采，五聲不亂，孰應六律？夫殘樸以爲器，工匠之罪也；毀道德以爲仁義，聖人之過也。」（頁三三四－三三六）。又朱熹撰，《四書集註》《孟子》〈離婁章〉上亦有文曰：「師曠之聰，不以六律，不能正五音。……既竭耳力焉，繼之以六律正五音，不可勝用也。」，（台北：臺灣書店，民國四十八年初版，頁二三九）。

所謂「以六律正五音」，就古琴琴律而言，如果音名F在第七徽，同時可以在第十一徽上找到三度關係的A音。（參見黃翔鵬著，〈「唯九歌、八風、七音、六律，以奉五聲」——《樂問—中國傳統音樂百題》之八〉，大陸：中央音樂學院學報，一九九二年第二期）。

註　六　同註二，頁三六七—三六九。

註　七　同註二，頁五四八。

註　八　同註一，頁四九—五〇。

註　九　曾春海著，〈從儒道樂論析論嵇康「聲無哀樂論」〉，（輔仁學誌—文學院之部第十八期）。

註一〇　王志銘編，《老子微旨例略．王弼注總輯》，（臺北：東昇出版事業公司，民國六十九年初版），頁九九。

註一一　同註十，頁一一—一二。

註一二　同註一，頁一三。

註一三　同註二，頁七四。

註一四　同註二，頁七六。

註一五　同註二，頁四九—頁五〇。

註一六　同註二，頁五十。文曰：夫天籟者，豈復別有一物哉？即衆竅比竹之屬，接乎有生之類，會而共成一天耳。……自己而然，則謂之天然。天然耳，非爲也，故以天言之。所以明其然也，豈蒼蒼之謂哉！而或者謂天籟役物使從己也。夫天且不能自有，況能有物哉！故天者，萬物之總名也，莫適爲天，誰主役物乎？故物各自生而無所出焉，此天道也。物皆自得之耳，誰主怒之使然哉？此重明天籟也。

註一七　同註二，頁五十。文曰：

夫天者，萬物之總名也，自然之別稱。豈蒼蒼之謂哉？故夫天籟者，豈別有一物耶？即比竹衆竅，接乎有生之類是爾。尋夫生生者誰乎？蓋無物也。故外不待乎物，內不資乎我塊然而生，獨化者也。是以郭注云：自己而然，則謂之天然。故以天然言之者，所以明其自然也。而言吹萬不同。且風爲一體，竅則萬殊。雖復大小不同，而各稱所受，咸率自知。豈賴他哉？此天籟也。……使其自己，當分各定，率性而動，不由心智。所謂亭之毒之，此天籟之大意者也。自取，由自得也。言風竅不同，形聲乃異。至於各自取足，未始不齊。而怒動爲聲，誰使之然也？……故知鼓之怒之，莫知其宰。此則重明天籟之意者也。

註一八　牟宗三著，《才性與玄理》，（臺北：臺灣學生書局，民國六十四年四版），頁一九五。

註一九　同註二，頁一四七。

註二十　同註二，頁六四一。

註二一　同註二，頁一五〇。

註二二　同註二，頁二八二—二八四。

註二三　〔英〕瓦倫汀著，《實驗審美心理學》〈音樂．詩歌篇〉，（臺北：商鼎文化出社，民國八十年出版），頁一四三。

註二四　同註二，頁四一一。

註二五　同註二，頁五〇一—五一〇。

註二六　同註二，頁四五八—四六三。

註二七　同註一，頁一一七—一二四。

註二八　徐復觀著，《中國藝術精神》，（臺北：臺灣學生書局，民國八十一年出版），頁五三。

註二九　嵇康著，《嵇中散集》，（臺北：臺灣中華書局，民國七十年出版），卷二，頁三。

註三十　同註二，頁三。

註三一　陶淵明著，《靖節先生集》，（臺北：臺灣中華書局，民國七十年出版），卷二，頁二一。

註三二　同註三一，卷一，頁七。

註三三　同註三一，卷二，頁一三。

註三四　同註三一，卷一，頁九。

註三五　同註三一，卷六，頁一一。

註三六　同註二，頁二四。

註三七　同註三一，卷一，頁二。

註三八　同註三一，卷三，頁八。

註三九　同註三一，卷五，頁八。
註四〇　同註三一，卷五，頁八。
註四一　同註三一，卷七，頁五。
註四二　同註三一，卷二，頁九。
註四三　同註三一，卷七，頁四。
註四四　同註三一，卷四，頁三。
註四五　同註三一，卷五，頁五。
註四六　同註三一，誄傳雜識，《宋書．隱逸傳》，頁三。
註四七　同註三一，誄傳雜識，蕭統著，〈陶淵明傳〉，頁五。
註四八　同註三一，誄傳雜識，《晉書．隱逸傳》，頁六。
註四九　同註三一，誄傳雜識，《南史．隱逸傳》，頁七。
註五〇　同註三一，誄傳雜識，《蓮社．高賢傳》，頁八。
註五一　陳怡良著，〈陶淵明「不解音聲」與「無絃琴」析疑〉，中華文化復興月刊第廿一卷第三期。
註五二　同註五一。
註五三　同註五一。
註五四　李治撰，《敬齋古今》，（臺北：藝文印書館，民國五十五年出版），卷七，頁八。

註五五　同註三一，卷五，頁一六一一七。
註五六　同註三一，卷三，頁一六。
註五七　〔清〕董誥編撰，《「欽定」全唐文》，卷九一一，（臺北市：大通書局，民國六十八年出版），頁一一八六六。
註五八　同註二九，卷二，頁二。
註五九　桓譚著，《新論》，（臺北：臺灣中華書局，民國七十年出版），頁三。
註六〇　同註二九，卷二，頁四。
註六一　同註二九，卷五，頁五。
註六二　同註二九，卷五，頁九。
註六三　同註二九，卷五，頁四。
註六四　蔡仲德著，《中國音樂美學史》，（臺北：藍燈文化事業股份有限公司，民國八十二年初版），頁五八七。
註六五　同註六四，頁五五八。
註六六　同註六四，頁五五八。
註六七　同註一八，頁三四六。
註六八　同註一八，頁三四七—三四八。

註六九 同註一八，頁三六五。

註七〇 同註二九，卷二，頁二。

註七一 同註二九，卷二，頁四。

註七二 同註二九，卷五，頁八。

註七三 同註二九，卷二，頁三。

註七四 《列子》，卷五，（臺北：臺灣中華書局，民國七十年出版），頁一四。

《姑妄言》裡的葷笑話

中正大學中文系副教授 陳益源

一、前言

成書於雍正八年（一七三〇）的長篇白話小說《姑妄言》，清代文獻未見著錄，中土亦已失傳，幸有二十四冊首尾完整的一部抄本，在咸豐年間被康·安·斯卡奇柯夫（K. A. Skachkov，一八五八～一八八三）帶回俄羅斯，保存於莫斯科。今年（一九九七）一月，俄藏抄本經校勘整理，收入陳慶浩、王秋桂主編的《思無邪匯寶》，正式在台出版，終於使這部湮沒了二百多年的堂皇鉅著得以重新面世，五月間，淡江大學研究生翁文信即在林保淳教授的指導下，以它為主要論述對象，完成了名為《〈姑妄言〉與明清性小說中的性意識》的碩士論文，《姑妄言》之受矚目可想而知。

《姑妄言》廣受矚目自有道理，因為二十四回的它「正文超過九十萬字，批語亦不下五萬字，全書近百萬言，為中國古本長篇小說中篇幅最大的小說之一」，而且回回寫淫，「古代色情小說中之種種套數，種種工具，均出現在此小說中」，所以陳慶浩先生認為「《姑妄言》可視為古本色情小說中集大成之作」、「實可稱為真正性文學長篇」（註一）。儘管我們暫時對其作者三韓曹去晶個人生平所知有限，但綜觀全書，不難發現博學多聞的他，慣於就地取材，爲人又愛說笑，情節敘述脈絡完整，人物塑造豐滿有趣，且擅用恣縱不羈的筆觸，細膩生動地勾繪出市井小民的生活圖像，並毫不留情地對晚明逆璫巨寇魏忠賢、李自成一干人等大加撻伐。這樣一部風格奇特的長篇作品，確實值得研究者從不同的面向仔細察考，深入研究。

筆者因曾負責《姑妄言》出版前最後的校勘整理，基於工作上的需要，特別注意作者對於現成材料的運用，先後撰成〈《姑妄言》素材來源初考〉、〈《姑妄言》素材來源二考〉、〈《姑妄言》第二十一回補校〉等文（註二），揭露曹去晶大量取材自陳鼎《留溪外傳》、《滇遊記》、《黔遊記》、陸次雲《峒谿纖志》、許瓚曾《滇行紀程》及其《續抄》、《東還紀程》及其《續抄》、周清原《遊雁蕩山記》、李光壂《守汴日記》等書面文獻的事實。本文則繼續針對書中正文葷笑話的部分，調查其數量與可能的來源，分析其運用的情形與技巧，並探討其穿插的效果與存在的價值。

二．《姑妄言》葷笑話的數量與來源

經初步統計，《姑妄言》全書大約有八十則形式獨立的笑話，正文、註文各半，其中涉及性器官、性行爲、性關係或性聯想等以性爲題材的「葷笑話」約佔總數的六成。註文裡的笑話，因是《姑妄言》評者林鈍翁評點小說時所記錄下來的，並非出自作者曹去晶手筆，宜另作他文處理。而正文裡的笑話，四十則之中只有四則毫不猥褻，即第十回的〈炸海乾〉、〈怕漏〉、第十七回的〈屍靈去處〉和第十九回的〈羊踏破菜園〉，前二則顯然改編自民間故事，篇幅也甚長，不太符合一般笑話文體敘述簡短的特徵，〈屍靈去處〉和同回的〈家母不吃虧〉雖然簡短有趣，但卻是作者以第三人稱插敘，跟其他三十五則都是安排小說人物親口道出的情形不同，所以本文討論的對象，是以排除上述五則之後的三十五則葷笑話爲範疇（註三）。這三十五則《姑妄言》正文裡的葷笑話，都是做爲小說人物對話的內容，雖屬作品正文的一部分，但基本上仍可獨立存在，故而抄本抄寫時也將它們跟詩詞韻文一樣換行降格抄錄，很容易辨別得出來。

還得說明的是，曹去晶寫作小說時參引的笑話頗多，有些被他消化過後，當作故事人物口中親眼目睹的眞實事蹟（如第十回多則「眞笑話」），或當作小說角色（特別是第二回機智型人物的鐵化、第九回滑稽型人物的李大）身上發生的趣事糗聞，即使明知那些笑料的前身確係取材自現成笑話，但它們已經改頭換面且與正文完全結合在一起，不容分割，因此亦不歸入笑話這種文體。例如第十五回提到一位好色的萬緣和尚：

徒弟中不管年長長（年）幼，或俊或醜，個個不饒，都要嘗嘗他臟頭的滋味。他又好弄蔬屁股。此竄如何分得葷蔬？這是他創的一番新論：若是不用唾沫乾弄便是蔬的，用唾便謂之曰開葷。這徒弟們常常被他蔬弄，內中有一個小徒弟，纔得十二三歲，那日被他蔬弄得十分難禁，大哭著叫道：「師父，熬不得了，求你開了葷吧！」眾人聽見，互相傳爲笑談。一日，他同眾徒弟在後園中吃酒，有幾分醉意，拿著眾徒弟蔬弄……正然弄著，萬緣忽然要大解，走到竹林中，蹲了下去。他醉眼模糊，不防一根竹筍，其利如鎗，剛剛戳著他糞門，進去了數寸，那損尖戳得生疼，大聲喊叫。眾徒弟含笑接耳低聲道：「阿彌陀佛！肏蔬屁股的現報了。」（註四）

這段情節，曹去晶實際上是套用了兩則現成的笑話，即見於明清笑話書《洒洒篇》、《笑府》、《笑林廣記》裡的〈開葷〉和〈天報〉（註五）。作者既然已將這兩則笑話變換了口吻，轉化成爲萬緣和尚的故事，我們便不持與藉由小說人物口述的完整而可獨立的笑話相提並論，類似的情形不少。至於書中不時出現的奇人妙聞，或作者行文之間的生花妙筆，縱然有引人發笑之處，亦不在本文討論之列。

本文所要討論的三十五則葷笑話，依序出現在第十回（十四則）、第十四回（三則）、第十五回（十三則）、第十八回（三則）、第十九回（一則）和第二十回（一則）。爲了一目瞭然，謹列自擬標題、《姑妄言》頁碼及相關笑話書等資料如後：

〈近趣眼〉	頁一一四八	《笑林廣記》卷四〈近趣眼〉
〈擦藥〉	頁一一四九	《笑府》卷五〈擦藥〉
		《笑林廣記》卷五〈擦藥〉
〈摸嫂〉	頁一一五〇	《笑林廣記》卷十二〈戲嫂臂〉
〈許人熱嫂〉	頁一一五二	
〈篾片接腔〉	頁一一五二	
〈蝦蟆叫〉	頁一一五三	《笑林廣記》卷四〈田雞叫〉

〈起號〉	頁一一五四	《笑府》卷十三〈表號〉 《笑林廣記》卷十二〈表號〉
〈秀才做文章〉	頁一一六一	《笑府》卷二〈產喻〉 《笑林廣記》卷二〈腹内全無〉
〈放狗屁〉	頁一一六四	《笑林廣記》卷二〈是我〉
〈打馬吊〉	頁一一六五	
〈文人娶妻〉	頁一一六六	
〈陪客睡〉	頁一一六六	
〈做手勢〉	頁一一六七	
〈剃陰毛〉	頁一一六八	
〈香到街上〉	頁一一七二五	
〈秤鈎兒〉	頁一一七二七	
〈虧是低〉	頁一一七二八	
〈攮死麻雀〉	頁一一八四八	
〈要抿子〉	頁一一八四九	
〈請醫生〉	頁一一八五〇	《笑林廣記》卷三〈屄樣〉

〈祝贊〉　頁一八五一　《笑府》卷九〈祈神〉
〈姑爺叫疼〉　頁一八五一　《笑林廣記》卷六〈正好〉、〈祈神〉
　　　　　　　　　　　　《笑府》卷九〈婿呼痛〉
〈吃不得急酒〉　頁一八五四　《笑林廣記》卷六〈新人哭〉
〈排字上壽〉　頁一八五五　《笑苑千金》卷一〈排字上壽〉
〈聾子會意〉　頁一八五六
〈聞香袋〉　頁一八五七　《笑府》卷五〈聞香袋〉
　　　　　　　　　　　　《笑林廣記》卷八〈聞香袋〉
〈命〉　頁一八五八　《笑府》卷十二〈豆腐〉
〈脅死放屁的〉　頁一八五九
〈聽笑話〉　頁一八六〇　《笑海叢珠》卷二〈隔壁講歡〉
　　　　　　　　　　　　《笑林廣記》卷十一〈聽笑話〉
〈好郎中〉　頁一八六九　《笑林廣記》卷三〈好郎中〉
〈財主死後〉　頁二一六一
〈快活事〉　頁二一八九　《洒洒篇》卷五〈妙事〉

《笑府》卷六〈好色〉

〈當酒飯〉　頁二一九〇　《笑林廣記》卷十〈連三拐〉

〈窮得很〉　頁二三一一　《笑林廣記》卷十〈沒㞞〉

〈不不〉　頁二九四一　《笑林廣記》卷六〈不不〉

按：以上所列相關笑話書，《笑府》是明代萬曆末年墨憨齋主人（馮夢龍）編纂的作品，《笑林廣記》乃指與《笑府》關係密切，爲清代遊戲主人纂輯者，而非程世爵編輯的同名書，雖然程書偶有相同內容（如卷一〈擦藥〉），但因遲至光緒二十五年（一八九九）才成書，與《姑妄言》相去甚遠，故予捨去。另有《廣笑府》一書，其卷一有〈產喻〉，卷五有〈當酒飯〉、〈豆腐〉，卷六有〈好色〉，但亦不列入，原因在於此書乃係現代人據明代樂天大笑生纂集之《解慍編》與周作人所編《苦茶庵笑話選》之《笑府選》拼湊，而僞托馮夢龍編著的贋品（註六）。周作人一九三三年於北京選編《苦茶庵笑話選》時，未見《笑府》原書，只得根據日本風來山人選編的兩個和刻本整理出《笑府選》，今核對日本內閣文庫所藏《笑府》全本，發現周選〈產喻〉一則雖是《笑府》原題，內容卻是《笑林廣記》裡的〈腹內全無〉（註七），這應當是受到和刻選本的誤導；《笑林廣記》的那則〈連三拐〉，《笑府》不載，周作人《笑府選》竟有則〈當酒飯〉，文字與〈連三拐〉不二，這可能也是風來山人誤將《笑林廣記》混入《笑府》所造成的錯誤；又，內閣文庫本《笑府》卷六〈好色〉一則，「色」誤作「內」，今據《笑府選》逕改。

《姑妄言》三十五則葷笑話中，雖然有十六則在宋代《笑苑千金》、《笑海叢珠》、明代《洒洒篇》、《笑府》

相同。

和清代的《笑林廣記》找得到相似的內容，不過仔細比對文字與情節的結果，卻看不到有任何一則跟《姑妄言》完全

《笑苑千金》的〈排字上壽〉說村居富人要三房媳婦排字上壽勸酒，大媳婦兩手牽兩女，成「姦」字，二媳婦帶個兒子，成「好」字，三媳婦尚無男女，竟「將隻腳橫架凳上，用手指定其淫僻之處」，成「可」字，公公道：「『可』字也是，只是口歪了些個。」惹得座客大笑（註八）。這個被列爲AT1441C的世界性民間笑話類型（註九），流傳久遠，《姑妄言》引述時做了改變，大媳婦右手抱子，成「好」字，二媳婦頭戴大醬篷，成「安」字，都獲賞一疋綢子，三媳婦「光著下身，拿個筆帽兒插在陰戶裡，過來上壽」，得到綢子兩疋，婆婆不解，公公解釋：「你不知道！一個圈兒裡頭又一個圈兒，是個『回』字。我時常擾他，故此多賞些。」它在《笑苑千金》「刺公習婦無間」的主旨之外，把公媳間的曖昧關係說得更加露骨。《笑海叢珠》的〈隔壁講歡〉說男女利用壁孔交歡，僕人以針刺陽物，男子叫疼，僕人曰：「不意裁縫待詔頭上插得許多針，你頭上著一針便痛。」（註一〇）這是用來「笑裁縫人」的。《姑妄言》則說是正和嫂子說笑話兒玩的不知事小姑，驚問嫂子突從壁洞伸來的是甚麼東西，嫂子回答：「不要怕！他是來聽我說笑話的。」用以嘲諷現場愛聽笑話的人（此與《笑林廣記》之〈聽笑話〉較爲接近）。《洒洒篇》的〈妙事〉只有三十三字：「兩人相與譚，曰：『天下何事最妙？』曰：『莫過幹房事了。』曰：『還再有甚事妙？』想了一會，曰：『再幹。』」《笑府》的〈好色〉長短相當，好色者先是回答「行房最樂」，後沉吟曰「除是再行」，用語含蓄。《姑妄言》則加多了三倍的文字，角色換作「幾個婦人」，

偶然在一處閒話「人生在世上，第一件快活的是甚麼事」，答案相同，用語則粗鄙許多。

《笑府》與《笑林廣記》蒐錄當年流行的葷素笑話原本就多，和《姑妄言》葷笑話類似的機率自然較高，《笑府》有八則，《笑林廣記》有十四則之多，然而《姑妄言》跟它們之間還是有頗大的差異。《笑府》的〈豆腐〉說一人自稱「豆腐是我性命」，客家擺出豆腐和魚肉來，只見他盡挑魚肉，問他爲何不吃豆腐，他答：「見了魚肉，『性命』都不要了！」《姑妄言》則說是和尚過渡，見一女人蹲著洗菜，褲子破了，他好心提醒：「女菩薩，你露出命來了。」同行衆人不解，和尚道：「……我小僧出家人見了，就是『命』一樣。」笑話到此爲止，書中接著才寫到女性聽衆打趣，或說「妳要見了那小和尚，大約也就像『命』了」，或說「只怕你見了，連命還不要呢！」這把普通笑話一改就改葷了。此類情形還有，例如《笑府》、《笑林廣記》的〈表號〉都說是有借馬者不言馬而言駿足，主人笑謂原來畜生也有表號，《姑妄言》卻把借馬改成買驢肉，掌櫃的習慣說「驢鞭子」，客人笑道：「怎麼一個雞巴你也替他起個號？」書中在此變成了講者罵人的髒話了。對照來看，《姑妄言》葷笑話的情節普遍都比《笑府》、《笑林廣記》複雜一些，〈摸嫂〉、〈請醫生〉、〈祝贊〉、〈聞香袋〉、〈不不不〉等則都很明顯（只有〈放狗屁〉、〈姑爺叫疼〉例外），內容也越加猥褻，即使情節大體一致，若干細處依舊不同，如《笑林廣記》的〈近趣眼〉趣眼指牝戶，近趣眼指後庭，它卻是倒過來說的，因爲笑話裡的男人「專好弄屁股」，而《笑林廣記》〈田雞叫〉的主角是兩個親家，它〈蝦蟆叫〉則爲大老官和篾片，趣味有別。《姑妄言》和《笑林廣記》都有的〈好郎中〉，大概是彼此間最接近的一則笑話了，不過一個七　十一字，一個只有三十七字，無論如何都有不同。

《姑妄言》三十五則葷笑話裡，十九則不見《笑府》、《笑林廣記》等笑話書有相關記載，十六則有相似內容者卻又找不到任何完全雷同的文字。這麼看來，被曹去晶拿來做爲《姑妄言》寫作素材的葷笑話，其來源也許並非仰仗某一二種書面文獻，直接採自當時民間口傳而加以運用的可能性是極高的。

三、《姑妄言》葷笑話的運用與價値

曹去晶原籍三韓（遼東），康熙年間則長期生活在南京（註一一），《姑妄言》便以南京應天府爲小說的主要背景，演述明朝萬曆年間書生鍾情與瞽妓錢貴的愛情故事，並旁及社會各階層的衆多人物，其中又以跟鍾情、錢貴前世有緣的蠢物宦蕚、賈文物、童自大三人及其複雜的家庭關係爲主線，枝節橫生，描寫細膩。

第十回〈狂且乘狂興憶高官，美妓具美心譏俗客〉講到宦、賈、童三人，在頭號幫閒人物鄔合的積極撮合下，三個蠢物締結了酒肉之盟。一天，大夥兒在宦府的呑萍閣上呼盧痛飲，家中有錢有勢的宦公子提議「清談清談」，衆人於是輪流說起自己親眼所見或親身經歷的眞笑話來。說著說著，人稱童百萬的財主童自大見二哥賈文物眼有點眊，嘲諷地說了個〈近趣眼〉的眊子笑話，賈文物因花錢買了個進士當，故常假裝斯文，滿口之乎者也，此刻被笑，忍不住說了個文言的〈擦藥〉笑話來反諷童自大的呆氣。宦公子要他們別太認眞，說了個〈摸嫂〉的兄弟笑話，引起童自大聯想起另一則〈許人熱嫂〉。接著，矛頭轉向在旁服事的鄔合，關於大老官和篾片的笑話〈篾片接腔〉、〈蝦蟆叫〉、〈放狗屁〉紛紛出籠，〈起號〉、〈陪客睡〉也是調侃鄔合之用。鄔合這個篾片乃一無用天閹，卻擅長唱些騷曲，由他串場，搞熱了現場的氣氛，繼續擲骰說笑。鄔合說出〈秀才做文章〉、〈打馬吊〉，無心打趣了賈文物，賈文物心有所觸，又文縐縐地說了個〈文人娶妻〉，引來一場大笑。最後，主人宦蕚再講〈做手勢〉、〈剃陰毛〉，把童自大等人打趣了一番，才逐漸結束這次肉麻當有趣的聚會。

第十四回〈多情郎金馬玉堂，矢貞妓洞房花燭〉講到鍾情高中之後，土豪易于人想把女兒奇姐，鍾情苦苦相辭，正式迎娶錢貴爲妻。奇姐後來嫁給牛耕，夫妻倆臭味相投，竟召集家中八對僕婢合淫，號稱「大家歡樂」。同歡之餘，奇姐甚至逐一品陰論陽起來。有個丫頭衛嫣兒陰臭，屈居第八，被龍陽小子金三說了個瞎子娶到陰臭老婆的〈香到街上〉笑話，衛嫣兒笑罵「強如你那秤鉤兒一樣的東西」，不濟事的金三隨即再講一則〈秤鉤兒〉自我解嘲，末句道：「你好呆！秤鉤兒難道不是鐵的嗎？」說得衆人哈哈大笑。後來，奇姐自嫌陰門不夠高，金三又機伶地講出〈虧是低〉（末句道：要高些，連腸子都研出來了）的笑話來討好她。

第十五回接續第五回鋪敘姚澤民的家庭醜聞，姚澤民在故事中是助永樂帝篡逆的姚廣孝轉世投胎而生，家庭與阮大鋮一般特異，淫亂不堪。這回說到姚華胄、姚澤民父子奉詔前去廣西，幾年未回，姚澤民的繼母裘氏一日窮極無聊，叫陪嫁的心腹常氏來說笑話給自己和衆妾們釋悶，「不管村的淫的，只要有趣」。那常氏「生得薄薄的兩片嘴唇，密縫著一雙色眼，能言善說，口舌便俐」，家人贈她個美名，就叫「長舌婦」。長舌婦活像個笑話口袋，不必打草稿，一口氣連說〈攮死麻雀〉、〈要抿子〉、〈請醫生〉、〈祝贊〉、〈姑爺叫疼〉五個露骨的笑話，挑動衆人的情慾，其中〈請醫生〉是配合的害眼的春姐而講，春姐趁機灌她一碗酒解渴，要她繼續說。長舌婦抹著嘴，立刻講起〈吃不得急酒〉來。當天是姚澤民妻子桂氏的生日，她就想到〈排字上壽〉；芍姐叫她講大聲一點，她就來個〈籠子會意〉；自己放了個大響屁，她也有〈聞香袋〉、〈肏死放屁的〉可以說；〈聞香袋〉是個和尚的笑話，所以中間還穿插了一則事關和尚的〈命〉。由於衆妾們纏住她不放，她乾脆講個〈來聽笑話的〉，把大家笑得了不得，這才偷空跑了。裘氏與衆妾後來轉到百花樓吃桂氏的壽酒，長舌婦也在一旁服事，唱完淫曲，又對景的說了一個〈好郎中〉來取悅大家。

第十八回的〈財主死後〉，是吳老兒的朋友說來勸他不要守財的；〈快活事〉和〈當酒飯〉，則是假道姑本陽故意講來誘惑吃齋茹素的藺佛姑。第十九回的〈窮得很〉，是宦蕚看見貧士平儒受窘而想起。第二十四回的〈不不〉，則寄托了鄔合的岳父嬴陽對妻子陰氏說自己不能生育的弦外之音。

曹去晶將大量得自民間口傳的葷笑話寫入小說《姑妄言》，看樣子是費過一番心思的。例如最後一則〈不不〉的運用，就顯得很有技巧。我們不妨先來看看《笑林廣記》卷六的〈不不〉是怎麼說的：

兩婦對門而居，甲問乙曰：「生過幾胎了？」乙曰：「未曾破體。」甲曰：「難道你家大爺是不的麼？」乙搖頭曰：「不不。」

也許有人一下子看不懂它在說甚麼？好笑在哪裡？讓我們繼續對照《姑妄言》的原文：

當日一個女人嫁了丈夫，總不生育。他一個親戚婦人同他閒話，問道：「奶奶，你同你家爺是不不的麼？怎再不生產？」那女人答道：「倒也不不呢！」那婦人道：「既不不，你不生是甚緣故？」……

有了「既不不」三字，我們就可以確知，原來所謂「不不」實際上是性交的含蓄替代語（註一一二）。《姑妄言》的巧妙之處，在於該笑話尚有下文：

他道：「這個道理連我也不明白。若說不生，我在家做女兒時，也生過幾個；要說生，自從嫁到這裡，竟不生一個。」

第二十四回裡，陰氏見嬴陽因年過半百尚無兒子而感歎，安慰他道：「我是不能生的了。你娶個小，或許還生得出，也未可知。」嬴陽笑著說了這個笑話給她聽，其實別有深意，因爲陰氏不是不能生，早在年輕時她就曾與金鑛偷情，生過女兒皎皎（即鄔合之妻嬴氏，詳見第六回），嬴陽心知肚明，陰氏更不可能忘記。

檢視《姑妄言》裡說葷笑話的人物，包括童自大、賈文物、宦萼、鄔合、金三、常氏、吳老兒的朋友、本陽八人，除了吳老兒的朋友身分不明之外，其餘七人，不是淫奢之徒，就是幫閒篾片，曹去晶讓這些猥瑣角色大開黃腔，彼此打趣瞎鬧，挖苦調情，頗能露其本相，也是若干市井俗趣的眞實呈現。第十回宦萼、鄔合等人擲骰行令唱曲兒說笑話的場面，讓我們聯想到萬曆本《金瓶梅詞話》第三十五回，以及崇禎本《金瓶梅》第一回和第五十四回，西門慶、應伯爵一干弟兄也老愛說笑助興；第十八回長舌婦常氏講笑話給裘氏與衆妾聽，也跟萬曆本《金瓶梅詞話》第二十一回孟玉樓上壽，兩個姑子講笑話給潘金蓮等人聽的情況有些相像（《紅樓夢》第五十四回王熙鳳說笑話另是一場熱鬧）。《金瓶梅》裡笑話的穿插，對於某些人物性格的構成、強化和豐富，故事情節的展開、轉化與矛盾衝突的解決，有其藝術價值（註一三），《姑妄言》亦然。所不同的是，《姑妄言》正文笑話數量即超乎《金瓶梅》三、四倍之多，葷的色彩也更濃厚，很能切中「不褻不笑」乃至「對景發笑」的笑話原理（註一四）；再者，《金瓶梅》笑話的文字內容與《笑府》、《笑林廣記》等書面記載大同小異，《姑妄言》則幾乎無一雷同，口語化與故事性強是它的特色，用語文言的兩則（〈擦藥〉、〈文人娶妻〉）皆出自賣弄斯文的賈文物之口，更加符合人物的性格與口吻，於此益見曹去晶經營之用心。

要論《姑妄言》葷笑話的價值，除了可以看出曹去晶運用口傳素材寫作的表現技巧之外，正文近四十則葷笑話本身的保存也是彌足珍貴的。這些生動詼諧的葷笑話，多半已屬罕見，不僅跟其他小說（如《金瓶梅》）所保存的幾無重複，現存笑話專書（如《笑府》、《笑林廣記》）不載者亦多。即便在別的書裡找得到相似的內容，《姑妄言》裡的葷笑話還是有它的獨到之處，茲再舉二則爲例。

例一：《笑府》卷九、《笑林廣記》卷六的〈祈神〉內容相同，都是說一陽痿病者具牲禮酬神，巫者祝曰：「世陽世陽，願得卵硬如鎗。」病者曰：「何敢望此？」妻從屏後呼曰：「費了大錢大陌，也得如此。」《姑妄言》第十五回〈祝贊〉則作：

一家子的老婆，一個錢也不肯給男人用。那漢子想塊肉吃也不能夠，想了一個計策，總不同老婆幹事。那老婆急了，問他。他說：「我不知甚麼緣故，把個陽痿了。前日叫醫生看，他說這不是病，不知得罪了甚麼鬼神，須得三牲香紙還個願就好了。」老婆說：「這是要緊的事，你怎麼不早說！」忙取了些錢，叫買三牲紙馬來，安排妥當，說（對）男人道：「你上香，我祝贊。」那男人纔上香，他在傍邊祝道：「一炷香，保佑雞巴硬似鎗。」男人道：「太硬了。」老婆說：「我好容易花錢費鈔的，也要這樣纔好呢！」

男人假稱陽痿，全爲騙塊肉吃，心急的老婆不得不花錢消災，卻又希望提高附加價值，親自祝贊起來，充分暴露出那女人苛刻貪婪的德性，這比《笑府》、《笑林廣記》所載合理巧妙得多（註一五）。

例二，《笑府》卷五、《笑林廣記》卷八的〈聞香袋〉內容也相同，都是說一僧每進房輒閉門，口呼親肉心肝不置，衆徒潛視，惟見蓆下一香囊，乃去香，實以雞糞，僧再度閉門取香囊時，且嗅且喚曰：「親肉心肝呀！你怎麼這等，莫非撒了屁麼？」在這則笑話裡，有講衆徒發現香囊曾「疑此有來歷」，但究竟是何來歷卻沒說，使「笑果」打了折扣。《姑妄言》第十五回同名笑話則先說：

一船人過渡，內中一個婦人、一個和尚。那婦人偶然放了一個臭屁，衆人罵道：「是那個沒廉恥的，放這樣臭屁。」那婦人羞得臉脖子通紅。那和尚知道是這婦人，忙道：「列位休怪，是小僧一時失錯。」……那婦人感激得了不得。到了岸，衆人都去了，這婦人叫住和尚，道：「多謝師傅替我遮了羞，沒甚送你的。」身上解下個香袋，道：「這個謝師傅罷了。」……

在交代香袋的來歷之後，接下去才說那和尚拿了回去，放在枕下，每日早晚取出聞香，叫道「心肝好香」，同樣被徒弟惡作劇以後，和尚不察，拿香袋聞了一聞，有些臭氣，笑道：「心肝，你又放屁了呢！」這樣的講法，比起《笑府》、《笑林廣記》所載更是完整有趣。

四．結 語

敘述合理巧妙且完整有趣，是《姑妄言》正文中可以獨立出來的三十五則葷笑話的共通點，它們口語化和故事性強的特色，也為其他古代書面笑話所不及，而在曹去晶的靈活運用底下，對於小說人物的塑造與故事情節的鋪展，發揮了不少的妙用，既反映了古代市井生活的若干俗趣，也展現出作者化醜為美的藝術手法。雖說其中不無誇張荒誕之嫌，但對於中國古代笑話的蒐集整理，或文學創作藝術的研究探討而言，《姑妄言》及其大量的葷笑話都是很寶貴的材料。

尤為可貴的是，《姑妄言》葷笑話的素材來源，不像書中其他穿插的人物傳記、遊歷見聞或歷史事件，都有抄錄現成書面文獻的證據可考，那些葷笑話的眞正來源可能主要得諸民間的口耳相傳。現代民間文學的採集經驗告訴我們，葷笑話（以及葷故事、葷歌謠、葷謎語）一直是民衆閒談嗑牙的熱門話題，能言善道者及其作品超乎想像的多，它們長期盛行於民間是不容抹煞的事實，我們大可不必視之為洪水猛獸，而不妨接受它們的確是由於需要才存在，它們的存在不全然都是傷風敗俗，其中融入了許多先民的集體智慧，亦不乏文藝美感的高度展現，並且在實際中聽講傳播的過程中，有些還深具性知識的啓蒙與性教育的正面功能（註一六）。

過去我們對於笑話的研究不足，儘管傳統笑話書呈現的視野往往有其偏見或定見，但誠如龔鵬程先生所言：「偏見亦有看見部分事物眞相的價值，定見更有其形成之原因。」（註一七）笑話書是如此，涉及猥褻的大批明清豔情小說也一樣。我們相信，古本色情小說集大成之作的長篇鉅著《姑妄言》今日有幸重新面世，它廣受矚目的原因有很多，價值也是多方面的，葷笑話的運用與保存只是其中一端而已。

【附註】

註一　引自陳慶浩〈《姑妄言》出版說明〉，載於《姑妄言》第一冊頁一五～三三，台灣大英百科股份有限公司印行，語見頁一九。

註二　〈《姑妄言》素材來源初考〉，收入陳益源《從〈嬌紅記〉到〈紅樓夢〉》，遼寧古籍出版社，一九九六年七月，頁三〇四～三一九。

註三　上述五則笑話標題，爲筆者所自擬，〈炸海乾〉一名另參《中國民間故事集成·遼寧卷》（中國ISBN中心出版，一九九四年九月，頁五七六），清人石成金《笑得好》二集、遊戲主人《笑林廣記》卷十則題名〈擺海乾〉。〈炸海乾〉、〈怕漏〉、〈屍靈去處〉、〈家母不吃虧〉、〈羊踏破菜園〉，分見大英版《姑妄言》頁一一五九、一一六二、二〇三六、二〇五〇、二三〇八。〈家母不吃虧〉雖是葷笑話，但語氣與上文連成一氣，不夠獨立，故不合併討論。

註　四　大英版《姑妄言》頁一八八六～一八八七。

註　五　〈開葷〉載於《笑府》卷五、《笑林廣記》卷八，〈天報〉見《洒洒篇》卷五、《笑府》卷五、《笑林廣記》卷八，三書據《明清善本小說叢刊》（臺北天一出版社一九八五年複印，本文引述此三書皆據此叢刊，以下不一一註明）所收版本比對，文字大同小異。《笑府》〈開葷〉云：「師父夜謂沙彌曰：『今宵可毯一素毯。』沙彌曰：『何謂素毯？』曰：『不用唾者是也。』已而沙彌痛甚，叫曰：『師父，熬不得，開了葷罷！』」〈天報〉曰：「老僧往竹園出大恭，其臀誤戴筍上。小僧見之，合掌云：『阿彌陀佛！天報。』」

註　六　此說可成定論，詳參馮學〈《廣笑府》質疑二題〉（收入竹君校點《笑府》之附錄二，福州海峽文藝出版社，一九九二年六月，頁四五五～四六四）。黃慶聲〈馮夢龍《笑府》研究〉（載於《中華學苑》第四十八期，國立政治大學中文系印行，一九九六年七月，頁七九～一四九）肯定《廣笑府》不是馮夢龍所編，但未看過《解慍編》，不確定《廣笑府》和《解慍編》的關係，其實王利器、王貞抿選編《歷代笑話大觀》（瀋陽春風文藝出版社，一九八五年九月）、《中國笑話大觀》（北京出版社，一九九五年一月）都收有《解慍編》，所據之明刊本現藏上海圖書館。陳如江、徐侗纂集《明清通俗笑話集》（上海人民出版社，一九九六年四月）之〈前言〉做過詳細的比對，也證實《廣笑府》係僞托之作。

註　七　《笑府》〈產喻〉原文作：「一士屢科不利，其妻素患難產，謂夫曰：『中這一節，與生產一般艱難。』

士曰：『你卻是有在肚裡。』」《笑林廣記》〈腹內全無〉則作：「一秀才將試，日夜憂鬱不已，妻乃慰之曰：『看你作文如此難，好似奴生產一般。』夫曰：『還是你每生子容易。』妻曰：『怎見得？』夫曰：『你是有在肚裡的，我是沒在肚裡的。』」周作人所選，名爲〈產喻〉，實是〈腹內全無〉，見《苦茶庵笑話選》頁四，臺北里仁書局據一九三三年北新書局版影印，一九八二年二月。《廣笑府》因取周書僞造，所以錯誤是一樣的。

註　八　引文據《北京大學中國民俗學會民俗叢書》第一輯第六冊影印日人清水榮吉點校本，臺北東方文物供應社，一九七〇年，頁四四。

註　九　Stith Thompson, "The Types of the Folktale", Indiana University, Second Revision, (Helsinki 1973) P.423

註一〇　同註八，頁二二一。

註一一　詳參陳慶浩〈《姑妄言》出版說明〉，同註一，頁一五～一七。

註一二　現代也有以一「不」字同時暗指「同房」與「懷孕」的用法，所以有則〈不〉的笑話說，婆婆見媳婦三年沒「開懷」，急著問她：「伢『不』哩麼，可你怎還不『不』呢？敢是伢不常『不』呀？」媳婦的回答是：「好我的媽哩，『不』咧『不』咧還『不』哩，還敢不常『不』呀？要是不常『不』了，那不是就更不會『不』啦？」，見《民間文學》一九八六年第九期，頁五～六，（山西襄汾縣）劉潤恩、關旺之搜集。

註一三　詳見王年雙〈關於金瓶梅裡笑話的性質及作用〉，《國立彰化師範大學國文系集刊》第一期，一九九六年六月，頁五五～七七。

註一四　《金瓶梅》第六十七回溫秀才道：「自古言：不褻不笑。」錢鍾書《管錐編》第三冊評論說：「不知其『言』何出，亦尚中笑理；古羅馬詩人云：『不褻則不能使人歡笑，此游戲詩中之金科玉律也。』」（友聯出版社翻印，頁一一四三）難怪《金瓶梅詞話》第二十一回潘金蓮連續說著：「俺們只好葷笑話兒，素的休要打發出來」、「俺們耳朵內不好聽素，只好聽葷的」。又，《紅樓夢》第五十四回薛姨媽曾經笑道：「笑話兒不在好歹，只要對景就發笑。」

註一五　《笑林廣記》卷六另收〈正好〉一則，言新婦出嫁，坐床撒帳，掌禮祝「官人屦子硬如鎗」，伴送婆應道「忒硬過了」，新婦接口說「正好」。這則笑話倒與〈祝贊〉後半段有幾分相似。

註一六　詳參陳益源〈長牙、成精、水裡摸——民間葷故事的三種類型及其性教育功能〉，載於《民間文學論壇》一九九六年第一期，頁五六～六一。此文主要引證何伙主編《中國民間葷故事》第一、二集（北京中國民間文藝出版社，一九八九年八月內部發行）加以論述。

註一七　語見龔鵬程〈腐儒、白丁、酸秀才——市井笑談裡的讀書人〉註釋十四，收入淡江大學中文系主編《人物類型與中國市井文化》，臺灣學生書局，一九九四年一月，頁一一七。該文選擇《笑林廣記》加以深入分析。

中國文學美學之精神

江蘇省社科院研究員 吳功正

壹、導言

一、文化現象主要是精神現象，一切實體存在包括器皿、建築、雕塑等，其存在形態是靜體物，似乎是凝化了的非生命體，但其內核仍然有精神的流注、氣韻的律呂、生命的翔舞，成爲一種精神現象，它透溢于實體存在物之外，逼入審美接受主體的心靈世界。

二、這種精神現象極具穿透力和彌散性能，是一種感受的接受和領略。它雖然有極強的感性活力，其中卻沈澱著理性色素。這樣。精神現象就具有穩定的特徵，成爲跟別一種文化精神現象區別、界定的顯著標識，同時，也成爲某一種感覺對象，而且更重要的是理性體認的範疇。因此，經過抽象概括的精神概念就成爲該文化系統的幾近符號的圖示。例如人們對中西文化精神的概括。就文化本身的素質而言，沒有精神的文化是僵直的無生命機能的。文化首先賴于有精神才顯得生機蓬勃、沈雄有力。精神是文化的靈魂、膽汁、生命。

中國美學精神是藝術化了的精神，而中國藝術精神又是詩意化的精神，文學便成爲中國美學的精神窗口，鑄爲文學美學精神。一切的現象描述都有待于上升到精神層面來透視和論述。

貳．組合型結構

中國文學美學精神是一個複雜的精神現象、宏博的時空實體、滲融的意識機制，滔滔蕩蕩，了無遺跡。

一、從總體精神上看，是人文精神、現實精神、玄遠精神、天人合一精神、生命精神、宇宙精神的復合體。在文學美學發展史的某一時期，或有偏至；在某一審美主體的某一階段或有傾斜，但作爲全期或全人來說，則是復合型結構。前者如唐代，後者如白居易。

二、就表現形式而言，區域體文化精神的差異相當顯著，這才使中國文學美學是多聲部、多色彩的。龔自珍〈己亥雜詩〉：「北俊南孋氣不同」。其差異原因被中國文化學家運用地理文化學原理解釋爲自然現象對人文精神的哺化。區域體文化—美學現象透現出北雄南秀、西剛東柔的具體精神差異。

三、從具體的文化—美學形態來看，則區分爲廊廟文化—美學和山林文化—美學；精英文化—美學和通俗文化—美學或曰雅文化—美學和俗文化—美學。

㈠通俗化的藝術常常被雅文化所同化，如詞、小說，等。小說至《紅樓夢》徹底完成了文人化歷程。因此，代表中國文學美學精神的主要是雅文化。因爲在中國文化—美學視域規範內，俗文化的粗放型性質和樸野形態「不登大雅之堂」，即不能吻合或表達中國文學美學的精緻性能。規範即改造，通過改造使之適應中國文化的總體性質。這種改造，既發揮了上述的審美效應，又保存了俗文化的原在感性色彩，爲中國文學美學精神增添了生機、活力。

㈡廊廟文化和山林文化的組合是中國文士仕隱二重奏的物化形態反映和復調形式。山林文學的情調在中國文學中更具有審美的情調，是心靈的怡養，微醺式的滿足，樂天知命，隨遇而安，與焉逍遙，以審美態度對待人生的港灣。審美主體往往對自己的生活進行著不無詩意化的描述，沈浸在審美愉悅中，成爲自己的二度審美體驗對象，帶有通過自我設計而來的自我欣賞、自我陶醉和自我滿足。隱于山林，是一種生存方式，其眞樂樂難以與人道及，它只能屬於這類文化人的專利。如蘇軾〈放鶴亭記〉所說，「其爲物清遠閑放，超然于塵埃之外」，「子知隱居之樂乎，雖南面之君，未可與易也」，「其爲樂未可以同日而語也」。它是一種情調型文學美學，不是情緒，更不是理性。此種文學美學情調似乎更令人悠然神往和心理投入。

四、從審美理想、精神來看，則是「圓」像、「圓」型、「圓」式，即完美精神。「圓」是完滿現象，是對世態、人情、風貌、自身理想的一種理解、設計甚或是構想、追求，這不能不歸結到中國曾經有過玉器時代的歷史意識積澱的原因，也跟佛教圓式圖像對民族審美心理的滲透和鑄合相關。這在文學美學上也就形成了相關的審美標準。司空圖《詩品》〈流動〉：「若納水轉，若轉丸球。」這是中國文學美學上，以圓的連續性圖像對流動美的形態的第一次確定，把美視爲變化、流走的現象，保持其新鮮活躍的質態。它如同「荒荒坤軸，悠悠天樞」一樣地循環無息，周流不窮。

「圓」是懸想的審美標準，也是理想，一切物象、表象和觀念都要圓滿無缺，缺則有憾。一方面在審美上有助于造成圓熟精純、晶瑩圓潤的境狀，一方面也對藝術和文學審美，形成負面遏制。小說、戲劇中代代不絕大團圓的結局，生有缺，死則圓，死後的圓境對生的缺憾加以補償，連小說巨制《紅樓夢》的續四十回也難脫「蘭桂齊芳」、「家道復初」的結局，那些續貂之作無一不拖著這條狗尾。這是一種彌散狀的文化—審美精神，文學美學精神，既推促了藝術向精潤圓熟性能的發展，又遏制了藝術對圓環作爲精神規範的沖決和突破，特別是遏制了悲劇藝術美的怵目驚心的摧毀和撕肝裂膽的殘酷表現。以理想之「圓」補現實之「缺」，是對人生、命運尙不能實現且又非宗教性的圓滿嚮往。「圓」構成中國文學美學的理想主義圖像，它是暈色光圈，可又是鐵色環圈。

五、從審美方式、思維來看，則是視覺思維的全幅展示、感覺經驗的貫通、審美情調的典雅空靈。它靜穆而飄飛靈動、凝重而逸氣四射、恬淡而意味雋永，滲融互滲，一體貫通，周流不窮，哲思的潛在影響、史識的隱形規範、詩化的藝術精神，鬱乎蒼蒼而又清新秀潤。中國文學美學有著跟西方文學美學不同的格局、韻致，形成獨有的東方美學時空實體、智慧和意味。它像馬王堆帛畫、敦煌壁畫一樣，審美的形式感誠然很強、很豐富，但絕非純形式，而是形式中有著深沈的意味。意味含茹著精神。精神內涵的哲學、歷史文化意識很濃。中國詩歌門類中的理趣詩（包括特定時期的玄言詩）的出現不是偶然的，歷代的人們對其評述不一。理趣詩是試圖打通詩的審美樣式和哲學文化之間的聯繫，以詩的形式來容納哲理的內涵。其哲理不是自然哲學，毋寧是人生哲學，是對人生生存意義和生存價值以及生命奧義的體認。而人生哲學和宇宙哲學在中國人的文化視界內是作爲同一對象來體認的。因此，中國文學美學的文化意味相當顯著，純粹的文學審美作品在總量上較少，強調文學審美素質和主體的文化素養的聯繫。揭傒斯《詩學指南》卷一說：「王荊公謂杜少陵『讀書破萬卷，下筆如有神』是他自言入神處　。韓文公稱盧仝『于書無不讀，然正用以資爲詩。』山谷謂：『不讀書萬卷，不行地千里，不可看杜詩。』『杜詩無一字無來處。』東坡謂：『孟浩然如內法酒手，而乏材料。』蓋有才無學，如有良將而無精兵，有巧匠而無利器。雖才高如孟浩然，猶不能免譏，況他人乎？」這樣，中國文學美學就出現具象的精神現象和抽象的精神現象相並存的總體現象，而純精神現象、純精神尋求和抽象奧義的探覓，使得中國文學美學蒸騰起空靈的生香活意。

六、中國文學美學的分體類型，如果不是從題材層面上，而是從情感結構上劃分，如悲怨、幽婉、激憤、狂放、曠達，等等，恰恰組合爲中國文學美學的總體情感結構，其特徵有：

㈠類型性情感結構和人的游歷、遭際密切相關。如屈騷成爲中國幽婉獨處的「根文學」情感之母體，阮籍的激憤、陶潛的超然、蘇軾的曠達，均與遭際相關。劉克莊〈跋章仲山詩〉曰：「故詩必天地畸人，山林退士，然後有標致。必空乏拂亂，必流離顚沛，然後有感觸，人必與其類鍛煉追璞，然後工。」因此，中國詩是一種切近的人生之歌，常以詩人自身的生活爲體驗對象，使得審美情緒的切實感很強。個體的命運感又和時代的、民族的，甚至是集團的命運相聯繫，這就涵化了審美的內容，同時，也形成了「寓目寫心，因事而作」的審美觀照方式。如蕭綱〈答張纘謝示集書〉所言：「至如春庭樂景，轉蕙承風，秋雨且晴，檜梧初下，浮雲生野，明月入樓，時命親賓，乍動嚴駕，車渠屢酌，鸚鵡驟傾，伊昔三邊，久留四戰，胡霧連天，征旗拂日，時聞塢笛，遙聽胡笳，或鄉思淒然，或雄心憤薄，是以沈吟短翰，補綴庸音，寓目寫心，因事而作。」「寓目寫心」具有直接性的審美品格，鍾嶸〈詩品序〉說：「多非補假，皆由直尋」，陳廷杰注曰：「鍾意蓋謂詩重在興趣，直由作得之于內，而不貴用事」，側重于個體的直接經驗和體驗。

1.人的不同社會角色的確定和建立，構成了「人」的不同類型，也就形成了不同類型的情感結構和取向。袁宏道〈與徐漢明〉曾把人概括爲玩世者、出世者、混世者、適世者等幾種類型，不同的情感角色，形成不同的情感結構，遂形成不同的審美情感風貌。2.審美不能離開對于人生、生活的熱愛和激情，中國文學美學之所以具有生命的精神，就是因爲審美者具備了上述的主體精神。惜時、傷春、嘆秋詩文的情感主題從根本而言，正是導發于對生活的熱愛和對生命的敏感與執著，這就是能對中國詩多傷春、嘆秋且超過詠夏、唱冬現象作出解釋。

㈡類型性情感形成情感結構後都大致有一個對應性的物象，遂出現穩態意象機制。例如念遠之于雁，思鄉之于月，送別之于柳，清高之于竹等。這種共感共象結構，一經形成，便大致比較固定，而且在中國文學美學的意象群中占有極大的比例。它在某方面脫離了物象的自然性質，具備了社會意義，是自然的人化和社會化，例如「白雲」。它不再是大氣層中的自然性雲團，而是心靈的社會歸宿表徵。王維〈送別〉：「君言不得意，歸臥南山陲。但去莫復問，白雲無盡時。」孟浩然〈和盧明府〉：

「醉坐自顧彭澤酒，思歸長望白雲天。」趙嘏〈送李給事〉：「青雲不及白雲高」，陳師道〈再和寇十一〉：「名字不歸青史筆，形容終老白雲鄉。」它又和主體的審美感受相聯。主體尋求對象物，不僅包含著體驗、感覺這些屬于經驗性範疇的內容，而且包含著主體對于物象的深刻體認和理解。當主體的審美意識達到這一層面時，才能從深度上把握對象。蘇軾〈墨君堂記〉對文與可之于竹，「得其情而盡其性」的論述就是如此。「……然（文）與可獨能得君（竹）之深而知君之所以賢。……風雪淩厲以觀其操，崖石犖確以致其節。得志遂茂而不驕；不得志，瘁瘦而不辱。與可之于君，可謂得其情而盡其性矣。」這就是說，審美不是憑一般的感覺，而是作深度體驗。

㈢涵義固定的意象沈澱和個人心態的不斷選擇。所謂涵義固定的意象沈澱在某種意義上說，是「原型」意義的沈澱，是文化傳播和延續在個體身上的反映。個體的審美創造無法脫離文化的母題。意象沈澱雖是不經意的自然流露和表現，可又是一種不可擺脫的文化強制。這樣，便通過沈澱，形成了文化的強化，不斷出現審美原型的「置換」形式。一方面意象沈澱對于個人具有規範或預警功能，然而，在另一方面個人對于傳統意象又有選擇功能。個人心態是選擇的原因。不僅不同審美個體的心態選擇有差別，而且同一審美個體的心態在不同階段中有區別，如白居易的前、中期和晚期。白氏的晚期審美冗貌趨于怡然恬淡。熱衷于道教外丹，醉心于《周易參丹契》，個體心態變化後，某種文化菌子便乘虛而入。〈同微之贈別郭虛舟煉丹五十韻〉、〈思舊〉等詩，就是這種以詩的審美方式對文化選擇的結果。

㈣由上述的文化—美學原因所決定，遂形成審美體驗上沈澱式的經驗回味和新感覺經驗的移入。前者是文化—審美意味的回思、咀嚼，呈復現式；後者是感覺的新塑，呈移入式，保持了審美體驗的新鮮性。

1.中國文學中的懷古情緒作爲動人的傷懷的美感經驗就是如此。中國文學保持著與史學傳統相一致的念昔情緒。《詩經》〈小雅．小宛〉：「我心憂傷，念昔遠人。」這種追念，主體所懷抱的，不是愉暢的心情，而是淒楚地頻頻回首，戀眷不休。阮籍〈詠懷三十首〉曰：「感往悼來，懷古傷今」，其情緒的導發箭頭是逆向，「傷今」萌生出「懷古」，它是昔時再現和主體的情緒追憶，也是精神緬懷和新價值確立的需要，並成爲主體精神的新體認。它不全是一個古跡的「出土」或描述，而是主體精神需要的重塑，以主體心理圖式爲框架去感應古跡的歷史意味，在某種環境和心理氛圍中，古跡只是主體情緒的載體。

2.下述兩點是構成懷古情緒體驗和發露的基因和契機：古跡作爲對象所負荷的歷史容量越厚重，越具有引發功能，如吳越姑蘇、六朝金陵；古迹和主體現時狀況越具有相近性質，越能夠調動主體的現時感，便越能夠成爲抒詠對象，如六朝金陵王氣消歇和詩人所處時代的衰變的異代同構現象，韋莊有著名的〈台城〉：「江雨霏霏江草齊，六朝如夢鳥空啼。無情最是台城柳，依舊煙籠十里堤。」

3.往昔的古跡對于不同個體來說，是一個共同的形相或稱爲共同的審美對象，但不同的個體的體驗目的和體驗心態又有區別，如許渾、杜牧、李商隱等的懷古詩。于是，懷古情緒就產生了情緒追憶和當下所發的組合結構，即一方面從歷史的陳跡中感應著失落的情緒，沈鬱而蒼茫凝重，一方面又有著主體的個人心緒，有新的感覺、感受和經驗。這種組合結構和情緒內涵，便成爲中國文學的美感經驗形式。

七、憂樂並生的審美文化基因。中國文學審美意識既不是單一的憂患意識，也不是單純的樂感意識（從某一視角，可作這樣的體認），而是憂樂並生的文化意識，這裡也具有組合性質。憂樂並生而調節，把憂患意識作爲人的自覺要求來體驗，是主體的自覺投入。憂患意識作爲壓抑性情感，並沒有使主體沈淪，因爲主體重返生命源頭，從中感受到「樂」的情緒，是眞心實意、心悅誠服並伴生審美快感的契入。不是視爲「苦」行、「苦」事，而是「樂」事，有「樂」感。這使得憂樂並生情感具有中國文化並滲入文學美學的獨有特徵。「憂以天下」使得中國文學美學的情感結構具備了深沈而深刻的精神內涵。而輔之以「樂以天下」，同以「天下」爲歸，便使憂樂感得以完善、統一，昇華爲博大、崇高的境界。

八、中國文化是組合型文化，中國文學美學亦非例外。文化哲學觀念培養了中國人的審美觀念和審美觀照方式。由上述的性質所規定，其功能亦是組合型的：

㈠一方面「文章經國之大業，不朽之盛事」，要改變「雕蟲小技」的名聲，就要發揮經邦濟世功能。所謂「雕蟲小技」不是指形式機制言，而是指「文章」與「經濟」之關係。在中國文學美學中，倫理道德的價値取向和定向猶如一個磁場，規範著美學及其與之所結成的關係。另一方面，它又有自我觀賞的功能。文學具有自我陶冶、消融、淨化和玩味的性能，自我欣賞或在一定範圍的文化圈中互相欣賞，所謂「自適」、「自娛」，所謂「九皋孤唳，深林孤芳，沖寂自妍，不求識賞」。這就是中國文學美學中多閑逸小品和散文風味的原因。《晉書》〈嵇康傳〉言嵇康「常修養性服食之事，彈琴詠詩，自足于懷」，就是寫照。這和中國文學家的某種人生能度庶幾相關，嵇康〈與山巨源絕交書〉曾申述道：「但願守陋巷，教養子孫，濁酒一杯，彈琴一曲，志願畢矣。」世人都曉神仙好，唯有功名忘不了。一旦勘破紅塵，又不是從宗教神仙中尋求皈依，而是寄意于文學、藝術，得到寄託般解脫。

㈡文學發揮現實效應，有爲于世，是中國文學家「入世」思想的體現，又奉行「藏之名山，傳之其人」的哲學，發揮著雖不顯露、雖不直接，卻具有延續性傳播的文化效應。《漢書》〈司馬遷傳〉載，太史公「遭李陵之禍，幽于縲紲。乃喟然而嘆曰：『是余之罪也夫！是余之罪也夫！身毀不用矣。』退而深惟曰：『夫《詩》、《書》隱約者，欲遂其志之思也。』」中國文學家「立德、立功、立言」「三不朽」的組合，是人生理想和價值取向的總體體現。三環結構缺一環不可，規範了中國作家的責任、願望及其實現的具體途徑，也規定了他們具體運用時的特殊方式。太史公就是以「立言」來完成自身價值的最終塑造的。清代彭士望《樹廬文鈔》〈傳是樓藏書記〉認爲：「世稱『三不朽』者，『立言』其一，而『德』與『功』則非『言』無由傳。」這正是中國文化人所發揮的爲別的社會群體所無法發揮的功能。

㈢中國文學審美主體的體驗形態不是高峰體驗，而是平和體驗。總體文化精神規範了主體的體驗方式。

1.中國文化具有柔性文化性質，柔而韌，柔而有涵量，所以，中國文化、美學就找到一個最恰當、獨特性的對應性象徵物——水。《韓詩外傳》曰：「夫水者，緣理而行，不遺小間，似有智者；動而下之，似有禮者；蹈深不疑，似有量者；障防而清，似知命者；歷險致遠，卒而不毀，似有德者。」中國文學審美主體對于自然不是以異己力量出現，而是親和，極少怒張、跋扈；不是凌駕于自然，而是與之並存並生，是自然的「我」化，抑鬱的情緒在自然中得以淨化。這才會有宋代黃升〈中興以來絕妙詞選序〉所確立的「情景交融」的審美命題。藝術上，樂和、心和、政和三位一體，便否定了高峰體驗。平和略帶寧靜意味的體驗，在某種意義上是靜的觀照方式，不爆不躁、不溼不燥，溫潤閑逸；不是金剛怒目，而是菩薩低眉。體驗過程特別具有悟性，包括審美判斷是悟性判斷。它是情感體驗。「導達意氣」、「發洩幽情」。中國藝術思維重悟，接受思維貴悟不貴解，禪宗思維羼入，更使之圓熟化。曾季貍《艇齋詩話》強調「非悟入不可」。主體對于對象整體悟化，可能是合混一統的，但主體卻得到心感的極大暢達和滿足，頃刻間大明透亮，豁然貫通，騰躍入大圓智境。這是體認性的審美滿足，較之其他文化群體的審美思維來，中國文學美學的悟性思維更具有特色。

2.非高峰體驗的性質又規範了中國文學的審美主體感受存在著某種孤獨感，但不同于西方文學審美主體的孤獨性質。孤獨不是反叛現實，而是不爲社會現實所接受，難以得到文化位置的確認所表現的孤高，這才使中國文學中梅的意象足以車載斗量，如林通的梅詩、陸游的梅詩。孤高的內涵是

「清」，這是中國文學審美體驗內容的特質。

九、組合型結構使得中國文學美學精神宏博、多維、豐贍，紛繁萬態，乃「充實之謂美」也。

叁、動態型機制

中國文學美學精神又是一個動態型機制，包括三個層級：積澱、同化、變異。其發展趨向是不斷臻于雅化、精緻化。宋代美學完成了中國美學的精緻化和徹底文人化歷程。動態演變在一個重要方面由社會心態和傳統精神交合而成。

一、中國文學美學之精神源頭是孔老莊。儒學精神雖然較為固定，但在不同時期的內涵不盡相類。老莊精神對文學美學發生眞正影響是在六朝。老莊哲學新態—玄學哲學，就是社會心態和傳統精神的交合產物，它成為六朝時彌散性文化哲學精神。玄學對文學影響的有形載體是玄言詩，但眞正體現六朝藝術美學精神的卻不是玄言詩，或者說不是詩歌，而是六朝小賦和《世說新語》。六朝小賦的審美意義是人多方面地發現了自身情感及其多態化表徵，如恨、別、傷心等等。情感發現是人的審美器官進化，這才是所謂文學自覺、美學自覺的基本意義。《世說新語》不僅僅是畸才雋士的言論、行為記錄，而且更重要的是玄學精神—高蹈玄妙精神的體現。這是老莊精神的藝術復活。沒有哪一個時代的文學、藝術有魏晉六朝對于老莊精神體現得這麼充分和深刻。雖然王維、孟浩然、范成大的田園詩審美趣味跟陶潛田園詩精神、趣味有許多相近之處，但很少有陶詩的那種深沈的人生況味。老莊哲學、美學精神是十分深刻的精神。

二、藝術精神的影響，不能限于理論形態，還應包括藝術的物化載體。孔子刪《詩》，沒有文學作品傳世，或者他沒有文學作品問世，他不是說「述而不作」嗎？他通過刪《詩》來具體地體現其美學思想。詩教說只是一種闡釋學，是對主題精神加以倫理化的規範，沒有也無法阻止文學載體的藝術精神的傳播。例如《詩經》〈蒹葭〉所體現的審美距離意識，是最初也是最高體現。「在水一方」的審美空間距離，是一種心理距離。朱熹《詩集傳》言〈蒹葭〉：「言秋水方盛之時，所謂彼人者，乃在水一方，上下求之，而皆不可得。」這是無法證實和確定的意象結構，無法稱說它指向什麼。我覺得，它是一種心理現象的表徵符號。其心理爲：企望得而未得，保持著可望而不可及的控制狀況，是一種具有普遍意義的企望、慕求心理現象。〈蒹葭〉將它審美具象化，成爲審美情感現象。清陳啓源《毛詩稽古篇》〈附錄〉說得好：「夫悅之必求之，然惟可見而不可求，則慕悅益至。」設身處地的情思揭示，如〈陟岵〉：「陟彼岵兮，瞻望父兮。父曰：『嗟予子行役，夙夜無已！上愼旃哉，猶來無止。』」這是一種設想心態，未必如此，想當然耳，是心態的幻覺、設想，以求兩心的溝通。這種心態描述和揭示爲中國文學的思念情緒表達積澱了原型，韓愈〈與孟東野書〉：「以吾心之思足下，知足下之懸懸于吾也」，劉得仁〈月夜寄同志〉：「支頤不語想思坐，料得君心似我心」，白居易〈至夜思親〉：「想得家中夜深坐，還是說著遠遊人。」這才有王維著名的「遙知兄弟登高處，遍插茱萸少一人。」把主體設想爲對象，進而反揭主體情緒，在審美方式上別具一格。〈燕燕〉：「瞻望勿及，佇立以泣」，是對送遠情態的審美描述，盡管伊人已去，眼力不及，但仍含淚佇立目送。這種情態以及包含的美的傷情，爲中國的送別詩積澱了情感原型。如王維〈齊州送祖三〉：「解纜君已遙，望君猶佇立」，邵謁〈望行人〉：「登樓恐不高，及高君已遠」，這也才有李白著名的「孤帆遠影碧山盡，唯見長江天際流。」〈伯兮〉曰：「願言思伯，甘心疾首」，把思親的精神折磨，表現到了極致。其價值和意義又在于把精神折磨視爲心甘情願。王國維〈古雅之在美學上之地位〉就曾發現柳永〈鳳栖梧〉：「衣帶漸寬終不悔，爲伊消得人憔悴」存在著〈伯兮〉的情感結構原型積澱。錢鍾書《管錐篇》有詳細的發掘。

三、由此，可以歸納出這樣的結論：中國文學美學精神從原初形成後就產生積澱。積澱在不同時代、不同個體的審美中。所謂積澱即文化—審美因子的動態傳播。它是歷時性表現，這才是「史」。把中國文學史、美學史的共時性解釋，描述得相當充分，是現今的中國文學史者、美學史者的某種成績，但是，另一個重要的側面：歷時性，卻被不無惋惜地遺忘了。中國文學美學精神離開了歷時性描述和勾連，就無法得到本體意義的闡釋。

四、藝術精神的動態傳播，不僅有精神意識本身，而且有藝術的審美觀照方式，保持著文學美學史的貫串性特徵。

㈠我們把中國文學美學史所出現的過程性狀態不作爲單個作家、作品，而是視爲一種現象，具有一定文化、美學涵量的典型態來考察。這樣，我們對帶有史感意味的動態型機制的研究，就擺脫了一般的文學史、美學史的通行體制。可大致這樣確定爲：詩騷現象、漢賦現象、六朝現象、陶潛現象、盛唐現象、杜韓現象、義山現象、蘇軾現象、晚明現象、紅樓現象，等。現象形成乃因爲它攝納了某種文化、審美質素，代表了某一時代、時期、過程的某種共同的趣味、理想。它可以是美學叢體，也可以是美學個體。叢體和個體的單位量不是確是否爲現象的標誌，而是根據它的代表性資格。一定的文化、美學氛圍、土壤總會孕育出它在這一範圍內的代表，因而現象就不是孤立體，而是與一定文化、審美條件相勾連著的，借用哲學的通行術語就是個別體現出一般，從而成爲一般的個別。是它自身，又不僅是它自身，乃是在它的身上融匯了宏深的文化、審美涵量。這就是我所確定的文學美學現象。現象具有一定的時代、文化區段的歷時特徵，才有吻合各別時代的繽紛多姿的審美風貌。歷時性積澱不是「前度劉郎今又來」的藝術復制和簡單復現，而是寓于共時性條件中的再發育和孵化。美學現象的呈現和顯隱聯係構成了中國文學美學的動態型機制。歷時性積澱使得動態型發展呈現出可以勾稽和描述的線索。陸時雍《詩鏡總論》對唐詩審美特徵的描述即如此。「中唐詩近收斂，境斂而實，語斂而精。勢大將收，物華反素。盛唐鋪張已極，無復可加，中唐所以一反而之斂也。初唐人承隋之餘，前華已謝，後秀未開，聲欲啓而尙留，意方涵而不露，故其詩多希微玄淡之音。中唐反盛之風，攢意而取精，選言而取勝，所謂綺繡非珍，冰紈是貴，其致迥然異矣。然其病在雕刻太甚，元氣不完，體格卑而聲氣亦降，故其詩往往不長于古而長于律，自有所由來矣。」

(二)某種文學美學存在眞正成爲我們所確定的現象後，就會成爲積澱，成爲後代的某種同化對象。同化，不能僅僅視爲個體的審美取同、認同，而且更重要的是包含著審美文化環境和需要的選擇、接納。某種文學美學現象在後代甚至隔數代後出現被同化效應，就是如此。被認識或被重新認識的接受效應體現了同化功能。彷彿一夜之間，前代或隔數代前的文學美學現象被重新提起，令人刮目相看，決非偶然，這是文化、審美意識的當時需要和意識發展的必然。例如杜甫現象、陶潛現象在宋代的名聲鵲起，而這本身又構成了一種文學美學現象。因此，這種同化過程和現象亦是動態型機制的重要內容。《蔡寬夫詩話》提出「文章隱顯，固自有時哉」的見解頗爲卓越。「隱顯」即經同化所出現的取捨現象。「隱」是「捨」的結果，「顯」是「取」的歸屬。它們原本是一種存在，但經過取捨，就出現隱顯，成爲新存在。新存在發生在新體認之後。所謂「時」即時代的審美條件、因素、意識。當一個時代的審美理想孕育出來以後，必然會對前代或隔數代前的文學美學現象加以重新認定。《蔡寬夫詩話》就曾描述了宋初詩美學風尙的動態型演變狀況：「國初沿襲五代之餘，士大夫皆宗白樂天詩，故王黃州主盟一時。祥符、天禧之間，楊文公、劉平山、錢思公專喜李義山，故崑體之作，翕然一變，而文公尤酷嗜唐彥謙詩，至親書以自隨。景佑、慶曆後，天下始尙古文，于是李太白、韋蘇州諸人乃雜見于世。杜子美最爲晚出，三十年來學詩者，非子美不道，雖武夫女人皆知尊異之，李太白而下殆莫與抗。」因此，陸時雍《詩鏡總論》所言：「宋人抑太白而尊少陵」，「宋人尊杜子美爲詩中之聖，字型句矱，莫敢輕擬」，亦是導發于上述和上引的審美文化原因。同樣，梅堯臣〈答新長老詩編〉：「唯詩獨慕陶彭澤」，蘇軾〈書淵明東方有一士后〉公然說：「我即淵明，淵明即我」，將陶蘇合一、融一，可以說，蘇軾現象就是在同化、接納了陶潛現象後產生的。黃文煥〈陶詩析義自序〉說：「古仿尊陶，統歸平淡」，同化是心態的對應契合，以某一點作爲趣味、理想的歸屬，進而出現一根連結線，這同樣體現了動態型的延續狀況。

五、上面，論述了動態型機制的兩個層面的涵義：積澱、同化，現在論述第三層面：變異。誠然，中國文學美學有一個比較一貫、穩定的藝術精神結構，但也並非一成不變，它還有變異現象。變異的最顯著標志是審美意味、情調、風尚。于是，六朝是「妙」，盛唐是「狂」，宋代是「淡」，晚明是「趣」。

㈠事物的奧秘在于「妙」，玄之又玄，寂寞飄渺。這是中國哲學對於對象本體的一種體認，最高的本體是「微」、「妙」。這與其說是對象，不如說是主體，是心象。它成爲最能代表六朝文化觀念的意識的範疇概念，並且給中國美學以深遠影響。陸機〈連珠〉：「繁會之音，生于絕弦」，陶潛蓄無弦琴，馬融〈長笛賦〉：「微風纖妙，若存若亡，……奄忽來沒，曄然貧物」，一直到宋代辛棄疾〈鷓鴣天·石門道中〉：「似有人聲聽卻無」。主體審美感覺追尋、覓求著微、妙，這是靈敏精微的審美感覺體現。審美感覺經驗以無當有，無中生有，是經驗完形的超常表現，乃心象體驗而非物象體察，如曹元寵〈卜算子·詠蘭〉所寫：「著意聞時不肯香，香在無心處。」心靈感知竟于無聲處聽焦雷貫耳，使是感覺經驗完形，如李華〈仙游寺〉所寫「望色無更有」，梅曾亮〈游小盤谷記〉所寫「寂寥無聲而耳聽常滿」。在審美理論上，就有司空圖《詩品》描述，〈沖淡〉：「遇之匪深，即之愈稀」，〈飄逸〉：「如不可執，如將有聞」。王夫之《詩廣傳》卷五對詩美學特性作了這樣的規範：「詩者，幽明之際者也。視而不可見之色，聽而不可聞之聲，搏而不可得之象，霏微蜿蜒，淡而靈，虛而實，……故詩者，象其心而已矣。」王氏的這番詩美學概括的核點就是「妙」。對于審美接受來說，同樣是心象感知，微旨妙得。清黃子雲《野鴻詩的》曰：「學古人詩，不在乎字句，而在乎臭味」，「以我之心，求無象于窅冥惚恍之間，或得或喪，若存若亡」，簡言之，從「妙心」→「妙傳」→「妙旨」。

㈡「妙」是六朝的審美經驗現象，到了盛唐則爲「狂」所替代。「我本楚狂人，鳳歌笑孔丘」，李白的這兩句詩最能代表盛唐時代的狂氣。「狂」不是現今語義所能規範，乃是「狂狷」，狂逸，是肆行無礙憑來去，尋求精神的天馬行空。

㈢到宋則以「淡」主美學壇盟。這是審美年輪的標誌，是晚歸淡泊的心態，也是文學審美特徵精緻化的必然歷程，亦是深刻的人生況味體驗後的一種態度。眞正的淡不是淺，而是深。邵梅臣《畫耕偶錄》〈論畫〉曰：「蕭條冷漠，是畫家極不易到工夫，極不易得境界。蕭條則會筆墨之趣，淡漠則得筆墨之神。」這是中國美學的深刻精神，愈簡潔（簡潔是形式抽象）愈有意味。

㈣如果說，前中期的中國文學美學史的審美情調還有點貴族化或半貴族化，到後期就被世俗情味所替代。「趣」的旋律淹沒了古雅的音質，「意境」和諧讓位於「冷水澆背」（徐謂語）的猛烈刺激。小說、戲曲中，市民層的接受趣味和習慣、定勢，極大地影響著文人和準文人的審美趣味。這裡呈現出一派世俗的世界。它沒有六朝的感受精妙，唐宋的精緻，其審美意識更趨向于趣味，獲得趣味的滿足，沒有撼動人心的深沈悲歌的力量。審美主體們是一批浪蕩子，生活方式和對于現存秩序都是放浪不羈，而缺少歷史意識的深度。袁宏道〈與龔維長先生〉對人生的眞「樂」趣作了分類和描述。這是他的生活發現和感受、體味，懂得如何享「樂」，特別強調了口腹聲色之樂，遂成爲晚明文人的寫照，其人生、人格的重新設計，沒有矜持典雅、飄逸玄祕、高蹈遠引，亦沒有古道寒水、冷風熱淚、掉臂獨行，只是個體的滿足，即令托鉢乞討歌妓之院亦視爲「快活」，晚明文學不正以此爲審美對象的嗎？

(五)在文學美學史長河中、鏈索中，這一個個浪濤、一節節鏈環所呈現而出的圖像就是歷時性狀況。因此，中國文學美學動態型機制就是歷時性和共時性的統一與結合。

肆、精神主題曲

中國文學美學之精神是古典式的。這一古典語詞不是文學分期概念（如古典文學、現代文學、當代文學），而是藝術精神內涵和美學意義上的。其主題是：

一、天人合一的精神

(一)這是爲中國總體文化質所規範的精神，促進了中國文學美學中自然山水意識的萌發和生長，規範了對于對象的親和態度。天人合一精神使中國古典藝術具備了消融意味，整一混化，沒有阻礙，沒有滯澀。如晚明的一些山水遊記是詩化的審美方式，成為審美意念的表達。

㈡值得提起的是，天人合一的文化精神最終沈澱為創作思維心態，它澄明、澈了、沈機而大圓睿智、萬化流行，這是最典型的中國式創作心態，也是中國文學美學作為古典藝術，其精神的脈源。這種創作心態本身就是詩。況周頤《蕙風詞話》曰：「吾蒼然獨立于寂寞無人之區，忽有匪夷所思之一念，自沈冥杳靄中來，吾于是乎有詞。洎吾詞成，則于頃之一念若相屬若不相屬也，而此一念，方綿邈引演于吾詞之外，而吾詞不能殫陳，斯為不盡之妙。」物我合一、物心融化，藝術成為心的寫照，心以藝為對象化，于是，由天人合一的文化精神規範了中國文學美學的整體圖式是天人對應↓心物對應↓心藝對應。在共感現象上，中國文學美學獨占世界文學美學之翹楚。

二、形下的現實和形上的超越性美學精神並存，具驗與超驗結合，具象與抽象結合。

形上則抽象空靈，羚羊挂角，無跡可尋，有深沈、深邃的美學力量；形下則具象徵實，鮮明可感，如在眼前，有凝重、扎實的品格。它們的結合使得中國文學美學精神既非蹈空，亦不膠粘。

三、「生」的精神

㈠中國文學美學精神是「生」的精神，「生生不已」，「生」的意識濃重，才有生命觀念，才有對生命價值的體認，才有生殖崇拜，才有生命在某一領域的存在方式—文學藝術的產生，才有美學史的一系列源于生命現象的範疇—生氣、氣、氣韻、神，等等的出現。生命是動力，是內涵，是本源，才能對象化，才能視無生命為有生命的活體，才能賦予有自然生命的草木或無生命的對象以人的生命力量。這是生的力量的意識使然，是生命的意識移入和注射，這是天人合一的主體基礎，天則生命化，生命天則化；自然人性化，人性自然化。人的頌歌，對人的價值熱情而理性體認，是生的意識的歸結。中國文化包含的隱喩思維因子，極易使廣義的生命存在和發展現象轉化爲特定的審美意識。小而至于具體而微的審美範疇，如生機盎然、生氣勃勃、栩栩如生，「氣韻，生動是也」，等等。它重視主體的元氣在審美過程以及美的歷程中的流注，在對象身上的充溢，從而使對象獲得跟主體一樣的生命。對象客體之生命最終爲主體生命所賦予。大而至于對整個中國美學的體認。中國美學可以說是生命意識的圖象—美：生命崇拜的轉移；生命感興的噴發；生命壓抑的替代；生命歷程的展現。中國文學美學之精神核就凝化在一個習見卻又易忘的點上：生命。由這個核點能量擴散遂形成軟組織的彈性、韌性文化圈，個體和群體審美活動都在圈內，「得其環中」之謂也。雖然，其發生是以個體面孔出現的，但總沈澱和輝揚著這種文化精神。

(二)生命是動力。對生殖現象暴風雨般的狂熱忘情忘形的崇拜在理性過濾之後，遂轉化爲一種審美的感興力量。王維〈入山寄城中故人〉：「興來每獨往，勝事空自如」，岑參〈終南雙峰草堂作〉：「興來恣佳游，事愜符勝慨」，李白〈與從侄杭州刺史良游天竺寺〉：「三山動逸興」，〈峴山懷古〉：「感嘆發秋興」，〈姑熟溪〉：「愛此溪水閑，乘流興無極」，〈贈別王山人歸布山〉：「還歸布山隱，興入雲天高」，〈江夏別宋之悌〉：「人分千里外，興在一杯中」，杜甫〈西閣二首〉之一：「詩盡人間興」，等等。

㈢生命是動的節律化，中國藝術精神那樣重視節奏、音樂感，馬王堆帛畫，敦煌壁畫，等等。所有藝術包括文學都給人以生命感、騰飛感，躍躍欲飛，「我欲乘風歸去」，「欲上青天攬明月」，「挾飛仙以遨遊」，它不同於西方古典藝術精神（主要體現在希臘雕塑中），也不同于某些東方古典藝術精神（如埃及金字塔甬道），前述的中國文學美學精神可以從這裡找到它的注解。

四、於是，它的精神就獲得了下述的三種特徵：消融（超越天人之分），永恆（超越生命之限），絕對（超越時空之界），從而為人類美學之光抹下了東方的晨曦和曙色。

爲此，中國文學美學中繫下了重生和戀生「情結」。惜時、嘆老、嗟衰等等時空審美遂成爲生命審美，也胎孕了審美生命。

伍、結語

一、中國文學美學之精神，是內涵，亦是機制。它表現爲動態型、差異型，遂呈現出多聲部、多色調；它在橫向上是多因素組合構成；在縱向上，表現爲歷史的升騰：精緻化、玄遠化、空靈化；內在結構上多元化合，形成統一精神現象，它是由一個繁衍萬象的核子所擴散而出的，這一切又在鑄造著中國型的文化—審美心理結構。它沈埋在厚厚千重的地殼內，源源不絕，釋放著巨大的能量。審美心理結構植根和置身于文化心理結構中。中國文學審美主體大都是雜家，常常借用文學的審美符號負載非審美的內容。文學作品是從作家「全集」中運用文學觀念所提取出的，一些被今人視爲純文學的形式在原初並非如此，例如詩歌。把中國文學、美學還原爲本來狀態，即文化狀態，避免了用西方美學視界看待別是一種狀態的東方美學之一的中國美學，誤把印有深文化胎記的中國美學納入純美學的框架。

二、心理結構比起主體的其他構成元素來（包括技術、操作方式程序），更具有穩定性、慣性力和隱形規範作用，其中隱形規範最富于決定意義，它是文化的集體表象，美學意識的故鄉。一止一動、一舉手一投足，都存在著這個隱形支配力；審美方式、操作程序、意象建構、審美格調風貌的呈現，都浮蕩著這個集體幽靈。游魂飄搖，無所不在，令審美主體不得不然，無法自控又不能自休。

㈠心理結構的個體化存在是審美個性的確徵，審美個性的存在現象則是心理結構的表徵。審美個性表現爲美學風格，這是美學風格多樣化、差異性形成的最終原因。一千個主體就有一千個心理結構，然而又有一個隱形的一致性的集體潛意識心理。

㈡心理結構形成以後具有內省、內視的閉合特徵。閉合狀具有比較穩定的模式，但又是開放的，輸入外部信息。新文化因素的出現，會對主體心理結構加以新的整合，如中後期中國文化思想史上出現的禪宗思想，開發了文化—審美心理，使其由粗糙的相對意識融爲精緻的抽象性，特別是豐富了內省的直覺意識內容，徹悟宇宙眞諦。

㈢所謂文學史、美學史就是心理結構的表現史。美學現象有重復，重復就是呈現。呈現出來的總是可感的意象，具有直接的感應性質。意象的復現實質上是心理結構的復現。如果說意象復現是顯性的，心理結構呈示則是隱性的，猶如藏在水流下的冰山。這樣，心理就具備了歷史功能，文學美學史就是心理結構史。它使得「史」產生了深層品格，擺脫了現象描述體制。

㈣文化—審美心理結構是諸般文化條件、因素經過數不清的沈積、洗濾所疑煉而成的。它告別童年期，卻又童心未泯；它視之無形，卻又發之有形。它是一個民族精神宅址的徽標，形成族類間文化—審美品格的最明顯的區別標識，導致了不同族類的審美主體的價值取向和情感體驗方式。中國文學的審美心理結構就在中國文化的總體氛圍中和廣袤土地上塑造了自身的品格，確定了自身的品位。文化精神結構作為熊熊燃體，源源不絕地釋放著心理能量，尋求精神載體，文學便是其重要手段（即審美手段）之一，使之烙上審美文化特徵，以自己所特有的暗喻方式指示著井噴式的生命之源。一旦以生命之心體驗，環視天地自然之心，便出現藝術燦爛的審美感化。「詩者，天地之心」，己之生命和外在生命、身內生命和身外生命便化而為一：生命舞蹈、生命音樂，這是最高的審美！

陸、贊

美哉，中國文學美學！
銀漢貫空，星象麗天。
龍驤天門，虎臥鳳闕。
大象輪轉，萬化流行。

輝照于東域，焰飛于西海。

它乃令人不可無視、漠視、小視的碩大存在。

它乃一個大寫的「美」！

從「入內」「出外」的命題看中國古典美學的規律和特徵

湖南教育學院
文學院主講教師　韓學君

在學術界，對王國維美學思想的研究，主要是對「境界說」爲主進行研究的，其研究成果汗牛危棟，碩果累累。相比之下，對於王國維「入乎其內出乎其外」這一古典美學重要命題的研究則問津者少，更不能從美學史的角度上來確立其價值。

王國維在《人間詞話》中說：「詩人對宇宙人生，須入乎其內，又經出乎其外。入乎其內，故能寫之；出乎其外，故能觀之；入乎其內，故有生氣；出乎其外，故有高致」。學術界普遍認爲：「入乎其內」指作家對社會人生須進行認眞觀察、體驗，只有這樣，才能獲得眞切深刻的感受，不斷地豐富自己對生活的認識、體察；而「出乎其外」則指文藝創作中作家還要善於「跳」出所寫對象，通觀全局，進行審美評價。正如大多數古典美學研究者其承認的，意境說並非王國維其獨創，「入內」、「出外」這一美學命題同樣具有悠久的歷史，我們應把它放到整個中國古典美學系統中去進行動態的〔歷史的〕考察和靜態的〔本質的〕分析，進而挖掘它產生發展的實踐和理論基礎，我們就能欣喜的看到：「入內」、「出外」說具有深刻的美學內容，並在鑄澆中國古典美學的特徵中起著重要的作用。

一

《易傳》說：「聖人有以見天下之賾，仰則觀象於天，俯則觀法於地，觀鳥獸之文與地之益，近取諸身，遠取諸物，而擬諸形容，象其物宜」。而「擬諸形容，象其物宜，是故謂之象」（註一），清代的章學誠則認爲「易象通於比興」（註二），比興作爲古代美學中非常重要的審美體驗範疇與「入內」、「出外」說有密切的聯繫（下文詳論）由於比興才有朱自清所說的古代詩歌的開山之綱領「詩言志」，劉勰說「詩人感物，聯類無窮，流連萬象之際，沉吟視聽之區。寫氣圖貌、既隨物以婉轉；屬采附聲，亦與心而徘徊」、「物以貌求」，「入」即「寄靈心於萬物，故情以物興」、「心以理應、出即寫氣圖貌，屬采附聲」，這樣即神用象通「情變所孕」。故而使物以情觀。劉勰對「入內」「出外」的認識非常深刻，他主張在藝術創作中要「心物交融」，而具體的作法應是「擬容取心」，即是要把對物象的摹擬和藝術家的心境、情感寄託結合起來，也就是在「入」和「出」的有機聯繫的基礎上，使主觀的情思志欲與客觀物象及其規律有機的統一起來，這個過程既是由具體到一般，又是由一般到具體的，它們在形象構成的過程中完成並始終不脫離具體可感的形象。

唐代著名畫家張璪提出繪畫要「外師造化，中得心源」，所謂「造化」即是指客觀存在的自然界，也就是不以人的意志爲轉移的社會現實（自然、社會）。「外師造化」即是要具體地眞實地描繪物象，這是以入內爲基礎的。「中得心源」即是要在所描繪的物象中充份地體現藝術家的心身情思，藝術家從自己意識中的形象儲備、心理儲備去同化外物，物我爲一。每個人身上都積累著許多潛能（潛在的心理能量），這些潛能具有一種外射的傾向，時時都在尋找著表現的對象。對象一旦找到，人就與它建立象徵聯繫，進行信息交換，所以在藝術創造中，入「造化」之內，故能師之；出「造化」之外，則心有所源，方見匠心孤詣。妙觀逸想，刪撥大要，凝想形物，神與物游，而得藝術之靈境。

托名王昌齡的《詩格》中說：「處身於境，視境於心，瑩然掌中，然後用思，了然境象，故能形似」、「放安神思，心偶照境，率然而生」、「搜求於象，心入於境，神會於物，因心而得」。司空圖要求藝術作品「生氣遠出，不著死灰」、「大用外腓，眞體內充」具備萬物，橫絕太空，這樣就應當對客觀事物的各種複雜情況和規律有充份的了解和掌握，「淺深聚散，萬取一收」；「返虛入渾，積健內雄」，從而創造出最能象徵宇宙人生眞諦，富於含蓄蘊藉的藝術意境。司空圖是從審美的高度來說明「入內」和「出外」的辨證關係的，其「不著一字，盡得風流」的境界，是「入內」、「出外」有機統一的最高形態。隨著文學藝術及其理論的發展，對「入內」和「出外」在藝術本質上的審美特徵的認識，到司空圖前後的唐代晚期已臻於完善，具體標誌就是使「出入」的主要對象和目的由「象」而變爲「境」，重入而尚出，使內外的統一更偏重於「外」，追求司空圖所謂的「象外之象，景外之景」「弦外之音，味外之味」、「韻外之韻」、「超以象外，得其環中」；賈島所說的「神游象外」（註三）；皎然也說「采奇於象外」（註四）此時所理解的「入內」，包括審美體驗，審美創造及審美欣賞的各個心理功能和反映機制，「內」和「外」則顯示了美產生的基礎和美感存在的客觀形態、結構特徵。

蘇軾在《書吳道子畫後》中說吳道子的畫得「自然之數」，「出新意於法度之中，寄妙理于豪放之外，所謂游刃餘地，遠近成風」（註五），東坡之論概錄唐人之意理，但對「入內」和「出外」的認識偏於法則和形象的表現特徵。後來江西詩派的呂本中更是從形式上認識「入內」、「出外」，「學詩當識活法，所謂活法，規矩備具，而能出於規矩之外，變化不測，而亦不背於規矩也」（註六）。

明清時對「入內」和「出外」加以闡述的人更多，認識也更具體，如王夫之說李白和杜甫之所以爲「大家」，就在於他們「內極才情外周物理，言必有意，意必繇衷」。而且他更重視「入內」、「出外」的統一，他們爲藝術家「含情而能達，會景而生心、體物而得神」，即如能入「造化」之內，覽物求精；又能中得心源，體悟得神而出於物外，「使情成體」，則自有靈通之句，「參化工之妙」，如果不以客觀物象爲源泉，不入於景物之內，捨之「但於句求巧」，則性情先爲外蕩，生意索然美，則無「入內」之舉，雖有「出外」之行；作品就沒有美感。言「點石成金、脫胎換骨」之美詞，行剽竊之實的黃庭堅等江西詩派就是如此。劉熙載則提出文藝創作要「包諸所有，空諸所有」（註七）。周濟說詞「專寄托不入，非寄托不出」。

宋明清以來對「入內」、「出外」的關係的認識，不像以前那樣含蘊豐富的內容，而是趨於單一明朗，或如呂本中專談法式，或專論創作，或專談欣賞，或致思焦點在於宇宙人生，如明呂坤說「要置其身於是非之外，而後可以折是非之中，置其身於利害之外，而後可以觀利害之變……」（註八）王國維所說的「入內」與「出外」當導源於此，他以宇宙人生爲「出入」的對象與目的，並以爲致思的中心，而且強調「入乎其內，出乎其外」辨證統一，故其說有理論的高度。又因其說建立在唯心主義美學思想和人生觀的基礎之上，以爲「人生之欲先人生而存在」（註九）。「入乎其內」更深一層意義是要求體驗到生活本質的欲及由欲而來的痛苦，「出乎其外」則是力求擺脫這種痛苦，忘掉物我之關係；排除一切功利的念頭，採取一種超然物外的漠然視之的態度，而這只有非常之人非常之智力才能達到。所以他又失掉了傳統的「出外」、「入內」的有機成分和進步的因素。我們應當看到王國維這一命題的提出，明顯表現了中國知識份子傳統的憂患意識，而這一意識的恆久存在是由中國傳統的哲學倫理心理特點，特別是中國社會歷史的特點所決定的，所以它的美學意義在於從本質上保持了中國傳統審美活動的思維特點和規律，並予以概念的界定，因此要眞正評價「入內」、「出外」，就必須深入探討它在審美活動（審美體驗、審美創造、審美欣賞）中所揭示的審美關係，具有怎樣的思維規律。

「入乎其內出乎其外」辨證地說明了審美創造活動中的本質現象和規律，他要求藝術家必須從內心和外表兩方面去認識人類生活的廣闊世界及其紛紜的萬物，作家要以一己之情對「離合悲歡，興衰際遇」、「按跡尋蹤」（註一〇），吸收到自我裡去，對他們起同情共鳴，深入體驗，使它們深刻化、明朗化，爲著從這個主體個性出發去創造出一種不像由外因決定的自在的整體，這種整體必須是自由的，有自控機制的，從而進入社會的自控系統，參與維持社會結構的平衡，以改善人的情感狀態，實現人類的穩態發展，提高人類社會的有序化程度。

所以，藝術家就必須擺脫題材的實踐的方面或其它方面的約束，以巡視內心世界和外在世界的自由眼光去臨高俯視，把心靈和外在感性對象的方面統一起來。

因此，「入內」和「出外」在藝術創作過程中，實質上就體現了自然的人化和人化的自然同時並行的主體和客體辨證統一特徵。藝術審美創造活動是有目的的，「入」是爲了認識、掌握事物的本質和規律，「出」是可巡視內心世界和外在世界的自由眼光去臨高俯視，二者的有機統一就實現了自然的人化，從而使藝術作品以其人化自然的形態存在而且具有永久的藝術魅力；使作品具有相互統一的深層和淺層結構，形成意趣、情趣和諧趣相親相和而衍生出的功能體系，激發讀者產生美感。總之「入內」和「出外」的辨證統一，在本質上合乎馬克思主義美學的合規律性、含目的性統一的美的創造規律。

二

藝術審美活動是一個循環過程，這一過程存在著審美創造和審美欣賞的雙向逆反運動，也有主體（作者、欣賞者）的審美體驗活動貫穿于始終。

我們可以從作品創作的角度研究「入內」和「出外」的本質特徵，但不能、也不可能把「入內」

和「出外」從整個藝術活動中割裂開來，在中國美學史上對審美創造中「入內」和「出外」及其關係的重視由前面的論述略可知其概況，劉勰說：作者「情動而辭發」，而欣賞者不僅要掌握作品的文辭形式，還要掌握了解情態思想，探究其深層的意蘊，即「觀文者披文以入情，沿波討源，雖幽必顯」（註一一），唐代的《金針詩格》說：「詩有內外意，內意欲盡其理，外意欲盡其象」。《二南密旨》說：「外必隨篇目自彰，內意隨入諷刺」，既然文學作品之意有內外之別，且各奏其效，在閱讀和欣賞中當然不可等閒視之，宋代的陳善說：「讀書須知出入法、始當求所以入，終當求所以出，見得親切，此是入書法；用得透脫，此是出書法。蓋不能入得書，則不知古人用心處，不能出得書，則又死言下，惟知出知入，乃盡讀書之法」（註一二），陳善對「入內」和「出外」的論述是非常精采的，比前人的「入內」「出外」之論意義更廣些，包括知識的掌握與運用，並不是專指審美欣賞。清王夫之在《姜齋詩話》中說「讀古人文字以心入古文之中，得其精髓。」他所說的「心入古人文字」，包含兩方面的意義：其一是「入於文字之中」，見得親切，得其意思所在，二是出於文字之外，悟其精義深蘊，思而得之，即「入內」而後的「出外」。

我國古代的審美心理結構不是單一的，而是多因素的融合，是錯綜複雜的，多層次的心理活動。審美活動有表層裡層之分，有五官通感之妙，有或隱或顯之別，所以審美心理活動不是理智地恪守某種教諭和信條，而是靠形象的感發啓示和誘導，在潛移默化中受到思想教育和感情的陶冶。又由於中國古代美學以心物統一作爲審美活動的基礎，審美判斷表現爲心志合一，而全部的審美活動則重視「

興到神會」，所以才使中國文學氣韻生動、情景交融、和諧渾然，具有一種空靈和神韻，作家、藝術家不停留在作品的情志表現，而是力爭在曠遠的靈境中寄予盡可能多的啓示力，繪畫：「畫在有筆墨處，而畫之妙在無筆墨處」，「墨氣所射四表無窮」，「意在言外進使人思而得之」，司空圖說：「辨於味而後可以言詩也」（註一三），「辨味」就是指初級層次上的欣賞，即如上面陳善所說「入乎書內出於書外」的統一，作爲文學審美活動的結晶。「詩者，其文章之蘊耶？義得而言喪，故微而難能；境生象外，故精而寡和」（劉禹錫）。詩之妙處在於「外」，即如司空圖說的，象外象，味外味，韻外之致，對這類美學靈境的把握和美學意蘊的感受，只有在「辨於味」以後才有可能辦到，這就進一步深入作品的深層結構之內，得其妙趣，賴作品的無限啓示力和欣賞者在通感共鳴中的審美心理的定向力，出作品之外歸爲心靈的陶冶，促意識的有序。這就是高級層次上的「入內」和「出外」，以興到神會爲特徵的妙悟具體體現了這一形態。

中國古代美學家們深深地懂得美是塊然自生無言獨化的。是充滿內在生命渾然不分的整體，美感的體驗、美呈現的天機律動的探究，都必須在超越笨重僵硬的構架之後，物物無礙、事事無礙地去領略、體悟。莊子說「可以言論者，物之粗也；可以意致者，物之精也」，言爲意鑒要得物之眞諦，則要得意而忘言，興到神會的內涵深受此影響，具體就是審美欣賞中要排除語言文字概念的認識，理性的認識，要「求之於言意之表，而入乎無言無意之域」（註一四），以「神遇而不以目視，官知止而神欲行」進行充分的聯想和想像活動。浮想聯翩，象外追維，入而心領神會，徹底理解和掌握藝術作品氣象的渾然天成，興趣的深厚圓潤，情景的本色自然，意境的曠遠含蓄，出而體會深蘊於作品之中的社會意識，群體情態和作家的心理機能，即所者的「透徹之悟」。

「悟」本爲禪悟，嚴羽以禪喻詩，以爲：「抵禪一文道惟在妙悟」，《滄浪詩話·詩辨》把「妙悟」作爲詩歌創作的根本方法和成功的道路，但他「悟」之所倡乃在離現實而忘興比「挾枯寂之胸求渺冥之悟，流連光景，自矜高格清韻，以爲超超玄著矣，不知其言無物，輕墜膚廓，空謂惡習」。所以入作玄妙恍惚語，說詩說禪說教，俱無本據」，但「悟」以藝術作品爲欣賞對象進行審美體驗時，就充分顯示了他的審美優勢，嚴羽以爲：「詩而入神，至矣、盡矣，蔑以加矣，唯李杜得之。」所以他要求悟的路要「正」，熟參古詩，以李杜爲中心，博取盛唐名家對他們的詩加以理解領悟，醞釀胸中即「悟入」，在此基礎上出而博采漢魏蘇黃之門，反復揣摩，心領神會，悟而臻於妙境，應該說：嚴羽所說「悟」在審美欣賞中是深刻而全面的，所謂深刻即是對作品所蘊含的深層的社會意識和作家的心態情志（包括潛意識內容）特徵的了悟，進而產生共鳴。所謂全面，即是通過「悟入」和「悟出」從多角度、大跨度地去理解社會生活的各個側面及形象的象徵性。因而這種以「悟入」和「悟出」爲手段的欣賞手段，對人的心理意識和社會生活都會產生影響，進而影響藝術的創作。以「入內」「出外」爲內在機制的「妙悟」型審美欣賞，藝術審美體驗活動與參禪之悟是不同的，胡應麟說：「嚴氏以禪喻詩，旨哉：禪則一悟之後萬法皆空，棒喝怒呵，無非至理、詩則一悟之後萬象冥會、呻吟咳　，動觸天眞，禪必深造而後能悟，詩雖悟後仍須深造。」（註一五）也就是說，「悟」不是藝術活動的止循，而是悟後更有事在。對此錢鍾書先生有精闢的闡述：「禪家講關捩子，故一悟盡悟，詩家有篇什，故理會法則之外觸景生情，即事漫興，有所作必隨時有所感發，大判斷尙須有小結果。」

綜上所述，「入內」、「出外」這一命題的入、出、內外，在藝術活動中具有二重的意義，而且作爲審美體驗中的功能性因素的「入出」和概念性因素的「內外」，又分別具有明確性和模糊性的特點。在審美創造中，我們把「內」界定爲客觀事物，是物質性的有待於認識把握和反映存在，「入」就是發現認識把握的本質規律，從對象中看到人本身，即自然的人化，這一活動包括了從感覺到知覺到思維一系列的心理意識活動。而「出」則是力爭把存在對象和主觀情感意識結合起來，以「超自象外」爲目的，「得其環中」爲旨歸，使形成一種人化自然的存在形態，它是不確定的，或是意象，或是藝術形象，或是兼包二者的整個形象體系，而當「入」和「出」、「內」與「外」有機統一起來時。就是標誌遵循美的造型規律進行創造，有了某種程度的成功。在具體的藝術實踐中就是遵循藝術規律創造出具有充分審美價値的形象體系。在審美欣賞階段，由於審美對象是藝術形象體系，所以對「內」的概念界定應是語言及語言符號所負載揭示的外在信息系統，它包括語言形象、作品所反映的客觀現實，藝術形象的基本審美意義與屬性，也就是說，「內」是各種形式因素喚起的意象和形象「實體」〔具體可感、鮮明生動〕及其所揭示的歷史內容。「外」則是形象所指向的象徵意蘊，它是優秀作品不可言說的本體，是作品內在的生氣和靈魂、風骨和精神，是作品的最高旨趣和精神價値，它還包括作家的審美心境，定向性審美心理，作家的價値觀，認識觀和深層的社會意識，讀者能接近它卻不能一時窮盡它、說明它，而只能細細地體味、深深地揣摩，方有可能得到，可見，欣賞中所入之「內」，實質上是藝術作品的外層結構內容，而所出之「外」，則是作品的深層結構。「入」是對形式的感知，對現實、歷史內容的把握，「出」則是象外追維，去品味藝術作品的本體世界；「內」是可界定的，所以作品具有教育、認識和宣傳的功能，「外」是模糊性的，故作品具有審美的價值，有無窮的啓示力。審美心理具有定向性，審美創造和審美欣賞的心理指向又是相互逆反的。

藝術的審美活動是個自控系統，它通過審美訊息的攝入、傳輸和反饋調節，協調認知情感意志等心理功能，並使之與對象達到精神的契合。從信息論的觀點看，無論是審美創造和欣賞，「入」的過程實現了信息的輸入，「出」則是實現對信息的加工處理，進而輸出使主體能超越存在關係的有限規定，自由地實現人的本質對象化。而「入」和「出」的統一就成了整個系統的控制機制，根據主體的需要（即內在的尺度）和客體的可能（物種的尺度），在系統的動態中協調整體與部分的關係，使部分的功能（創作或欣賞的功能）服從整體的最佳目標（藝術活動作用於社會和改造人的心靈），亦即說「入」和「出」的統一，完成了系統與環境之間的信息關聯和以信息爲基礎的反饋機制。

三

一般系統論的創始人貝塔朗菲認爲，系統是「處在一定相互聯系中的與環境發生關係的各組成部分的整體」，整體與環境發生關係即顯示了系統的功能，它體現了一個系統與外部環境之間的物質能量和信息的輸出的交換關係，我們可以從上面談到的從創作到欣賞的系統運動得到印證，我們又看到藝術創作是力求使藝術作品的形象眞實可信，獨特新穎，誠摯深沈並含蓄蘊藉，而藝術欣賞則是以眞新誠蘊的作品作爲審美對象，而且只有這樣的作品才俱有審美價値。藝術的本質是三維立體結構，是作品人類與世界的審美關係的物化形態，是審美認識、審美評價和審美表現的同一體，似眞性、新穎性、動情性、蘊藉性就成爲藝術基本的審美要素，各種藝術手段與方法技巧等因素，都處于這四種審美素質所構成的系統之中，它們也就是藝術審美系統中與外部環境間輸入輸出變換的主要的物質能量和信息，而起信息聯系和反饋控制機制作用的正是上面所說的「入」和「出」。我們前面說過，「內」的概念意義是可定的、較爲明確的，是它較多地表現了主體的審美認識和審美評價，「外」是模糊的、廣延的，就因爲它是藝術家對情感體驗的形象和潛意識內容的象徵表現，也就是說，藝術家以對象化的需要作爲心理動力，從感情生活（包括無意識生活）吸取題材，經過審美表現的程序形成作品的審美意象和形式，並通過其象徵暗示性的特徵，提供一種陶冶性情和娛樂的功能。

西方自柏拉圖、亞里士多德以來，表現爲明顯的好奇探究的心態，故其哲學思維的焦點集中在一個變與不變的基本宇宙論問題上，他們一方面觀察宇宙中不變的法則，一方面觀察萬變的世界。人始終是站在中心的位置上，依靠理智和知性，由現象世界進入本體世界，具有強烈的自我意識，影響於藝術創作，就是崇尙以對觀察事物的理解和模仿爲主旨的藝術再現，在主客體的和諧統一中偏於分析形態的再現。在審美活動中，偏於審美意識評價，力求對現實存在有較恰切的判斷，在主客體的對立中去「追求、控制、冒險、探索」。而中國古代美學中人和自然不是對立的關係，而是一種親和的關係，人與物同化，物爲人寰，宇宙自然不是人以外的外在世界，而是人在其中的宇宙整體。審美活動最富于主觀的特色。他們以善代眞，以善爲眞，所以對客觀的反應和認知，主要以主體的倫理規範和審美情趣爲中心標準，由價值判斷統攝事實判斷，這樣，不僅反映了特定的歷史內容和客觀社會現實，更體現了人類由潛意識所把握的對對善美的價值定向，其目的是，引導人們在審美反映中更多地注重對主體內在情感意志的體驗及表現。這樣，一方面使再現藝術滲透了抒情成分，逐漸變得「表現化」。同時對古代表現性藝術的發展產生深刻的影響，表現了諸如「虛實」、「形神」、「情景」等。富于民族特點的辯證的藝術表現範疇，而且注重直覺的自省，在審美活動中特別重視和善于把握事物外在形式的象徵意義，即善于在對象以外的形式中直接感悟其內蘊所在，善于在只可意會不可言傳的形象中，將主體的情感思緒寄寓於某種自然物，以求「通古今之變，究天人之際」。所以對「外」的追求和崇尚，就成了中國古代藝術審美活動的中心。

「外」是模糊性的概念，這是相對於可界定性的「內」而說的。藝術符號（以及其他審美符號）都帶有很大審美特徵，它們沒有確定的解釋，確定的範疇，它表達的是無限的現實屬性，用帶模糊性的藝術形象表現無限的社會生活內容，恰是藝術的特點，這是由於人的經驗和感情有些是經語言分解和確定的。有些則是未經語言分解和確定的模糊體。人感於物而動，主體對形象性信息的對象性輸入，再對之進行目的性處理，就用藝術的符號不僅使前者確定下來，而且使後者那些言喻的經驗和和情感獲得傳達的表現形式，這種由藝術符號引起和審美對象自身所具有的模糊性內容就是「外」的具體含義，在中國美學史上也就是表現爲「朦朧含蓄、神韻，亦即是可睹而不可取，可聞而不可見，且系乎我形，而妙用無體，義貫衆象而不定質」（皎然《詩家》）。信息論美學認爲藝術作品要能適應於個體接受者，它的基礎就是這一信息或組合必須達到「最優化」，「最優化」指的是藝術作品的「可理解性」與新穎度之間的協調關係。可理解性由形象內容的性質和形象的模糊性決定，作爲藝術作品的結構信息，他們不能是完全新穎的，毫無秩序的，否則即意味完全不可理解，同時又不能是毫無新穎之處。

在中國古代美學的動態發展中，執著的一而貫之的就是對這種以「外」爲形式的模糊性的追求。

老莊哲學把「道」看成是所認知宇宙中的最高境界，但它又認爲「道」是渾然模糊的整體，不能用抽象確定的概念把握，因此提出「道可道，非常道；名可名，非常名」（註一六）的道家名言，重「只可意會，不可言傳」的領悟能力，因爲在老莊哲學中「道之爲物，惟恍惟惚，惚兮恍兮，其中有象，恍兮惚兮，其中有象」（註一七），道是老莊哲學的整體觀，象與物是具體性元素，二者的統一就形成「惚」與「恍」的模糊性。後代的審美活動和美學思想深受此影響。但是由於古代的藝術家是在「入內」、「出外」辯證統一的基礎上重「出」尚「外」的，所以就能有效摒棄老莊美學思想中玄奧無窮、不可理解的消極成分，所以傳統的美學理論和藝術實踐重作品的朦朧含蓄，而反對表達的晦澀難懂；崇尚風格的本色自然，卻鄙棄淺俗瑣碎。

劉勰說「外」是「隱秀」，「隱也者，文外之重旨也，秀也者，篇中之獨拔也。隱以復義爲工，秀以單絕爲巧」、「夫隱之爲體，義生文外，秘響傍通，伏采潛發」（註一八）這種「外」就是象山藏珠蘊玉，而得草木也蔥蘢，「隱者不可明見也」。鍾嶸說詩：情兼雅怨，「言在耳目之內，情寄八荒之表」，所以才「味之不盡」。司空圖說：「戴容州云，詩家之景，如藍田日暖，良玉生煙，可望而不可置於眉睫之前也」、「象外之象，景外之景，豈容易可譚哉？」「不著一字，盡得風流」，但這些並非是不可知的，如審美主體，超以象外，就能得其環中。嚴羽以爲模糊性的「外」作爲詩之妙處，如「羚羊掛角，無跡可求，透徹玲瓏，不可湊泊」但又如「空中之音，鏡中之色，水中之月，鏡中之象，言有盡而意無窮」（註一九）。在嚴羽看來，詩之美並非是不可捉摸的，關鍵是能否有透徹之「悟」。

清代的葉燮在《原詩》中對模糊性的「外」論述得最精采：「詩之致處，妙在含蓄無垠，思致微妙，其寄托于可言不可言之間；其指會在可解不可解之會，言在此而意在彼，泯端倪而離形象，絕家論而窮思維，引人於冥漠恍惚之境，所以爲致也」。詩歌「惟不可名言之理，不可施見之事，不可徑達之情，則幽渺以爲理，想像以爲事，惝恍以爲情，方爲理致事致情致之語」。而這樣的理事情，只要遇之於默會意象之表，就能訕於前」。他們都是言于「外」的意中能言，但口不能言的理事情，是模糊性的，蘊含美學意義的。王國維的「有我之境」和「無我之境」就是強調其不確定性，朦朧含蓄性，如他說的「無我之境」就是「以物觀物，故不知何者爲我，何者爲物」，而他贊賞的「不隔」的境界，就在於它能使作品形象鮮明具體傳神的同時，又能使作品的朦朧性，模糊性更具藝術魅力，「

隔」則是破壞了這種模糊性；所以他認爲無「言外之味，弦外之響」的作品終不是第一流的，不在「意境」用力的作家也不是第一流的作家，如南宋的詞人姜夔。從劉勰到王國維，對「外」的模糊性的認識和論述各有所據，各盡其妙。這種現象一方面說明了審美趣味民族特點一而貫之的穩定性，另一方面也表現了藝術審美活動的動態性和多因性。

中國古代的認知方式，側重直觀經驗的感悟，並與經驗性的理智相結合。因其直觀，所以離不開客觀的具象性，因此經驗性理智爲內核，所以重視整體。在中國美學中他們特別強調審美意識，尤其是審美主體的審美感受，要求審美主體在審美活動中要積極主動，不僅要「外求諸物」，還要「內取諸心」，這就需要很好的「入」和「出」的功夫，而二者的有機統一就是「游」。蘇軾認爲「寓意於物則樂，留意於物則病」所以一定要「游於物之外」而不「游於物之內」（註二〇）他以爲「消散簡遠，妙在筆墨之外」，稱讚韋應物柳宗元「發纖穠於簡古，寄至味於淡泊」（註二一）「外枯中膏，似淡實美」（註二二）在表現上「出新意於法度之中，寄妙理於豪放之外」，只有這樣，才能建立多層次多結構的藝術形象體系。

南朝劉宋時期著名的畫家宗炳在《畫山水序》中說：「夫理絕於中古之上者，可意求於千載之下，旨微於言象之外者，可心取於書畫之內」。司空圖在《與王駕論詩書》中說：「創作中「思與境諧，乃詩象之所尚，近而不浮，遠而不盡，然後可以言韻外之致」。而藝術家要因心造境，以乎運心，「于天地之外，別構一種靈寄」，必能狀難寫之景，如在目前；含不盡之意見於言處，然後爲致矣」（《

六一詩話》）

李太白之詩「情從憤入」，他描寫的內容「麟游龍驤，不可控制，糠萬物，甕盎乾坤，狂呼怒吼，月日爲奔，或入金門，或置於堂，東游滄海，西歷夜郎，心觸化機，噴珠涌璣」（註二三）故爲詩格高旨遠，若在天上物外，神仙會聚，雲行鶴駕，想見飄然之狀，是「言出天地外，思出鬼神表」，在描寫這種超現實的幻想內容的同時，注入了自己對汙濁現實的憎恨和追求純潔美好理想的強烈感情。這種對「外」境界的追求，也表現於他的反映現實內容的詩中，如樂府詩中的名篇《玉階怨》一詩云：「玉階生白露，夜久侵羅襪，卻下水精簾，玲瓏望秋月。」這裡描寫了一位子，深切懷念遠出未歸親人的那種怨情，它通過夜幕轉深，白露溼襪，女子放下水精簾，隔簾而望皎皎明月這些實景，以夜久比喻女子的相思之心深。以秋月來象徵女子悲涼之心境，從而把那幽怨之意表現出來，景中情、情中景、語有全不及情，而情自無限，古人要求文學藝術創作要以「追光躡影之筆，寫通天盡人之懷」，正是指這一點。

明代的謝榛在《四溟詩話》中說：「景乃詩之媒，情乃詩之胚，合而爲詩，以數言而統萬物，元氣渾成，其浩無涯矣」他對「外」的模糊性認識非常深刻，「無涯」即是「外」的形態表現，而杜甫的詩除了他的內容深廣外，蘊藉最深，有餘地、有餘情，情中有景，景外含情，一詠之諷，味之不盡」（註二四）。杜詩「終篇接昆茫」最富于「含蓄不盡、意在言外」的特徵。中國古代的藝術家最反對「意盡句中，言外索然」，反對意象太著太露，而要求詞婉意微，轉意象於虛圓之中。這即是說要由內在的實象出於「外」的虛象之中，只有這樣才能「覺其味之長而言之美也」，具體就是「道得人心中事，又要含有餘蘊。」白居易的長處是能道得人心中事，但情意失之太詳，景象失之太露，遂成淺近，略無餘蘊，此其所短處，也就是說，他不以「外」作爲自己的最高追求和表現目的，故被司空圖斥爲「都市之豪估」比如同是從歷史的角度去詠寫唐玄宗楊玉環的姻緣，白的「天長地久有時盡，此恨綿綿無盡期」就不如杜甫的「人生有情淚沾臆，江草江花豈終極」含蓄有味，正如張戒說：「少陵詩句蘊無窮之恨，黍離麥秀之悲寄于言外」（註二五）。

中國書法藝術講究空間布白之美，所謂「計白以當黑，奇趣乃出」。要求把整個書法畫面上的有字部分和無字部分有機結合起來，使點畫之間皆有意，以遠求達到字外之奇，即字外的意境，從而引起人的聯想，引起無窮的美感，「虛空中傳出動盪，神明裡透出幽深」。

中國古代的繪畫藝術很注意發揮畫面上的空白的作用，把有畫部分和無畫部分結合起來，讓有畫部分引起觀賞者的聯想，使空白之處產生無形之畫，使畫中之白即畫中之畫，亦即畫外之畫。做到「畫在有筆墨處，畫之妙在無筆墨處」（註二六）從而產生「虛實相生，無畫處皆成妙境」的生動景象：「咫尺而有萬里之勢」，正如萱重光說：「合景色於草昧之中，味之無盡；擅風光於掩映之際，覽而愈新，密致之中，白兼曠遠；率易之內，轉見必娟。山之厚處即深處，水之靜時即動時，林間陰影無處營心，山外情況，何從著筆，空本難圖，實景清而空景現；神無可繪，眞境遍而神境生」（註二七）王懋說：「郭忠恕畫天外數峰，略有筆墨，而使人見心服者，在筆墨之外也」。

而在傳統的戲曲藝術中，對時空的表現及形象塑造，重人不重物，崇尚虛擬表演：「實作則有盡，虛作則無窮」，得意忘形，使欣賞者從實體的形象中看到外在意趣內容。

總之，中國古代的美學家們認爲藝術的高妙之處在於它的「超以象外」的藝術意境，它不是一個單層的平面的自然的再現，而是一個境界的深層的結構。它是「狀難寫之景如在目前，含不盡之意見於言外」的形象體系，他是從直觀感性模寫，活躍生命的傳達到最高靈境的啓示。

四

對意境的美學評價，學術界論說紛紜，我們認爲作爲傳統美學中的重要審美範疇，自它產生時起，意境的實質就和「外」緊密聯繫在一起的，也就是說，意境的產生是建立在對「外」的追求的基礎上，而意境作爲審美範疇的不斷發展和完善，最後趨於成熟，則標志對「外」的追求程度。這一系統行爲由無序到有序，由不自覺到自覺，由自發到自爲，由一般到特殊。（系統行爲：指系統爲了達到某一確定目的而執行某種特定功能的一種對外部環境所產生的效果，簡言之是一個輸入加到一個系統上所引起的輸出），這正是中國美學發展的歷史，民族審美觀念形成鞏固的過程。意境的創構體現了對「外」的成功追求，所以富於意境的作品「片言可以明百意，坐馳可以役萬景」、「寄意在有無之間，慷慨之中自多蘊藉」（註二八）它使我們感到在藝術作品本身的具體描寫之外，還有一個存在於我們想像中的無限廣闊的深邃的境界，它屬於象以外的廣闊空間，這個空間不是任意而得的，要借「象」

而顯現出來，是意象所指向得到的象徵意蘊，而這是需要讀者充分發揮想像聯想的作用，神會妙悟而得到。司空圖之所以在美學史上有那麼高的地位，就是由於他以是否體現宇宙的本體和生命作為尺度，去認識、衡量並充分論述「外」作為意境的內核，使意境產生美感效應。張少康先生對意境的美學內涵作了較為恰切的論述，以為所謂的意境是「境生象外」，是實境和虛境的結合，是化景物為情思，情景交融，是超絕言象的象外之象。他說：「意境乃是對藝術形象的一種高級的美學要求，它是藝術形象的隱秀之美的高度集中體現的產物，意境是由藝術形象的比喻象徵暗示作用的充分發揮而造成的一種比藝術形象本身更加深遠廣闊的美學境界「藝術家的深邃的心靈世界借助於藝術形象的比喻象徵暗示作用而得到具體生動的形象體現，它能把藝術家心靈中無法用語言物象具體表達出來的感受和認識，形象地顯現在於讀者面前，由於這種意境的創造使作者的心靈世界在作品中得到比藝術形象本身所體現的內容有更多更充分的表達」。可見意境的創構是以「外」作為自己存在的基礎和空間的。

藝術作品所載含的信息分為直接信息和間接信息。前者指形成因素所引起的意象及意象揭示的歷史內容，即「內」；潛在信息是意象指向的內容，即隱藏字外的使讀者能思而得之的信息，即「外」。中國古代藝術特別富於潛在的信息，故這種以潛在信息為主要審美追求的藝術最富於迷人的藝術魅力，閃爍民族精神的光華。

章學誠在《文史通義．易數》中對存在的「象」（包括物質存在性的和精神存在性的）分為「天地自然之象和人心營構之象」，後者指的文藝作品的形象，是出於天地自然之象，他所說的人心營構，實質是指主體能動的「入」「出」有機統一的過程。這種人心營構之象又有「睽車之載鬼，翰音之登天，意之所至，無不可也」的特點，那麼物質存在性的天地自然之象，何以經人心之營構而成爲精神存在性的象呢？是「物感」。正如章學誠說：「心之營構則情之變易爲之也，情之變易感於人進出進出接物而乘於陰陽倚伏爲之也」。最早明確提出物感說的是《禮記．樂記．樂本》：「凡音之起由人心也，人心之動，物使之然也，感於物而動，故形于聲」。「樂者音之所生也，其本在人心之感於物也」。「夫樂者樂也，人情之所不能免也」。「感於物而動，性之欲也」（註二九）。古人早就認識到並明確指出，追求審美享受是人的基本欲求，是不可避免的，外感於物，內必動於情，就必然會詠詩頌歌，手舞足蹈，情感充內且深沉，方有英華發外，方能化神。所以感物關鍵在於「感」。有感必有動，有動必有所現，集於中而形於外，才成其爲美。這一思想影響了後代的理論家，並得到他們的闡發。

陸機對感物論述得很具體：「遵四時而嘆逝，瞻萬物而思傷，悲落葉於悲秋，喜桑條於芳春」（《文賦》）。劉勰說：「人稟七情，應物斯感，感物詠志，莫非自然」（註三〇）。葉燮說：「仰觀俯察，宇宙萬匯，系之感慨，而極於死生之痛」（註三一）劉勰說由於感物「情動而辭發，理形而文現，故沿隱以致顯，因內而符外」中國文學以抒情勝，然而並非感情的任何抒發表現都成爲藝術，主觀情感必須客觀化，必須與特定的想像理解相結合統一，才能構成具有普遍必然性的藝術品，產生相應的美感效應。比興和神思作爲彼此獨立而又相互密切聯繫的美學命題，共同表現了物感的方式和內在心物之軸上，使內外有機統一起來的「入」和「出」的辯證統一，特別是「興」和「神思」都以「

外」作爲自己的終極目標。自比興在《詩大序》中被提出之後，歷代學者多有論述。漢代經學家們將「比興」與各種社會政治和歷史事件聯繫起來。穿鑿附會，但也出現分歧，一直影響到明清，但對「比興」美學價値正確認識和科學評價者亦不乏人在，劉勰以爲「比者附也，興者起也，附理者切類以指事，起情者依微以擬議。起情故興體以立，附理故比例以生」。「觀夫興之托喻，婉而成章，稱名也小，取類也大」。「比之爲義，取類不常」。「比顯興隱」。「詩人比興，角物圓覽，物雖胡越，合則肝膽，擬容取心，斷辭必致」（註三二）。鍾嶸在《詩品》中說：「言有盡而意無窮，興也；因物喻志，比也」。朱熹說：「比者，以彼物比此物也；興者，先言他物以引起所詠之詞也」。可見，比興重物我的交流和親和感受性，重在起，即感物以起情，然後——情獨往而體驗到宇宙空間的無限和自身情懷，「物雖胡越，合則肝膽」。有很大的跨度，「擬容取心」，可以一物而致整個生命宇宙。比興始終離不開景物。李仲蒙說比興是「索物以托情」和「觸物以起情」。這種「物」體現了主體的主觀情感和想像，具有直感的特點和整體的功能。比興則是據此由淺層結構向深層結構的拓進，由內到外的追求，從而達到高層次的藝術境界。皎然說：「取象曰比，取義曰興，義即象下之意」（註三三）。由此而興，興而入神，這是標志由淺層次到深層次，由單一的低境界到多元的高境界的漸變過程，因而比興是隨情所致，是動態的多因性的。所以比興能使審美體驗突破景物的表層而進入較深層的審美體驗，比興具有直覺感受性的藝術思維而有一種超越的目標，是使外在的境界產生高級的審美直覺。從信息論的觀點來看，比興是對信息的攝入和使這種信息的流動具有定向性，從而達到向神思過渡和交叉的目的。

神思是充滿生命活力具有兼道之心的主體與有生命靈性，有人格形態的元氣氤氳的自然之間的一種神妙的感應和作用，即「形在江海之上，心存魏闕之下」，它的基本特點是心態意識無遠不到，無高不致，超越時空的廣擴性和豐富性，並且超出常理常情之外。最早在藝術領域中運用神思概念的是南朝劉宋時期宗炳的《畫山水序》，「應會感神，神超理得……峰岫嶢嶷，雲林森眇，聖賢映於絡代，萬趣融其神思」。神思已有心物感應，物我親和的意義。晉代的陸機雖沒有神思概念的提出，但他對這種藝術思維的特點和規律有非常精采的論述，「其始也，皆收視反聽，耽思旁訊，精騖八極，心游萬仞，其致也，情曈曨而彌鮮，物昭晰而互進……浮天淵以安流，濯下泉而潛侵……觀古今於須臾，撫四海於一瞬」（註三四）劉勰以爲「文之思也，其神遠美，故寂然疑慮，思接千載，悄然動容，視通萬里，吟詠之間，吐納珠玉之聲；眉睫之前，卷舒風雲之色；其思理之致乎！」由於「神思」使「理在方寸之內而求之域表，或義在咫尺而思隔山河」（註三五）。唐代的張彥遠說：「凝神遐想，妙悟自然，物我兩忘，離形去智」（註三六）。這也是說神思的意思。神思的關鍵是「游」，不僅是「神與物游」，而且要「神游物外」這樣才能意到裏中。它包括虛心接納自然之氣（入）和主動投放與獲精神自由（出）的過程。亦即信息的處理和加工過程，最後同化。藝術家以主體之生氣體會自然之生氣，「登山則情滿於山，觀海則意溢於海」，崗巒、山色、花石草木都成爲藝術家「澄懷味象」的對象而與道相通，在自然的形質之上，能看出它的靈趣和生命，納受萬物之精魂，然後在凝神虛靜的觀照中進行以神爲主的心靈的遨游，從而達到情感沈醉和超越。把自身的人格之氣投放於物，物我完美地交合親感同生同存，物更具有情感色彩和超越精神的力量，是無言之大美，是內斂的、隱含的，需經一番反復寂然凝慮才能感到的自然之靈的內在之靈趣和永恒的生命，因而也更能引導人由有限的現實生活趨向無限的人生和宇宙，即所謂：「言外之曲致」，而在欣賞中只有憑藉上述審美心理爲內在機制的「神思」，方能得到「象外之象，味外之味，韻外之致」。所以神思實質上是在藝術審美體驗中在「入出」「內外」的統一基礎上對「外」的追求。從信息論觀點說，神思是使輸入的定向性審美信息由無序變得有序，使更具有心理上的啓發力和意識上的涵養力，形成具有巨大潛能的潛質，從而指向更深、更廣的意蘊和廣闊的審美空間。這種意蘊象徵實際上已經凝結於人的能動力量，比事物其他方面的屬性更易作用於人類在長期勞動實踐中發展起來的感受力，他與以人的情感爲中心的心態意識有相互滲透和影響的關係，使事物固有的「種」的尺度更契合人的「內在尺度」，二者親合形成更高層次上的主體的自由本性。

總之，「比興」、「神思」作爲我國古典美學的主要審美體驗方式，他們共同追求「外」的境界「不道破一句」（註三七）「不著一字，盡得風流」，「羚羊掛角，無跡可求」（註三八），「言有盡而意無窮」。由於對「外」的執著追求，就把意境作爲理想的藝術造形，因而也就決定了藝術表現中的「以形寫神」、「離形得似」，不知所以神而自神，「含虛而蓄實，虛實相生，化景物爲情思，景生情，情生景，景中情，情中景，哀樂之斛，榮悴之迎，互藏其宅」（註三九）妙合無垠，由於這種對「外」的追求是建立在「入內」、「出外」辯證統一的基礎上，所以，使形與神，虛與實，情與景，假與眞，風與骨，詞與采，理與趣等矛盾的對象成爲統一的辯證的範疇，中國古典美學對審美特點的認識是一以貫之而又富於變化的，但這變化是一種深化，不是斷然的否定，是中和節制自律自控的過程。

系統論認爲，任何系統要保持自己的存在，要在與環境不斷地進行物質能量和信息的交換過程中，不僅能自身產生效應，反作用於環境，而且還能通過各種形式的反饋來自我控制和調節內部的要素使其同步，從而走向有序，保持系統結構的穩定性。中國古代美學是在歷史發展中形成的具有較強反饋控制能力的系統，但這個系統是耗散結構，其結構要素如審美體驗、審美創造、和審美欣賞，不是根據外部的指令，而是根據系統的功能要求，自發地協同組織起來，從而使系統本身產生一種客觀有用的行爲，出現了一種新的質。而這種自組織協同性，只有在相對開放系統中才存在，我們認爲「入」和「出」正是實現了這種自組織協同性，因爲它是描述系統的宏觀行爲的變量，是判斷與系統間的自組織協同的支配參量，系統中一般都具有可以說明整體性質的量，即狀態參量，而支配參量則是參量中對系統的演化過程起決定作用的那個或幾個量。如果對中國古典美學的審美系統進行多角度的考察，就會發現確有些參量能引起系統結構和功能發生變化，但它們在審美系統的發展中延續的時間較短。如秦漢時的「比興」不同於妙悟，而其他如滋味、風骨、興趣、意象、神韻、意境的內涵意義都有其時變性，因而不能作爲決定中國古代美學系統的系統功能和形態結構特色的關鍵因素，所以把上述各個概念範疇信手拈來，奉之爲代表了民族審美特點，這都是不科學的，當然有的要素可以作爲子系統中的關鍵因素，如意境之於藝術形象體系。但我們不能以點代面，只注意它的狀態性，而忽視其功能性，我們應該看到有的參量始終在系統中存在並發生舉足輕重的作用，成爲系統的結構和功能高度有序化的支配參量。「入」、「出」使中國古典美學系統由無序而趨於有序、穩定，就是由於它具有那種代表有序結構的點或極限環，即使「內」和「外」能有機統一。自發地趨近並達到這種「目的點」或「目的環」，是「入出」的統一的特點，並體現了自身的協同能力。而對「外」的追求就成了古代穩定審美系統的發展特點，它作爲從狀態上和數量上顯示對系統不穩定性、無序性解除程度的結構信息，使系統不斷產生負　流來補償自然的增　或者由外干擾所產生的增　，而各個不同歷史時期出現的審美範疇，如神韻、風骨、含蓄、趣、境、味等概念則顯示了「外」的發展軌跡。

所以中國古代美學藝術審美系統是開放的、動態的，其自組織核心是「內外出入」的統一，他以物感爲協同的基礎和前提，表現爲整個系統的外在形式特徵，而以「外」爲審美活動的最高理想，因而這種系統是穩定的，如果我們要理解古代審美思想的民族性格，只有在此基礎上進行全面的考察才能「騁無窮之路，飲不竭之源」。有人認爲中國古典美學始終處於潛美學經驗感性狀態，以此予以貶低；也有人把確有一定代表性的概念範疇當作民族審美思想特點，而沒有從深層結構去認識；凡此種種都不能得到古典美學的眞諦。

李澤厚說：「儒道互補是兩千年來中國文化思想的一條基本線索，外儒內老就成了中華民族長期養成的總的文化心理結構，它決定了藝術審美活動中系統的結構特徵和運動規律。不論是儒家還是道家都在哲學美學等方面表現了經驗外推的思維方式。儒道思想實際上對立統一互爲補益，造就了「入出」的統一，「內外」的統一，及二者的統一。我們還應當看到從存在與意識的哲學評價來說，互補的儒家思想和道家思想的統一體是「外儒而內老（道）」，即儒家重外在的存在關係，如天人、倫理與中和，道家則重內在精神的自由，從內在精神世界去尋找宇宙的本體。從藝術活動的審美評價來看，則是「內儒而外老」，即儒家從客觀的存在之內尋求合目的性的結局，道家卻在現實關係之外尋找精神的自由樂園，建構超越現實的理想靈境，這樣我們就能明白爲什麼中國古典美學把「入內」與「出外」的辯證統一作爲藝術的最高境界，最後鑄成中國古典美學的特徵，從而與西方古典美學相抗衡。

【註釋】

註一　《易辭》。

註二　《文史通義·易教下》。

註三　《詩話總龜·唐宋遺史》載賈島語。

註四　《詩式》。

註五　《蘇東坡集·前集卷二三》。

註六　呂本中《夏均文集序》。

註七　《藝概·詩概》。

註　八　《呻吟語》。
註　九　《紅樓夢評論》。
註一〇　《紅樓夢》第一章。
註一一　《文心雕龍・知音》。
註一二　《捫詩新語》上卷4《讀書需知出入法》。
註一三　《與李生論詩書》。
註一四　郭象《秋水篇・注》。
註一五　《詩藪》內編卷二。
註一六　《秋水》。
註一七　《道德經》。
註一八　《文心雕龍・隱秀》。
註一九　《滄浪詩話》。
註二〇　《蘇東坡集・前集卷三三》。
註二一　《蘇東坡集・後集卷九・書黃子思詩集後》。
註二二　《蘇東題跋上卷・評韓柳詩》。
註二三　方孝儒《李太白》贊。

註二四　陸時雍《詩鏡總論》。
註二五　張戒《歲寒堂詩話》。
註二六　載熙《練苦齋畫絜》。
註二七　宣重光《畫筌》。
註二八　王船山《古詩評選》卷五。
註二九　同二八。
註三〇　《文心雕龍・明詩》。
註三一　《原詩・內篇上》。
註三二　《文心雕龍・比興》。
註三三　《詩式》。
註三四　《文賦》。
註三五　《文心雕龍・神思》。
註三六　《歷代名畫記》。
註三七　《姜齋詩話》。
註三八　《滄浪詩話》。
註三九　《姜齋詩話》。

論鍾嶸詩歌美學的「滋味說」

香港城市大學中文、翻譯及語言學系副教授 鄭滋斌

壹、前 言

鍾嶸的《詩品》，在六朝提出了劃時代的美學觀，產生了重要的美學意義，而這意義，主要在「滋味說」的建立。研究「滋味說」的，就所見的，從一九七九年至今，有十篇文章，此外，羅立乾的《鍾嶸詩歌美學》也特闢一章討論「滋味說」，數目甚爲可觀，都認爲「滋味說」是鍾嶸詩歌藝術一個重要的主張。（注一）唯有日本清水凱夫則反對鍾嶸有「滋味說」這詩歌藝術主張。（注二）

鍾嶸的確建立了「滋味說」，只是就所見的論文和專著，還沒有體察到鍾嶸如何建立這主張，以及更清楚地探究其內容。其實細讀《詩品》，便明白鍾嶸研究自漢至梁代的詩歌，而且通過比較，以詩式、詩體和詩藝三個方面來建立「滋味說」。本文便嘗試從三方面來說明「滋味說」。

貳、本 論

一、詩式比較

四言句式，從《詩經》開始，成爲詩歌的重要形式。然而沒有新變，不能代雄，四言句式的詩歌，到漢代已經呈現強弩末勢，詩味銳減。鍾嶸在研讀四言詩作時，注意到這發展事實。《詩品．序》說「夫四言，文約易廣，取效《風》《騷》，便可多得，每苦文繁而意少，故世罕習焉。」不少解家以爲這表示鍾嶸不滿《詩經》，實在是一個極大誤會。（注三）鍾嶸論詩，不始於四言，而始於五言，因爲五言詩是南朝以來最受歡迎的詩式，《詩品．序》所稱「今之世俗，斯風熾矣。才能勝衣，甫就小學，必甘心而馳騖焉。」如果始於四言，則不能不論《詩經》，也斷不能說《詩經》不足以爲矜式，因爲《詩》、《騷》是詩歌兩大源流，沾溉百世，是不能否認的事實，鍾嶸在《詩品》中尋源溯始，以《國風》、《小雅》、《楚辭》爲三大支柱；而且「取效《風》、《騷》，便可多得。」也說明對《詩經》的重視，可見所不滿於四言的，不是《詩經》，而是別有所指。

四言詩何以自《詩經》以後，不能再成爲詩壇寵兒，鍾嶸以爲是「文繁意少」。從漢代開始，寫作四言詩的仍不乏人，篇幅雖然不一定都長，但確有文繁意少的情形，令鍾嶸感到詩式已不能不更變。像韋孟〈諷諫詩〉，一百零八句，〈在鄒詩〉，五十一句；韋玄成〈自劾詩〉，七十六句，〈自劾詩〉，五十六句。至於建安時期，王粲〈贈蔡子篤詩〉，四十二句，〈贈士孫文始詩〉，五十八句，〈贈文叔良詩〉四十六句，〈爲潘文則作思親詩〉五十六句；邯鄲淳〈贈吳處玄詩〉三十八句。到了魏代，曹植的〈責躬詩〉九十六句，〈應詔〉四十八句，〈矯志詩〉四十句；嵇康的〈幽憤詩〉八十六句。晉朝薛瑩的〈獻詩〉八十六句，傅咸的〈與尙書同僚詩〉三十六句，歐陽建的〈答石崇贈詩〉五十句，夏靖的〈答陸士衡詩〉六十四句，陸機有四言詩六首，共四百五十句，陸雲尤偏好四言詩式，最長的〈答兄平原詩〉，竟達二百四十二句。不必再細數東晉以後的四言詩的篇幅，總之在鍾嶸看來，四言詩以大量句子，才說明詩意，可見它已失去了風采，不能如五言詩的深有滋味。

鍾嶸不滿漢以後四言詩式，或者是一種偏見。四言詩不是沒有可觀的作品，像曹操、嵇康和陶潛等的便是，然而文繁而意少，卻是較多的四言詩體表現。清王士禎《帶經堂詩話》云：「韋孟等作有何興寄？但如嚼蠟耳。」（注四）清牟願相《小澥草堂雜論詩》亦云：「四言始于韋孟作，始，可耳，必尊而奉之，過矣。先輩如徐昌谷、王貽上皆不滿韋孟作，比之嚼蠟，最爲特見。」（注五）明許學夷《詩源辨體》云：「韋孟四言〈諷諫〉、韋玄成四言〈自劾〉等詩，其體全出《大雅》，然《大雅》雖布置聯絡，實不必首尾道盡，故從容自如，而義實寬廣。韋孟、韋玄成，先後布置，事事不遺，則矜持太甚，則以亦窘迫矣。」（注六）今人倪其心《漢代詩歌新論》認爲韋孟的〈諷諫詩〉，是「摹仿《詩經·大雅》，嚴別君臣身分，遵循美刺傳統，歌頌祖宗懿德，勸誡臣子繼業。」「四言詩……僵化的原因主要不在四言詩形式本身，而首先在于思想上保守傳統，遵循經典，使詩歌成爲說教的手段，淪爲概念的重複，歸爲固定的公式，失去了詩歌藝術的本質特點和功能。」（注七）這意見是正確的。二韋詩體，竟然得到曹植、王粲繼嗣，以故無法出現突破，明許學夷《詩源辨體》卷四又說：「子建、仲宣四言其體出于二韋。」明胡應麟《詩藪》：「臨淄〈矯志〉，大類銘箴；邯鄲答贈，無殊簡牘」。（注八）就是這個道理。到了晉代，即使像二陸才華，也沒有爲四言詩帶來新貌，胡應麟又說：「晉諸作者，浮慕《三百》，欲去文存質，而繁靡板垛，無論古調，并工語失之。今觀二陸（機、雲），潘（岳）、鄭（豐）諸集，連篇累牘，絕無省發，雖多奚爲？」又說：「士龍兄弟，泛濫靡冗，動輒千言，讀之數行，掩卷思睡。說者謂五言之變，昉于潘、陸，不知四言之亡，亦晉諸子爲之也。宋、齊顏、謝遞相祖述，遂成有韻之文。梁、陳、隋氏棄而不講。風雅湮沒，匪朝夕矣。」（注九）都可以爲鍾嶸評語作注，歸根究柢，在文繁意少，以至從韋孟以後，述志寫情，失去了感染力量。

鍾嶸認爲，「五言居文詞之要，是衆作之有滋味者也。故云會于流俗。」「滋味」一詞很玄虛，以故他補充地說：「指事造形，窮情寫物，最爲詳切」。其實任何文學體式，大抵不離對事、情、理、景的寫述。「指事造形，窮情寫物」，不應該只是五言詩才做得來的事，鍾嶸當然明白，所以才加了「最爲詳切」四字而已，這是他研究四、五言詩式後的總體印象，以下借陸雲〈贈顧彥先〉作說明。

〈贈顧彥先〉詩共五章，第一章說：「玄黃挺秀，誕受至眞，行該其高，德備其新。光瑩之偉，隋卞同珍。騰都之駿，龍鳳合塵。」全是讚美其德行，八句只得一意。第二章十六句，首十句說彥先受到朝廷重視，所以自吳北上洛陽：「皇皇明哲，應期繼聲。華映殊域，實鎮天庭。入輔出輔，乾乾靡寧。夏發涼臺，我雨我暑。冬違邦族，風霜是處。」其後六句想彥先隻身在洛陽，沒有自己爲侶之寂寞：「嗟彼獨宿，誰與晤語？飄飄艱辛，非禹孰舉？言念君子，悵惟心楚。」第三章八句寫彥先北上時道途艱難：「悠悠山川，驍驍征遐。陟升嶕嶢，降涉洪波。言無不利，乘嶮而嘉。人懷思慮，我保其和。」第四章寫自己思念彥先，但希望他能及時努力，不負晉廷之望：「邂逅相遇，良願乃從。

不逢知己，誰濟予躬？莫攀莫附，媿我高風。時過年邁，晻冉桑榆。晞光賴潤，亦在斯須。假我夷塗，頓不忘驅。氾予津川，桴不失浮。無愛餘輝，遂暗東嵎。」最後一章仍寫自己思念彥先之情，望其來歸，但王事多難，需要賢才匡弼，只能表示不依之情送其遠行而已：「幽幽東嵎，戀彼西歸。瞻儀情感，聆音心悲。之子于邁，夙夜京畿。王事多難，仲焉徘徊。」全詩主要通過彥先北上洛陽寫惜別之情，其中寫景之句，不免於陪襯，無甚精神。最後兩句，不似前三章之數句一意，較爲靈活，但總的看來，眞的如鍾嶸所謂「四言易廣」，而對於寫述事、情、物等，均較板滯，不及五言詩之句少而意豐。四言詩不及五言詩有滋味，並非無根之言。

五言詩之能夠成功代替四言詩，變得有滋味，成爲詩壇新寵兒，達到指事造形，窮情寫物，都較詳切，原因在於能善用興、比、賦、幹之以風力，潤之以丹采等詩藝，表現作者的驅邁文詞的才氣，恰當地寫述對社會、時代、與親友關係以至於自己的所感所思，達到詩可以群，可以怨的功能。這些都因爲鍾嶸小心研讀自漢至梁的詩歌，尋找出各時期和各詩人的詩歌風貌的總印象，而這印象的獲得，由比較四、五言詩式開始。

二、詩體比較

這裡所說的詩體，專指體製，是自建安後至梁朝的重要詩歌體製。建安時沒有形成「建安體」這名詞，卻由於有其特殊的藝術風貌——風力，備受詩論家稱賞。兩晉時期詩壇當然並不寂寞，而其中有「玄言詩」這特別詩體。其後的大明、泰始期間，詩壇出現了好驅使典故，文章如同書抄的情形。至於永明年間的聲律說，卻以一種人爲新聲，令詩歌節奏起了新的變革。以上既是詩歌發展現象，也是鍾嶸拿來作比較的重要材料，以建立其滋味說。

兩晉時候的玄言詩，鍾嶸認爲是沒有滋味的，《詩品·序》說：「永嘉時，貴黃老、稍尚虛談。於時篇什，理過其辭，淡乎寡味。爰及江表，微波尙傳。孫綽、許詢、桓、庾諸公詩，皆平典似《道德論》，建安風力盡矣。」鍾嶸比較建安和兩晉玄言詩後，發覺玄言詩沒有滋味，沒有建安詩人的風力。這是一重要的揭示，把建安詩風納入滋味說中。

建安詩人，在《詩品》上品有三人，分別是曹植、劉楨和王粲；中品但曹丕一人；下品則曹操、徐幹。總計是三曹父子、王粲、劉楨和徐幹而已。鍾嶸在評論以上六人時，給曹植的評價最高，認爲他的詩是「骨氣奇高，詞采華茂，情兼雅怨，體被文質，粲溢今古，卓爾不群。」劉楨的詩「仗氣愛奇，動多振絕，眞骨凌霜，高風跨俗。」王粲的詩是「發愀愴之詞，文秀而質羸。在曹、劉間，別構一體。方陳思不足，比魏有餘。」曹丕的是「新奇百許篇，率皆鄙直如偶語。唯『西北有浮雲』十餘首，殊美贍可玩，始見其工矣。」曹操的詩是「古直，甚有悲涼之句。」徐幹的詩是「亦能閑雅」。以上評語，只是對詩人個別詩風的評價，不能說是「建安風力」的內容。用「風力」來論詩風，除這裡外，《詩品》還有兩處：一是對興、比、賦三義的運用，鍾嶸補充說：「幹之以風力」；其次是在評陶潛詩時，說「協左思風力」。可見「風力」一詞可以用於評論整個時代或者個人詩風，而且是鍾嶸詩歌理論中一個重要元素，這才要成爲「幹」。左思與陶潛的詩有風力，王叔岷先生已作了發揮，（注一〇），鍾嶸評論六個建安詩人的詩風，譽曹植爲雄，然則研究曹植詩作，可體會「風力」的內容和特質。

鍾嶸認爲詩的功能在於群、怨二者，寫詩人的生活和感受，然則觀看曹植詩作，不妨以此爲主線，以見其詩的風力所在。

曹植的五言詩，據趙幼文的《曹植集校注》所錄，有七十餘篇，寫生活的像〈鬥雞〉、〈公宴〉、〈侍太子坐〉、〈箜篌引〉、〈吁嗟篇〉等作；寫與朋友、兄弟的感情、感受的像〈贈王粲〉、〈贈徐幹〉、〈贈丁儀〉、〈贈丁儀王粲〉、〈贈丁翼〉、〈野田黃雀行〉、〈贈白馬王彪〉七首等作；寫對社會、時代的感受的像〈送應氏〉二首、《棄婦篇》、〈泰山梁甫行〉、〈喜雨〉、〈閨情〉等作；寫述個人情懷的有〈薤露行〉、〈雜詩〉、〈白馬篇〉、〈鰕䱇篇〉、〈美女篇〉、〈七哀〉、〈言志》、〈盤石篇〉等篇。總之，曹植的作品，大都寫述感情世界中的所見、所思，特別對時代亂離，朋友、兄弟被禍，自己備受壓迫等題材，往往是其歌也有思，其哭也有懷，文辭與內容作適度的配合，產生巨大的感染力量。

寫社會亂離的，像〈棄婦篇〉一起便極鮮麗：「石榴植前庭，綠葉搖縹青。丹華灼烈烈，璀采有光榮。」借石榴花之紅豔，準備托出以下棄婦之可哀。中段的「有子月經天，無子若流星，天月相終始，流星沒無精。棲遲失所宜，下與瓦石井。」寫婦人因無子而受遺棄，以月、流星相比，又以天、瓦石井相比，角度多變。接著寫婦人的憂思難眠，是「憂懷從中來，歎息通雞鳴。反側不能寐，逍遙於前庭。踟躕還入房，肅肅帷幕聲。褰帷更攝帶，撫絃調鳴箏。慷慨有餘音，要妙悲且清。收淚長歎息，何以負神靈？」細緻地道達其內心的寂寞和哀傷，符合「情兼雅怨」的評語，這評語用於曹植寫述其弟及自己不幸遭際時，尤其合適。

〈贈白馬王彪〉七章，沈痛地縷述對於曹丕向兄弟壓迫的感受。第一章寫離京時與白馬王彪的惜別情懷：「顧瞻戀城闕，引領情內傷。」第二章寫北地旅途的艱難，加以「霖雨泥我塗，流潦浩縱橫」，人馬不勝其苦，借景物以烘托分離之可悲；第三章直接拍入詩旨，寫曹丕對兄弟之壓迫，本來可以極氣憤，可是卻溫柔敦厚，只說是小人從中挑撥而已：「鴟梟鳴衡軛，豺狼當路衢。蒼蠅間白黑，讒巧令親疏。」然後寫無奈的心情：「欲還絕無蹊，攬轡止踟躕。」可謂悽婉欲絕。接著因景生情，也借景托情：「原野何蕭條，白日忽西匿。歸鳥赴喬林，翩翩厲羽翼。孤獸走索群，銜草不遑食。感物傷我懷，撫心長太息。」的確是「情兼雅怨，體被文質」。第五章寫任城王之死，並感歎存者之不久于世：「存者忽復過，亡沒身自衰。人生處一世，去若朝露晞。」詞苦調悲。六章忽作曠達之語，安慰白馬王彪勿以離別爲苦，說：「丈夫志四海，萬里猶比鄰。恩愛苟不虧，在遠分日親。何必同衾幬，然後展殷勤。憂思成疾疢，無乃兒女仁！」直似豁達，卻又突轉筆鋒：「倉卒骨肉情，能不懷苦辛。」突然一頓沈吟，難以釋懷。最後一章終於按捺不住感情，寫兄弟分離之苦：「離別永無會，執手將何時？王其愛玉體，俱享黃髮期。收淚即長路，援筆從此辭。」在淚聲中收束，情難以堪。全篇見詩人的文質相兼，雅怨之情，確乎「粲溢古今，卓爾不群」。不但情兼雅怨，體被文質，曹植的詩，確是骨氣奇高，從〈盤石篇〉可以證明。

〈盤石篇〉寫自己雖爲魏宗室，然不能報效朝廷的抑鬱心情。開始是「盤石山顚石，飄颻澗底蓬。我本泰山人，何爲客淮東？」極爲沈痛，也是全詩的關鍵處。以下情緒極動盪，借多種現象指陳，以見抑鬱難平的心境，極變化錯綜效果。寫小人是「蒹葭彌斥土」，寫自己是「林木無芬重」。寫國家形勢之可慮是「岸巖若崩缺，湖水何洶洶！」寫小人盈庭是「蚌蛤被濱涯，光采如錦虹」。承接湖水是「高波陵雲霄，浮氣象螭龍。」然後突然借鯨魚以見志，「鯨脊若丘陵，鬚若山上松。呼吸吞船欐，澎濞戲中鴻。」很有氣力，屬於骨氣奇高。以下抑揚有序，爲求見用，不惜千里求價：「方舟尋高價，珍寶麗以通。一舉必千里，乘颸舉帆幢。」筆調一揚。「經危履險阻，未知命所鍾。」幾乎是爲伊消得人憔悴，筆勢再揚。「常恐沈黃壚，下與黿鱉同。」恐美人之遲暮，筆勢一跌。「南極蒼梧野，游盼窮九江」，又猛志固常在，筆勢再起。「中夜指參辰，欲師當定從」，卻又徬徨無助，筆勢又跌。「仰天長歎息，思想懷故邦」，回應開始的「我本泰山人」的飄泊，最後是「乘桴何所志？吁嗟我孔公！」道不行、志不遂的悲哀，全然托出，詩歌在無奈中收結。

總觀建安之雄的曹植，多寫個人對社會、時代、朋友、兄弟、個人的遭際和感受，符合鍾嶸重群重怨的詩歌題材。曹植詩善於把文詞與理意作適度的配合，形成情兼雅怨，體被文質的詩歌美學體勢，其中包括寫述社會的亂離面貌，兄弟骨肉的備受壓迫，個人情意的鬱結等，都強而有力令讀者產生共鳴；加上他善於運用興比的手法，多變的技巧，聲情抑揚高下的節奏，把詩歌的藝術感染力推至高處，鍾嶸讚賞爲「卓爾不群，粲溢古今」的大詩人，這種巨大的藝術感染力，就是「建安風力」。

鍾嶸把玄言詩與建安時的詩對立起來，認爲玄言詩是理過其辭，平典，沒有建安風力，是「淡乎寡味」的詩體。鍾嶸所提及的玄言詩人有王濟、杜預、孫綽、許詢、劉惔、王濛、桓溫、庾亮等人。（注一二）王濟現存四言詩一首，杜預、劉惔、王濛、桓溫、庾亮等詩已亡，唯有孫綽存詩三十七，其中五言六首；許詢僅存五言詩一首，成爲研究玄言詩的僅有材料。許詢爲晉簡文帝所稱，認爲「五言詩，可謂妙絕時人。」（《世說新語．文學》）然而〈秋扇〉五言一篇，僅四句，不能得知其詳。現存孫綽的五言詩，雖然有六首，但屬於玄言的，只有〈秋日〉一篇，茲錄全文如下：

蕭瑟仲秋日，飆唳風雲高。山居感時變，遠客興長謠。
疏林積涼風，虛岫結凝霄。湛露灑庭林，密葉辭榮條。
撫菌悲先落，攀松羨後凋。垂綸在林野，交情遠市朝。
澹然古懷心，濠上豈伊遙！

詩的前半蕭疏清越，頗有逸興，只是後六句情調音聲較遜，而且不免於說理。在鍾嶸看來，詩的主要功能在寫性情懷抱，而不在於說理，以故不滿意這類詩作。以老莊之說入詩，造成理過其辭的，其實還有其他作者，像支道林的〈詠懷詩〉一篇，更可爲證，全文如下：

傲兀乘尸素，日往復月旋。弱喪困風波，流浪逐物遷。

中路高韻益，窈窕欽重玄。重玄在何許，采眞游理間。
苟簡爲我養，逍遙使我閑。寥亮心神瑩，含虛映自然。
亹亹沈情去，彩彩沖懷鮮。踟蹰觀象物，未始見牛全。
鱗有所貴，所貴在忘筌。

詩中「弱喪」，「風波」、「物遷」、「采眞」、「游理」、「苟簡」、「逍遙」、「牛全」、「踟蹰」、「忘筌」等源自《莊子》，「重玄」出《老子》，「亹亹」見《周易》，可謂之玄言詩。全詩寫對三玄學說的嚮往和體味，充滿了玄虛思想，不是一種寫性情之作，缺乏了搖蕩性靈的作用。此外，全詩平典，淡乎寡味，沒有建安詩人的強而有力的藝術感染力，最是玄言詩相對於建安詩的不足處。

除研讀建安詩、兩晉玄言詩外，鍾嶸又研讀大明、泰始時的五言詩。他認爲這兩段時期的詩風，整體上是「文章殆同書鈔」，沒有個性；而「任昉、王元長等，詞不貴奇，競須新事。爾來作者，寖以成俗，遂乃句無虛語，語無虛字，拘攣補衲，蠹文已甚。」鍾嶸刻意挖苦這類詩人，認爲「但自然英旨，罕値其人，詞既失高，則宜加事義，雖謝天才，且表學問，亦一理乎。」以學問爲詩，不以性情爲詩，同樣沒有建安時代的光彩，失去風力，不能達到「滋味說」的要求。鍾嶸認爲詩是用來表現詩人的個性，表現性情，而不是用來表現學問的文體。這種對詩體特性的主張，才眞正成功地把詩從附庸於經學中解放出來，令人領略詩歌的美學特質，開拓它在美學世界中的地位。凡性情中人，有所感必搖乎中，四時入興，固可以爲詩，生活之感受，更可以成爲詩的重要題材，所以《詩品．序》說：

> 若乃春風春鳥，秋月秋蟬，夏雲暑雨，冬夜祁寒，斯四候之感諸詩者也。嘉會寄詩以親，離群托詩以怨。至于楚臣去境，漢妾辭宮，或骨橫朔野，或魂斷飛蓬；或負戈外戍，殺氣雄邊；塞客衣單，孀閨淚盡；文士有解佩出朝，一去忘返；女有揚蛾入寵，再盼傾國：凡斯種種，感心靈。非陳詩何以展其義，非長歌何以騁其情？故曰：「詩可以群，可以怨。」使窮賤易安，幽居靡悶，莫尚於詩矣。

這種源於生活的詩，才是詩的眞正生命所在，才可以令讀者感之至深，品嘗其滋味。班婕妤是女子，李陵是武將，讀書或不比任昉、顏延年等文士爲多，然而一旦他們都有所感，發而爲詩，就可以令鍾嶸深有所感，所以說班婕妤是「怨深文綺」，說李陵是「文多淒愴，怨者之流」。能把感受成功地以詩歌形式表現出來，引起讀者共鳴，可堪尋味，實有賴一種特殊才質，並不是光靠讀書來驅駕文詞的。曹植是「卓爾不凡」，李陵是「有殊才」，陸機是「大才」，潘岳有如江之才，謝靈運是「才高」，他們都置身於上品。中品詩人，則才力苦弱，像謝瞻、謝混、袁淑、王微、王僧達、謝脁便是。至於劉琨與盧諶，同居中品，但比較起來，由於劉琨能夠「體良才，善敘感恨之詞」，又較盧諶爲優。鮑照本來是「才秀」，可惜「然貴尚巧似，不避危仄，頗傷清雅之調。故言險俗者，多以附照。」以故只得置於中品。至於王融、劉繪，本來「並有盛才，詞美英淨。可惜「五言之作，幾乎尺有所短。」可見不能善用盛才於詩作，以至減價。綜此以觀，一再申明才氣是詩歌的重要推動力，而不是書本知識。

在以學問爲詩的作家中，鍾嶸特別提出顏延之和任昉二人。評顏延之詩是：「其源出于陸機。尚巧似。體裁綺密，情喻淵深。動無虛散，一句一字，皆致意焉。又喜用古事，彌見拘束。雖乖秀逸，是經綸文雅才；雅才減若人，則蹈于困躓矣。」評任昉詩是：「善銓事理，拓體淵雅，得國士之風，故擢居中品。但昉既博物，動輒用事，所以詩不得奇。少年士子，效其如此，弊矣。」都指出兩人以學問爲詩的弊病。從《文選》所錄二人詩作，李善注文觀之，俱見二人好用事典，且從製題方面看，顏延年尤好縷述歷史人物及作酬應之作，像〈秋胡詩〉寫魯秋胡潔婦事，〈五君詠〉分別詠阮籍、嵇康、劉伶、阮咸和向秀；〈應詔觀北湖田收〉、〈車駕幸京口侍遊蒜山作〉、〈車駕幸京口三月三日侍遊曲阿後湖作〉等便是：這些都容易變成好用事典，以驚耀學問。鍾嶸欣賞的，就是即目所見，皆由直尋的作品，以故在《詩品・序》說：

> 夫屬詞比事，乃爲通談。若乃經國文符，應資博古；撰德駁奏，宜窮往烈。至乎吟詠情性，亦何貴於用事。「思君如流水」，既是即目；「高臺多悲風」，亦惟所見；「清晨登隴首」，羌無故實；「明月照積雪」，詎出經史。觀古今勝語，多非補假，皆由直尋。

鍾嶸所舉四詩，「思君如流水」，出徐幹的〈室思〉詩第三章，寫婦人思君，以水爲喻，而不乞靈於典實。「高臺多悲風」，出曹植〈雜詩〉，雖然李善、黃節等均爲詩之語詞找到出處，（注一二）在鍾嶸看來，可以即詩賞詞，不傍經子，而已清楚交代詩中人物之孤獨。「清晨登隴首」，據王叔岷考證，謂是張華之作，並謂：「王漁洋〈論詩絕句〉云：『五字清晨登隴首，羌無故實使人思。定知妙不關文字，已是千秋幼婦詞。』漁洋吟詠，喜用僻事新字，而能立論如此，蓋讀仲偉書而有所悟歟。」（注一三）「明月照積雪」出謝靈運〈歲暮〉詩，以冬景托起其下之「運往無淹物，年逝覺易催」的時日易逝感覺。以上都是不傍經史，或借景生情，或因物作喻，而已達到述情寫懷的效果，令讀者對詩產生美學意想。

在鍾嶸看來，詩歌是表現美學的一種形式，旨在寫述對社會、時代、生活等的感受，因不同的藝術手法，表現藝術感染力；寫作時，主要以才情驅動筆桿，不以學問爲尙。這種發乎性情，以自然才氣驅駕詩歌的主張，勢必反對永明的人爲聲律說，然而這不是說，他不注意音調，在上品評張協詩是：「詞采葱蒨，音韻鏗鏘，使人味之，亹亹不倦」。可見詩之有味，也由於詞采和音韻兩個重要的藝術元素。《詩品．序》又說：「余謂文製，本須諷讀，不可蹇礙。但令清濁通流，口吻調利，斯爲足矣。」他反對人爲的音律，是基於有傷自然眞美的角度，只要自然，音韻鏗鏘，便可以成爲有「滋味」的詩歌。

鍾嶸說張協詩的音韻鏗鏘，如果以日後律詩平仄律作準繩，檢視張協〈雜詩〉十首，符合平仄律要求的有以下句式：

(一)平平仄仄平

浮陽映翠林。

騰雲似涌煙。

離群戀所思。

餘風足染時。
由來有固然。
荒庭寂以閒。
游思竹素園。
環堵自頹毀。
垣閭不隱形。
㈡平平平仄仄（或者「仄平平仄仄」）
人生瀛海內。
輕風摧勁草。
窮年非所用。
陽春無和者，
巴人皆下節。
王陽驅九折。
折衝尊俎間。
土風安所習。
商羊舞野庭。

雲根臨八極。

㈢仄仄平平仄

秋夜涼風起，

白日馳西陸。

晚節悲年促。

昔我資章甫。

此貨將安設。

不見郢中歌。

此理誰能察。

捨我衡門去。

結宇窮岡曲。

迴淵可比心。

尺爐重尋柱。

㈣仄仄仄平平（或者「平仄仄平平」）

飛雨灑朝蘭。

道積自成基。

翳翳結繁雲。
疇昔歎時遲。
圍木數千尋。
咆虎響窮山，
鳴鶴聒空林。
在險易常心。
挺轡越飛岑。
此理著來今。
神武一朝征。
烽火列邊城。
更被縵胡纓。
堂上有奇兵。
拙速乃垂名。
述職役邊城。
下車如昨日。
借問此何時？

閩越衣文蛇，
膚寸自成霖。
荒楚鬱蕭森。
墨蜧躍重淵。
堂上水衣生。
沈液漱陳根。
綠葉腐秋莖。
紅粒貴瑤瓊。

以上四種五律平仄句式，當然不是鍾嶸的本意，然而張協的〈雜詩〉十首畢竟也符合了不少，由此而說是音韻鏗鏘，應有體會。《詩品・序》又說：

古曰詩頌，皆被之金竹，故非調五音，無以諧會。若「置酒高堂上」，「明月照高樓」爲韻之首。故三祖之詞，文或不工，而韻入歌唱。此重音韻之義也，與世之言宮商異矣。今既不被管弦，亦何取於聲律邪！

「置酒高堂上」，是阮瑀〈雜詩〉二首之二，正好是「仄仄平平仄」，「明月照高樓」是曹植的〈七哀詩〉首句，是「平仄仄平平」，連結張協〈雜詩〉十首的多組合平仄律的句子，可見鍾嶸重視的音韻，欣賞的鏗鏘音調，其實與周顒、沈約等的沒有違離，只是曹、阮、張等人是不刻意地形成鏗鏘音節，而周、沈等是把音韻加以嚴格規範而已。鍾嶸對周、沈等的聲律說，是有研究的，他不滿周、沈等的理論，只是令平仄安排更細緻嚴密而已，既然他一貫主張詩歌所以順自然之性，發人之情，以才情爲詩，不以學問爲詩，充分發揮藝術手法，達至巨大感染力，形成詩的滋味，所以他反對人爲的聲律安排。此外，鍾嶸評古詩是「清音獨遠」，評鮑照是「不避危仄，頗傷清雅之調。」可見他的滋味說中，對音聲的要求，是清，是雅，是自然，一切刻意的安排，都是無益於滋味的。

除要求清雅自然的音聲外，鍾嶸還提倡蔥蒨的語言修辭技巧。這點留待詩藝一項細說。

三、詩藝方面

鍾嶸研讀自漢至梁百多位詩人五言詩作後的，認爲五言詩能夠成功代替四言詩，在於運用新手法，產生新的藝術趣味，他把這些手法稱之爲興、比、賦，是沿用《詩經・序》和漢儒的經學家的名稱，但作了新的解釋。至於藝術趣味，歸納起來，從內質言，是「風力」、「骨氣」、「性情」「群、怨」、「才氣」等的表現；從外質言，是「丹采」、「華美」、「蔥蒨」等修辭技巧的處理，章法布置的考究，令讀者無論從視覺、聽覺和感覺等，都煥然一新。不論從內到外，或者由外返內，總的說來，令人玩味、尋味，產生藝術愉悅，這就是「滋味」。以下只摘取三義、風力和丹采三者作研究。

(一)興、比、賦與風力

從漢代開始，研究興、比、賦的學者大不乏人，鍾嶸對這三個詞語，也是深有所好，以故拿來作爲其詩藝的重要內容，稱之爲「三義」，並爲之界說：「文已盡而意有餘，興也；因物喻志，比也；直書其事，寓言寫物，賦也。」如果能「弘斯三義」，然後「幹之以風力，潤之以丹采，使味之有無極，聞之者動心，是詩之至也。」這詩之至也，就是一種美學趣味。（注一四）爲了提醒詩人能掌握三義，發揮其應有的美學功能，鍾嶸作了以下說明：「若專用比興，則患在意深，意深則詞躓；若但用賦體，則患在意浮，意浮則文散。嬉成流移，文無止泊，有蕪漫之音矣。」

言意之辨，是自《易傳》以來一個重要的思想課題，到了魏晉，這課題愈發多人處理，形成了多種學說。（注一五）鍾嶸深於《周易》，接觸自魏晉以來的學術思想，對這課題自然不感到陌生，現在他把這課題援入文學藝術，形成一種美學思想。鍾嶸把興放在三義之首，與傳統六義的賦、比、興次序不同，顯然他重視興，因爲在鍾嶸看來，不論是言志、述事或寫物，詩人都有其「意」在，所以他才在解釋不能善用三義時，會出現意深詞躓、意浮文散的毛病。善用興，可使「文已盡而意有餘」，但卻不應爲求有文外之意，以致令詩意不明，這樣便出現「詞躓」現象。詞躓，就是文字不能支撐起詩意，令讀者不能尋味，或者說，使詩沒有了滋味。如果詩藝不高，出現「意浮」現象，文字便散渙，像沒有方向，出現蕪漫情形，同樣是失去了滋味。

鍾嶸的見解，並非無的放矢，而是觀察自漢以來的詩歌現象而得到的。阮籍是魏晉之間的重要詩人，他的詩，正是運用興、比、賦來述志、寫物和言事的，所寫八十多首五言〈詠懷〉詩，鍾嶸認爲是「言在耳目之內，情寄八荒之表。」「自致遠大。頗多感慨之詞。厥旨淵放，歸趣難求。」卻由於歸趣難求，以故顏延年爲阮籍〈詠懷〉詩作注解，也「怯言其志」，然而阮籍的詩，「可以陶性靈，發幽思」，令人獲得一種閱讀趣味。除阮籍外，鍾嶸認爲還有不少詩人，都能善用興、比方法來寫志，產生遙遠的詩意。像評班婕妤的〈團扇〉詩，是「辭旨清捷，怨深文綺，得匹婦之致。」所以知其怨深，是由於班婕妤能善用文字，使讀者知其怨深。左思的詩，是「得諷喻之致」。嵇康的詩「託諭清遠」。應璩則「雅意深篤，得詩人激刺之旨」。郭璞的〈游仙〉之作「辭多慷慨，乖遠玄宗。」根本就不是眞的寫游仙，而是別有寄托，其中「奈何虎豹姿」、「戢翼棲榛梗」，更是「乃是坎壈詠懷，非列仙之趣也」。至於班固的〈詠史〉，「有感歎之詞」。酈炎「托詠靈芝，懷寄不淺」。趙壹「指斥囊錢，苦言切句，良亦勤矣。」也是別有意指。齊高帝詩是「詞藻意深，無所云少」。以上所舉，在上品的有班婕妤、阮籍和左思；中品的有嵇康、應璩和郭璞；下品的有班固、酈炎、趙壹和齊高帝。可見能夠使意餘於文，因物述志，善用興、比之體的，已是成功的詩人，不因此而有高下之別，誠如《詩品・序》所說：「預此宗流者，便稱才子。

魏晉以後，物色是一個重要的文學題材，《文選》爲此歸納一種以寫物色爲主的賦體，（注一六）《文心雕龍》特闢一章探討「物色」，鍾嶸同樣注意到「物」已成爲詩人寫作的重要題材，以故說有寓言寫物的賦體，又評劉宋詩人許瑤之云：「許長於短句詠物。」。「物」和「物色」，表現上是兩個詞，其實內容所指是相類的。《詩品・序》認爲「春風春鳥，秋月秋蟬，夏雲暑雨，冬夜祁寒，斯四候之感諸詩者也。」《文心・物色》說：「春秋代序，陰陽慘舒，物色之動，心亦搖焉。……四時之動物深矣。」又說：「四序紛迴，而入興貴閑；物色雖繁，而析辭尚簡」。可見鍾嶸的「物」和劉勰的「物色」，意指相類，只是劉勰把條項說得更仔細，內容更繁富而已。

檢視鍾嶸所崇讚的曹植（建安之傑）、陸機（太康之英）和謝靈運（元嘉之雄）詩作，便知道都有寫物的篇章。曹植以物爲題的有〈喜雨〉，陸機的有〈園葵〉和〈春詠〉。謝靈運的有〈愁霖〉和〈春草吟〉。至於內容與物相繫的便不易殫述。誠如鍾嶸所說，但用賦體，不止沒有文外餘意，更是意浮，流弊可能是文無止泊，有蕪漫之音。以故在三義中，他較重視比興。

通過《詩品》直接對意餘於文的評語，固然可以明確知道鍾嶸所指陳善用興、比的詩人，如過作仔細研究，更能體會善用興、比、賦的詩人，爲鍾嶸所激賞，是滋味說的實證。鍾嶸認爲詩人能運用三義，而「幹之以風力，潤之以丹采」，可以使「味之者無極，聞之者動心」，又認爲建安時代詩歌最有風力，不同於玄言詩的寡味，太康、元嘉兩時期詩人最有丹采。以上三期代表人物，建安的是曹植、劉楨、王粲，太康的是陸機、潘岳、張協，元嘉的是謝靈運、顏延年，除顏延年外，都居上品，研究鍾嶸對他們詩作的評語，便可更清楚「滋味」說的內蘊。

居上品的建安三大詩人，都善用興、比來表達詩意。曹植的〈野田黃雀行〉、〈盤石篇〉、〈浮萍篇〉、〈種葛篇〉、〈吁嗟篇〉、〈雜詩〉、〈閨情〉、〈七哀詩〉等均屬此類。以下取元劉履《選詩補注》、清吳淇《六朝選詩定論》、寶香山人《三家詩》之《曹植集》、陳祚明《采菽堂古詩選》、沈德潛《古詩源》、朱乾《樂府正義》、張玉穀《古詩賞析》、吳汝綸《古詩鈔》等人意見，置於曹

植詩題下，間或附評語於括號內，以見曹植可能運用興、比手法表述情意的詩作。（注一七）

1.《盤石篇》

主有寄托者爲寶香山人（託言無所不至）、陳祚明、朱乾（托喻乘桴經危履險，惓惓故邦，仰天而長歎也）。

2.《種葛篇》

朱乾（托夫婦之好不終，以比君臣，佳人謂夫）。

3.《吁嗟篇》

沈德潛（遷轉之痛）、朱乾、張玉穀（自傷遷徙）。

4.《美女篇》

劉淇（託處女以寓怨慕之情）、吳淇（請自試之意）、沈德潛（以喻君子有美行）、陳祚明、朱乾（賢女必得佳配，賢臣必得聖主）、張玉穀（爲佳人寫照，即爲君子寫影也）。

5.《棄婦篇》

沈德潛（怨而委之於命）、陳祚明（興意婉轉而下）、張玉穀（代爲棄婦語夫之辭，其亦有悟君之意也）。

6.《閨情》

寶香山人（多望幸之思）、陳祚明（亦寄感慨）。

7.《雜詩》七篇
劉履、陳祚明、張玉穀（皆傷懷忠見忌不得近君也）。

8.《薤露行》
吳汝綸（言人命易盡，欲輸於時而不能，將著文垂後，以希孔子也）

9.《野田黃雀行》
沈德潛（是遊俠，亦是仁人）、陳祚明（自比黃雀，望援於人）、朱乾（大抵在相戒免禍）、張玉穀（歎權勢不屬，有負知交望救）、吳汝綸。

10.《七哀詩》
劉淇（以孤妾自喻）、沈德潛（大抵思君之辭）。

11.《贈丁儀》
劉淇（喻天下肇亂，漸見迫奪）。

12.《情詩》
吳淇（借閨房兒女之私，寫臣不得於君之思）。

13.《白馬篇》
朱乾（寓意於幽并遊俠，實自況也）。

至於劉楨，他有〈贈從弟三首〉分別以蘋藻、松柏和鳳凰作比，劉履、吳淇、王夫之、沈德潛、何焯、陳祚明、張玉穀等均主之。（注一八）較諸曹、劉，王粲詩作少興、比，不過像《雜詩四首》之三，謂「我尚假羽翼，飛睹爾形身。願及春陽會，交頸遘殷勤。」慇懃致意，意在言外。〈雜詩四首〉之四亦用比體，說：「鷙鳥化爲鳩，壤竄江漢邊。遭遇風雲會，託身鸞鳳間。天姿既否戾，受性又不閑。邂逅見逼迫，俯仰不得言。」分明是有意致其身於曹氏。

除善用興、比外，曹、劉、王三詩人同樣表現了骨氣，而其中以曹植爲最高，劉楨次之，王粲最下。曹植的〈盤石篇〉，風力氣骨最爲明顯，已分析於上，不贅。其餘的像《贈徐幹》一起「驚風飄白日，忽然歸西山」，便如飄急驟至，最後是「良田無晚歲，膏澤多豐年。亮懷璵璠美，積久德愈宣。」勉勵徐幹懷寶自勵，寫得很有感染力。《吁嗟篇》末段「願爲中林草，秋隨野火燔，糜滅豈不痛？願與株亥連」。表示甘心效命朝廷，雖死不悔，氣既足，而骨力不弱。

劉楨的《贈從弟三首》固然善用興、比，也見骨氣，此外，〈鬥雞〉和〈射鳶〉，同樣是骨氣勁健之作。兩篇雖然無甚深意，但字詞堅實，氣體遒勁。〈鬥雞〉詩說：

丹雞被華采，雙距如鋒芒。願一揚炎威，會戰此中唐。
劉爪探玉除，瞋目含火光。長翹驚風起，勁翮正敷張。
輕舉奮勾喙，電擊復還翔。

幾乎無一弱句。如果取此與曹植的〈鬥雞〉詩相較，便知劉楨更勝一籌。

鍾嶸認爲王粲詩作「質羸」，「善發愀愴之詞」，像〈從軍詩五首〉之二「涼風厲秋節」，之三

「從軍征遐路」、之四「朝發鄴都橋」等都是。特別是第四首，雖思報效於時，而氣調不強，與曹植的〈白馬篇〉，同樣寫思報效於時，氣調充盈，王粲確較遜色。然而王粲也有骨氣勁健的作品，像〈詠史詩〉寫秦穆三良，與曹植〈三良詩〉氣味殊異，詩的末幅，王粲說：「人生各有志，終不為此移。同知埋身劇，心亦有所施。生為百夫雄，死為壯士規。黃鳥作哀詩，至今聲不虧。」可謂雄快勁健。〈七哀詩三首〉，總寫時局亂離下百姓之遭遇，自己的情懷，具見愀愴之詞。

興比是方法，骨氣是內質，至於詞采之鋪說，曹、劉、王三詩人都有文采，以三人的公讌詩作例，可見一斑。曹植的〈公讌〉其中六句說：「明月澄清景，列宿正參差。秋蘭被長阪，朱華冒綠池。潛魚躍清波，好鳥鳴高枝。」，公讌的時間是夜裡，而月星高懸；宴會環境是長阪、綠池，而秋蘭用被字，可見繁富，朱華用冒字，更見華麗；然後是潛魚之出，好鳥之鳴，有形有聲，無一不動。劉楨的〈公讌詩〉，寫景也有可悅之句：「月出照園中，珍木鬱蒼蒼。清川過石渠，流波為魚防。芙蓉散其華，菡萏溢金塘。靈鳥宿水裔，仁獸遊飛梁。華館寄流波，豁達來風涼。」寫月、園、珍木、清川，芙蓉、鳥、獸等，畫面亦極豐富，只是沒有曹植的用字經濟有力。「芙蓉」兩句，止寫一物，不及「朱華冒綠池」之精警。至於王粲的〈公讌詩〉一開始是「昊天降豐澤，百卉挺葳蕤。涼風撤蒸暑，清雲卻炎暉。」寫公讌之時序，文字果然秀出。然後是宴會情景：「嘉肴充圓方，旨酒盈金罍。管絃發徽音，曲度清且悲。合坐同所樂，但訴杯行遲。」與高采烈，但沒有曹、劉二人用力鋪寫景物，以見宴會之可娛。此外，王粲的〈雜詩四首〉之二寫出遊，前半是「列車息眾駕，相伴綠水湄。幽蘭吐芳烈，芙蓉發紅暉。百鳥何繽紛，振翼群相追。」〈雜詩四首〉之三「聯翩飛鸞鳥，獨遊無所因，毛羽照野草，哀鳴入層雲。」都遣字秀麗。劉楨〈贈徐幹〉的「細柳夾道生，方塘含清源。輕葉隨風轉，飛鳥何翻翻。」也有彫潤，可見建安三雄都留意興、比方法，而不忘風力、丹采。

(二)重視丹采

重視辭采，可以令詩歌的外觀有繽紛多姿的視覺，這方面，曹植、劉楨、王粲都已注意，只是太康期的陸機、潘岳、張協，元嘉時謝靈運和顏延年，更是代表。鍾嶸對這五個詩人，都重視其語言修辭技巧，太康之英的陸機，是「才高辭贍，舉體華美。」「咀嚼英華，厭飫膏澤，文章之淵泉也。」潘岳詩，鍾嶸讚同李充所說，是「如翔禽之有羽毛，衣被之有綃縠」，「爛若舒錦，無處不佳。」張協詩，是「華淨，少病累。又巧構形似之言。」「詞采蔥蒨」。謝靈運詩，是「尚巧似」，「名章迴句，處處間起；麗典新章，絡繹奔會。」顏延之詩，是「尚巧似。體裁綺密，情喻淵深。」這五人的語言藝術造詣又有不同。限於篇幅，以下但就鍾嶸評論太康詩人陸機、潘岳和張協的觀點作論述。

陸機存詩一百零四首，數目是太康詩人中之冠，而五言詩有六十二首。「舉體華美」，本來可以從兩方面作說明。首先是一種視覺美，可從好偶對，精選動詞和雕潤文字等見之。其次是聲音美，可從疊音詞或雙聲、疊韻詞作說明。由於聲音美與丹采無涉，現在只研究視覺美一項。

陸詩中多駢句，已無庸詞費，而但舉〈園葵〉一篇以見，詩云：

種葵北園中，葵生鬱萋萋。朝榮東北傾，夕穎西南晞。

零露垂鮮澤，朗月耀其輝。時逝柔風戢，歲暮商猋飛。
曾雲無溫液，嚴霜有凝威。幸蒙高塘德，玄景蔭素蕤。
豐條並春盛，落葉後秋衰。慶彼晚彫福，忘此孤生悲。

除首二句、「零露」二句、「幸蒙」二句外，其餘都是偶對。其他詩篇，偶對奔會，不勝闡述，以故略而不言。

動詞的選用，像〈贈尚書郎顧彥先〉二首之二寫中夜四周景物所見，其中「玄雲拖朱閣，振風薄綺疏。」拖、薄二字，極其用心，也頗驚奇。然後是「豐注溢脩霤，黃潦浸階除。」寫雨滿屋宇，浸至階除，溢、浸二字，令畫面極充實。又如〈招隱〉二首之一的「激楚佇蘭林，回芳薄秀木」，寫風在蘭林，芳迫秀木，佇、薄二字，可謂警策。〈招隱〉二首之二的「芳蘭振蕙葉，玉泉涌微瀾」，把花草和泉水寫得很有情韻，而「嘉卉獻時服，靈朮進食朝餐」，獻、進二字，把草木寫得尤有意想。〈赴洛〉二首之一的「谷風拂脩薄，油雲翳高岑」，拂、翳字，交代風與林的和諧關係，雲與山的密切關係。〈悲哉行〉的「和風飛清響，鮮雲垂薄陰。」飛、垂二字，寫出春景的悅耳賞心。凡此種種，都見陸機善用動詞，豐富了詩意。

雕潤文字，更是陸機的本色。〈櫂歌行〉寫五月龍舟發櫂是「龍舟浮鷁首，羽旗垂藻葩」，水上景色奪目。「投綸沈洪川，飛繳入紫霞」，則水天畫面更為豐富。〈悲哉行〉寫羈旅情懷，而借春天景物之欣欣向榮，以反襯內心沈鬱，文字甚華美。詩的前半部便極寫春天景物，說：「遊客芳春林，春芳傷客心。和風飛清響，鮮雲垂薄陰。蕙草饒淑氣，時鳥多好音。翩翩鳴鳩羽，喈喈倉庚吟。幽蘭盈通谷，長秀被高岑。女蘿亦有託，蔓葛亦有尋。」通過風雲花鳥等以見好春時節，「女蘿」二句說出羈旅無依的心情。

陸機用雕潤華茂的句子，寫述女子之內心世界，這方面表現尤其出色。〈婕妤怨〉寫班婕妤寂寞，而說：「春苔暗階除，秋草蕪高殿。昏黃履綦絕，愁來空雨面。」以春秋代一年，而設色暗淡。此外善於凝造氣氛，細緻鋪述內心世界，借黃昏之景，增加思憶君王之心，終不能見，而泣涕如雨，文字極其雕繪。〈塘上行〉借江蘺之遭遇，道達先榮後衰的可悲，全詩一開始把江蘺的得處繁華之地寫得極華茂：「江蘺生幽渚，微芳不足宣。被蒙風雨（一作雲）會，移居華池邊。發藻玉臺下，垂影滄浪泉。沾潤既已渥，結根奧且堅。」從「四節逝不處，繁華難久鮮。淑氣與時殞，餘芳隨風捐」以下至詩的末部，寫繁華轉爲衰颯的可哀。

太康之英除陸機外，鍾嶸以爲當數潘岳，並說潘岳的詩如翔禽之有羽毛，衣被之有綃縠，即善於修飾，檢視《文選》所錄潘岳五言詩八篇，這評語是適合的。

〈金谷集作詩〉寫與友攜手同遊金谷園，於景物巧於修飾，謂「濫泉龍鱗瀾，激波連珠揮。前庭樹沙棠，後園植烏椑。靈囿繁若榴，茂林列芳梨。」極寫景物豐茂。〈河陽縣作〉二首之一說自己隱居東山，其地之風物是「長嘯歸東山，擁耒耨時苗。幽谷茂纖葛，峻巖敷榮條。落英隕林趾，飛莖秀陵喬。」第二首又寫隱居之環境，依然絢麗：「川氣冒山嶺，驚湍激巖阿。歸雁映蘭時，游魚動圓波。鳴蟬厲寒音，時菊耀秋華。」〈在懷縣作〉二首仍不忘鋪采摛文，寫夏日黃昏時登臨清池所見，圖景極其豐滿：「涼飆自遠集，輕襟隨風吹。靈圃耀華果，通衢列高椅。瓜瓞蔓長苞，薑芋紛廣畦。稻栽肅仟仟，黍苗何離離！」這種著重修飾，加強藝術感染力的態度，同樣應用於三首〈悼亡〉詩。第一首寫妻子死後，不覺又是一年，說「春風緣隙來」，然後知一年又至；說「晨霤承檐滴」，然後知一日又至，曲盡恍惚之情。第二首說：「皎皎窗中月，照我室南端，清商應秋至，溽暑隨節闌。凜凜涼風升，始覺夏衾單。豈曰無重纊，誰與同歲寒？」極力鋪寫妻亡後之生活及悅恍感覺，以下又說：「歲寒無與同，朗月何朧朧！展轉眄枕席，長簟竟床空。床空委清塵，室虛來悲風。」無論寫景寫情，都極動人。第三首同樣交代時節倏過，妻亡之哀。一起是：「曜靈運天機，四節代遷逝。淒淒朝露凝，烈烈夕風厲。」最後寫在墳前的景物和感受是：「駕言陟東皐，望墳思紆軫。徘徊墟墓間，欲去復不忍，徘徊不忍去，徙倚步踟躕。落葉委埏側，枯荄帶墳隅。」羽毛綃縠的評語，應從這方面理解，才明白箇中的美學觀賞角度。

鍾嶸認爲張協巧構形似之言，從〈雜詩〉十首看，張協確有這種詩藝。寫良人離去，思婦寂寞，竟然極力形容屋宇空蕪：「房櫳無行跡，庭草萋以綠。青苔依空牆，蜘蛛網四屋。」（其一）寫暴雨來臨，是極其形容，〈雜詩〉第十首前十二句云：「墨蜧躍重淵，商羊舞野庭。飛廉應南箕，豐隆迎號屏。雲根臨八極，雨足灑四溟。霖瀝過二旬，散漫亞九齡。階下伏泉涌，堂上水衣生。洪潦浩方割，人懷昏墊情。」可謂窮形盡相。此外，張協細心觀察自然界的物態，以故出現於筆下的自然景物，便各有其態。寫雨的有「飛雨」、「密雨」、「有渰興南岑」；寫雲的有「繁雲」、「行雲」；寫霞的有「丹霞」；寫露的有「輕露」；寫風的有「涼風」、「迴猋」、「金風」、「淒風」；寫水的有「流澗萬餘丈」、「流波戀舊浦」；寫樹木的有「圍木數千尋」；寫花的有「寒花發黃采」；寫草的有「秋草含綠滋」、「勁草」；寫樹木的有「高木」、「叢林森如束」、「空林」；「寫葉的有「密葉」。甚至寫心情的有「羈旅無定心，翩翩如懸旌」。凡此可見張協的詩藝。

至於張協詩的蔥蒨，除上述巧構形似之言可見外，如寫七月景物，是「浮陽映翠林，迴猋扇綠竹。飛雨灑朝蘭，輕露栖叢菊。」（其二）映、扇、灑、栖四字極其蒨麗。寫秋風襲至，是「金風扇素節，丹霞啓陰期。」（其三）扇、啓二字可堪細嚼，然後是「寒花發黃采，秋草含綠滋。」發、含二字尤其可賞。寫日氣雲雨，草木林葉，是「朝霞迎白日，丹氣臨暘谷。翳翳結繁雲，森森散雨足。輕風摧勁草，凝霜竦高木。密葉日夜疏，叢林森如束。」（其四）迎、臨、結、散、摧、竦、疏、束等字，均小心經營。寫無心於仕宦，因景生情，是「述職役邊城，羈束戎旅間。下車如昨日，望舒四五圓。借問此何時？蝴蝶飛南園。流波戀舊浦，行雲思故山。」（其八）文字蒨麗有情。難怪鍾嶸傾心而歎：「風流調達，實曠代之高手」，讀其詩，「使人味之，亹亹不倦」。

三、總結

鍾嶸的「滋味說」，是通過詩式和詩體的比較、詩藝的研究這三個方面建立起來的。它根本就是鍾嶸詩歌美學的一個核心課題，可是他卻沒有清楚地予以指陳，於是學者往往只研究《詩品》中所出現的藝術義項，然後建立起興、比、賦、丹采和風力等理念的內容，欠缺通盤思量，以獲得鍾嶸的詩歌美學思想整體結構。正由於這樣，大陸學人雖曾用力，所述不夠完整，難怪被清水凱夫責難。然而，只要細心尋繹《詩品》文字，便可組織起鍾嶸這美學意念。限於篇幅，不能把整個滋味說的每項細節作更全面的鋪寫，然而通過以上的分析，希望已重建鍾嶸的「滋味說」內容，他的美學觀點。

【附註】

註一　自一九七九年開始，中國大陸學人討論鍾嶸的"滋味說"的，就所見有十篇文章，及一本專著中的一章。現在按年月先後羅列於下：

李傳龍〈論鍾嶸的滋味說〉，《文學評論叢刊》第三輯，頁一六六至一八二，北京，中國社會科學出版社，一九七九年。

武顯漳〈淺談鍾嶸的滋味說〉，《思想戰線》一九八〇年三期，頁七三、七四、八九。

郁源〈鍾嶸《詩品》滋味解〉，《江漢論壇》一九八三年二期，頁二七至三二。

丁捷〈指事造形，窮情寫物：鍾嶸《詩品》的滋味說〉，《鄭州大學學報》一九八四年一期。

蔣祖怡〈鍾嶸的滋味說對我國詩歌發展的作用〉，《杭州大學學報》一九八五年四期，頁四六至八三。

齊魯青〈論鍾嶸開創的滋味說〉，《內蒙古大學學報》（哲學社會科學版）一九八五年二期，頁一〇七至一一〇。

蔡育曙〈鍾嶸的滋味說〉，《雲南民族學院學報》一九八七年二期，頁六〇至六五。

李天道〈滋味與興象：《詩品》《河嶽英靈集》沿革比較研究〉，《青海師範大學學報》一九八九年一期，頁七七至八三。

韓進廉〈辨于味而後可以言詩也：評鍾嶸滋味說的審美價值〉，《河北師範大學學報》一九九〇年一期，頁一五至二二。

姜小青〈滋味解說〉，《文史哲》一九九一年一期，頁八五至八七。

羅立乾《鍾嶸詩歌美學》於第二章分三節論述「滋味說」，認爲是「詩歌創作的固有特性」、「詩歌作用的首要目的」和「詩歌批評的最高標尺」。頁二十八至四十八，武昌，武漢大學出版社，一九八七年。

註二　日本清水凱夫〈《詩品》是否以滋味說爲中心——對近年來中國《詩品》研究的商榷〉，論述多篇大陸學人論述「滋味說」，認爲主張有「滋味說」的都不可靠，他認爲《詩品・序》所說的「故詩有三義焉至「是詩之至也」，「決不是倡論滋味說，是詩之至（至上之詩）的創作原理。……『使味之者無極』和『聞之者動心』一樣，是對偶語句，顯然不是作爲詩的創作原理說的，無非是說明使鑒賞者，享受者獲得的效果。」頁一四七。又說：「我認爲日本和韓國的研究者大概是否定『滋味說』的存在。現在只要認眞地讀一下《詩品》，絕對看不出是企圖建立以『滋味』爲中心的創作原理或批評理論。」頁一四八，見《清水凱夫〈詩品〉〈文選〉論文集》，北京，首都師範大學出版社，一九九五年。其實清水凱夫沒有認眞閱讀《詩品》，尋找鍾嶸的語言表達技巧，所以找不著《詩品》一書的理論結構。

註　三　誤以四言文繁意少指《詩經》的，如羅立乾《鍾嶸詩歌美學》第二章便舉《詩經》爲例，頁二十九至三十二；陳元勝《詩品辨讀》「鍾嶸《詩品》辨釋」，頁一八五，合肥，安徽教育出版社，一九九四年。又《詩品・序》「文約易廣」，注本多作「文約意廣」，獨王叔岷《鍾嶸詩品箋證稿》以爲「四言每句僅四字，易廣其詞，故曰：『文約易廣』也。」頁七〇，台北，中央研究院中國文哲研究所，民國八十一年。楊祖聿《詩品校注》贊同王氏說，頁一八，台北，文史哲出版社，民國七十年。陳元勝亦主「易廣」，說：「廣，原有擴充的意思。……《詩品》『文約易廣』的『廣』，尙有表示被動的意思，即『被擴充、推衍』。」頁一八四至一八五。

註　四　清王士禎《帶經堂詩話》卷一「綜論門一」的「源流類」，頁十八，北京，一九八二年。

註　五　清牟願相《小澥草堂雜論詩》，見《清詩話續編》上冊，頁九一五，上海，上海古籍出版社，一九八三年。

註　六　明許夷《詩源辨體》卷三，頁五五，北京，一九八七年。按：對韋孟詩持欣賞態度的，也不乏人，像明胡應麟《詩藪》內編卷一「古體上・雜言」認爲「漢四言自有二派。……〈諷諫〉、〈自劾〉等篇，典則淳深，商周之遺軌也。」頁八，上海，中華書局，一九五八年。

註　七　倪其心《漢代詩歌新論》第二章「四言詩歌的僵化與異化」，頁五五，南昌，百花洲文藝出版社，一九九二年。按：方祖桑《漢詩研究》第三章「漢朝詩歌形式的研究」說「四言這種形式的缺點：在句子簡短，作者很難做到『文約意廣』的地步，每嫌有文字繁，含意少的毛病。也就是說要重複了許多文字，而表現出來的意思並不多。其之是四言是周詩的特色，三百篇是四言詩的精華，後人難以超越。所以後之作者漸少，唐五七言盛行後，遂成絕響。」頁一四三，台北，正中書局，民國五十六年。方氏能指出四言詩的局限，可以爲鍾嶸說作注腳。

註八　《詩藪》內編卷一「古體上・雜言」，頁九。

註九　同注九。

註一〇　王叔岷《陶淵明詩箋證稿》附錄一「論鍾嶸評陶淵明詩」，頁五三一，台北，藝文印書館，民國六十四年。

註一一　玄言詩人，不止於鍾嶸所述，王次澄《南朝詩研究》第三章「南詩詩內涵析論」第二節「玄言詩」所包括者較多，可參，頁一〇八至一二二，台北，私立東吳大學中國學術著作獎助委員會，民國七十三年。

註一二　李善注《文選》對「高臺多悲風」一句，認爲本自陸賈《新語》：「高臺喻京師，悲風言教令。」黃節《曹子建詩注》卷一又引《魏志・高堂隆傳》：「崇華殿災，詔問隆，隆對曰：『《易傳》曰：君高其臺，天火爲災。』」（均見黃注本卷一，頁十一，香港，中華書局，一九七三年。）如此，是以興、比爲詩，可作一解，但不依此說，也詩意豁如。

註一三　王叔岷《鍾嶸詩品箋證稿》，頁九六。

註一四　鍾嶸提出興、比、賦三義，過去注家多以爲源於《周禮》，然後歷數漢人之注、劉勰、孔穎達、李仲蒙、李東陽等說以補足鍾嶸之說，像古直《鍾記室詩品箋》便是，（頁五，台北，廣文書局，民國六十六年二版。）韓國李徽教《詩品彙註》也是如此，（頁二二，嶺南大學校出版社，一九八三年。）無甚可取。羅立乾《鍾嶸詩歌美學》認爲鍾嶸「對《毛詩序》的六義說，只節取本爲歌藝術表現方法的賦、比、興，而砍掉了風、雅、頌，且對這套藝術表現方法的闡述，也不是依照漢儒的解說來立論，而是從詩歌創作角度作出了有美學自覺意義的新闡述。」頁十三。陳元勝《詩品辨讀》認爲「三義」說是「鍾嶸詩論的一大貢獻」。「把三義作爲詩歌創作的三種藝術表現手法，加以綜合考察、闡明。」「三義之說已跳出《詩》學範圍，形成一種自覺的詩歌創作理論。」頁一八七至一八八。兩人說法能體會鍾嶸《詩品》之意，故錄出之。

註一五　言意之說，從哲學課題發展到文學或者美學課題，在晉朝開始漸見熱鬧，陳良運《中國詩學批評史》第四章「詩歌文體的重新認識」對此有簡要的論述，可供參考。頁一〇六至一一〇，南昌，江西人民出版社，一九九五年。

註一六　蕭統《昭明文選．目錄》於卷十三有「物色」類，其中包括：宋玉〈風賦〉一首，潘安仁〈秋興賦〉一首并序，謝惠連〈雪賦〉一首，謝希逸〈月賦〉一首。共四篇。

註一七　河北師範學院中文系古典文學教研組編《三曹資料彙編》曹植部分，頁一一九至一二六，北京，中華書局，一九八〇年。

註一八　《三曹資料彙編》劉楨部分，頁三五〇至三六〇。

古文中的聲音之美

韓國韓神大學
中文系教授 金容杓

一、緒論

「文學」所追求的是甚麼？恐怕它最終目標是，實現作家的某種「理想」或「意念」（即，「理」和「善」）。

不過，如果它缺少從作家個人的感情色彩創作出來的審美感，那麼儘管達到那個目標，但仍然不能稱之謂「文學」。換句話說，「美」是「文學」不可缺少的最主要因素。

這就牽涉到研究古文上的一個重大的問題。中國古文中許多敘事、議論文，經常排除作家個人創作個性的主觀審美趨向，以免失去冷靜客觀、大公無私的心理狀態，喪失理性分析的說服效果。如此說來，中國古文中的所謂敘述、議論文能否屬於文學的領域？其中所含的謀篇布局、結構剪裁、用筆用字、脈絡眼目、格律聲色等等因素，是否屬於審美的範疇？讀者從中能否獲得感性的精神偷快？如果說：「否」，是否要取消大半部的中國散文史？如果說：「能」，它之所以能滿足個人的各種審美欲求的根本原因在哪兒？眞的是令人極爲困擾的問題。

一般說來，文學的審美感是，來自為文字所塑造的形象中體現出來的作者的情感。然而，「文字者，猶人之言語也」（註一），所以得要通過朗讀其文，才能體會出作家創作時的情韻。反過來說，作家將自己的審美情趣傳給讀者的方法，除了以塑造形象使之如睹其面外，又能以聲傳情，藉聲音節奏的變化，來表現個人的審美情趣。

文學是以文字代替語言，語言的基礎在聲音，所以文學是語言和聲音的藝術。揚雄早已看破這個道理，提出對「心」（即思想感情）「言」（即口頭語言）、「書」（即文字或書、面語言）之間關係的認識。他在《法言．問神》中說：「心」中的思想感情，要通過「言」傳達出來；而為了「記久明遠」，獲得廣泛的傳播，「言」又必須通過「書」傳達出來。於是，他結論：「故言，心聲也；書，心畫也。」敏銳指出文學有以形象傳情、以聲傳情的兩種方法。

由此可以推理：古代有些敘述、議論文雖未備形象，而假定仍可屬於文學的範疇，這很可能是因為它以聲傳情，所以能具有某種審美情趣。同時，這很可能是與明清正統古文家所楷模的文章之「法」密切相關的。因為他們不僅在文字方面非常請究結構章法、剪裁布局、脈絡眼目，而且在語言方面極為重視抑揚頓挫、節奏停頓。

本論文透過分析古文所運用的聲音的旋律運動，欲以窺見其審美藝術效果。

二、歷代對於「古文音律」的初步認識

《說文》曰：「情，人之陰氣有欲者。」《孟子．公孫丑》又曰：「氣，體之充也。」趙岐注云：「氣，所以充滿形體爲喜怒也。」前者以氣釋情，後者以情釋氣；可知「情」又與「氣」有密切的關係。

作者的「情」，乃是作者的生命力——「氣」的表現。作者以聲傳情，即作者以聲傳氣；讀者因聲求情，即因聲求氣；顯然，「情」、「氣」、「聲」三者的關係是不可分離的。因此，歷代學者對於這個問題都非常重視。劉勰《文心雕龍．聲律篇》說：

夫音律所始，本於人聲者也。聲含宮商，肇自血氣，先王因之，以制樂歌。故知器寫人聲，聲非學器者也。故言語者，文章關鍵，神明樞機，吐納律呂，脣吻而已。

文學和音樂一樣，都很講究聲律的運作；聲律是語言的基礎，語言是文學的關鍵，聲律在文學中的重要性，由此可見。

然而，首次正式試圖將聲律規律性應用於文學實際創作的，當推沈約、謝朓、王融等永明年間的人物。沈約尤提倡四聲八病之說，以聲律作爲批評的嚴格標準，使過去以作家爲主要關切對象的批評風氣，逐漸轉移爲以作品爲其對象的批評風氣。不過，他所應用的範疇，是僅屬韻文的。因此，其所謂聲律自然帶有一定的規律性，較爲容易捉摸。

首次試圖把「情」、「聲」、「氣」相結合，並抉發漢語中的某種特色，去應用於散文創作的人物，應該是古文運動的領袖韓愈。他送〈孟東野序〉云：

人之於言也亦然。有不得已者而後言，其歌也有思，其哭也有懷，凡出乎口而爲聲者，其皆由弗平者乎！……文辭之於言，又其精也，尤擇其善鳴者而假之鳴。

提出所謂「不平則鳴」之說。在此所謂「不平」，表面上僅指「清」而言，然而就心理學而言，誠如錢鍾書所謂「人『性』的原始狀態是平靜，『情』是平靜遭到了騷擾，性『不得其平』而爲情。……不論甚麼情感都是『性』暫時失去了本來的平靜，……我們也許該把韓愈的話，安置在這種『語言天地』裡才能理解他的意義。」（註二）韓愈〈答李翊書〉云：

雖然，不可以不養也，行之乎仁義之途，游之乎《詩》、《書》之源，無迷其途，無絕其源，終吾身而已矣。

可知韓愈所謂的「不平」的「情」，實則較爲近於「性情」之意。換言之，其「聲」、「氣」的概念中，不僅含有「情」之意，且有個人道德的修持（即「性」）（註三）。故其所謂「情」，實際上以「性」、「情」二者爲其內涵。韓愈主張「聲」決定於這個「性」、「情」，似乎有意把此二者與文章中的「言」結合起來。然則，在沒有規律性的散體中，如何將此二者結合起來呢？他在〈答李翊書〉一文中又說：

氣，水也；言，浮物也；水大而物之浮者，大小畢浮。氣之與言，猶是也；氣盛，則言之短長與聲之高下者皆宜。

這次，他把「氣」與「聲」的關係，「比作水與浮物，抉發「聲」決定於「氣」的道理。推而可知，所謂「氣盛」則以「不平則鳴」爲內涵。然後他發揮漢語的特色，提出了能夠將「情」、「聲」、「

氣」三者相結合的方法；「言之短長與聲之高下者皆宜」，試圖將日常語言改造爲文學語言。所謂「言之短長」，應該是指「長短句的錯綜變化」；所謂「聲之高下」，當是語氣的「抑揚」；「皆」字，根據文章的創作實踐，亦可進一步解釋爲：「以言之長短配合聲之高下，以語氣之抑揚統率語言之節奏。」羅根澤《中國文學批評史》說：「文氣是最自然的音律，音律是最具體的文氣」（註四），正是此意。然而，究竟如何配合以致「最自然的音律」？如何統率以致「最具體的文氣」仍是難以窺求。

唐宋古文家當中，除了韓愈之外，似乎沒有人正式提及文章與聲音之間的關係。但這並不意味看他們對於這個問題毫無關心。其實，他們在實際創作時仍是極力追求文章中「最自然的音律」，只不過他們沒有找到系統性的有關理論，故只能憑個人的直覺而去創作罷了。

至於將「文氣」作爲文論的核心，正式注意到「聲」、「氣」之間的關係，是清代桐城派的古文家。他們根據韓愈的理論，就讀者或學古文的立場，標「因聲求氣」之說。劉大櫆〈論文偶記〉云：

> 文章最要盛氣，然無神以主之，則氣無所附，蕩乎不如其所歸。神氣者，文之最精處也；音節者，文之稍粗處也；字句者，文之最粗處也。然予謂論文而至於字句，則文之能事盡矣！蓋音節者，神氣之迹也；字句者，音節之規也。

神氣不可見，於音節見之，音節無可準，於字句準之。此「音節」應該是指韓愈所謂的「言之短長與聲之高下」所造成的節奏。除此之外，劉氏又提出「字句」和「神氣」。其所謂「字句」當是指文字上的功夫；所謂的「神氣」，應該是讀者從朗讀中所能得到的某種審美情趣。但是，他說得極爲抽象，甚至帶有神秘性的色彩。故又說：僅「可以會意，而不可以言傳」（註五），顯然，他自已也掌握不住其中的奧秘。不過，劉氏的這種言論，提醒文章含有「以聲傳情」的藝術效果，這點是值得注意的。

三、古文音律的兩大類——「陽剛」和「陰柔」

劉大櫆的學生姚鼐將他老師的見解更爲具體化，把文章最主要的成分稱爲「神、理、氣、味」，次者稱之謂「格、律、聲、色」。（註六）後者指字句音節章法，前者無疑是指劉氏所謂文章的「神氣」。然而，讀者如何領悟到「神氣」而能得到審美感？姚鼐〈答翁學士書〉說：

詩文皆技也，技之精者，必近道，故詩文美者，命意必善。文字者，猶人之言語也，有氣以充之，則觀其文也，雖百世而後，如立其人而與言於此；無氣，則積字焉而已。意與氣相御而爲辭，然後有聲音節奏，高下抗墜之度，反復進退之態，采色之華。故聲音之美，因乎意與氣而時變者也，是安得有定法哉？

在〈與陳碩士書〉中又說：

大抵學古文者，必要放聲疾讀，又緩讀，只久之自悟；若但能默看，即終身作外行也。

強調由聲音證入，因聲求情。我們在此可知二點：第一，經常朗誦文章，久而久之，自然而然體會得到「有氣的旋律」的實體。第二，其旋律可大別爲：較爲適合於兩種不同的朗誦法——「放聲疾讀」和「緩讀」。對於前者，姚鼐畢竟沒有解釋其理由；但是，對於後者提供較爲具體的端緒。他在〈復魯絜非書〉中說：

> 天地之道，陰陽剛柔而已。文者，天地之精英，而陰陽剛柔之發也。……其得於陽與剛之美者，則其文如霆如電，如長風之出谷，如崇山峻崖，如決大河，如奔騏驥；其光也如果日，如火，如金鏐鐵；其於人也如憑高視遠，如君而朝萬重，如鼓萬勇士而戰之。其得於陰與柔之美者，則其爲文如升初日，如清風，如雲，如霞，如煙，如幽林曲澗，如淪，如漾，如珠玉之輝，如鴻鵠之鳴而入寥闊；其於人也漻乎其如歎，邈乎其如有思，暖乎其如喜，湫乎其如悲。觀其文，諷其音，則爲文者之性情、形狀舉以殊焉。

雖然說得頗爲抽象，難以捉摸，但是有兩點值得討論：第一，我們與前引文章同觀，可以推論：所謂「陽剛」和「陰柔」，與文章所內涵的「有氣」的旋律密切相關。換而言之，可以說，在姚鼐的認識之中，「有氣的旋律」即可分爲「陽剛的旋律」和「陰柔的旋律」。這點，我們從他的學生曾國藩的主張，可以得到更爲明確的證據。他在〈咸豐八年七月二十一日家訓〉中說：

> 讀者如《四書》、《詩》、《書》、《易經》、《左傳》諸經、昭明《文選》，李、杜、韓、蘇之詩，韓、歐、曾、王之文，非高聲朗讀，則不能得其雄偉之概；非密詠恬吟，則不能探其深遠之韻。

要注意的是，姚鼐所謂的「疾讀」和「緩讀」，則爲強調朗誦的速度；而曾國藩所謂的「高聲」和「密詠」，則是就朗誦的抑揚而補充姚氏的說法。不僅如此，曾氏又說明這兩種不同朗誦方法的效果：

「得其雄偉之概」、「探其深遠之韻」。顯然，曾氏已察覺到：文章的音律亦有「雄偉」與「秀美」，「陽剛」與「陰柔」之分；此前人進步很多。

然而，讀者如何能領悟文章音律中的「陽剛」、「陰柔」的審美情趣？「雄偉」和「秀美」的音律，各有何種特色？到底如何分別？他只說：「朗誦頗久，有聲出金石之樂」（註七），說法仍是未免神秘性的色彩。對此，我們可以參考西力的文藝理論，與姚氏所謂的「陽剛」和「陰柔」相比較討論。所謂「美感」與人類的生理密切相關，這是許多西力學者所公認的。（註八）英國的斯賓塞（Herbert Spencer）就從這個立場提出一個「秀美」的原則。姚一葦把他的理論介紹如下：

> 凡不所運動的器官就特別發達。例如獵犬、競賽用馬，其肢體特別發達與靈活，比起像龜類的動物來，便顯得秀美。人類亦系如此。一個舞娘，如果他的舞蹈的動作顯得容易、輕快，便合乎秀美的原則。「省力」和「自由」乃「秀美」的根本條件。他（指斯賓塞）還舉過一些有趣的例子：士兵的立正的姿勢與稍息的姿勢來比較，後者顯得省力、輕快和自由；坐在椅子邊緣的訪問者與那有閑姿態的主人來對照，情形相同。此即斯賓塞所謂「精力的經濟原則（Law of Economy）」：生物的形態與運動，力消費得愈少的愈具秀美之性格；物以外之自然物的秀美，則係由生物形態與運動的美的類比關係中產生，出諸於人自身的移情作用。（註九）

何謂「移情作用」？朱光潛再舉例解釋：

> 比如橡樹看來不如柳樹秀美，是甚麼緣故呢？橡樹的枝子是平直伸出的，和樹幹幾成垂直線，

我們看到它時，便隱約想到維持平直的姿勢，好比人平直兩手一樣，是多麼費力的事，所以我們說它不「秀美」。反之，柳樹枝條是向下隨看的，我們看到它時，便隱約想到它像人的胳膊在安閒無事時的姿態，用不看費大力，所以我們覺得它「秀美」。再比如波紋似的曲線是一般所公認爲最美的線，依斯賓塞說它所以最美者就由於曲線運動是最省力的運動。直線運動在將轉彎時須拋棄原有的動力而另起一種新動力，轉彎愈多，費力愈大。曲線運動則可以利用轉彎以前的動力，所以用力較少。我們覺得曲線運動最秀美，因爲它最省力；我們覺得一切曲線都美，因爲它聯想到曲線運動（註一〇）

這就是所謂的「移情作用」。我們如果看見旁人臨險，自已也戰慄起來，彷彿分享他們所經驗到的感覺。我們看見一個很費力的動作，也微微覺到自已費力時的痛苦與不愉快的情緒。相反地，看見一個輕巧、省力的動作，也嘗到自已毫無費力簡單解決某事時應有的喜悅和快感。「秀美」便是起於這種情緒的心理活動。這種從「經濟的原則」中所產生的移情作用，都可應用於音樂、美術、文學等各方面。

由此可以推論，「陰柔」的旋律，除了「緩」、「低」的特色之外，還帶有柔和的曲線形態；而「陽剛」的旋律則除「疾」、「高」的特色外，應該帶有近乎較爲直線的形態。

那麼，這兩種旋律有何藝術效果呢？我們聽到朗誦作品時的這兩種旋律，會產生怎麼樣的心理呢？朱光濳再說明「雄偉」和「秀美」的藝術效果：

在覺到一件事物「雄偉」時，我們的心裏起何種變化呢？我們說嬌鶯、嫩柳秀美，說老鷹、古松雄偉，就主觀方面說，我們自己的心境有甚麼不同呢？感覺「秀美」時心境是單純的，始終一致的。感覺「雄偉」時心境是複雜的，有變化的。秀美的事物立刻就叫我們覺得愉快，它的形態恰合我們感官脾胃，它好比一位親熱的朋友，每逢見面，他就眉開眼笑地趕上來，我們也就眉開眼笑地迎上去，彼此毫不遲疑地、毫無畏忌地握手道情款。我們對秀美事物的情感始終是歡喜的、肯定的、積極的，其中不經絲毫波折。雄偉事物則不然。它彷彿挾巨大的力量傾山倒海地來臨，我們常於有意、無意之中覺得自己渺，覺得他不可了解，不可抵當，不敢冒然盡量地接收它，於是它對不免帶有幾分退讓﹑回避的態度。(註一一)

推而可知，「陽剛」和「陰柔」旋律的藝術效果。同時，亦可知道「陽剛」的旋律變化無常，「陰柔」則較爲平易單純。茲將「陽剛」、「陰柔」旋律的特色圖表如下：

	陽剛的旋律	陰柔的旋律
速度	快	慢
高低	高	低
形態	近乎直線	柔和的曲線
旋律運動	變化無常	簡明、單調

所謂「陽剛」與「陰柔」的區分，其關鍵大概在於其旋律的速度及高低幅度上的差別。要注意的是，其速度及高低幅度，並非根據個別音素的成分而決定。此舉韓愈〈送孟東野序〉之例說明：

1.大凡物不得其平則鳴：草木之無聲，風撓之鳴；水之無聲，風蕩之鳴。

2.其躍也，或激之；其趨也，或梗之；其沸也，或炙之。

3.金石之無聲，或擊之鳴；人之於言也亦然。

4.有不得已者而後言，其謌也有思，其哭也有懷。

5.凡出乎口而爲聲者，其皆有弗平者乎？

（此標點法，則是根據一九七七年版臺灣三民書局《古文觀止》的。）

據此，1.是以9/5/4/4/4的5個句子組成的，2.是以3/3/3/3/3/3的6句，3.是以5/4/6的3句，4.是以8/5/5的3句，5.是以8/7的兩個句子組成的。我們搞不好就很容易誤解，這就是韓愈所謂的「言之短長」的一個實例。也就是說，一般認爲：所謂的「節奏」是從錯綜運用長短句子時所產生的。同時，有些清代桐城派文人以爲：文字多用上聲，則成爲「陰柔」之文。（註一二）這些認識很可能是有錯誤的。因爲：

㈠散文亦可用另外標點法。標點，是古代的句讀法，本是意味看朗誦時可以休止的地方。因此，上述引文亦可朗誦如下：

1.大凡/勿/不得其平/則鳴。（2/1/4/2）

＊＊（／：稍作休止處）

2.草木/之/無聲，風/撓之鳴；（2/1/2，1/3；）

3.水/之無聲，風/蕩之鳴。其/躍也，或/激之；其/趨也，或/梗之；其/沸也，或/炙之。（2/2，2/2。1/2，1/2；1/2，1/2；1/2，1/2）

4.金石/之無聲，或/擊之鳴；（2/3，1/3）

5.人之於言也/亦然。有不得已者/而後言，其言也/有思，其哭也/有懷。

6.凡/出乎口/而爲聲者，其皆有/弗平者乎？（1/3/4，1/2/4？）

如此朗誦，在解讀上亦毫無問題。然則，就語節結構而觀，幾乎都以「2/1」或「2/3」組合，推而可知，「言之短長」的節奏，並非從「句子的長短」產生出來的。

㈡桐城派文人多認爲：旋律的不同美感取決於文字的聲調。然而，「個別的音不是音樂，但音樂卻是由個別的音組合而成的。當不同的音結合而成音樂時，聲音在此成爲變化的而又有組織的形式，或一種運動的結構的樣式。是故亨斯立克（E.Hanslick）認爲音樂的本質爲聲音與運動。」（註一三）旋律的美感主要是以感受性、張力與情緒來衡量，並非具有那麼單純的、機械性的結構，並非取決於個別的字所帶有的平、上、去、入等發音的高低，以及詞組或句子的長短。

不過，個別的音也有其重要性。「個別的音之能引起美感，建立在下列的條件上：第一，音的強度。當聲音由弱而逐漸增強時，我們當不難發現，過弱與過強，均不足以造成快感，只有在一定的速度的強度範圍內使人感到舒適。第二，音的高度。聲音的高低有其不同的性質：低音顯得沉著、厚實，但過低則予人以鬱悶與粗糙之感；高音顯得清脆、激越，但過高則尖銳刺耳。（當然此種高低不是固定的，因樂器之性質而不同。）是以音的高度只能在一定的範圍內予人以快感。」（註一四）是故，朗誦文章時所出現的旋律，在一定的高低範圍內有規律的運動時，讀者就能感受到審美情趣。

那麼，「速度」或「高低幅度」到底意味看甚麼？這應該是「情感」的「速度」或「高低」。文學旋律的美感，就在於情感的長短抑揚落差所造成的節奏。

何謂「節奏」？西方學者馮特說：「節奏本身只表示情感表現的時間方式，個別的節奏形式是對情感過程的描繪。」（註一五）朱光潛也說：「所謂節奏，就是音長、音高·音勢三方面的起伏變化。」（註一六）其所謂「『音長』就是一個音節（子音）在朗讀時，時間的長短。在語言當中，每一個音節都讀得很長，時間就慢；讀得很短，時間就快。」（註一七）

聲音的長短取決於不同的設法，因人而別。不過，這讀法得要按作者的思想感情而分別處理。比方一個急遽變化發展著的場面，就要快讀，時間間隔就隨看縮短起來；而在一個平靜的場面，就要慢讀，時間間隔就跟看拉長起來。（註一八）這就是韓愈所謂的「言之短長」。

何謂「音高」？「音高」就是「語調的高低」。根據何沛雄的理論，漢語的語調大致有如下的現象：人們碰到一個出乎意外、難於解決、事情尚未能確定的問題，那時的語調有意、無意之間上昇起來。因而，這「昇調」則為未完決、疑問、驚愕、號令、絕叫之時常用的。相反地，「降調」則表示決心、自信、不猶豫、不悽疑、祈求、說話結束。（註一九）這是人們共有的一種「移情作用」的效果，也就是韓愈所謂的「聲之高下」。懂得這個道理，就能明白劉大櫆所言：「凡行文字句短長，抑揚高下，無一定之律，而有一定之妙。」（註二〇）

何謂「音勢」？「音勢」應該是指「語調的強度」，包括聲音的強弱輕重。這又與文章所蘊藉的思想感情，有不可分離的關係。強音產生雄壯、強健、軒昂、慷慨等情緒，弱音產生委婉、柔順、纏綿、懦弱、纖靡等感覺。（註二一）反過來說，讀者如果領悟到文中的這種不同的思想和情感，其朗誦的語調就隨著有強弱輕重的變化。

在此，應該要注意「虛辭」的功能。西方的虛辭多著重於表達語法上的意義，而漢語的虛辭除語法意義之外，還兼有語氣的作用。（註二二）正是由於表達語氣，漢語的虛辭與作者和讀者的情感，有了密切的關聯。劉大櫆說：「文心虛字備而後神態出，何可節損？」（註二三）林紓〈春覺齋論文〉亦云：「留心古文者，斷不能將虛字略過，須知有用一語助之辭，足使全神靈活者，消息極微。」桐城派之如此講究抑揚，從情感的角度來看，虛辭就包括了情感的張弛，「揚」近乎「張」和「強」，「抑」近乎「弛」和「弱」；語調的高低強弱，多賴於虛辭中所凝固的情感。顯然，旋律的美感，就取決於「情感的節奏」。

總之，帶有「陽剛」之美的旋律有兩種特色：第一，在一定的範圍內，旋律運功的長短變化較為錯綜複雜。第二，其抑揚的落差所形成的張力較大。有了情感的抑揚就有落差，有落差即形成張力；

旋律的高低運動之中自然凝固著濃厚的情感。這樣的旋律氣勢浩壯、一氣貫注，使人易於產生頗爲豪放舒暢之感，同時亦容易使人覺得突兀奇特、不可抵當的緊張感；依古人的說法，乃是「氣盛」的旋律。所謂的「文氣」應該是指這種旋律的運動。

相反地，含有「陰柔」之美的旋律，與前者此較而言，則其抑揚的落差、旋律長短的變化，較爲緩慢、勻稱、和諧，是以其旋律的運動形成了更爲規律性的圓滿曲線。這樣的旋律斂氣蓄勢、盤旋轉換，似乎娓娓而談，使人產生從容不迫、柔和親切之感。因爲如已前述，所謂「經濟的原則」，亦可應用於「旋律的曲線運動」。不退，這種旋律的曲線運動如果過於帶有規則性，則令人容易引起滯澀窘迫、平鈍無聊的感覺。

自從韓愈主張「氣盛」之說，歷代文章家無不欣賞「陽剛」的文氣。劉大櫆說：「文章最要盛氣」，姚鼐、曾國藩雖然提出「陽剛陰柔」之說，但就他們的審美趨向而言，可謂亦主「陽剛」的。其實，文氣剛柔各有勝境，不必陽剛之美，一定優於陰柔之美。然則，兩者各有何種長短呢？這得要通過以不同方法朗誦起來才能領悟。清代趙青藜〈與友論文書〉云：

讀文有緩急法，不緩則無以妙其流行；而急讀須高望以振作其氣勢，雖剌剌至終篇可也；緩讀須低詠以含咀其趣味，雖然默默至無聲可也。緩急間作，高低隨之，務使前人之心手，與我爲一；執筆時自然獲益。

由此推而可知，急讀當以「陽剛」的氣爲其對象，緩讀則以「陰柔」的旋律爲其對象。陽剛鏗鏘的旋律，以高聲振作其氣勢朗讀起來，痛快淋漓，可以感受到其旋律中所凝固的情感的流行，是以甚合於抒情；不過，就說理方面而言，由於澎湃的旋律「彷彿挾巨大的力量傾山倒海地來臨，我們常於有意、無意之中覺得自己渺小，覺得他不可了解，不可抵當，不敢冒然盡量地接收它，於是它對不免帶有幾分退讓、回避的態度。」因此，它雖能煽動讀者的感情，而不甚合於理性的說服。

相反地，盤旋柔和的旋律，則其緩讀低詠之間，不但能「含咀其趣味」，且能「盡其底蘊」；親切柔和的氣氛中，讀者容易接收到旋律中所隱含的思想底蘊。其實，這種旋律所隱含的審美效果，孔子是早已注意到的。他說：「興於《詩》，立於《禮》，成於《樂》。」（註二四）在此，孔子將文學和音樂同禮並列，看作是造成一個仁人君子所必不可少的重要條件。音樂之所以有如此重要的作用，就在於「樂所以成性」，「樂以治性，故能成性，成性亦修身也。」（註二五）「孔子認爲音樂能改變人們的性情，感發人們的心靈，使人自覺的接收和實行人道。」（註二六）不過，音樂的旋律也有許多種類，在孔子的認識中，究竟何等旋律能改變人們的性情及心靈呢？孔子在《論語・八佾》中說：

> 樂，其可知也。始作，翕如也！從之，純如也！皦如也！繹如也！以成。

孔子純粹是從審美上把握音樂旋律的特徵，並未論及思想內容。他只是注意到旋律運動的變化所帶有的某些特徵：「翕」者，以「和諧溫柔」爲其內涵；「純」和「皦」者，皆以「潔白明亮」、「清晰分明」爲其蘊義；「繹」者，是指「絡繹不絕」之意。開始的是，以和諧溫柔、從容不迫的旋律來，塑造規切愉悅的氣氛；接看是以簡明而勻稱的旋律來，似乎把某種道理娓娓動聽地說服人們；最後是相尋相續、不絕絡繹的尾聲部分，給人回味無窮的餘韻。這剛好是旋律最圓滿的曲線運動。然而，這種圓滿的曲線具有莫大的藝術效果。姚一葦再根據西方理論解釋說：

> 外形的圓滿必具一定的邊限或規律的週期性，它是平滑的、圓潤的，其變化只能在一定的幅度內產生，絕不會予人以意外或突然的感覺，以造成精神上的完遂。所謂精神上之完遂，一方面它是完美無缺，無可增損，妙手天成，恰到好處；另一方面，與吾人所預期者相若，以致心領神會，妙趣相通；最後達到外形的圓滿與精神的完遂的合一。（註二七）

據摩勒（Abraham Moles）的理論，這種情形在音樂的旋律中尤為顯著。他自人們心理的基礎以論週期性的概念，指出：「首要注意者，前瞻不是確定的，而是期待；更正確地說，乃一種建立於先前系列的賭注。每一瞬間，個別隸屬於韻律，在近乎相等的時間間隔終了時，打賭這種情況之再度發生。」（註二八）

圓滿旋律的曲線運動，由於帶有規律的週期性，其變化只能在一定的幅度內產生，絕不會予人以意外或突然的感覺。因此，人們毫不遲疑地、毫無畏忌地、欣欣然然地期待下一階段的旋律變化。於是，在其和平、柔和的氣氛中，它能改變人們的性情，感人們的心靈，使人自覺地接收和實行人道。因而，孔子最後加一句：「以成。」所謂「成於《樂》」，應該是指此意。

四、結　論

通過如上檢討，可以得出幾點結論如下：

㈠文學的審美感，是來自爲文字所塑造的形象中體現出來的作者情感。然而，除此之外，作家又能以聲傳情，藉聲音節奏的變化，來表現個人的審美情趣。

㈡朗誦作品時所出現的旋律，可分爲帶有「陽剛之美」和「陰柔之美」的旋律。其關鍵在於其旋律的「速度」和「高低幅度」上的差別。

1.如果抑揚的落差所形成的張力較大，那就是「陽剛」的旋律。有了情感的抑揚就有落差，有落差即形成張力；旋律的高低運動之中自然凝固著濃厚的情感。這種旋律氣勢浩壯、一氣貫注，使人易於產生頗爲豪放舒暢之感，同時亦容易使人覺得突兀奇特、不可抵當的緊張感。因此，合於抒情，而不甚合於理性的說服。依古人的說法，這就是「氣盛」的旋律。

2.相反地，含有「陰柔之美」的旋律，則其抑揚的落差、旋律長短的變化，較爲緩慢、勻稱、和諧，是以其旋律的運動形成了更爲規律性的圓滿曲線。這種旋律斂氣蓄勢盤旋轉換，似乎娓娓而談，使人產生柔和親切之感，很能改變人們的性情及心靈，故甚合於理性的說服。孔子亦早已注意到這種旋律的審美效果。古人所謂的「典雅含蓄」，除了含有文字上的功夫之外，應該亦帶有這聲音上的意義。

㈢許多古代敘述、議論文，儘管沒有塑造活躍生動的形象，然而，如果就因聲求情的角度而再觀，也許能找到其中的審美情趣。因爲有些文章是運用個別的理性的、邏輯的語言去，組合一個圓滿和諧的情感節奏的。有些作家將「情」與「理」、「美」與「善」、「文」與「道」合一的關鍵，就隱藏在於此情感節奏的圓滿曲線運動。它一方面具有深厚的理性的說服力量，一方面給人天機和暢、深婉不迫的情趣，將「理」、「善」、「道」與「情」、「美」、「文」二類成功地相結合。

正是因爲如此，我們在其柔婉的氣氛之中，隱然能察覺出中國文化精神的沉積及一種深遠的歷史綿延感。不過，這種「典雅的理性」和「含蓄的情韻」，非將其散文朗誦則不能感受到，其內在的藝術價值自然也會冷落起來；故務必以柔和的語氣、緩慢昇降的速度來低徊吟詠時，才能感覺到它的「陰柔之美」。從今以後，我們如果再發掘「因聲求情」、「因聲求氣」的傳統古文審美理論的核心，至今被人冷落的許多古代散文的藝術價值，應該會恢復其應有的地位。

【附註】

註　一　姚鼐，〈答翁學士書〉。

註　二　錢鍾書〈詩可以怨〉，載於《七綴集》頁一〇七

註　三　儘管如此，就「不平則鳴」的角度而觀，在他的理論系統中，似乎「情」的作用較「性」爲更爲重要。他繼承〈誇大序〉所謂「情動於中而形於言」的觀點，把「詩」、「樂」與「文」扯到一起，點明了三者的同一性。

註　四　羅根澤《中國文學批評史・魏晉六朝文學批評史》，第四章〈音律說〉。

註　五　劉大櫆〈論文偶記〉。
註　六　參見姚鼐〈古文辭類纂序〉。
註　七　曾國藩〈辛酉十二月日記〉。
註　八　參見朱光潛《文藝心理學》頁二八三—三〇四〈剛性美與柔性美〉。又見姚一葦《美的範疇》，頁一二一—五一，〈論秀美〉。
註　九　姚一葦《美的範疇》，頁二三—二四，〈論秀美〉。
註一〇　朱光潛《文藝心理學》頁三〇一。
註一一　朱光潛《文藝心理學》頁二六九。
註一二　譬如曾國藩〈咸豐八年七月二十一日家訓〉：「使古人之聲調拂拂然若與我喉舌相習，則下筆時必有句調奔赴筆下。」他們多以為「陰柔」的音律取決於上聲字。
註一三　姚一葦，《美的範疇論》第二章〈論秀美〉。
註一四　姚一葦，《美的範疇論》第二章〈論秀美〉。
註一五　轉引自稚戈茨基《藝術心理學》頁二八三，上海文藝出版社，一九八五年。
註一六　見於〈中國語文誦讀方法座談會記錄〉，載於簡鐵浩《朗誦研究論文集》。
註一七　朱榮智《文氣與文章創作關係研究》，第七章〈文氣與文章聲律〉，頁三三二。
註一八　參見徐世榮〈談朗讀〉載於簡鐵浩《朗誦研究論文集》。

註一九　參見夏丏尊《文心·書聲》及何沛雄〈談朗誦的訓練與技巧〉，載於簡鐵浩《朗誦研究論文集》。

註二〇　劉大櫆〈論文偶記〉。

註二一　根據何沛雄〈談怎樣準備朗誦〉，載於簡鐵浩《朗誦研究論文集》。

註二二　參見郭紹虞《漢語語法修辭新探》。

註二三　劉大櫆〈論文偶記〉。

註二四　《論語·泰伯》。

註二五　前者為孔安國注語，後者見於劉寶楠《論語正義》。

註二六　李澤厚《中國美學史》，頁一一三〈孔子的美學思想〉。

註二七　姚一葦《美的範疇論》第二章〈論秀美〉。

註二八　參見上同書。